管理型财会人才培养系列教材

Financial Reporting Analysis

财务报告分析

张惠忠 裘益政 胡素华 主编

科学出版社

北 京

内 容 简 介

　　本书立足地方高校本科财会专业管理应用型创新人才培养的目标，根据最新财务报告规范系统阐述了企业财务报告分析的基本理论和具体方法。本书每章除正文之外均有学习目标、本章小结、进一步学习指南、进一步阅读书目及法规，并附有配套案例分析及思考和练习题。本书遵循"每张财务报表的解剖—每项财务能力的评价—综合财务情况的分析"的思路，使学习者对财务报告分析有一个多层次的系统把握，注重基本知识介绍和基本技能、实际能力的培养。

　　本书可作为普通高校财会类专业学生学习本课程的教材，也可作为高职高专、成人高校和函授学校学生的教学用书，还可供各实务单位作为财务报告分析知识的培训用书。

图书在版编目（CIP）数据

财务报告分析/张惠忠，裴益政，胡素华主编. —北京：科学出版社，2011

管理型财会人才培养系列教材

ISBN 978-7-03-030259-5

Ⅰ.①财…　Ⅱ.①张…②裴…③胡…　Ⅲ.①会计报表-会计分析-高等学校-教材　Ⅳ.①F231.5

中国版本图书馆 CIP 数据核字（2011）第 021776 号

责任编辑：张　宁/责任校对：张风琴
责任印制：张克忠/封面设计：耕者设计工作室

科 学 出 版 社 出版
北京东黄城根北街 16 号
邮政编码：100717
http://www.sciencep.com

新科印刷有限公司 印刷
科学出版社发行　各地新华书店经销

＊

2011 年 3 月第 一 版　　开本：787×1092 1/16
2017 年 1 月第六次印刷　　印张：22
字数：510 000

定价：**42.00 元**
（如有印装质量问题，我社负责调换）

《管理型财会人才培养系列教材》编委会

主 任 委 员：许永斌

副主任委员：罗金明　潘煜双　赵秀芳

委　　　员：（按姓氏笔画排序）

于　沛　朱朝晖　刘海生　许永斌　许庆高

李郁明　杨火青　张炎兴　张惠忠　罗金明

竺素娥　赵秀芳　潘煜双

总 序

近年来，由于受经济的全球化、信息技术的突飞猛进、企业集团和跨国企业的涌现、企业间竞争的白热化、企业利益相关者的多样化等因素的影响，我国会计所处的社会经济环境发生了很大变化。传统的提供会计信息、维护财经法纪的核算监督型财会部门已经不能满足现代企业的发展需要。财会部门必须实现由核算监督型向经营管理型的角色转型，这要求企业除了要有一批能胜任日常核算和监督工作的操作应用型财会人员外，还应具备一支既能熟练从事和组织会计工作，又能充分利用会计信息参与企业经营管理的、视野开阔的高素质管理型财会人才队伍。

目前，我国高等院校会计专业教育呈现多样化的喜人局面，不同层次高等院校的会计本科专业分类培养研究型和应用型等不同类型的会计人才，其中，大多数高校会计专业将培养目标定位为面向企事业单位的应用型会计人才。我们认为，为适应现代会计环境变化和企业会计机构从核算监督型向经营管理型转型的需要，应用型会计人才还应该继续细分为操作应用型和管理应用型。办学水平较高、学科积淀深厚的高校可将会计本科专业人才培养目标定位为管理应用型财会人才。所谓管理型财会人才，是指掌握系统的会计理论和丰富的管理知识、熟悉国际惯例、具有国际视野和战略思维的复合型财会专门人才。这些人才能够在日益复杂、不断变化的经营环境中胜任财会工作，具备成为未来企业管理团队中财会专家的潜力。管理型财会人才除应具备一个高级人才应有的思想道德素质、文化素质、科学素质和身心素质外，还应该具备以下职业能力：①对宏观形势的理解能力，即理解社会主义市场经济内涵、及时把握经济发展脉搏的能力，能预见环境变化对会计工作造成的影响；②良好的职业道德，即具有强烈的社会责任感，严谨的职业态度，遵纪守法、诚实守信的精神；③会计信息加工和应用能力，即使用信息系统进行会计的确认、计量、记录、报告、分析、评价的能力；④制度设计能力，包括进行会计制度设计、内部控制制度设计、责任制度设计、预算编制、薪酬制度设计、股权结构设计的能力；⑤战略执行能力，包括预算执行与控制、资本结构设计、股息政策选择的能力；⑥价值创造能力，包括资本运作、税务筹划、资源配置与考核等能力；⑦风险规避能力，包括随时捕捉危机信号、及时采取对策的能力；⑧组织协调能力，包括财会工作的组织领导、沟通协调等能力。

高等学校会计专业管理应用型财会人才培养目标符合国际会计师联合会 2003 年发布的《成为胜任的职业会计师》和中国注册会计师协会 2007 年发布的《中国注册会计师胜任能力指南》的相关要求，即具备胜任能力的职业会计师除应掌握会计、审计、财务、税务、相关法律等传统的专业知识外，还要掌握企业运营及其环境的经济和管理知识、信息技术知识，以及相关的智力技能、技术和应用技能、个人技能、人际和沟通技能、组织和企业管理技能等五类职业技能。同时，管理型财会人才的培养目标也符合教育部高等学校工商管理类学科专业教学指导委员会最新推出的《工商管理类学科会计学专业与财务管理专业育人指南》（以下简称《育人指南》）要求。

浙江工商大学管理型财会人才培养模式创新实验区是教育部和财政部确定的首批国家级人才培养模式创新实验区，浙江工商大学、嘉兴学院的会计学专业都是国家级特色专业，绍兴文理学院的会计学专业也是省重点专业，以上三个高校会计学专业都围绕管理应用型财会人才的培养开展人才培养模式改革，并在教学内容体系改革方面进行了一些有益的实践探索。在此基础上，三个高校的会计学专业教师共同编撰了这套《管理型财会人才培养系列教材》，包括《基础会计》、《中级财务会计》、《成本会计》、《管理会计》、《高级财务会计》、《审计学》、《会计信息系统》、《财务报告分析》、《财务管理》、《会计学》和《会计综合实验》共 11 本核心课程教材。这套教材具有以下特点：

第一，突出了管理型财会人才的培养特色。教材的每位主编都具有开阔的会计教育视野，综合考虑当前我国社会主义市场经济环境，结合相关的经济学、管理学和经济法学等理论，借鉴国际惯例，站在企业整体的高度阐述会计的基本理论、基本知识和基本方法，以期达到培养管理型财会人才的目的。

第二，符合教指委《育人指南》的要求。新的《育人指南》强调会计学本科人才培养的复合型、外向型和创新型特征，管理型财会人才培养目标是《育人指南》中会计人才培养目标的具体体现之一。因此，教材内容在突出管理型财会人才培养特色的同时，也充分体现了《育人指南》的要求，这也为教材在全国同类高校中推广使用奠定了基础。

第三，方便教师教学，便于学生学习。每本教材力争建设成为立体化教材，为师生提供丰富的教学资源。除了在教材的编写上，按章节提供学习目标、案例、知识应用、进一步阅读书目及法规、思考题等外，还在光盘或课程网站中提供了课程大纲、多媒体课件、补充习题及答案、模拟试卷等，为教师组织教学、学生自主学习提供便利。

我们相信，本套教材的出版，一定会对我国会计高等教育的多样化发展产生积极的推动作用。当然，限于作者水平，教材中难免存在疏漏和不足之处，恳请广大读者批评指正。

《管理型财会人才培养系列教材》编委会

2011 年 1 月

前 言

　　财务报告分析不仅是企业财务管理和会计工作的一种重要方法，更是各种财务报告使用者充分利用财务信息的一种重要手段。企业财务报告分析作为一门独立的综合性应用学科，伴随市场经济条件下公司制企业组织形式的建立和资金市场的形成而诞生，历经百年发展和不断完善，已经形成了以满足企业各利益相关者（财务报告分析主体）的不同信息需要为主要目标、以企业各种财务能力分析为主要内容的比较完备的理论和方法体系，发挥了总结过去、评价现在、预测未来的作用，越来越广泛地服务于当代经济社会生活。

　　随着我国市场经济的发展，企业财务管理和会计工作所面临的外部宏观环境和企业内部环境发生了天翻地覆的变化，企业财务管理和会计工作的内容大为丰富，筹资渠道多样化、资金投向多元化、利益分配关系复杂化、财务风险公开化、会计规范国际化等趋势越来越明显。企业财会部门和财会人员肩负的担子更重了，社会对其素质的要求更高了。企业作为市场的主体，以独立经济实体和利益主体的身份在瞬息万变的市场竞争中求生存、图发展，财务管理和会计工作水平的高低成为决定其生死存亡和发展壮大的关键之一。提升财务管理和会计工作水平已成为我国各类企业的迫切要求和自觉行动，具有财务报告分析能力的财务管理和会计专业人才及拥有财务报告分析知识技能的经济管理人才的培养成为实现企业这一愿望的依托。另外，企业各种外部的利益相关者也越来越认识到财务报告分析对于自身决策和控制的重要性，越来越认识到具备一定的财务报告分析技能对于自身利益的保障是必需的。

　　近十几年来，设置"财务报告分析"或"财务分析"课程的高校财会专业越来越多，有关企业财务报告分析的教材也层出不穷。但是，少数教材中财务报告分析的一些基本概念都没有理清；有些教材内容太深、太多，且主要针对上市公司，而针对一般企业的内容太少；有些教材内容体系安排不当；有些教材内容已显陈旧。因此，迫切需要编著适合我国企业财务管理和会计发展的实际情况，以及适合管理应用型人才培养目标的财务报告分析教材。为了满足高校会计专业和财务管理专业"财务报告分析"课程的教学需要，在浙江工商大学财务与会计学院、嘉兴学院商学院、绍兴文理学院经管学院相关领导的统一策划下，我们编写了这部《财务报告分析》教材。作为三校联合编写的《管理型财会人才培养系列教材》之一，本书根据最新的财务报告规范和内容，系统阐述了企业财务报告分析的基础理论和基本方法。

本书除可供普通高校会计学本科专业学生作为学习"财务报告分析"课程的教材外，还可作为普通高校财务管理本科专业学生学习"财务分析"课程的教材，也可作为高职高专、成人高校和函授学校学生学习"财务报告分析"或"财务分析"课程的教材。除此之外，还可供企业经济管理人员、在职财会人员、银行信贷人员、证券从业人员等作为财务报告分析知识的培训用书。

本书的特色和创新之处如下：

（1）指导思想：本书立足地方高校本科会计学专业和财务管理专业管理应用型创新人才培养的目标，结合浙江民营经济发达、我国中小企业众多、上市公司较少的特点，着重讲述一般企业的财务报告分析问题，兼顾上市公司和其他主体的财务报告分析问题。从企业经营理财的实际出发，注重财务报告分析基本知识的介绍和基本技能、实际能力的培养。

（2）内容结构体系设计：本书在内容体系设计上遵循"每张财务报表的解剖—每项财务能力的评价—综合财务情况的分析"的思路，使学习者能够对财务报告分析有一个多层次的系统把握。本书的内容设计成六大部分（共十二章）：①财务报告分析的基础理论和基本方法（第一、二章）；②一般企业财务报告的一般分析，按企业财务报告体系展开（第三到七章）；③一般企业的财务比率分析，主要针对企业偿债能力、资金营运能力、盈利能力、发展能力等财务能力展开分析（第八章）；④财务报告综合分析，包括企业经营理财综合分析、企业财务预测分析、企业财务战略分析、企业价值分析、企业社会责任分析、企业绩效评价等（第九章）；⑤上市公司财务报告分析（第十章）和特殊主体（包括金融企业、小企业、企业集团、公共组织等）财务报告分析（第十一章）；⑥企业财务分析报告的撰写（第十二章）。这样的内容结构体系设计是目前所有同类教材中前所未有的。

（3）写作特点：本书力求通俗易懂、实用性强。按照 2006 年新会计准则确定的企业最新财务报告体系，第三到八章以某公司财务报告数据为分析资料，贯穿始终。有些章节还结合案例进行分析。本书每章除正文之外均有本章学习目标、内容小结、进一步学习指南、进一步阅读书目及法规，并附有配套案例分析题及思考和练习题。

（4）立体教材：本书除主体教材外，还将编制配套的立体教材。立体教材的内容包括光盘资料（包括习题集、案例集、用于学生自主学习的 PPT 课件、每章阅读书目）和配套出版的学习指导书，并将建成课程网站。

浙江工商大学、嘉兴学院、绍兴文理学院的会计学专业和财务管理专业办学历史悠久，相关专业教师在教材建设方面有比较丰富的经验，所编著的相关教材的教学效果良好。本书由浙江工商大学、嘉兴学院、绍兴文理学院三校联合组织骨干教师编撰，由嘉兴学院张惠忠教授、浙江工商大学裘益政副教授、绍兴文理学院胡素华副教授担任本书主编，由张惠忠拟定、经三位主编共同商讨制定了本书的详细编写大纲，张惠忠对全书进行了初稿修订和总纂统稿。各章初稿编写分工如下：第一章、第二章、第十二章由胡素华编写，第三到八章由张惠忠编写，第九章、第十一章由裘益政编写，第十章由姚宝燕编写，研究生傅献昌校对了部分书稿。

本书的编撰融入了一些我们对财务报告分析问题的看法，同时也参阅、借鉴了许多文献，特别是郭泽光、张先治、侯艳蕾、张宏禄、张新民、赵秀芳等教授主编的教材。这些文献对本书的形成功不可没，我们已在参考文献中尽可能详细地列出，但仍难免有所遗漏，在此对未能列入参考文献的作者表示歉意，并对所有引用的文献作者表示衷心的感谢。本书的出版得到了科学出版社、浙江工商大学财务与会计学院、嘉兴学院商学院、绍兴文理学院经管学院的大力支持，还获得了 2010 年浙江省教育厅重点教材建设项目的立项和资助，在此一并表示感谢。

尽管我们在编撰过程中尽了心力，但是由于经验和时间所限，书中难免存在缺点和失误，敬请读者批评指正，以备修订时参考。

编　者
2011 年 2 月

目　录

前言

第一章

财务报告分析基础理论 ·· 1

第一节　企业财务报告分析的作用和意义 ······················· 1

第二节　企业财务报告分析的内容 ······························· 6

第三节　企业财务报告分析的依据 ······························· 8

第四节　企业财务报告分析的形式和学科定位 ··················· 12

第五节　企业财务报告分析的局限性及对策 ····················· 17

第六节　财务报告的粉饰与识别 ································· 20

本章小结 ·· 23

第二章

财务报告分析基本程序和方法 ································ 26

第一节　企业财务报告分析的基本程序 ························· 26

第二节　企业财务报告分析的基本方法 ························· 27

本章小结 ·· 34

第三章

资产负债表一般分析 ·· 38

第一节　资产负债表分析概述 ································· 38

第二节　资产项目分析 ······································· 41

第三节　负债和所有者权益项目分析 ··························· 52

第四节　资产负债表水平分析 ·· 57

第五节　资产负债表结构分析 ·· 60

本章小结 ·· 67

第四章

利润表一般分析 ·· 71

第一节　利润表分析概述 ·· 71

第二节　利润表项目分析 ·· 74

第三节　利润表水平分析 ·· 81

第四节　利润表结构分析 ·· 83

第五节　利润质量恶化的特征分析 ···································· 86

本章小结 ·· 88

第五章

现金流量表一般分析 ·· 93

第一节　现金流量表分析概述 ·· 93

第二节　现金流量表项目分析 ··· 101

第三节　现金流量表水平分析 ··· 106

第四节　现金流量表结构分析 ··· 108

第五节　现金流量表与其他财务报表的结合分析 ······················ 116

本章小结 ··· 117

第六章

所有者权益变动表分析 ··· 120

第一节　所有者权益变动表分析概述 ·································· 120

第二节　所有者权益变动表项目分析 ·································· 126

第三节　所有者权益变动表水平分析 ·································· 131

第四节　所有者权益变动表结构分析 ·································· 132

本章小结 ··· 134

第七章

财务报表附注分析 ··· 137

第一节　企业财务报表附注分析概述 ·································· 137

第二节　企业财务报表附注的内容分析 ………………………………………… 150

第三节　财务情况说明书分析 ………………………………………………………… 154

本章小结 ………………………………………………………………………………… 155

第八章

财务比率分析 ……………………………………………………………… 157

第一节　企业偿债能力的分析 ……………………………………………………… 158

第二节　企业资金营运能力分析 …………………………………………………… 169

第三节　企业盈利能力分析 ………………………………………………………… 177

第四节　企业发展能力分析 ………………………………………………………… 185

第五节　进行财务比率分析时应注意的问题 ……………………………………… 189

本章小结 ………………………………………………………………………………… 193

第九章

财务报告综合分析 ………………………………………………………… 200

第一节　企业经营理财综合分析 …………………………………………………… 200

第二节　企业财务预测分析 ………………………………………………………… 209

第三节　企业财务战略分析 ………………………………………………………… 220

第四节　企业价值分析 ……………………………………………………………… 224

第五节　企业社会责任分析 ………………………………………………………… 231

第六节　企业绩效评价 ……………………………………………………………… 236

本章小结 ………………………………………………………………………………… 244

第十章

上市公司财务报告分析 …………………………………………………… 247

第一节　上市公司财务报告概述 …………………………………………………… 248

第二节　上市公司财务报告综合分析 ……………………………………………… 252

第三节　上市公司发展预测分析 …………………………………………………… 272

本章小结 ………………………………………………………………………………… 277

第十一章

特殊主体财务报告分析 …………………………………………………… 280

第一节　金融企业财务报告分析 …………………………………………………… 280

第二节 小企业财务报告分析………………………………………………… 296

第三节 企业集团财务报告分析………………………………………………… 304

第四节 公共组织（非企业单位）财务报告分析……………………………… 312

本章小结………………………………………………………………………… 317

第十二章

企业财务分析报告的撰写………………………………………… 320

第一节 财务分析报告的作用………………………………………………… 320

第二节 财务分析报告的种类和格式………………………………………… 321

第三节 撰写企业财务分析报告需注意的问题……………………………… 323

本章小结………………………………………………………………………… 330

主要参考文献………………………………………………………………… 334

第一章

财务报告分析基础理论

【本章学习目标】

- 掌握企业财务报告分析的概念
- 熟悉财务报告分析的主体和目的、依据和内容
- 了解财务报告分析的作用、意义、形式和学科定位
- 了解企业财务报告分析的局限性及对策
- 了解财务报告的粉饰和识别办法

随着我国资金市场的发展和完善，企业经营的规模化和复杂化，企业股东、债权人和其他利益相关者及社会各界对企业财务报告的信息需求也逐渐深化。财务报告分析不仅成为进行财务管理的一种重要方法，而且成为报告使用者充分利用财务会计信息的一种重要手段。

第一节　企业财务报告分析的作用和意义

一、企业财务报告分析的含义

（一）财务报告分析的产生与发展

企业财务报告分析起源于 20 世纪初美国银行界对借款人信用和贷款偿还能力的分析。随着公司制企业的诞生和发展，不仅债权人、投资者进行财务报告分析，公司经营者也逐步认识到财务报告分析的重要性，开始进行财务报告分析。经营者进行财务报告分析，一方面是为了改善盈利能力和偿债能力，以取得投资者和债权人的支持；另一方面是为了加强财务控制，为财务决策提供信息。债权人和投资者一般侧重于结果分析，经营者一般更侧重于原因分析。财务报告分析技术和方法也随之不断出现，1919 年亚历山大建立了比率分析的系统体系，1925 年斯蒂芬提出了趋势百分比分析的方法。20世纪中后期，经济发展的国际化趋势逐渐增强，统一的财务报告编制规则逐步形成并在

各国推行，使得对财务报告进行分析成为经济生活的重要内容。无论是企业内部经营管理者、股东、债权人（包括银行）、政府职能部门，还是企业外部潜在的投资者及其他利益相关者，都需要通过财务报告分析获得有效的信息。随着企业财务报告的内容和格式趋向全面化和标准化，分析财务报告也需要更为专业的知识和训练。因此，财务报告分析成为一门独立的、自成体系的综合性应用学科。

随着企业经营业务的复杂化和经营环境的多变，企业财务报告也变得更加复杂和规范。财务报告分析的领域除了财务状况分析、经营成果分析和经营资金流转分析等基本领域之外，在资本市场、财务预测、企业重组、绩效评价、企业价值评估等领域的应用也越来越广泛。财务报告分析的手段和方法也趋于完善和多样化。尤其是 20 世纪 80 年代以后，随着计算机及其软件的迅速普及和成本的降低，电算化分析技术得到广泛应用，数量分析方法也变得越来越普及。这些变化使得财务报告分析能够提供更多、更全面、更迅速的信息资料，从而服务于更广泛的领域，更好地服务于经济社会生活。

（二）财务报告分析的含义

企业财务报告分析是指其利益相关者和其他分析者采用一系列专门的分析技术和方法，利用财务报告资料及其他相关信息资料，对企业等经济组织财务运行的结果及其过程和原因进行分析，以全面、客观地评价企业财务状况和经营成果及其发展趋势，为有关各方的经济财务决策和控制提供准确的盈利能力、偿债能力、发展能力及经营管理水平等方面信息依据的活动。

财务报告是企业财务状况和经营成果全面规范的体现。财务状况是指资金来源、资金占用、资金周转的情况。资金来源和占用的情况反映了企业的偿债能力，资金周转情况反映了企业资金的营运能力，经营成果反映了企业的盈利水平和盈利能力。这些情况主要体现在企业资产负债表、利润表、现金流量表、所有者权益变动表和财务报表附注等构成的财务报告中。当然财务报告分析除了主要依据企业对外提供的财务报告资料外，还要依据其他资料，如日常会计核算资料、财务情况说明书、统计资料、内部管理报告、审计报告、业务资料，以及企业生产经营特征、行业发展背景、当前市场信息、宏观中观经济政策制度、国际经济形势等。财务报告分析能将财务报告和其他资料中的数据与文字转换成易于理解、便于比较、有助于决策和控制的信息。

因此，一般认为，企业财务报告分析的主要内容是对反映在财务报告中的企业过去和现在的财务能力的分析，包括企业偿债能力分析、资金营运能力分析、盈利能力分析、发展能力分析等，其中发展能力反映企业未来的发展潜力和成长能力。另外，利用财务报告信息还可以进行企业财务危机预警分析。将各项分析内容和各种分析方法结合起来，还可以对企业经营理财情况进行综合分析。财务报告分析由此起到了总结过去、评价现在、预测未来的作用。

财务报告分析不能等同于财务分析。财务分析主要是对企业财务资源及其运用情况的分析，它包括财务报告分析。财务报告分析也不能等同于财务报表分析、财务指标分析和财务绩效评价等。目前，对企业财务报告分析的理解和提法有多种，但不论哪种提法，财务报告分析的基础依据都是财务报告及其他相关信息，目标是为企业各利益相关者提供决策和控制的信息支持，而且随着市场的复杂化和竞争的激烈化，非财务信息对准确分析评价企业综合实力越来越重要。

总之，财务报告分析是一门综合性的应用学科，它既有完整的理论体系和健全的方法体系，又有系统客观的资料依据，还有明确的目的和作用。

二、企业财务报告分析的主体及其分析目的

要探讨财务报告分析的目的，须先明确其分析的主体。财务报告分析的主体是指与企业存在一定现实或潜在的利益关系，为特定目的对企业进行财务报告分析的单位、团体和个人。从本质上讲，企业财务报告分析的主体就是企业财务信息的使用者。从分析的主体看，财务报告分析可以分为内部分析和外部分析。内部分析是由企业管理当局所进行的分析，外部分析主要是由企业投资者（所有者）、债权人及其他利益相关主体所进行的分析。

财务报告分析的目的是指财务报告分析主体对企业进行财务报告分析时所要达到的目的。不同的财务报告分析主体出于不同的利益考虑，对企业所关注的问题是有差别的，因此他们进行财务报告分析的目的是不同的，使得他们进行财务报告分析的内容既有共性，又有不同的侧重点。一般而言，财务报告分析要达到其目的，应从以下四个方面进行分析：①评价企业经营成果；②评价企业管理当局的业绩；③衡量企业现在的财务状况；④预测企业财务状况和经营成果的未来发展趋势。不同的信息使用者对上述四个方面的分析要求不同。然而，不论哪类主体，财务报告分析都是为其决策和控制提供信息支持，都是其进行正确决策和控制的有力工具。

（一）经营管理者进行财务报告分析的目的

企业的经营管理者主要是指受所有者委托对企业法人财产进行经营管理的企业管理当局。为了履行受托责任，他们有责任保证企业的全部资产得到合理使用，并做到保值增值。因此，他们既要关注企业的偿债能力、资金营运能力和现金流动能力，更要关注企业的盈利能力和发展能力。企业经营管理者所承担的经营管理责任决定了他们进行财务分析的目的与内容是综合的、全方位的，需要对企业经营理财的各个方面进行分析，以全面、细致地掌握企业整体财务状况、经营成果和发展水平。

企业经营管理者是对企业业务和财务情况了解最多的财务分析主体，比起其他财务报告使用者，公司经营管理者有更多的其他信息来源渠道。财务报告分析对于经营管理者而言极其重要。它能将财务报告及其他资料中的信息转换成易于理解、便于比较、有助于决策和控制的信息，帮助经营管理者从总体上把握企业的全面情况，进行原因分析，预测企业未来发展情况，从而采取有效措施改进公司经营管理，做出正确的经营和财务决策。

（二）企业投资者进行财务报告分析的目的

这里所指的投资者即所有者，既包括企业现有的出资者，也包括资金市场上潜在的投资者。投资者是企业权益资本的投入者，对企业净资产具有所有权，也是企业风险的

最终承担者。因此，投资者对财务报告分析的重视程度超过其他任何利益相关者。投资者对企业的经济权益，一般通过两个方面来体现：一是投入资本（所有者权益）的保值增值；二是获得的股利红利。因此，他们非常关注企业投资报酬率及股利支付率等指标，进行财务报告分析的根本目的是考量企业的盈利能力状况，因为盈利能力是保证其投入资本能否保值增值和获取股利红利的关键所在。他们不仅关心企业当前的盈利能力，而且关心企业的发展前景和投资风险，以决策是否应该对企业投入更多资金，是否应该转让股份或抽回投资，以及如何采取适当的利润分配政策。

通过财务报告分析，投资者（所有者）还可以评价企业经营管理者的业绩，为制定合理的薪酬制度提供依据，并及时纠正企业经营理财中发现的问题。因此，投资者还要通过财务报告分析了解企业经营管理、财务状况、发展前景等方方面面的情况，分析企业的内部情况和外部环境可能对企业利润的形成和分配带来的影响。总之，投资者侧重于企业盈利性和成长性分析。

（三）企业债权人进行财务报告分析的目的

债权人与企业之间是提供债权资金、按期收回本金和利息的关系。债权人的收益一般是按合同约定的固定利息。但是，如果企业经营者为了自身和所有者的利益，追求高收益的投资项目，将使债权人投入的资本面临极大风险。由于存在这种收益和风险的不对称问题，债权人倾向于考虑企业经营理财的安全性和稳定性，关心企业到期还款的来源和保障。也就是说，债权人更多的是关注企业的偿债能力。

债权人按照信用授予的期间可分为短期债权人和长期债权人。短期债权人分析的目标在于通过分析企业资金来源结构及负债结构，分析流动比率、速动比率、现金比率等反映流动资产变现能力的财务比率，了解企业的短期偿债能力。长期债权人不仅关注企业资金结构，而且重视企业长期发展，更多地考虑企业的经营方针、发展方向、项目性质及潜在风险等综合经营理财能力，预测企业盈利前景及在竞争中的应变能力，以决定是否给予企业长期贷款或是否持有该企业的债券。

（四）企业供应商、顾客等其他利益相关者进行财务报告分析的目的

供应商和顾客进行财务报告分析的主要目的是出于保护自身利益的需要，弄清往来企业的商业信用和财务信用状况，以帮助决定是否与该企业长期合作、是否应对该企业延长信用期限等。这些企业利益相关者进行财务报告分析的目标着重于分析企业未来的经营理财是否会发生转变及如何转变以作出相应决策，如企业财力及生产能力是否充足，能否保证长期供货；是否应该提供商业信用（如延期收款等）。

（五）政府有关部门进行财务报告分析的目的

工商、物价、财政、税务及监管等政府部门对企业进行财务报告分析的目的，一是检查和监督企业单位对国家有关经济法规、政策、制度的执行情况，确保国家财政税收；二是检查和监督企业相关社会责任的履行情况；三是为宏观调控提供可靠信息，杜绝虚假、防止欺诈，为创造公平竞争的市场环境服务。例如，监督企业各项计划指标的

执行情况，以便作出综合评价；检查纳税义务人是否据实申报各项税金，计税方法是否正确，应纳税额是否及时上交；考察企业的经济活动和经营范围是否严格遵循国家的法律法规。

（六）企业员工进行财务报告分析的目的

企业员工的经济利益与企业的经营理财状况紧密相连。企业员工，包括员工个人及其工会组织，他们需要通过分析财务报告了解企业经营理财的稳定性、盈利能力和发展前景，以此评价企业提供劳动报酬、福利待遇和就业机会的能力和责任履行情况，并对自己工作的安全保障程度和未来发展作出评价。

（七）其他有关方面进行财务报告分析的目的

企业的财务报告需经过注册会计师或其他审计人员依法审计，财务报告分析是这些审计人员确定审计重点、完成审计任务必不可少的途径。财务分析师提供专业咨询服务时也必须对企业进行财务报告分析。另外，当前的企业越来越成为社会的企业（企业公民），必定要承担一定的环保与慈善等社会责任，因此相关研究咨询机构、媒体、社会公众等对相关企业的经营理财情况有时也要通过财务报告进行分析。

无论如何，财务报告分析的最终目标还是评价企业的财务状况，衡量企业的经营业绩，观察和预测企业未来的发展趋势，为分析者提供决策和控制的信息支持。因此，财务报告分析可以适应各种企业利益相关者的信息需要。

三、企业财务报告分析的意义和作用

（一）企业财务报告分析的意义

财务报告分析是信息使用者实施决策和控制的有效工具。从微观上看，它能帮助企业投资者、债权人、供应商和顾客，以及与企业有利害关系的其他分析主体做出科学的投资、信贷和其他决策，能帮助企业经营管理者发现问题、寻找原因、改进管理、科学决策。从宏观上看，一方面，它能帮助政府相关部门、外汇和证券管理部门，对各种会计数据进行汇总处理和分析利用，使国家对宏观经济的调控更有效率；另一方面，各类投资者根据财务报告分析得到的信息进行有效决策，能促进社会资源的优化配置，使企业内部资金向高效益资产转移，也使社会资源向高效益的产业和企业转移，最终提高整个社会资源的使用效率。

财务报告概括地反映了一个企业的财务状况、经营成果和现金流量信息，但并不是所有的利益相关者都能通过企业对外公布的财务报告获得所需的信息。对于不具备相应专业知识能力的使用者而言，要完全读懂并得心应手地运用这些既有难度又有深度、容量巨大、钩稽复杂的财务报告信息作为决策和控制的依据，也不具可能性和现实性。而财务报告分析就是要通过一系列专门技术方法对财务报告信息进行整理和加工，发现和发掘财务报告文字和数字背后所能揭示的大量有用信息，使之通俗易懂，能够直接为决策者服务。

如果说财务报告的生成过程是一种按照既定规则对企业生产经营活动进行的综合反映的话，那么经过综合之后的企业财务状况、经营成果和现金流量的总体面貌就基本展现在使用者面前了。财务报告分析就是把这一共性的整体状况按照另外特定的规则和方法进行再次分解和重新组合，使之适应不同利益主体的个性需要，提供不同侧面的决策信息的过程。财务报告所反映的信息都是过去事项，而财务报告分析的意义则不仅仅在于总结过去，更重要的是要通过对过去结果和过程的分析，来评价现在和预测未来。

（二）企业财务报告分析的作用

1. 评价企业财务状况，考核企业经营管理业绩

通过财务报告分析，可以说明企业资本结构是否合理，短期偿债能力、长期还本付息能力、企业投资效益和盈利水平的高低，以及创利能力的大小、企业资产使用效率的高低及资金营运能力的强弱等。通过这些内容的综合分析又可反映企业整体财务状况及经营成果及其变动情况，考核企业经营管理的业绩。

2. 挖掘潜力、改进工作，促进企业改善经营管理

通过财务指标的计算和分析，可以考核财务预算的完成情况，了解企业经营业绩的变化情况，以及企业盈利能力和资金周转情况。通过与同行业平均水平或先进水平对比，可以从各方面揭露矛盾、找出差距和不足，充分认识未被利用的资源，寻找利用不当的部分及原因，不断挖掘企业改善财务状况、扩大财务成果的内部潜力，发现进一步提高利用效率的可能性，从而寻求对策措施，有利于促进企业生产经营活动和财务活动按照企业经营理财目标实现良性运行。

3. 为进行科学的经营理财决策提供比较可靠的依据

虽然财务报告使用者所要做出的经济决策大相径庭，但是只要对财务报告作出不同的分析，均基本可满足他们的需求。例如，银行等债权人可以通过分析企业的偿债能力、资产运转情况及盈利能力做出信贷决策；企业投资人（所有者）可以通过分析企业的盈利能力与投资报酬率来评价投资效益，进而作出相应投资决策；企业经营管理者也能从财务报告分析中发现相关事项的因果关系，对症下药，采取行动。此外，审计人员、税务机关、顾客及供应商也可借助于财务报告分析了解企业各类财务事项有无重大异常变动、有无错误与不法事项及其纳税申报是否合理等。

需要指出的是，虽然财务报告分析在企业经济活动中具有上述功效，但是它也具有一定的局限性。它只能提供财务方面、价值量方面的信息，而要对企业生产经营情况作出比较完整的、切实可靠的判断，还必须结合本行业的经济与技术发展情况，以及社会经济现状与发展趋向等有关情况来进行综合分析。同时，由于财务数据本身受多种因素的影响，分析比较时就必须注意指标的可比性，用绝对数值进行分析的作用相当有限，要分析不同项目间的关系，主要应用相对数来作比较。

第二节　企业财务报告分析的内容

在市场经济环境中，经济全球化趋势明显，企业竞争日趋激烈，金融市场日趋成

熟，现代企业的组织形式和经营领域不断多样化，从而导致企业的经营理财活动极为复杂。传统的经验管理模式和简单的报表分析方式已不能适应各类信息使用者的需要，必须代之以科学系统的财务报告分析，才能为有关分析主体的管理决策与控制提供必要的依据。

企业财务报告分析的内容涉及企业财务活动的各个方面，主要包括以下内容。

一、财务能力分析

现代企业的生存与发展，在很大程度上取决于企业的财务能力。为了正确把握和充分发挥企业的财务能力，有关分析主体必须对企业的财务能力进行科学分析与评价。现代企业的财务能力可归结为"四种能力"，即偿债能力、资金营运能力、盈利能力和发展能力。与此相对应，财务能力分析的内容有偿债能力分析、资金营运能力分析、盈利能力分析和发展能力分析四个方面。财务能力分析是企业财务报告分析的基本内容。

要对企业财务能力进行分析，可以采用以下分析手段。

1. 财务结构分析

现代企业实际财务活动中客观存在着多种财务结构，如收入利润结构、成本费用结构、资产结构（投资结构）、资本结构（筹资结构）和现金流量结构等。企业财务结构的具体构成因素和不同的构成比例，影响和决定着企业的各种财务能力。进行财务结构分析，深入具体地探究企业财务结构的具体构成及其影响，寻找原因，有利于更准确地评价企业的财务能力。企业财务结构分析一般可分为以下内容：①主要通过利润表分析收入利润结构和成本费用结构；②主要通过资产负债表分析资产结构（投资结构），通过资产负债表和所有者权益变动表分析资本结构（筹资结构）；③主要通过现金流量表分析现金流量结构。

2. 财务发展趋势分析

财务发展趋势分析一般是通过对比企业连续数期财务报告中的相同指标或比率，确定其增减变动的方向、数额和幅度，反映说明企业财务状况或经营成果变动趋势，并分析引起变化的主要原因、变动的性质，预测判断企业未来财务情况和财务能力的发展前景。

3. 财务综合分析

财务报告分析的最终目的在于全方位剖析和了解企业经营理财的状况，并借以对企业财务状况、经济效益、发展后劲的优劣作出全面、准确、客观的总体评价。单独分析任何一个方面的财务指标，都难以达到上述目的。要想对企业财务能力有一个全面的了解和把握，就必须进行关联和综合分析，将企业偿债能力、资金营运能力、盈利能力等诸方面的分析纳入一个有机的整体之中，全面地对企业财务状况和经营成果等所有财务活动的过程及结果作出科学的分析、评价和判断。这种分析具有分析内容的综合性、分析方法的结合性、分析指标的搭配性、分析结果的多用性等特征。

4. 财务预算执行情况分析

财务预算是企业全面预算的价值总结，通常由现金预算、预计利润表和预计资产负债表组成。从企业财务管理的角度而言，财务预算执行情况的分析是财务预算控制的一个重要环节。它主要通过企业内部各责任中心的责任会计提供的责任报告（企业内部报告）来进行分析，最后汇总反映整个企业的财务预算执行情况，是加强企业财务控制的一种最重要、最常用的手段。因此，企业财务预算执行情况的分析可以作为财务报告分析的重要补充。

二、财务危机预警分析

所谓财务危机预警，就是通过设置并观察一些敏感性财务指标的变化而对企业可能或将要面临的财务危机事先进行监测预报的财务分析诊断过程。这样的一个财务分析诊断系统叫做财务危机预警系统，它可以及时预知财务危机的先兆，提醒企业经营管理者早做准备预防财务危机的发生或采取对策控制财务危机的进一步扩大；也可以通过寻找导致企业财务状况恶化的原因，提出改进建议，弥补企业现有经营理财中的缺陷，从根本上消除财务隐患。财务危机预警是财务报告分析的特殊内容。

第三节　企业财务报告分析的依据

一、财务报告内容体系

企业财务报告体系包括基本财务报表、财务报表附表附注和财务情况说明书。基本财务报表按其内容又分为资产负债表、利润表、现金流量表和所有者权益变动表。另外，集团企业的母公司还要按规定范围编制合并会计报表。

（一）财务报表体系

1. 资产负债表

资产负债表是反映企业特定日期财务状况的财务报表。它以"资产＝负债＋所有者权益"这一会计等式为编制依据，按照一定的分类标准和次序反映企业在某一时点上的资产、负债和所有者权益的基本情况。资产负债表反映了资产规模、资产结构、资产流动性、资产质量、负债结构和水平、所有者权益等信息。

通过资产负债表的分析可以了解企业资产分布状况（投资结构）和资金来源状况（筹资结构）、企业偿债能力、财务风险和资本保值增值的情况。

2. 利润表

利润表是反映企业在一定期间生产经营成果的财务报表。利润表是依据"收入－费用＝利润"这一会计等式编制而成的。第一部分是营业利润，由"营业收入－营业成本－营业税金及附加－销售费用－管理费用－财务费用－资产减值损失＋公允价值变动净收益＋投资净收益"构成；第二部分是利润总额，由"营业利润＋营业外收入－营业外支出"构成；第三部分是净利润（或净亏损），由"利润总额－所得税费用"而得。

通过对利润表的分析可以了解企业的收入来源和分配去向，可以考察企业经营成果构成和盈利能力，与现金流量表等资料结合起来分析可以判断企业盈利的质量。

3. 现金流量表

现金流量表是反映企业一定会计期间内经营活动、投资活动、筹资活动等对现金及现金等价物产生的影响及其程度的报表。它揭示了现金来源与运用的信息,通过对经营活动现金流量、投资活动现金流量、筹资活动现金流量的分析,可以发现企业现金流量增减变动的原因,判断企业现金流量增减的合理性,改进企业现金流量管理。将现金流量表与其他财务报表结合起来,可以分析企业创造现金流量的能力,考察企业的偿债能力和支付能力,并从现金保证的角度说明盈利质量。

4. 所有者权益变动表

所有者权益变动表是全面反映企业构成所有者权益的各组成部分当期的增减变动情况的动态报表。其主要内容包括:①所有者权益总量的增减变动;②所有者权益增减变动的重要结构性信息,特别是直接计入所有者权益的利得和损失;③在一定程度上体现企业综合收益。

通过对企业所有者权益变动表的分析,可以反映企业财务经济实力,提供企业盈利能力信息;可以反映企业自有资本的质量,揭示所有者权益变动的根源;可以反映企业股利分配政策及现金支付能力,为投资者的投资决策提供信息;还能更好地为利润表和资产负债表提供辅助信息。

(二) 财务报表附注

财务报表附注是对财务报表本身无法或难以充分表达的内容和项目以文字描述或明细资料等形式所作的补充说明和详细解释,是财务报告体系重要的组成部分。根据《企业会计准则第 30 号——财务报告的列报》和相应指南中的规定,财务报表附注主要包括如下内容:①企业基本情况;②财务报表的编制基础;③遵循企业会计准则的声明;④重要会计政策和会计估计;⑤会计政策和会计估计变更以及差错更正的说明;⑥报表重要项目的说明;⑦或有事项的说明;⑧资产负债表日后事项的说明;⑨关联方关系及其交易的说明。

财务报表附注的提供能有效提高会计信息的可理解性、有用性、可靠性、可比性,并突出重要信息,因此在财务报告分析中只有在注重基本财务报表提供的信息的基础上,充分关注和利用财务报表附注所揭示的内容信息,才能准确地评价企业的财务状况、经营成果和现金流量情况,科学地分析企业偿债能力、资金营运能力和盈利能力,并找出其存在的问题,提出改进对策,减少因财务报告分析结论的不科学而带来的决策失误。另外,将财务报表附注中的一些信息与基本报表中的情况进行对比,有时还能发现报表中数据可能存在的问题,为深入调查和分析提供依据。

(三) 财务情况说明书

财务情况说明书是企业对自身一定会计期间内生产经营、资金周转、利润实现及分配等情况作出的简要财务分析报告。企业财务情况说明书的内容一般包括企业生产经营的基本情况、资金周转和增减情况、利润实现和分配情况、对企业财务状况经营成果现金流量有重要影响的其他事项、对未来情况的预测和发展战略说明。

通过阅读财务情况说明书，可以了解企业对财务状况经营成果现金流转等情况的自我分析，了解企业对经营理财情况的自我评价、企业经营理财面临的环境、企业对未来发展的信心等信息。

二、其他相关资料

企业财务报告分析依据的其他相关资料主要有注册会计师出具的审计报告和日常会计核算资料、统计资料、内部管理报告、业务资料、上市公告书、招股说明书等其他资料，以及企业生产经营特征、企业外部环境等因素。

（一）审计报告

注册会计师出具的审计报告是注册会计师对企业会计报表从合法性和公允性两个方面所作的鉴定。财务报告分析主体可以通过审计报告的意见类型了解所面对的或即将要对其进行分析的财务报表及其附注是否合法和公允。

所谓"合法"，是指财务报告符合企业会计准则等规范性文件的规定。所谓"公允"，是指会计政策的选用和重大会计估计的做出符合准则和制度的规定及企业的实际情况，影响财务报告使用者判断或决策的事项均已得到恰当表达和披露，财务报告所反映的信息已经得到合理的分类和汇总，已按重要性原则反映了交易和事项的经济实质。

1. 审计报告的类型

审计报告主要有四种类型：无保留意见、保留意见、否定意见及无法表示意见的审计报告。

（1）无保留意见的审计报告。如果注册会计师对企业财务报告经过审计后，认为同时符合下列条件，对此无保留地表示满意时，应当出具无保留意见的审计报告：①财务报告符合企业会计准则和会计制度规定，在所有重大方面公允地反映了企业的财务状况、经营成果和现金流量；②注册会计师已经按照独立审计准则计划和实施了审计工作，在审计过程中未受到限制；③不存在应当调整或披露而企业未予调整或披露的重要事项。

无保留意见意味着注册会计师认为财务报告的反映是公允的，能满足利益关系者的共同需要。无保留意见也是委托人最希望获得的审计意见，它表明财务报告所反映的财务状况、经营成果和现金流量具有较高的可信度。

（2）保留意见的审计报告。如果注册会计师对企业财务报告经过审计后，认为财务报告就整体而言是公允的，但个别事项存在问题，使财务报告不完全具备出具无保留意见审计报告的条件，但问题的性质尚未严重到需要出具否定意见或无法表示意见的审计报告时，应当出具保留意见的审计报告。

需要出具保留意见的事项具体有两类：一类是未调整或未披露事项。注册会计师在审计过程中，如果发现企业在会计政策的选用、会计估计的作出或会计报表的披露方面不符合企业会计准则和会计制度的规定时，一般都要求企业调整财务报表或在财务报表附注中予以披露。如果企业不同意进行调整或披露，注册会计师应就其中影响较大的事项在审计报告中提出，并说明理由，指出这些事项对企业财务报告可能产生的重大影响。另一类是审计范围受到局部限制。注册会计师在审计过程中，如果对某些事项的审计受到条件的限制，又无法实施必要的替代审计程序以获取充分、适当的审计证据时，应就其中影响较大的事项在审计报告中指出其对企业的会计报表可能产生的重大影响。

（3）否定意见的审计报告。当未调整或未披露事项对财务报表的影响程度超出了可接受范围的时候，表明财务报表的可信度极差，注册会计师就要发表否定意见，明确指出财务报表不符合企业会计准则和会计制度的规定，未能公允地反映企业的财务状况、经营成果和现金流量。

注册会计师一般不愿意发表此类意见的审计报告，因为委托人不可能为此支付审计费用；企业也不敢把注册会计师逼到非发表否定意见不可的地步，因为这将使企业形象受到极大损害。因此，在实际工作中基本上不会遇到否定意见的审计报告。

（4）无法表示意见的审计报告。如果注册会计师在审计过程中，审计范围受到严重限制，不能获取充分、适当的审计证据，则无法对财务报表发表任何类型的意见，包括无保留意见、保留意见，甚至是否定意见。

2. 使用审计报告应注意的事项

审计报告是专门对所附财务报表及其附注发表审计意见的，两者之间存在着一一对应的关系，在收集分析资料时要防止出现张冠李戴的现象。

在对财务报表及其附注进行分析以前，要仔细阅读审计报告，根据其意见类型判断财务报表及其附注的可信度。一般来说，无保留意见的审计报告表明财务报表及其附注的可信度较高，保留意见的审计报告表明财务报告可信度较差。

对于保留意见的审计报告，要仔细阅读注册会计师保留意见的内容，据以判断问题的严重性，以及对财务报告合法性和公允性的影响程度。

对于审计报告及其附送的财务报表及其附注不可盲目相信，如果有条件，应设法核实其真伪，务必使财务报告分析建立在资料可靠的基础上。事实上，注册会计师可能因为企业提供虚假的财务报告资料或由于其职业道德败坏或执业水平低下等原因而出具虚假的审计报告。

（二）其他资料和企业外部环境等因素

企业凭证账簿等日常会计核算资料、统计资料、业务资料、内部管理报告、上市公告书、招股说明书等也可以作为财务报告分析的依据。

企业的外部环境包括市场环境、政策环境和经济环境。企业市场环境主要包括资本市场、生产资料市场、劳动力市场、技术市场、销售市场等，企业的市场环境对企业的发展有巨大的制约或推动作用。资本市场在一定程度上决定着企业融资投资的难易度和企业的发展速度。劳动力市场某种程度上决定了企业人力资源的质量，影响企业核心竞争力。销售市场则是企业提供的产品或劳务的需求市场，是企业生存和发展的生命线。另外，在财务报告分析时还要考虑行业发展背景、竞争对手的情况、产业结构情况、企业生命周期和产品发展周期阶段、宏观中观经济政策制度、国际经济形势等因素。

第四节 企业财务报告分析的形式和学科定位

一、企业财务报告分析的形式

因为进行企业财务报告分析的角度不同，如分析的主体不同、客体不同、目的不同等，所以企业财务报告分析形式也有所不同。明确不同的财务报告分析形式的特点及用途，对于准确分析企业财务情况、实现分析目标具有重要意义和作用。通常，财务报告分析的形式可从以下几方面进行划分。

（一）外部分析和内部分析

处在不同地位的企业财务报告分析主体对企业提供的财务信息有不同的需求，或者说对财务报告分析内容有不同的侧重点。根据分析主体处于企业内部还是外部，可将财务报告分析分成外部分析和内部分析两大类。

1. 外部分析

企业投资者和债权人、供应商和顾客、政府相关部门分别是企业权益资本和负债资金的供给者、商品或劳务的供应者和购买者、企业的社会管理者，它们都属企业外部利益相关者，一般不直接参与企业日常经营管理，不能直接从企业生产经营过程中获取所需的经济财务信息，只能主要依赖于企业财务报告和其他资料来了解和掌握企业目前的经营业绩、财务状况和财务信用、社会责任履行情况的信息，并在此基础上形成自己对企业未来偿债能力、盈利能力、发展能力及潜在风险的判断，为投资决策、信贷决策和各种管理决策提供可靠的依据。

然而，即使都属于外部分析，不同的外部利益相关者对财务报告分析的具体内容也各有侧重点。例如，向企业提供短期信贷资金的银行及在赊购赊销过程中形成的商业信用提供者（如原材料或中间产品的供应商及向企业支付预付货款的客户等）主要对企业当期的现金头寸和近期产生现金收入的能力感兴趣，而要想了解企业对短期债务的支付能力，只需对财务报表进行流动性分析便可得出结论。又如，对企业提供中长期贷款的金融机构、公司债券的持有者对企业资产和收益的要求权是长期的，他们对企业在较长时期内支付利息和产生收入的能力，以及提存偿债基金的情况感兴趣，因此，他们对企业财务报告的分析主要围绕着企业资本结构和长期偿付能力展开，当然，他们也关注其他债权人和投资者对企业现金等资产的要求权的情况。再如，企业所有者（股东）及潜在投资者对企业当期盈利水平及其未来发展潜力尤感兴趣，因为公司股票市价的涨跌在很大程度上取决于公司目前实际的和未来预期的收益情况、红利的发放量及稳定性。至于政府的税务部门，它们则特别注意企业成本费用开支情况、税前利润水平及应缴税款数量等。

2. 内部分析

企业内部经营管理者除了全面关注企业财务状况和经营成果，关注企业各方面财务能力之外，往往将分析重点集中于企业经营理财过程中出现的某些薄弱环节或对企业发展将产生重大影响的项目。其分析的目的是更有效地进行规划和控制。

例如，为了加强企业内部控制，企业经营管理者对各种流动资产和固定资产的周转情况与这些资产的投资收益率特别关注，因为这些财务指标是评估企业资产管理是否具有效率的重要依据。又如，为了扩大从外界获得资金的渠道和降低筹资成本，企业的财务主管必须十分熟悉财务报告外部使用者通常用来了解和评价企业盈利能力和财务状况的各项指标，以便能有的放矢地改善企业的整体形象。再如，为了对企业的未来作出科学的发展规划，管理当局必须仔细地分析企业当期的财务状况，认真地评估企业目前面临的发展机会及其对企业未来现金流动所产生的潜在影响。当然，经营管理者对企业财务情况的其他方面也很关注，因为他们的职责是对企业日常运行负责，并在充满竞争的市场环境里权衡经营风险和财务风险，去赚取股东满意的投资收益率。

企业经营管理者除了重视财务报告分析外，还可通过其他内部渠道获得有关成本、利润及资金周转方面的有用信息，以加强内部控制和进行科学规划。这些构成了成本管理会计的内容。

（二）全面分析和专题分析

根据财务报告分析的内容与范围不同，可分为全面分析和专题分析。

1. 全面分析

全面分析是指对企业一定时期财务报告所反映的经营理财各方面情况进行系统、综合、全面的分析与评价。全面分析的目的是全面总结企业在这一时期的业绩，找出经营理财中具有普遍性的问题，为协调各部门关系，搞好下期经营理财安排奠定基础或提供依据。全面分析通常在年终进行，形成综合、全面的财务分析报告，向职代会或股东（大）会汇报。

2. 专题分析

专题分析是指根据分析主体或分析目的的不同，对企业经营理财过程中某一方面的问题所进行的较深入的分析，如经营管理者对经营理财过程某一环节或某一方面的突出问题进行分析，投资者或债权者对自己关心的某个方面的问题进行分析等，都属于专题分析。专题分析能及时、深入地揭示企业某一方面的财务情况，为分析者提供详细的资料信息，对解决企业经营理财中的关键性问题具有重要作用。例如，当企业在某时期资金紧张时，通过财务专题分析，可从筹资结构、资产结构、现金流量及支付能力等方面找出资金紧张的原因及解决的对策。

在财务报告分析中，应将全面分析与专题分析相结合，这样才能全面、深入地揭示企业经营理财中的问题、正确地评价企业各方面的业绩。

（三）财务报表分析和内部报表分析

财务报告分析从分析资料来源角度划分，可分为财务报表分析和内部报表分析。

1. 财务报表分析

财务报表分析就是指对财务会计报表的分析。财务会计报表是企业依据会计准则和会计制度编制的，向企业利益相关者提供的反映企业财务状况和经营成果等会计信息的总结性文件。由于财务报表具有合法性、客观性、公开性等特点，对财务报表分析，不仅有利于财务报告分析的规范化、制度化，而且便于企业及有关各方面对企业经营理财情况进行系统分析。从这个角度看，财务报表分析是财务报告分析的最基本形式，甚至有人将财务报告分析理解为就是财务报表分析。财务报表分析根据报表种类的不同又可分为资产负债表分析、利润表分析、现金流量表分析和所有者权益变动表分析等。应当指出，财务会计报表之间是相互联系、相互制约的，因此财务报表分析不能仅对某一报表孤立地进行分析，而应将全部财务报表结合起来分析，这样才能得出正确的结论。

2. 内部报表分析

内部报表主要是指供企业内部管理者所用的与企业经营理财活动有关的报表资料，包括各种用于企业内部经营管理决策、财务预算、产品成本和业绩评价等方面的报表，其中最基本的是成本会计和管理会计报表。内部报表及其分析作为财务报告分析的一种资料来源是很必要的：第一，内部报表分析是对财务报表分析的必要补充。例如，利润表分析可说明企业收益情况和盈利能力，进一步分析也可说明企业盈利增长的一般原因，如销量变动的影响或成本费用变动的影响，但是为什么成本费用会变动呢？通过财务报表分析并不能回答这一问题，而内部报表分析则可根据成本报表资料，分析说明成本升降的具体原因。第二，内部报表是根据企业生产经营特点和管理需要编制的，因此对内部报表的分析更有利于揭示企业经营管理中存在的问题或不足，这对企业经营者而言尤为重要。

（四）趋势分析、现状分析和潜力分析

财务报告分析从分析的时期和目的角度划分，可分为趋势分析、现状分析和潜力分析。

1. 趋势分析

趋势分析是指对企业某一阶段各个时间段的总体财务变动状况或某个财务指标的变动情况所作的分析，借以评价企业各方面财务情况的发展趋势。趋势分析是财务报告分析的基本形式之一，它不仅有利于评价过去，而且有利于指导现在和预测未来。趋势分析可广泛应用于不同的分析领域和分析目的，如投资者通过对企业盈利能力所进行的趋势分析，可评价企业盈利能力的稳定性及其增长趋势；债权人通过对企业偿债能力指标及其他营运指标的趋势分析，可判断企业流动性及偿债能力的发展趋势等。

2. 现状分析

现状分析是财务报告分析的最主要形式。它是指对企业当期的经营理财活动所进行的分析，以评价企业当期的各项经营和财务活动状况。现状分析最真实地反映了企业资金营运状况、盈利状况、资产及其来源状况和风险程度的现状，为投资者、债权人、经营管理者及其他利益相关者提供了了解企业、作出决策的直接依据。通过对不同企业现

状的比较分析，还可反映企业在同行业中所处的地位，发现自己的差距和不足，为企业改进工作、制定正确的经营理财发展目标提供依据。

3. 潜力分析

潜力分析是在趋势分析和现状分析的基础上，结合企业资源变动状况和经营目标，对企业未来发展能力的估计与判断。潜力分析对于经营者、投资者和债权人都是至关重要的。潜力分析的准确与否，决定着决策的正确与否。应当指出，潜力分析通常与风险分析是紧密相关的。因此，根据潜力分析进行决策时，必须考虑不同潜力的风险程度，这也就加大了潜力分析的难度与复杂性。

从上述三种分析形式的含义与特点可看出，趋势分析、现状分析及潜力分析是相互联系的。进行财务报告分析，不能将它们割裂开来，孤立地使用某一种形式进行分析则可能得出片面的结论。

（五）截面分析和时间序列分析

按分析所涉及的时间、空间范围不同，财务报告分析可以分为截面分析和时间序列分析等。截面分析，即分析同一时期内不同项目之间的数量关系，或者不同企业同一时期的比较分析。时间序列分析，即分析同一企业不同时期财务数据之间的关系，是趋势分析的一种常用手段。

二、财务报告分析的学科定位

关于财务报告分析的学科定位问题一直存在较大争议。有人将其划归会计学，有人将其划归财务管理学，还有人将其划归金融学、管理学、统计学等。财务报告分析之所以定位较难是因为它是一个与上述各学科都相关的边缘性学科。

财务报告分析实际上是在会计信息供给（会计学）与会计信息需求（财务管理学、经济学、管理学等）之间架起的一座桥梁，它通过对会计信息的透视与剖析，满足会计信息需求者的不同要求。因为在会计学与经济学、管理学、财务管理学等学科的关系中，都涉及会计学的发展如何满足相关学科发展的信息需求，其他学科发展如何有效利用会计信息的问题。一方面，会计学毕竟不是单纯满足某一信息使用者的需求，因此会计提供的信息往往需要分析与转换而成为信息需求者的有用信息；另一方面，经济学、管理学、财务管理学等相关学科的复杂性也不能要求会计完全或直接掌握它们对会计信息的需求要求，因此对相关学科决策需求的信息如何分析与转换为会计信息需求的研究，也是会计学发展所需要的。在会计学与相关学科需求信息的转换中，财务报告分析起着至关重要的作用。财务报告分析就是根据相关学科或人们对会计信息的需求，将标准的会计信息分析转换为决策与管理所需要的信息；同时，财务报告分析又根据相关学科理论与实务所需求的信息，分析转换为会计应该提供的信息。财务报告分析的这种地位与作用，在会计学与财务管理学关系发展中体现得最为明显与清楚。随着相关学科理论与实务对会计信息需求的加大，财务报告分析在连接会计学与相关学科关系中的地位与功能将进一步扩展。

从财务报告分析在会计学与相关学科关系中的地位与作用看，随着会计学科地位的提升及相关学科对会计信息需求的范围、数量与质量要求的提高，财务报告分析将在分析主体、分析对象、分析内容和学科地位上有进一步的扩展与提升。财务报告分析不仅要满足投资者、债权人等外部信息需求者的需要，而且要满足经营管理者、员工等内部信息需求者的需要；不仅要满足管理学理论与实务发展的需要，而且要满足经济学理论与实务发展的需要。可见，仅仅基于会计学的财务报告分析和基于财务管理学的财务报告分析已经不能涵盖财务报告分析学科的范畴，基于其他学科和领域会计信息需求的财务报告分析将随之产生与发展。因此，伴随着财务报告分析地位的提升，独立于会计学科、财务管理学科等其他相关学科的财务报告分析学科方向的发展将成为必然。

三、财务报告分析与相关学科的关系

要建立独立的财务报告分析学科体系，首先必须明确它与经济活动分析、财务管理学、会计学等学科的关系。

需要指出的是，财务报告分析与财务分析有所区别。财务报告分析主要侧重根据财务报告分析企业各方面的财务能力，而财务分析涉及企业财务活动的方方面面，包括对资金的筹集、投放、耗费、回收、分配等方面的分析。因此，财务分析包括财务报告分析。

（一）财务报告分析与经济活动分析

财务报告分析和经济活动分析的相同点在于"分析"，有相同或相近的分析程序、分析方法、分析形式等。区别主要在以下几点：

第一，对象与内容不同。财务报告分析的对象是财务报告中所体现的企业各方面的财务能力。经济活动分析的对象是企业的经济活动，除了财务活动，还有生产经营活动。

第二，分析的依据不同。财务报告分析的依据主要是企业财务报告资料，经济活动分析的资料则包括企业内部各种会计资料、统计资料、技术或业务资料等。这些资料在财务报告分析中也需要，但不像经济活动分析那样倚重。

第三，分析的主体不同。财务报告分析的主体具有多元性，可以是企业的投资者、债权人，也可以是企业经营管理者、职工及其他与企业有关或对企业感兴趣的部门、单位或个人。经济活动分析通常是一种经营分析，分析的主体是企业经营管理者。

第四，分析的时间角度不同。财务报告分析主要是一种事后分析，而现代经济活动分析，除了事后分析，还包括事前分析和事中分析。

（二）财务报告分析与会计学

1. 财务报告分析与财务会计的关系

两者的关系主要体现在：第一，财务报告分析的某些内容是财务会计体系的一部分。在西方的一些基础会计学著作中，通常都含有财务报告分析部分。我国的会计学教材中有时也包括财务报告分析的部分内容。第二，财务报告分析以财务会计核算资料和报告资料为依据进行，没有财务会计资料的正确性就没有财务报告分析结论的正确性。

但是，财务会计中的财务分析或会计分析，以及依据财务会计资料进行的分析并不是财务报告分析的全部含义，它的分析目的和作用与财务报告分析的目的和作用是有一定区别的。

2. 财务报告分析与成本管理会计的关系

成本会计和管理会计都是企业内部会计，是为企业内部管理提供信息的会计。因此，财务报告分析与成本管理会计关系比较含糊，有人可能觉得两者是不相关的。其实，财务报告分析与成本管理会计在对企业内部生产经营管理方面的分析还是有一定的联系的。成本管理会计在一些步骤上应用财务报告分析方法，财务报告分析也需要以成本管理会计的资料作为依据之一。

（三）财务报告分析与财务管理学

财务管理中的财务分析是财务管理循环的一个重要环节，也是一种财务管理的基本方法，它以企业整个财务活动过程和结果作为分析的对象。但是，财务报告分析与财务分析有所不同，因此它与财务管理学的关系也应跟财务分析与财务管理的关系有所不同。

首先，财务报告分析与财务管理的职能与方法不同。财务报告分析的职能与方法着眼于"分析"，财务管理的职能与方法着眼于"管理"。而管理包含预测、决策、预算、控制、分析等，而且财务管理中的财务分析往往主要是对财务报表的比率分析，而财务报告分析的分析内容更为广泛。

其次，财务报告分析的分析主体不仅包括投资者、债权人、经营管理者等企业利益相关者，而且包括其他与企业有关或对企业感兴趣的部门、单位或个人。而财务管理中的财务分析的主体主要是投资者、债权人、经营管理者等企业利益相关者。

由此可见，财务报告分析与经济活动分析、财务管理学、财务会计和内部会计都有密切联系，但并不能互相替代，财务报告分析正是在经济活动分析、财务管理学、会计学基础上形成的一门独立的边缘学科。

第五节　企业财务报告分析的局限性及对策

一、企业财务报告分析的局限性

财务报告分析是一定的分析主体根据企业定期编制的财务报告及其他相关信息，采用一定的标准，运用专门的技术和方法，对企业的财务状况、经营成果及其发展趋势进行的分析和评价，为各有关方面提供企业盈利能力、资金营运能力、偿债能力和发展能力等信息，为各类利益相关主体的决策和控制服务。财务报告分析的依据及所采用的分析方法是决定财务报告分析质量的关键因素，但在财务报告分析的依据、工具、手段等方面，随着企业经济向复杂化趋势发展，存在着一定的局限性。

（一）财务报告分析依据的局限性

财务报告是财务报告分析的主要数据来源和主要依据，而财务报告本身却存在着一定的先天不足。财务报告是以会计核算资料为基础产生的，而会计核算是以一定的会计假设为基础，采用权责发生制，主要运用历史成本原则，执行统一的会计准则和制度进行确认、计量、记录和报告的，因此财务报告未能揭示企业全部的实际情况，不能全面反映企业目前尤其是未来的财务信息，一些信息存在估计成分。财务报告的局限性主要体现在以下几个方面。

1. 信息的时滞性

财务报告所提供的信息仅限于单一的某个企业或企业集团，而不提供特定社会某一行业或某一部门的经济信息。财务信息是已经发生的经济事项的静态阶段性结果，且是人为间断的，没有相关的连续性特征，不能自动地提供预测功能，而且财务报告的信息并不是精确计量的结果，因为确认、计量的过程离不开相关假设、规则、惯例和判断的依托。

财务报告主要反映历史信息，不能准确代表企业各项会计要素的现在价值和能力。财务会计主要是对已经发生的经济活动结果的反映，对各项会计要素的计量虽然采用了一些其他计量手段，如现值、市价、重置成本、公允价值等，但主要还是采用历史成本计价。例如，对固定资产根据一定的估计因素计算其折旧，这种计算难以避免主观性，财务报表上固定资产数额难以准确地反映其真实价值和生产能力。根据财务会计资料编制的财务报告也主要反映历史信息，尤其是经过审计公布财务报告时间往往距财务报告的期间和日期已相去数月时间。财务报告分析的目的实际上更主要的是了解企业未来财务状况和财务能力，主要根据历史信息去评价企业未来的各种能力，局限性可想而知。

2. 计量方式的局限性

财务报告所披露的主要是浅层次的、综合的、大多不涉及商业秘密的、一般适用性的通用信息。对企业管理当局之外的其他利益相关者用处不大。财务报告中的数据都采用货币计量，而货币计量是建立在币值不变的假设基础上的，但在现实中，货币价值不可能长期不变。通货膨胀或紧缩都会使报表的数字与市场价值产生很大的差异，这有可能会使报表使用者产生重大误解。

另外，财务报表信息揭示的往往仅是财务资源及其运用成果的"数量"特征，大量背景性、前瞻性、不确定性的非财务信息却被隐藏起来，不少难以用货币计量但对决策很有用的信息被排除在财务报表甚至财务报告之外。例如，知识产权是企业的巨大财富，但由于计量方面的原因，其真正价值也难在无形资产项目中客观地显示出来，但这些内容对利益相关者的决策和管理都具有重大的参考价值。

3. 会计政策选择影响会计指标的可比性

选择不同的会计政策，影响会计指标的可比性。近年来，整个世界范围内的会计准则和制度都在发生重大调整和改革，我国会计准则的建设处于不断完善阶段，每一项新会计准则的出台或修订，必然会对同一企业前后期会计资料的可比性产生影响。对同一会计事项的财务处理，会计准则允许在多种会计处理方法中进行选择，如存货计价方法、固定资产折旧方法、对外投资收益的确认方法等。不同企业不同的会计方法的选择，必然会影响到不同企业会计资料的可比性，而报表使用者未必能够完成这种可比性的调整工作。就同一企业来说，虽然在报表附注中对会计政策选择变更的影响有一定的说明，但完成这种调整也仍然是比较麻烦的。

4. 财务报告在编制过程中可能存在问题

信息不对称性的客观存在，使其他利益相关者较之企业管理当局在分析上的难度要大得多，而且财务报告是根据权责发生制的核算资料编制的，存在被操纵的可能性与现实性。现实生活中上市公司操纵利润、会计欺诈等事件经常见诸报端。因此，财务报告的真实性问题令人关注。只有依据真实的财务报告，财务报告分析才可能得出正确的结论。因此，在进行财务报告分析时要关注财务报告是否规范、完整，财务报告数据是否有反常现象，是否与经济环境、市场状况相一致等。

（二）财务报告分析方法上存在的局限性

从目前来看，进行财务报告分析时所使用的最主要的方法是比较分析法和比率分析法。

1. 比较分析法及其局限性

比较分析法是指将两个或两个以上会计期间的财务报表中的相同项目进行比较分析，分析其变动原因和变动方向，以揭示财务状况和经营成果的变动状况和趋势。其重点在于比较不同期间同一项目的变动情况，但其存在的主要问题是如果当年的经营出现拐点或偶发性事件，将造成不同时期的财务报表数据间可能不具有可比性。

2. 比率分析法及其局限性

比率分析法是指将财务报表相关项目的金额进行对比，得出一系列具有一定意义和逻辑关系的财务比率，以此来揭示企业的财务状况、经营成果、现金流量情况的一种分析方法。具体而言，比率分析法用到的财务比率有反映企业偿债能力的比率、盈利能力的比率及资金营运能力的比率等。但是，比率分析法也存在局限性，主要在于以下几个方面。

（1）财务比率体系结构并不严密。财务比率分析以单个比率为单位，每一比率只能反映企业的财务状况或经营成果的某一方面，如流动比率反映偿债能力、资产周转率反映资产管理效率、营业利润率反映盈利能力等。正因为比率分析是以单个比率为中心，每一类比率都过分强调本身所反映的方面，所以导致整个指标体系结构不严密。

（2）财务比率缺乏可比性。企业规模的大小、所属行业特点、公司经营方针等方面的独特性都会使不同行业处于不同发展阶段的企业之间的同一比率指标缺乏可比性。不同公司或同一公司不同时期选用互不相同的财务政策和会计方法也会使它们之间的比率指标丧失可比性。

（3）现行分析比率的比较标准难以确定。现行企业财务报告分析的一些比较标准主要是按照国际惯例制定的。但是，国内外市场存在巨大差异，且多元化经营的现象大量存在，使比较标准难以合理确定。

二、财务报告分析局限性的对策分析

对于现行财务报告分析存在的局限性，可以采用以下对策措施加以降低，从而提高财务报告分析的质量，为报告使用者提供更有价值的决策和控制信息。

（一）对财务报告的完善

对于财务报告的滞后性，财务报告的供应者首先应充分利用现代信息技术提供的便利，及时将相关信息提供给企业财务报告分析主体，从而在一定程度上弥补滞后性的局限，同时财务报告分析主体应将各种分析方法结合起来，提高信息对决策和控制的有用性。其次，要将为投资者提供决策有用的信息摆在核心位置，相应的改变会计信息重可靠性轻相关性的现状，提高会计信息披露的充分性和及时性，更好地为会计信息使用者服务。再次，既要考虑货币计量手段，又要考虑非货币计量手段，在现有条件下尝试用多种方式对非货币计量的信息进行披露。

（二）财务报告分析方法的完善

1. 建立科学的财务报告分析方法体系

建立科学的财务报告分析方法体系是提高财务报告分析质量的重要一环。在定量分析和定性分析的基础上，将定性分析和定量分析结合起来，建立一套完整、系统的财务报告分析方法体系。必须把定量分析的结果与一些不可计量的因素综合考虑，进行综合判断修正误差，使定量分析的结果更符合实际。财务报告分析者可根据各自的要求，为实现各自的分析目标选择有关定量分析方法和定性分析方法，并有机地结合，灵活地应用。例如，比率分析与趋势分析是互相联系、相互补充的，因其各有局限性，在运用时不能孤立地使用一种方法作出判断，可以把它们结合起来使用。

2. 对比率分析存在问题的完善

将各种比率有机联系起来进行全面分析，可采用因子分析和回归分析等数理统计方法进行分析，找出各指标之间的关联性，抓住重点，避免多重线性相关。

3. 重视对企业非货币计量信息的分析

关于企业财务情况及发展前景等诸方面的信息，有些是难以用货币计量表示的。有些非货币计量方面的信息对企业的信息使用者来说可能比货币计量信息更重要。例如，两个财务情况相同的同类企业，一个处于上升期，另一个则处于下滑期，它们只是在上升与下滑过程中的某一时点表现为相同的财务情况，这种上升与下滑的趋势就不一定能从财务报告中反映出来。

第六节　财务报告的粉饰与识别

财务报告是财务报告分析最为重要的信息源泉，是企业各相关利益者赖以实施决策和管理的基本依据。因此，企业内部必须建立起一套控制严密的、高质量、高效率的会计信息传递与处理系统。企业财务报告分析工作，必须以企业良好的会计信息传递和报告系统为基础，以财务报告信息质量评价为切入点，即逻辑起点。但是，在目前的现实经济生活中，不少企业存在着财务报告的粉饰问题。

上市公司财务报告粉饰是一个很专业、很复杂的问题，其手段随着环境的变化不断地推陈出新。一般企业为了业绩考核、获取信用、发行股票、减少纳税等，也存在粉饰经营业绩和财务状况的动机和做法。这严重影响了财务报告的信息质量，导致财务报告分析得出错误的结论，因此财务分析者必须了解财务报告的粉饰手段及识别方法。下面说明常见的企业财务报表粉饰的手段和较为实用的识别公司财务报告信息失真的方法。

一、财务报表粉饰的手段

（一）利用实物资产、股权置换的手法调节利润

这种手法通常为子公司与母公司或其他关联方所用，它们通过实物资产、股权置换的方式，达到其增加利润的目的。例如，2003 年，世茂股份公司与上海世茂建设有限公司达成进行资产置换的决议，同意公司以所持有的上海世茂国际广场有限公司18.375 万股权及现金 6 792 万元，与参股公司世茂建设所持有的上海世茂湖滨房地产公司 50 万股权进行置换。如此一置换，世贸股份当年度业绩同比猛增 25 倍。

（二）利用调节营业外收入或补贴收入调节利润

这往往是一些 ST 上市公司惯用的手法。营业外收入是指与企业正常生产经营活动没有直接关系的各种收入，它不是由企业经营资金耗费所产生的，不需要企业付出代价，实际上是一种纯收入，不可能也不需要与有关费用进行配比。它不具有长期性和稳定性，对利润的影响是暂时的，因此营业外收入常常成为一些公司利润的"调节器"。

（三）利用对存货价值的调节进行操纵

首先，存货计价方法的不同，对企业财务状况、盈亏情况会产生不同的影响。期末存货计价过高或期初存货计价过低，当期收益都可能因此而增加，反之亦然。因此，存货计价方法的变更可以产生一定的利润调整空间。其次，有的企业采用定额成本法计算产品成本时，将产品定额成本差异在在产品和库存产品之间分摊，本期销售产品却不分摊，以降低本期销售成本。更有甚者，故意虚列存货或隐瞒存货的短缺或毁损，从而达到虚增本期利润的目的。这样的做法，虽然使公司当年的财务报表好看了，但为其今后的发展前景蒙上了阴影。

（四）利用调节应收账款、其他应收款、其他应付款造假

其他应收款、其他应付款被称为财务报表中的"垃圾桶"和"聚宝盆"，前者隐瞒潜亏，后者隐瞒利润。年报不实的公司在其他应收款或其他应收款方面做文章，从而达到虚增利润目的的手法屡见不鲜，一些公司往往把一些难以收回的应收账款仍挂在账

上，以虚增资产。

（五）利用计提手段结合会计估计调节利润

企业巨额计提秘密准备，使估计和计提成了操纵利润的一种普遍手段。秘密准备的手段一般有以下几种：低估资产、高估负债、不反映某些特定资产的价值、搁置资产价值上涨时的调整。

（六）费用"减肥"，利润"虚胖"

公司对当期费用进行调整，也可实现虚增利润的目的。在实际处理中，一些公司往往利用"长期待摊费用"、"在建工程"等科目进行调账，在以后年度逐渐进行分摊，从而达到平滑利润的目的。

二、财务报表粉饰的识别

（一）不良资产剔除法

这里的不良资产除包括待处理流动资产净损失、待处理固定资产净损失、长期待摊费用等虚拟资产项目外，还包括可能产生潜亏的资产项目，如高龄应收款项、存货跌价和积压损失、投资损失、固定资产损失等。不良资产是资产中的黑洞，是导致公司虚盈实亏的重要原因，同时也是公司未引爆的"定时炸弹"，因此，在对那些存在高额不良资产的公司进行财务报告分析时，对不良资产进行剔除就显得十分重要。在识别过程中，可以将不良资产总额与净资产比较，如果不良资产总额接近或超过净资产，就说明该公司的持续经营能力可能大有问题。同时，也可以将当期不良资产的增加额与当期利润总额增加额相比较，如果前者超过后者，说明该公司当期的利润表可能大有"水分"。

（二）合并报表分析法

有的公司采取的粉饰报表手法比较高明，为了逃避注册会计师和有关部门的审查，往往通过子公司或者孙公司关联交易来实现利润虚构。因此，仔细分析合并报表有时也能发现其中的疑点，主要要分析的是合并资产负债表、利润表和现金流量表。这种方法从基本的财务比率着手，分析公司偿债能力、资产管理能力、盈利能力和成长能力等，再反过来从侧面发现公司财务报表可能存在的粉饰问题。

（三）或有事项分析法

或有事项是指过去的交易或事项形成的一种状况，其结果需通过未来不确定事项的发生或不发生予以证实。常见的或有事项有未决诉讼、未决索赔、税务纠纷、产品质量保证、商业票据背书转让或贴现、为其他单位提供债务担保等。我国企业会计准则明确规定了对或有事项的会计处理方法，根据会计谨慎性原则，尤其应对或有损失进行确认或披露，但一些公司往往对巨额担保事项隐瞒不报或轻描淡写，一笔带过，以减少或有负债，虚增利润，蒙蔽广大投资者的眼光。

（四）偶然性因素剔除法

这里的偶然性因素是指那些来源不稳定、不可能经常发生的收益。常见的偶然性收入包括补贴收入、营业外收入、债务重组收益、因会计政策变更或会计差错更正而调整的利润、发行新股冻结资金的利息等。将这些因偶然性因素导致的损益从企业利润总额中剔除，能够较为客观地分析和评价该公司盈利能力的高低和利润来源的稳定性。

（五）重点会计科目分析法

企业进行报表粉饰时，常常运用应收账款、其他应收款、其他应付款、存货、投资收益、无形资产、补贴收入、各项准备等会计账户。如果这些会计科目出现异常变动，分析者就必须认真对待，考虑该公司是否存在利用这些科目进行利润和资产操纵的可能性。

<h2 style="text-align:center">本 章 小 结</h2>

本章首先讲述了企业财务报告分析的概念、财务报告分析的主体和目的，在此基础上重点介绍了财务报告分析的内容和依据，包括企业财务报告、其他资料及所处的外部环境。然后，探讨了财务报告分析的形式和学科定位。最后介绍了财务报告分析的局限性及其对策及财务报告的粉饰和识别方法。本章重点是财务报告分析的主体和目的、依据和内容。

【进一步学习指南】

随着我国资本市场的发展和完善，企业股东、债权人和其他利益相关者，以及社会各界对企业财务报告的信息需求也逐渐深化。财务报告分析不仅成为企业进行经营理财管理的一种重要方法，也成为报告使用者充分利用财务会计信息进行决策的一种重要手段。本章所阐述的基本都是财务报告分析的基础理论问题。限于篇幅，本书对这些问题的阐述有些不够深入全面，有些仅是本书的观点，因此感兴趣的读者可以进一步阅读下列文献，以求得对这些问题的进一步深入了解，并据此作出自己的思考和见解。

【进一步阅读书目及法规】

查尔斯·吉布森. 1996. 财务报表分析：利用财务会计信息. 马英麟等译. 北京：中国财政经济出版社
郭泽光. 2007. 财务报告分析. 北京：高等教育出版社
张先治，陈学邦. 2007. 财务分析. 大连：东北财经大学出版社
张先治. 2004. 财务分析学科地位与体系构建. 东北财经大学学报，（1）
张新民，钱爱民. 2008. 财务报表分析. 北京：中国人民大学出版社
赵秀芳. 2009. 企业财务分析. 大连：大连理工大学出版社

【案例分析】

素有"缝纫机大王"之称的浙江飞跃集团一直是浙江民营企业的典范，是台州经济

的一面旗帜。十几年来，飞跃集团一直保持着较快的发展势头，2007年飞跃的产能为年产各类缝制设备500多万台，其中高速包缝机、绷缝机占世界总产量的50%，占国内的70%，已连续多年处于全国同行业出口量、出口创汇首位，有的缝纫机能卖到1 000多美元一台。但是，快速发展的背后也存在种种问题。

2007年下半年后，在油荒、电荒、原材料涨价、人民币升值、劳动力成本上升、出口退税率下调、环保门槛抬高、国际金融危机导致需求萎缩等众多因素的影响下，飞跃集团订单减少、利润缩减。自2008年开始，各家银行收紧信贷，飞跃集团的现金流出现缺口，面临资金不继的压力。飞跃难以再从银行获得贷款，甚至转向民间"高利贷"寻求周转资金。

2008年4月初，飞跃集团某债权银行抽走一笔3 000万元的贷款，导致其紧绷的资金链断裂。2008年5月底，飞跃集团负债总额保守估计在30多亿元，其中银行贷款约16亿元。在部分银行"意外"抽贷及民间债权人"逼债"的双重压力下，飞跃集团对所借资金无力偿还，企业资金危机就此爆发，只得选择向政府提出破产申请。

浙江银行界和民间金融圈似乎早有预感。当地银行界有人士透露，飞跃资产负债率居高不下，还贷状况欠佳，且经过多年的一贷再贷，大量资产在抵押中，早已达不到银行贷款的风险控制要求。台州当地国有银行近年来逐渐停止向飞跃增加贷款，并多次试图收回部分贷款，但囿于"当地银行"的身份，收回十分艰难。飞跃的融资一度转向广发、光大、深发展等"外来和尚"及省内其他地区的银行。2007年起，其中某些银行也对飞跃丧失了"安全感"，开始了收回贷款的动作。2008年的宏观紧缩政策下，飞跃更成为银行收紧信贷的目标，不仅无法获得新增贷款，压贷压力也巨大。

与许多浙江企业一样，向银行贷款的同时，飞跃也向民间金融融资，与金华、永康等地的民间金融密切往来，有大量资金拆借。2007～2008年，民间金融短期拆借的月利率约为5分，即年利率60%，行情高时则接近1厘。

素有标杆之称的飞跃集团危机的发生，引起了社会各界的极大震动。2008年5～6月，在浙江省政府和台州市政府的多方协调和资金援助下，飞跃暂时渡过了"破产"危机，被从悬崖边上拉了回来。

但是，很多有识之士认为，飞跃的困境不完全是因为宏观调控及资金问题，其主要原因在企业内部。台州市经委主任张锐敏将飞跃集团出现财务危机的原因概括为三方面：一是宏观环境变化使其成本大大增加；二是近两年固定资产投资过快造成企业资产"固化"；三是企业股权单一导致决策风险过于集中，隐患早已埋下。因此，必须立足长远解决飞跃内部管理和股权结构上的问题。

2009年1月13日，由当地7家企业共同发起的浙江新飞跃股份有限公司（简称新飞跃集团）注册成立，大型民企星星集团入股31.65%，飞跃集团转为第二大股东，持股30.38%。股东中另有2家也是缝纫机企业——上市公司中捷股份和浙江新杰克公司。新飞跃集团聘任业内资深人士出任总经理。飞跃集团重组成功，股权社会化、经营专业化得以推进。

案例来源：改写自《飞跃折翅：银行民间债务双双相逼飞跃集团》，南方网，2008-6-09。

要求：

（1）飞跃集团为什么会发生财务危机？是怎么发生的？

（2）各大商业银行应如何利用企业财务报告分析以防范信贷风险？

（3）财务报告分析对企业自身、股东、债权人有什么样的重要意义？

【思考题】

1. 简述财务报告分析的基本内涵。

2. 简述不同的财务报告分析主体进行财务报告分析的目的。

3. 你认为企业财务报告分析的内容主要包括哪些方面？

4. 简述企业财务分析的依据。

5. 财务报告分析的形式有哪些？

6. 财务报告分析的局限性有哪些？如何克服？

第二章

财务报告分析基本程序和方法

【本章学习目标】

- 熟悉财务报告分析的基本程序
- 掌握财务报告分析的各种基本方法，理解使用各种方法进行分析时应注意的问题
- 了解如何运用比较分析法、比率分析法和因素分析法进行财务报告分析

财务报告分析的基本功能是将大量的报表数据转换成特定的对决策和控制有用的信息，减少决策的不确定性和增加控制的有序性，因此财务报告分析既是一个过程，又是一项比较复杂的工作。为保证财务报告分析的科学有效进行，提高分析的精确度和质量，提高财务报告分析工作的效率，财务报告分析必须遵循一定的程序，采用与分析内容最相宜的分析方法。

第一节 企业财务报告分析的基本程序

为确保财务报告分析工作有效进行，财务报告分析必须在遵循一定基本原则（如实事求是原则、系统分析原则、动态分析原则、定量分析和定性分析相结合的原则等）的基础上，依据一定的程序分步骤实施。一般可分为以下几步。

1. 确定分析目的、范围，搜集和核实有关资料

财务报告分析首先要确定分析目的，如确定是要做偿债能力分析、绩效评价分析还是投资分析等。分析目的确定以后，应根据分析目的确定分析的范围和重点，进一步确定是作专项分析，还是全面综合分析。分析目的、范围确定以后，如果分析的工作量较大，还要制定分析工作方案或计划。分析方案主要包括分析的目的和内容、分析人员的分工和职责、分析工作的步骤和时间安排等。分析的范围决定后，要搜集所需资料。资料收集的途径有企业、同业公会、高校和科研咨询机构、政府机构和中介机构、新闻媒介等。在搜集资料后应注意对所收集的资料进行整理和核实。

2. 选择适当的分析方法

财务报告分析的目的和范围不同，所选用的分析方法也应该有所区别。常用的分析方法，如比较分析法、比率分析法、因素分析法等，各有特点，有时需要结合使用。利用这些分析方法，通过计算分析相应财务数据和财务指标，可以对企业的财务状况、经营成果和各方面财务能力作出评价。

3. 确定分析的比较标准

财务报告分析离不开被分析企业相关数据与分析标准的对比。分析者应根据分析目的和分析范围，对分析标准进行科学选择。例如，对企业的财务发展趋势进行考察，应选择企业历史水平作为比较基准，即历史标准（如上期实际、历史先进水平及有典型意义的时期的实际水平等）；若为考察预算完成情况，则应使用预定目标（如预算指标、设计指标、定额指标、理论指标等）；若外部分析者对企业某一方面的财务能力进行独立评价，应选择同行业其他企业在相同时期的平均水平作为比较基准，即行业标准（如主管部门或行业协会颁布的技术标准、国内外同类企业的先进水平、国内外同类企业的平均水平等）或公认标准等。

4. 做出分析结论，编写分析报告

在定性定量分析的基础上，对企业财务状况、经营成果和财务能力作出专题或全面分析评价，找出影响企业财务状况、经营成果和财务能力的具体因素，并将以上分析中形成的结论和认识形成书面化的文字，即财务报告分析报告。财务报告分析报告的格式可以灵活多样，企业内部财务分析报告的格式可以首先对企业财务状况和经营业绩作出总括的评价，然后分别说明取得的成绩和存在的问题，最后提出今后应采取的改进措施。财务报告分析报告应实事求是、观点明确、注重实效、清楚简练。

需要指出的是，财务报告分析的内容非常广泛，因此财务报告分析不是一种有固定程序的工作，不存在唯一的通用分析程序，以上只是对它的一般步骤作了简单介绍。在实际的财务报告分析工作中，要把理论和实践联系起来，综合应用各种分析方法，不断探索和研究，以最大限度地满足信息使用者的要求，帮助各利益相关者作出最优决策，实现最好的控制效果。

第二节 企业财务报告分析的基本方法

开展财务报告分析，需要运用一定的技术方法。财务报告分析的方法主要包括比较分析法、比率分析法和因素分析法。另外，对上述方法加以综合运用，还形成了综合分析法。

一、比较分析法

比较分析法是通过财务报告中相关财务指标数额的比较，来揭示财务指标间的数量关系和数额差异，从而达到分析目的的一种方法。财务指标间存在的这种数量关系，能够说明企业经营理财活动的一定状况。财务指标间出现了数额差异，往往说明某些经营理财活动有值得进一步分析的问题。比较分析法的主要作用在于揭示经营理财活动中的数量关系和存在的差距，从中发现问题，为进一步分析原因、挖掘潜力指明方向。没有比较，就没有鉴别，也就没有分析评价，因此比较分析法是基本的财务报告分析方法，在财务报告分析中被广泛应用。

比较分析法的具体形式多种多样，可以是绝对数的比较，也可以是相对数的比较；可以是单项指标的比较，也可以是整个财务报告的比较；可以用实际指标同计划指标比较，以揭示实际与计划或定额之间的差异，了解该项目指标的计划或定额的完成情况。通过不同时期有关指标的变动情况，可以了解企业经营理财活动的发展趋势和经营理财工作的改进情况；用本单位指标与同行业水平、国内外先进单位指标比较，可以找出与同行业水平、国内外先进单位、先进水平之间的差距，了解本单位在同行业中的地位，推动本单位改善经营理财工作，赶超国内外先进水平。

（一）趋势分析法

趋势分析法又称水平分析法，主要用于时间序列分析，它是通过对比本企业两期或连续数期财务报告中的相同指标，确定其增减变动的方向、数额和幅度，来说明企业财务状况或经营成果变动趋势的一种分析方法。采用这种方法，可以分析引起变化的主要原因、变动的性质，并预测企业未来的发展前景。

趋势分析法的具体运用主要有三种方式：一是重要财务指标的比较；二是财务报表的比较；三是财务报表项目构成的比较。

1. 重要财务指标的比较

重要财务指标的比较，主要是将企业不同时期财务报告中的相同指标或比率进行比较，直接观察其增减变动情况及变动幅度，考察其发展趋势，预测其发展前景。

对不同时期财务指标的比较可以有以下两种方法：

（1）定基动态比率。定基动态比率是以某一时期的数额为固定的基期数额而计算出来的动态比率。其计算公式为

$$定基动态比率 = 分析期数额 \div 固定基期数额$$

（2）环比动态比率。环比动态比率是以每一分析期的前期数额为基期数额而计算出来的动态比率。其计算公式为

$$环比动态比率 = 分析期数额 \div 前期数额$$

2. 财务报表的比较

财务报表的比较也称横的比较，是将连续数期财务报表的金额并列起来，形成比较财务报表，然后比较其相同指标的增减变动金额和幅度，据以判断企业财务状况和经营成果发展变化的分析方法。财务报表的比较，具体包括资产负债表比较、利润表比较、现金流量表比较、内部会计报表比较等。比较时，既要计算出表中有关项目增减变动的绝对额，又要计算出其增减变动的百分比。

【例 2-1】　某企业 2009 年度与 2008 年度比较利润表如表 2-1 所示。

表 2-1 某企业比较利润表   单位：元

项目	2008 年度	2009 年度	比较 金额	增减 百分比（%）
营业收入	56 000	62 000	6 000	10.71
减：营业成本	42 000	45 000	3 000	7.14
营业利润	14 000	17 000	3 000	21.43
减：管理费用	10 000	11 000	1 000	10.00
财务费用	800	1 000	200	25.00
利润总额	3 200	5 000	1 800	56.25

注：表中的增长率 $=\dfrac{前后期增减金额}{前期金额}$

从表 2-1 比较中可以看出，该企业 2009 年与 2008 年相比，虽然营业成本、管理费用、财务费用均有不同程度的提高，但营业收入也有所提高，且增长比例大于营业成本及管理费用，因此使利润总额有大幅度提高。

3. **财务报表项目构成的比较**

这是在财务报表比较分析的基础上发展起来的分析方法，也叫纵横结合的比较。它是将基本财务报表中的某个总体指标定为 100%，再计算出其各组成指标占该总体指标的百分比，形成共同比报表（也叫结构百分比报表）。就资产负债表而言，分别以"资产总额"、"负债及所有者权益总额"为 100%，列出各资产项目占资产总额的百分比，各负债及所有者权益项目占负债及所有者权益总额的百分比；就利润表而言，以"营业收入"为 100%，列出各成本费用项目和利润项目占营业收入的百分比。使用共同比财务报表的目的在于使报表阅读者了解企业财务结构与利润结构，如通过各类资产的构成比，可以了解企业各项资产的分布情况；由各类负债及所有者权益的百分比可以考察企业资金的各项来源比例；由各类成本费用和利润的百分比可以了解企业各类成本费用和利润项目的构成。

再将连续数期的共同比报表并列起来，形成比较共同比报表，以比较共同比报表为依据，比较连续数期各个项目百分比的增减变动，以此来判断有关财务情况的变化趋势。这种方法比前述两种方法更能准确地分析企业有关财务活动情况的发展趋势。它既可用于同一企业不同时期财务情况的纵向比较，还可用于不同企业之间的横向比较。同时这种方法能消除不同时期（不同企业）之间业务规模差异的影响，有利于分析企业的消耗水平和盈利水平。

【例 2-2】 沿用【例 2-1】，列示某企业比较共同比利润表如表 2-2 所示。

表 2-2　某企业比较共同比利润表

项目	2008 年度（元）	2009 年度（元）	结构比（%）		
			2008 年度	2009 年度	增减
营业收入	56 000	62 000	100	100	—
减：营业成本	42 000	45 000	75.00	72.58	−2.42
营业利润	14 000	17 000	25.00	27.42	2.42
减：管理费用	10 000	11 000	17.86	17.74	−0.12
财务费用	800	1 000	1.43	1.61	0.18
利润总额	3 200	5 000	5.71	8.07	2.36

从表 2-2 比较中可以看出，2009 年与 2008 年相比，由于该企业营业成本占营业收入的比重下降 2.42 个百分点，这是使利润总额占销售收入比重上升 2.36 个百分点的主要原因，表明该企业销售盈利水平的提高。

以上各种比较报表，均为前后两期的比较，不足以表明长期发展的趋势。趋势分析最好列出企业连续多期（常为 5～10 年）的金额，并以最初一期的金额为基数（100%），算出以后各期同一项目金额的趋势百分比，以显示连续多期的变动趋势。趋势百分比计算公式如下：

$$某期趋势百分比 = \frac{当期金额}{基期金额} \times 100\%$$

【例 2-3】　仍沿用【例 2-1】的资料，进行某企业 2005～2009 年销售毛利的趋势分析，见表 2-3。

表 2-3　某企业历年毛利变动趋势分析（2005～2009 年）

项目	金额				
	2005 年度	2006 年度	2007 年度	2008 年度	2009 年度
产品销售收入	42 000	45 000	53 000	56 000	62 000
减：产品销售成本	33 000	35 000	40 000	42 000	45 000
产品销售毛利	9 000	10 000	13 000	14 000	17 000
项目	趋势百分比（以 2002 年度为 100%）				
	2005 年度	2006 年度	2007 年度	2008 年度	2009 年度
产品销售收入	100	107.14	126.19	133.33	147.32
减：产品销售成本	100	106.06	121.21	127.27	136.36
产品销售毛利	100	111.11	144.44	155.56	188.89

从 2005～2009 年的变动趋势上看，该企业产品销售收入与产品销售成本均有所提高，但前者的增幅一直大于后者，所以企业产品销售毛利也不断提高，表明该企业的盈利能力在这几年当中一直有所提高。

（二）本企业指标与其他企业指标比较

通常以本企业的一些重要指标（如总资产、净资产、销售收入、净利润、各种重要比率等）与行业平均数或竞争对手或国内外先进单位指标比较，也称"横向比较"。通过这种比较，可以揭示企业的现状差距，以及企业在行业中的相对规模和竞争地位。

（三）实际指标与计划预算指标比较

即用本企业某些指标的实际执行结果与计划预算指标比较，也称"差异分析"。通过这种比较，可以揭示实际与计划预算之间的差异，了解该项指标的计划预算的完成情况，为加强企业内部管理提供依据。

在采用比较分析法时，必须注意以下问题：第一，必须注意其可比性。用于进行对比的各个时期指标，必须是同性质或同类别的，在计算口径上、计价基础和时间单位等方面都应保持一致。还必须注意报表数据来源的会计政策、会计估计上的一致性。在不同企业之间进行比较时，要注意企业类型、规模应基本一致。第二，要剔除偶发性因素的影响，使作为分析的指标数据能反映正常的经营状况。第三，应运用例外原则，对某些有显著变动的指标要作重点分析，探究其变动的原因，以便采取对策，趋利避害。

二、比率分析法

财务比率是把财务报表中某些彼此存在关联的项目加以对比，而计算出的比率。比率分析法是通过计算各种比率指标来确定财务情况变动程度的分析方法。采用这种方法，要把分析对比的数值变成相对数，计算出各种比率指标，然后进行比较，从确定的比率差异中发现问题。比率是相对数，因此采用这种方法能够把某些条件下的不可比指标变为可以比较的指标，以利于进行分析。另外，由于财务比率是将性质不同但又相关的财务数据相联系计算出来的，可以揭示出财务现象之间的规律性，同时它以相对数表示，可以揭示能力和水平，因而成为财务分析评价的重要依据。比率分析法是财务报告分析中应用最为广泛的一种方法。但是，不能过分夸大财务比率分析作用，比率分析需要以其他分析技术加工后的数据为基础，同时，比率分析的结论又必须同具体情况相结合，根据其他分析技术的结论作必要的修正。

由于财务报告分析的目的不同、角度不同，在分析中应用的比率有许多形式和种类。常用的一般有三种类型：构成比率、相关比率和效率比率。

1. 构成比率

构成比率又称结构比率，它是某项财务指标的各个组成部分数值占总数值的百分比，反映部分与总体的关系，如企业某类资产占总资产的比重（资产结构比率）、企业负债中流动负债和长期负债占负债总额的百分比（负债构成比率）等。利用构成比率，可以考察总体中某个部分的形成和安排是否合理，以便协调各项财务活动。通常也通过编制结构百分比报表的方法来比较，可以发现有显著问题的项目。

2. 相关比率

它是以某个项目和与其有关但又不同的项目加以对比所得的比率，反映有关经济活动的相互关系。利用相关比率指标，可以考察有联系的相关业务安排是否合理。例如，将流动资产和流动负债加以对比，计算出流动比率，可以据此判断企业的短期偿债能力。

3. 效率比率

它是某项经济活动中所费与所得的比率，反映投入与产出的关系。利用效率比率指标，可以进行得失比较，考察经营成果，评价经济效益。例如，将利润项目与销售收入、销售成本、权益资金等项目加以对比，可计算出销售利润率、成本利润率及净资产收益率等利润率指标，从不同角度观察比较企业盈利能力的高低及其增减变化情况。

比率分析法的优点是计算简便，计算结果也比较容易判断，而且可以使某些指标在不同规模的企业之间进行比较，甚至也能在一定程度上超越行业间的差别进行比较。但应用这一方法时应注意以下几点：

（1）特别需要注意的是，比率分析法也要比较。因为比率本身只是一种指标信息，一般不能说明什么问题，对分析的意义不大。只有通过对其进行比较分析，或与预算指标比较，或通过前后期的比较，或与同行业的经验比率或标准比率比较，才能观察到企业的财务状况、经营业绩及其变动趋势与程度，评价企业所处的地位，也才能有助于对该企业财务报告分析的对象作出公正合理的评价，才能揭示问题、找出差距、发现趋势，从而改进工作。

（2）对比项目的相关性。计算比率的分子、分母必须具有相关性。在构成比率指标中，部分指标必须是总体指标这个大系统中的一个小系统；在效率比率指标中，投入与产出必须有因果关系；在相关比率指标中，两个对比指标（分子分母）也要有内在联系，才能评价有关经济活动之间是否协调均衡，安排是否合理。

（3）对比口径的一致性。计算比率的子项和母项必须在计算时间、范围等方面保持口径一致。

（4）衡量标准的科学性。运用财务比率分析时，需要选用一定的标准与之对比，以便对企业财务情况作出评价，因此要特别注意衡量标准的科学性。科学合理的对比标准通常有预定目标（如预算指标、设计指标、定额指标、理论指标等）、历史标准（如上期实际、历史先进水平以及有典型意义的时期的实际水平等）、行业标准（如主管部门或行业协会颁布的技术标准、国内外同类企业的先进水平、国内外同类企业的平均水平等）、公认标准等。

财务比率分析还应注意各比率所反映的企业经营理财状况之间相互支持的程度。分析人员最重要的是要通过各项财务比率的分析了解企业经营理财的全貌，而不应仅仅根据某一个比率来作出判断。

企业有关偿债能力、资金营运能力、盈利能力、现金流动能力、发展能力的每种财务比率的具体内容和分析方法将在本书后面的相关章节中介绍。

三、因素分析法

因素分析法是根据分析对象与其影响因素之间的关系，按照一定的顺序，从数量上确定各因素对造成分析对象差异的影响方向和影响程度的一种分析方法。

企业经营和财务活动都是一个有机整体，每个指标（分析对象）的高低都受到若干因素的影响，因素分析法从数量上测定各因素的影响程度，可以帮助分析者剖析变动的原因，从而抓住主要矛盾，为下一步解决问题指明主攻方向，以便采取针对措施，改进管理，因此在财务报告分析中应用颇为广泛。

因素分析法在确定分析对象的构成因素时，必须保证分析对象与所确定的构成因素之间存在客观的因果关系，否则整个分析工作就失去了意义，变成了数字游戏。应用因素分析法时还必须注意以下三项假定：①分析一个因素变化的影响作用时，假定其他各个因素不变。②在分析后一个因素变动的影响程度时，假设前面的因素已在变化了了的基础之上。上述两点可以用一句口诀加以概括，"没变的不变，变过的不再变"。③因素替代时，假定各个因素之间有先后顺序，不可倒错。习惯是要求按照各因素从数量因素到价格、金额、品质因素，从简单因素到复杂因素的排列顺序依次替代，且不能随意改变排列顺序，否则会得出不同的计算结果。至于为什么要如此排序，在理论上无法证明，这是因素分析法的致命弱点。正是这种因素替代的先后顺序的假定性，使因素分析法的计算结果也不免带有一定的假定性。

因素分析法的基本方法是连环替代法，另外还有它的演化形式——差额分析法。

（一）连环替代法

连环替代法是将分析对象分解为各个可以计量的因素，并根据各个因素之间的依存关系，顺次用各因素的比较值（通常为实际值）替代基准值（通常为标准值或计划值），据以测定各因素对分析对象的影响。

【例 2-4】　某企业 2010 年 3 月某种原材料费用的实际数是 4 620 元，而其计划数是 4 000 元。实际比计划增加 620 元。因为原材料费用是由产品产量、单位产品材料消耗用量和材料单价三个因素的乘积构成的，所以就可以把材料费用这一总指标分解为三个因素，然后逐个来分析它们对材料费用总额的影响程度。现假定这三个因素的数值如表 2-4 所示。

表 2-4　影响材料费用的因素表

项目	计划数	实际数
产品产量（件）	100	110
单位产品材料消耗量（千克）	8	7
材料单价（元）	5	6
材料费用总额（元）	4 000	4 620

根据表 2-4 中的资料，材料费用总额实际数较计划数增加 620 元，这是分析对象。运用连环替代法，可以计算各因素变动对材料费用总额的影响程度如下：

计划指标：$100 \times 8 \times 5 = 4\ 000$（元）①

第一次替代：$110 \times 8 \times 5 = 4\ 400$（元）②

第二次替代：$110 \times 7 \times 5 = 3\ 850$（元）③

第三次替代：$110 \times 7 \times 6 = 4\ 620$（元）④（实际指标）

（1）产量增加的影响是：②－①＝4 400－4 000＝400（元）

（2）材料节约的影响是：③－②＝3 850－4 400＝－550（元）

（3）价格提高的影响是：④－③＝4 620－3 850＝770（元）

全部因素的影响是：400－550＋770＝620（元）

总的来看，由于产量增加10件、单耗降低1千克及材料单价上涨1元等单个因素变动的共同影响，使材料费用增加620元。

产量增加10件，导致材料费用增加400元，是正常因素。剔除产量因素，材料费用总额并非超支620元，而是仅超支了220元。

在剩下的两个因素中，材料单耗降低1千克，导致材料费用下降550元，是有利因素；材料单价上涨1元，导致材料费用增加770元，是不利因素。材料涨价不但抵消了材料单耗降低带来的好处，结果还使材料费用总额上升了220元。

材料涨价是不利因素，它在很大程度上阻碍了材料费用的降低，应将其列做管理重点，为此需要深入分析材料涨价的原因，并提出加强存货管理的建议。如果材料涨价是由于市场行情变化或材料质量提高等客观因素造成的，可以考虑加大采购批量，以降低材料进价，或就此吸取教训，在以后的生产经营中利用期货交易的方式规避材料涨价风险。如果材料涨价是采购人员从中吃回扣等人为因素造成的，就要考虑如何处理有关责任人员，如何改进材料采购方式，加强材料采购内部控制制度，以便从根本上杜绝此类现象的发生。

（二）差额分析法

差额分析法是连环替代法的一种简化形式，它是利用各个因素的比较值与基准值之间的差额，来计算各因素对分析指标的影响。

【例2-5】　仍以表2-4所列数据为例，采用差额分析法计算确定各因素变动对材料费用的影响如下：

（1）由于产量增加对材料费用的影响为（110－100）×8×5＝400（元）

（2）由于材料单耗节约对材料费用的影响为110×（7－8）×5＝－550（元）

（3）由于单价提高对材料费用的影响为110×7×（6－5）＝770（元）

全部因素的影响为400－550＋770＝620（元）

上面介绍的是财务报告分析的具体方法，每种方法从不同角度对企业的财务情况和经营状况作出分析和说明，各有其作用和侧重点。要系统，完整地对整个企业的各方面经营理财情况进行综合分析，仅依靠这些方法的每一种进行单独分析是不能准确、直观、全面地把握综合情况及说明产生问题的原因的，因此还应将各种方法综合运用，采用杜邦财务分析法、沃尔比重评分法等综合分析方法。

本 章 小 结

本章讲述了企业财务报告分析的程序及分析方法。为确保财务报告分析工作有效进行，财务报告分析要依据一定的程序分步骤实施。财务分析的常用方法包括比较分析法（包括趋势分析法）、比率分析法、因素分析法，各种方法从不同角度对企业经营理财情况及经营成果进行了揭示。本章的重点是财务报告分析的基本程序和财务报告分析的各种基本方法。

【进一步学习指南】

本章主要讲述了企业财务报告分析的程序及财务报告分析的各种常用方法。要进行有效的财务报告分析，必须首先掌握其分析的方法。对财务报告分析方法的分类目前理论界也有不同意见，如有的教材中把趋势分析法作为财务报告分析的基本方法之一；有的教材把管理会计中的本量利分析法、高低点分析法也列为财务报告分析的方法；有的教材中把因素分析法和趋势分析法合称为结构分析法；还有的教材甚至把比率分析法也纳入比较分析法的范畴。本书第三章到第十一章的内容都是各种财务报告分析方法的具体应用。如果读者需要进一步了解财务报告分析程序和具体方法的不同提法，可以阅读一些其他教材和文献。

【进一步阅读书目及法规】

侯艳蕾，张宏禄. 2008. 财务报表分析. 北京：中国金融出版社

张惠忠. 2007. 公司财务管理基础. 上海：上海财经大学出版社

张先治. 2002. 现代财务分析程序与方法体系重构. 求是学刊，(4)

张新民，钱爱民. 2008. 财务报表分析. 北京：中国人民大学出版社

张新民，王秀丽. 2005. 企业财务报告分析. 北京：高等教育出版社

赵秀芳. 2009. 企业财务分析. 大连：大连理工大学出版社

【案例分析】

青岛海尔公司是我国家电行业的佼佼者。据 2009 年年报分析，海尔公司的业绩增长稳定，主营业务收入和利润保持同步增长。报告期内公司营业收入增长率、归属于母公司的净利润增长率、公司毛利率增加率等财务指标均达到历史最高水平。这在近几年来市场竞争激烈、行业利润滑坡的家电行业是极为可贵的。据世界权威市场调查机构欧睿国际发布的全球家用电器市场调查结果显示：海尔冰箱 2009 年制造商零售量占全球市场的 12.4%，居全球第一。

表 2-5 是海尔公司 2009 年年底的资产负债表（简表）：

表 2-5　海尔公司 2009 年年底的资产负债表　（单位：元）

资产	期末余额	负债和所有者权益	期末余额
货币资金	6 282 453 462.87	应付票据	2 614 969 392.31
应收票据	3 505 032 202.57	应付账款	3 156 892 711.66
应收账款	1 204 649 240.74	预收款项	989 386 384.59
预付款项	97 289 153.57	应付职工薪酬	294 790 022.66
其他应收款	63 094 717.10	应交税费	130 960 265.73
存货	1 742 542 533.99	应付股利	280 940 199.39
流动资产合计	12 895 061 310.84	其他应付款	1 190 297 567.92

续表

资产	期末余额	负债和所有者权益	期末余额
可供出售金融资产	10 893 188.94	一年内到期的非流动负债	39 800 000.00
长期股权投资	1 527 259 286.09	流动负债合计	8 698 036 544.26
固定资产	2 449 481 465.46	递延所得税负债	1 449 230.85
无形资产	197 918 351.85	其他非流动负债	45 427 712.33
长期待摊费用	1 160 314.72	非流动负债合计	46 876 943.18
递延所得税资产	153 464 852.28	负债合计	8 744 913 487.44
非流动资产合计	4 602 091 219.54	实收资本（或股本）	1 338 518 770.00
		资本公积	3 030 528 900.82
		盈余公积	1 231 756 067.77
		未分配利润	2 119 929 744.91
		少数股东权益	1 031 505 559.44
		所有者权益（或股东权益）合计	8 752 239 042.94
资产总计	17 497 152 530.38	负债和所有者（或股东权益）总计	17 497 152 530.38

资料来源：青岛海尔公司 2009 年度报告摘要. 上海证券报，2010-4-19。

要求：请收集海尔公司 2008 年年报数据，用比较分析法对海尔公司的资产结构进行分析，并结合行业特征对其资产结构的合理性进行评价。

【思考和练习题】

（一）思考题
1. 简述企业财务报告分析的基本程序。
2. 简述财务报告分析中的比较分析法。
3. 应用比率分析法应注意的问题有哪些？
4. 应用因素分析法需要哪些假定？

（二）练习题
1. 已知：净资产收益率＝销售净利率×总资产周转率×权益乘数。表 2-6 是 A 公司 2007 年（基期）、2008 年（报告期）的财务指标数据。请利用因素分析法分析销售净利率、总资产周转率、权益乘数这三个因素的变化对净资产收益率的影响方向和影响程度。

表 2-6　A 公司的财务分析表

指标名称	2007 年	2008 年
销售净利率（%）	17.62	18.83
总资产周转率（次/年）	0.80	1.12
权益乘数	2.37	2.06
净资产收益率（%）	33.41	43.44

2. 某企业某月的某种原材料的计划费用总额为 10 000 元，实际费用总额为 10 890 元。为了弄清这种材料费用超支的原因，财务人员收集了有关资料，如表 2-7 所示。请用因素分析法分析构成材料费用总额的各项因素变化对材料费用总额的影响。

表 2-7　材料费用分析表

项目	计划数	实际数
产品产量（件）	100	110
单位产品材料消耗量（千克/件）	10	9
材料单价（元/千克）	10	11
材料费用总额（元）	10 000	10 890

第三章

资产负债表一般分析

【本章学习目标】

- 了解企业资产负债表的作用和基本格式
- 熟悉对资产负债表各项目的分析和资产负债表的水平分析
- 掌握资产负债表的结构分析

通过对资产负债表的分析，可以揭示企业偿债能力的强弱、资金结构（包括资金来源结构和资金投向结构）的合理程度、财务杠杆的利用程度、财务风险的大小及企业整体财务状况的健康情况等信息。在资产负债表分析中，不能仅从账面数据简单地做出结论，而要应用一定的分析方法和程序，对报表上的资产、负债和所有者权益项目进行综合分析和科学判断，从中挤出水分，去伪存真，正本清源，进而深入地认识和掌握企业财务状况的本质。

第一节　资产负债表分析概述

资产负债表是反映企业在某一特定日期（月末、季末、半年末、年末）财务状况的财务报表，也称财务状况表。它根据"资产＝负债＋所有者权益"这一平衡关系，依照一定的分类标准和次序，把某一会计主体在某一特定日期（时点）的各种资产、负债、所有者权益项目予以列示，并对日常工作中形成的大量数据进行高度浓缩、整理后编制而成的，从而使财务报表的使用者能够一目了然地了解企业拥有或控制的经济资源、这些资源的不同来源及其结构状态。

根据财务报表列报准则的规定，企业需要提供比较资产负债表，以便使报表的使用者能够通过比较不同时点资产负债表的数据，掌握企业财务状况的变动情况及发展趋势。因此，资产负债表还必须就各项目再按"年初余额"和"期末余额"两栏分别填列。

一、资产负债表的作用

资产负债表是企业最重要的财务报表之一，在实务工作中，资产负债表的利用率很高，对不同的报表使用者都有着重要作用。其主要作用如下。

（1）资产负债表是进一步分析企业生产经营能力的重要资料。

资产负债表反映了企业拥有或控制的能以货币计量的经济资源的规模及分布形态。一般来说，企业拥有和控制的经济资源越多，其形成和产生未来经济利益和财富的能力也就越强。资产负债表提供资产总量信息的意义就在于此。但是，不同性质和使用期限的经济资源能给企业带来的经济利益和经济效率是不同的，为此资产负债表还提供了企业所控制的经济资源的具体分布结构，并揭示了资产结构的合理性程度，因此资产负债表是进一步分析企业生产经营能力的重要资料。

（2）资产负债表为分析和评估企业资金来源结构合理性、财务风险程度、资本保值增值情况及债权人利益的保障程度提供了可靠依据。

资产负债表提供了企业某一特定日期负债和所有者权益总额及构成情况。企业全部资产形成的来源渠道不外乎负债和所有者权益两个方面，其各自在总资产来源中所占的比重体现了债权人和所有者对企业的资金贡献程度，这为分析企业资金来源结构的合理性和财务风险程度、资本保值增值情况及债权人利益的保障程度（偿债能力）提供了可靠依据。另外，负债的结构（负债总额中有流动负债和长期负债所占的比例）不同，以及长期负债和流动负债内部各项目比例的不同，导致企业负债经营的风险各别，因此，资产负债表提供的负债规模和负债项目具体结构的数字又为合理评估企业的经营理财风险提供了重要依据。

（3）资产负债表为评估企业举债能力，判断企业财务状况的未来发展趋向提供了基本资料。

通过企业资产负债表中的资产与负债、所有者权益的对比，还可以对企业进一步举债的能力作出评价。一般而言，资产负债率越低，企业的偿债能力越强，进一步举债的能力也越强。通过对不同时点的资产负债表的比较分析，还能帮助财务分析人员把握企业财务状况的未来发展趋向。将不同企业同一时点的资产负债表进行对比，还可对不同企业的相对财务状况作出评价。结合利润表的相关数据，计算资产利润率、净资产收益率指标，可以评价企业的盈利能力。结合所有者权益增减变动表，可对企业净资产的变动情况进行分析。

（4）资产负债表是解释、评价和预测企业财务弹性的主要依据。

企业的财务弹性是指企业应付各种挑战、适应各种变化的能力，如企业抓住突如其来的获利机会的能力、企业在经营危机中生存下来的能力等。其主要表现为资产的流动性或变现能力，向投资者和债权人进一步筹措资金的能力等方面。财务弹性强的企业不仅能够通过经营活动获取大量资金，还可以借助于债权人的长期资金和所有者的追加资本及时筹集所需资金扩大经营或调转船头。资产负债表所展示的资源分布情况及对资源所有权的拥有情况是解释、评价和预测企业财务弹性的主要依据。

二、资产负债表的格式

资产负债表一般有表首、正表两部分。其中，表首概括地说明报表名称、编制单位、编制日期、报表编号、货币名称、计量单位等；正表是资产负债表的主体，列示了用以说明企业财务状况的各个项目。

资产负债表正表的格式，国际上流行的主要有账户式和报告式两种。我国资产负债表采用账户式。

账户式资产负债表是左右结构，将资产项目列示在报表左方，负债和所有者权益项目列示在报表右方，且负债类项目在上，所有者权益类项目在下。左右两方：资产总额＝负债总额＋所有者权益总额。

资产负债表内各项目的一般排列顺序是：资产类项目按资产流动性程度的高低顺序，即资产的变现能力排列，先流动资产，后非流动资产，这对投资者进行投资决策和债权人进行信贷决策有重要意义；负债类项目按偿还期限长短和偿债风险大小排列，风险大的项目排在前面，一般来说短期负债对企业的风险和压力要大于长期负债；所有者权益项目一般按其永久性程度递减的顺序排列，先实收资本，后资本公积、盈余公积，最后是未分配利润。资产负债表项目这样的排列顺序，可以方便报表使用者正确阅读、分析和利用报表的相关信息。

表 3-1 例示永昌公司比较资产负债表。

表 3-1　资产负债表

会企 01 表

编制单位：永昌公司　　2007～2009 年 12 月 31 日　　单位：元　　币种：人民币

资产	2007 年年末	2008 年年末	2009 年年末	负债和所有者权益（或股东权益）	2007 年年末	2008 年年末	2009 年年末
流动资产				**流动负债**			
货币资金	51 494	70 683	58 058	短期借款	23 300	41 000	57 000
交易性金融资产				交易性金融负债			
应收票据	25 636	51 454	158 037	应付票据	20 165	41 462	45 808
应收账款	37 563	33 158	14 901	应付账款	27 820	36 171	39 474
预付款项	7 809	16 703	7 163	预收款项	29 444	16 543	96 627
应收利息				应付职工薪酬	195	193	44
应收股利				应交税费	1 567	10 351	－80
其他应收款	28 726	17 046	2 142	应付利息	1 220	9 127	
存货	63 365	112 860	116 006	应付股利	29 731	22 298	16 352
一年内到期的非流动资产				其他应付款	1 742	1 545	3 270
其他流动资产	119	24	51	一年内到期的非流动负债		16 000	

续表

资产	2007 年 年末	2008 年 年末	2009 年 年末	负债和所有者权益（或股东权益）	2007 年 年末	2008 年 年末	2009 年 年末
流动资产合计	214 712	301 928	356 358	**其他流动负债**			
非流动资产				流动负债合计	135 184	194 690	258 495
可供出售金融资产				**非流动负债**			
持有至到期投资				长期借款	29 701	47 000	67 000
长期应收款				应付债券			
长期股权投资	97 387	130 839	154 218	长期应付款	1 684	1 684	
投资性房地产				专项应付款	5 640	2 851	
固定资产	277 878	395 111	426 850	预计负债			
在建工程	159 538	40 429	48 710	递延所得税负债			
工程物资	790	786		其他非流动负债			
固定资产清理				非流动负债合计	37 025	51 535	67 000
生产性生物资产				负债合计	172 209	246 225	325 495
油气资产				**所有者权益（或股东权益）**			
无形资产				实收资本（或股本）	148 655	148 655	148 655
开发支出				资本公积	311 351	31 1351	311 351
商誉				减：库存股			
长期待摊费用				盈余公积	45 441	65 562	81 799
递延所得税资产				未分配利润	72 649	97 300	118 836
其他非流动资产				所有者权益（或股东权益）合计	578 096	622 868	660 641
非流动资产合计	535 593	567 165	629 778				
资产总计	750 305	869 093	986 136	**负债和所有者权益（或股东权益）总计**	750 305	869 093	986 136

第二节 资产项目分析

资产的流动性是反映资产质量的极其重要的因素。在资产负债表分析中，通常将资产按其流动性分为流动资产和非流动资产。这种分类的目的是为了便于报表使用者了解和分析资产的变现能力和偿债能力。由于不同资产的变现能力和偿债能力不同，企业应对投资在流动资产和非流动资产上的资金采取不同的融资策略，即流动资产中的波动性流动资产一般较多地采用短期负债融资，而长期性流动资产和非流动资产一般较多地采用长期负债和权益融资。资产项目与融资方式的适配性是财务报告分析的一个重要方面。资产流动性分析是指通过对资产的变现能力及资产与筹资之间的有机联系进行分析，用于判断资产质量和企业偿债能力的一种方法。为了说明资产各个项目流动性的具体变化及对偿债能力的影响，首先必须对资产的各个项目的质量进行分析。

一、流动资产项目分析

流动资产是指企业可以或准备在一年内或超过一年的一个营业周期内转化为货币，或被销售，或被耗用的资产。流动资产在资产负债表中依次是货币资金、交易性金融资产、应收票据、应收账款、预付账款、应收利息、应收股利、其他应收款、存货、一年内到期的非流动资产等。分析流动资产，首先应对流动资产在资产总额中所占的比重是否合理进行判断。而这种判断应当结合企业所处行业、企业生产经营规模及企业所处生命周期来开展。一般而言，成长型企业中流动资产占资产总额的比重相对较高，成熟型企业较低，工业企业较高。下面对流动资产的主要项目作具体分析。

（一）货币资金

货币资金是指企业在生产经营过程中处于货币状态的那部分资产，它是企业资产中最活跃的因素，是流动性最好的资产，具有可立即作为支付手段并被普遍接受等特征，具体包括库存现金、银行存款和其他货币资金。企业保持一定数额的货币资金，主要是为维持企业日常生产经营活动的正常运转，如采购原材料、支付工资和税金、偿还到期债务本息或支付投资者利润等。若从短期债权人角度考察，企业不仅应保持一定量的货币资金，而且越多越好。

1. 应对货币资金占用规模的适当性进行判断

分析货币资金占流动资产的比重（一般为10%左右）。若货币资金过少，则难以满足企业日常生产经营所需和预防性功能的需要，将影响企业正常生产经营活动；但从财务管理的角度看，货币资金是收益性最差的资产，若货币资金占用过多，则表明企业货币资金沉淀，造成闲置浪费，增加筹资成本，或企业发生了非正常的业务活动。但是，由于企业的情况千差万别，分析时只能根据当时企业的实际情况，并考虑以下因素进行判断：

（1）企业的资产规模、业务收支规模。一般来说，企业资产总额越大，相应的货币资金规模也就越大；业务收支频繁，且绝对额大的企业，处于货币形态的资产也会较多。假如某企业资产总额200万元，而货币资金为100万元，显然很不正常（可能发生了非正常的业务活动或出现了违规的资金流动）。

（2）企业的筹资能力。如果企业信誉好，在资本市场上就能够较容易筹集资金，向金融机构借款也较方便，因此企业就没有必要持有大量的货币资金。反之，若企业违反了国家有关资金结算的规定遭受处罚或因其他原因造成信誉不佳，企业进一步融资也将发生困难。

（3）企业的行业特点。不同行业的企业，其合理的货币资金结构也会有所差异，有时甚至差异很大，如金融企业与工业企业，在相同的总资产规模条件下，就不可能保持相近规模的货币资金。

（4）企业的货币资金构成。企业经济业务有时可能涉及多种货币，不同货币的币值未来可能有不同的走向，不同货币的币值走向决定了相应货币资金的未来质量。此时，企业必须对保有的各种货币进行汇率趋势分析。另外，企业货币资金中可能包含不能随时支付的部分，如不能随时支取的一年期以上的定期存款、有特定用途的信用证存款、商业汇票存款等，它们必将减弱货币资金的流动性。对此，应关注会计报表附注中的列示说明，以正确评价货币资金的变现能力及其短期偿债能力。如果处于通货膨胀或紧缩时期，分析货币资金项目时还须注意物价变动对货币资金购买力的影响。

2. 应对国家有关货币资金管理规定的遵守质量和企业货币资金内部控制制度的实际执行质量作出分析

企业必须遵守国家的现金管理制度，保留规定的货币资金数量；必须严格遵守国家规定的结算政策，否则有可能受到有关部门的处罚，影响企业的进一步融资；企业在货币资金收支过程中的内部控制制度的完善程度及实际执行质量，直接关系到企业货币资金的运行质量。企业货币资金的收入主要由销售活动带来，货币资金的支出主要由采购活动引起，因此销售过程和具体收款过程、采购过程和具体付款过程的内部控制制度的完善程度及其执行质量对货币资金的管理而言就显得相当重要。当然这些方面的分析除了利用资产负债表的相关资料外，还需要结合其他分析资料进行。

（二）交易性金融资产

交易性金融资产主要是指企业为了近期内出售而持有的金融资产，如企业以赚取差价为目的从二级市场购入的股票、债券、基金等。根据我国企业会计准则有关规定，交易性金融资产应当符合两个条件：一是能够在公开市场交易并有明确市价；二是作为剩余资金的存放形式，并保持其流动性和获利性。对交易性金融资产的分析，应从以下几个方面进行。

1. 分析交易性金融资产的流动性和获利性

企业进行交易性金融资产投资，其主要目的是利用暂时闲置的资金，购入能够随时变现的有价证券，以获得高于银行存款利率的收益。交易性金融资产具有容易变现、持有时间短、投资损益不确定等特点，因此，在财务报告分析中，需随时把握交易性金融资产的变现能力和盈利能力。

2. 分析交易性金融资产规模的适度性

保持适度规模的交易性金融资产，表明企业具有较高的理财水平，因为这意味着企业除了通过正常生产经营取得利润之外，还选择第二条渠道（二级资金市场）运作，以获取一定的投资收益。但进行交易性金融资产投资毕竟只是企业利用暂时闲置的资金进行的运作，若交易性金融资产规模过大，必然影响企业的正常生产经营，也有人为地将长期股权或长期债券投资"挂账"之嫌，影响这项资产的质量和流动性。例如，企业出于商业目的而购入的主要客户的证券，其实不会将这些证券出售变现用于日常支付需要。因此，按照谨慎性原则，分析时应将年复一年在企业报表中列示的有价证券视为长期投资，企业购入的股份有限公司的股权证也不能列入交易性金融资产。此外，还应注意有的企业为"粉饰"财务指标、提高流动比率，将长期投资人为地转为交易性金融资产。

3. 关注交易性金融资产的计量及披露问题

二级资金市场上的有价证券价值瞬息万变，而财务报表为月末披露，因此交易性金融资产无论是在取得时的初始计量还是在资产负债表日后的后续计量，均采用公允价值。企业在持有交易性金融资产期间，其公允价值变动在利润表中以"公允价值变动损益"计入当期损益；出售交易性金融资产时，不仅要确认出售损益，还要将原计入"公允价值变动损益"的金额转入"投资收益"。

4. 评价交易性金融资产的投资质量

对交易性金融资产的投资质量进行评价，应结合利润表的相关项目和会计报表附注的揭示来考察。一是要关注同期利润表中的"公允价值变动损益"及其在会计报表附注中对该项目的详细说明，看交易性金融资产投资产生的公允价值变动损益为正还是为负；二是要关注同期利润表中的"投资损益"及其在会计报表附注中对该项目的详细说明，看因交易性金融资产投资而产生的投资损益为正还是为负，收益率是否高于同期银行存款利率。

（三）应收票据

应收票据是指企业因销售商品、产品或提供劳务而收到商业汇票（包括商业承兑汇票和银行承兑汇票）而形成的债权。商业汇票是商品经济高度发达的产物，其本身也是一种有价证券，商业承兑汇票是一种商业信用行为，银行承兑汇票已转化为一种银行信用行为。企业如果需要资金，可将持有的商业汇票背书后向银行或其他金融机构办理贴现，取得现金。应注意的问题是，我国票据法规定，票据贴现具有追索权，即如果票据承兑人到期不能兑付，背书人负有连带的付款责任。因此，对企业而言，已贴现的商业汇票是一项"或有负债"，应在会计报表附注中列示。若已贴现的应收票据数额过大，也会对企业的财务状况产生较大影响。因此，对应收票据的分析主要是将其和会计报表附注结合起来，了解企业是否存在已贴现的商业承兑汇票，是否会影响到企业将来的偿债能力。对于这种"或有负债"可通过"应收票据备查簿"进行确认和验证，同时要将前后期应收票据的数额进行比较，分析其是否有异常波动。

（四）应收账款

应收账款是指企业因销售商品、产品或提供劳务等业务应向购货单位或接受劳务单位收取的款项，是企业的一项债权，一般按交易发生日或销售确认日的金额予以入账。对应收账款的分析应从以下几个方面进行。

1. 对应收账款进行数量规模合理性判断

应收账款是一种企业提供商业信用的行为，判断应收账款投资数量规模的合理性，应当结合企业所处行业特点、企业经营方式、信用政策、生产经营规模及企业所处生命周期阶段等因素来分析。例如，一般工业企业的应收账款比之零售商业企业所占比重大；企业放松信用政策刺激销售，就会增加应收账款，紧缩信用政策会制约销售减少应收账款；处于成长期的企业应收账款相对较高，处于成熟期的企业应收账款则较低。例如，某企业的产品在市场上供不应求，但当期应收账款数额较大就违背常理。虽然应收账款是企业债权，但是仅体现在合同和账面上的资产，目前处于买方市场时代，款项收支的主动权往往掌握在债务人一方。如果应收账款数量规模过高或过低，对企业的经营都不利。如果应收账款规模过大，且交易各方同处于某一利益集团，就有利用关联方交易虚增企业资产和利润之嫌，因此分析应收账款数额时还应关注有无关联交易现象的存在。

2. 进行应收账款质量分析，高度关注坏账损失风险和潜在的损失风险

应收账款作为流动资产项目，一般应于一年内收回。但在实务中，一些企业将已无望收回的应收账款长期挂账，不按规定计提坏账准备，甚至个别企业将一些违规行为隐蔽于应收账款项目之中。因此，首先要利用报表附注中披露的关于债权账龄的分类资料，采用账龄分析法，分析有多少欠款还在信用期内，多少欠款超过了信用期，超过不同时间的款项各占多少，有多少欠款会因拖欠时间太久而可能成为坏账。对企业超过一年期以上的应收账款应予以密切关注，或在分析时加以调整。在很多情况下，企业债权的质量不仅与债权的账龄有关，更与债务人的构成有关，因此必须对债务人的构成进行分析。具体可从债务人的区域构成、债务人的所有制性质、债权人与债务人的关联状况及债务人的资信品质、偿债能力、资本实力、生产经营稳定程度等方面进行，以评估应收账款的潜在损失风险；还要关注企业坏账准备政策的完善性和坏账准备计提、坏账损失处理方法的合理性，尤其要注意比较企业前后会计期间坏账准备的计提方法有否改变。企业随意变更坏账准备计提方法和比例，往往隐藏着不可告人的目的。如果遇到这种情况，首先应查明企业在会计报表附注中是否对坏账准备计提方法变更予以说明，其次应分析这种变更是否合理，是正常的会计估计变更还是为了调节利润。

（五）预付款项

预付款项主要是企业按照购货合同的规定，预先支付给供货单位货款而形成的债权。从资产的流动性看，预付账款是一种特殊的流动资产。因为款项已经支付，除一些特殊情况（如供货方未能按约提供产品等）外，在未来会计期间不会导致现金流入，即在这种债权收回时流入的不是货币资金而是存货，所以该项目的变现性很差。

对预付款项进行分析，主要是在考虑采购特定存货的市场供求状况的基础上判断预付账款的投入规模是否合适。一般而言，预付账款不会构成企业流动资产的重要部分，如果企业预付账款较高，则可能预示着企业有非法转移资金、非法向有关单位提供贷款及抽逃资金等不法行为。

（六）应收利息和应收股利

应收利息项目反映企业因债权投资而应收取的利息，主要是债券投资。本项目只反映企业购入的分期付息、到期还本的长期债权投资计提的利息，不反映购入的到期一次性还本付息的债权性投资的利息。对于应收利息的分析，应从数额大小、账龄长短来分析判断其收回的可能性。

　　应收股利项目反映企业因股权投资而应收取的现金股利和应收其他单位的利润。此项目反映的是在被投资企业宣告发放股利和应分得利润后形成的债权，因此应收股利的变现能力很强。

（七）其他应收款

　　其他应收款是指企业除应收票据、应收账款、预付账款外的其他应收、暂付款项，包括各种赔款罚款、存出保证金、应收出租包装物的租金、预付给企业内部单位或个人的备用金、应向职工个人收取的各种垫付款项等。其他应收款属于企业主营业务以外的债权，与主营业务产生的债权比较，其数额不应过大。如果数额过大，则需对其进行深入的具体分析：

　　（1）可能存在关联方交易的情况，如拆借给母公司的资金等。另外，可能有一些托管收益、资产置换收益等没有现金到账。关联方其他应收款不能及时收回，一方面形成企业不良资产，另一方面还虚增了企业其他业务收入。

　　（2）可能隐含其他违规行为，如个别企业利用所谓的职业判断，将正常赊销收入中应记入应收账款的业务记入其他应收款，以此"合理避税"。也有可能存在非法拆借资金、给个人销售回扣、抽逃注册资金等违规行为。因而应警惕企业将该项目作为企业成本费用和利润的调节器。

（八）存货

　　存货是指企业在生产经营过程中为销售或耗用而储备的各种物资。不同行业、不同企业存货内容会有所不同。工业企业的存货包括各种材料、低值易耗品、在产品、半成品、产成品等，商品流通企业的存货则包括在途商品、库存商品、加工商品、出租商品、发出商品，以及材料物资、周转材料等。存货是企业的一项重要流动资产，其种类繁杂，在流动资产中所占比重较大，又是流动资产中流动性最差的资产，因此加强对存货资金占用的分析非常重要。

　　首先，应对存货资金的数量规模进行合理性判断。在传统工业企业和商业企业中存货往往占流动资产总额的一半左右，但随着知识经济的来临和社会化大生产的发展，以及一些先进的存货管理方法（如适时制、零库存管理等）的应用，存货占流动资产的比重不断下降。企业存货处于不断销售和重置或不断耗用和重置的过程之中，其资金规模必须与企业经营活动保持动态平衡。若存货过少，则会影响企业生产的正常进行或错失销售良机；若存货占用数量过多，则会造成资金积压沉淀，影响企业资金周转，导致成本增大、效益下降。因此，结合企业的行业特点，考察存货的流动性、周转速度及与生产经营规模的适配性是存货资产质量分析的重点。

　　其次，要关注存货发出计价、期末计价及存货跌价准备的计提问题。

　　（1）资产负债表中，各种存货的账面价值是以实际成本反映的。但在日常会计核算中，由于同类存货的进价成本不一定相同，在计算耗用或销售成本时，就要采用一定的计价方法进行核算。根据现行会计准则规定，企业发出存货的计价方法有先进先出法、加权平均法、移动平均法、个别计价法等。采用的存货发出计价方法不同，发出存货的金额也会不同，对期末存货成本与当期销售成本的确定必然会产生影响。在物价变动时期，其影响尤为明显。因此，企业应结合自身的生产经营特点、存货实物流转特点合理确定发出存货的计价方法，一经确定不得随意变更。分析时要特别注意企业是否有利用存货计价方法的变更来调节资产价值和利润的行为。

(2) 按照现行会计准则的规定，存货的期末计价采用成本与可变现净值孰低法，对于可变现净值低于成本的部分，应当计提存货跌价准备。为此，对存货进行分析时，一方面要关注企业是否存在利用存货项目进行潜在亏损挂账问题，防止一些企业利用存货项目种类繁杂、重置频繁、计价方法多样等客观因素，将冷背呆滞商品、积压产品、残次品、假冒伪劣产品及违规行为长期隐蔽在存货项目中；另一方面要注意考察企业存货跌价准备计提对未来产生的财务影响，尤其是企业是否存在利用存货跌价准备的计提政策进行"巨额冲销"的行为。

二、非流动资产项目分析

非流动资产也叫长期资产，是指流动资产以外的资产项目，包括可供出售金融资产、持有至到期投资、长期应收款、长期股权投资、投资性房地产、固定资产、在建工程、工程物资、固定资产清理、生产性生物资产、油气资产、无形资产、开发支出、商誉、长期待摊费用、递延所得税资产、其他流动资产等。它是不能在一年之内或超过一年的一个营业周期以内通过生产经营活动转化为流动资金使用的企业资产。与流动资产相比，它具有占用资金多、周转速度慢、变现能力差等特点。下面对资产负债表中的各主要非流动资产项目作具体分析。

(一) 可供出售金融资产

金融资产主要包括库存现金、应收账款、应收票据、其他应收款、应收利息、债权投资、股权投资、基金投资、衍生金融资产等。企业在初始确认时应将金融资产划分为四类：一是以公允价值计量且其变动计入当期损益的金融资产（包括交易性金融资产）；二是持有至到期投资；三是贷款和应收款项；四是可供出售金融资产。

其中，"可供出售金融资产"应当在活跃的市场上有报价。因此，企业从二级市场上购入的有报价的债券投资、股票投资、基金投资等，如果不打算随时变现，而是意欲长期持有，可将其划分为可供出售金融资产。

对企业可供出售金融资产的分析，首先要判断其分类是否恰当，是否符合可供出售金融资产的确认标准，然后看其会计处理是否正确。根据现行会计准则的规定，可供出售金融资产应当以公允价值进行后续计量，公允价值变动产生的利得或损失，一般应计入所有者权益（资本公积），在该金融资产终止确认时转出，计入投资收益。因此，分析时要特别注意企业是否存在为了粉饰业绩将持有的可供出售金融资产的公允价值变动损益直接确认为当期损益，记入利润表的行为。

(二) 持有至到期投资

持有至到期投资是指到期日固定、回收金额固定或可确定，且企业有明确意图和能力持有至到期的非衍生金融资产，包括企业持有的在活跃市场上有公开报价的国债、企业债券、金融债券等。持有至到期投资的目的主要是定期收取利息、到期收回本金，并力图获得长期稳定的收益。对持有至到期投资的分析，应主要从以下两个方面进行。

1. 分析持有至到期投资的项目构成和债务人偿债能力

对持有至到期投资而言能否定期收取利息、到期收回本金，取决于债务人在需要偿还的时点是否有足够的现金，因此有必要对持有至到期投资的投资项目或投资对象的具体构成进行分析，并在此基础上对债务人的偿债能力作进一步判断。

2. 分析持有至到期投资的收益和减值准备的计提及其转回

首先，应当根据当时的金融市场情况，分析持有至到期投资的回报水平，即投资收益率的高低。一般来说持有至到期投资的收益率应高于同期银行存款利率。其次，持有至到期投资的投资收益是按照权责发生制原则确定的，收益的确认往往先于利息的收取，从而导致投资收益与现金流入的不一致，因此应注意分析两者的差异。最后，要注意分析企业是否存在利用持有至到期投资减值准备的计提和转回，人为操纵利润的行为。

（三）长期股权投资

长期股权投资是指企业持有的对其子公司、合营企业及联营企业的权益性投资及企业持有的对被投资单位不具有控制、共同控制或重大影响，并且在活跃市场中没有报价、公允价值不能可靠计量的权益性投资。企业进行长期股权投资的目的多种多样，有的是为了建立和维持与被投资企业之间稳定的业务关系，有的是为了保持对被投资企业的控制权，有的是为了增强多元化经营的能力，创造新的利润源泉。不过大多数企业进行长期股权投资的目的都是为了增加企业的利润，作为对自身经营活动的补充。由于长期股权投资期限长、金额大，对企业的财务状况影响较大，投资风险较大，但长期股权投资的收益也往往较高，有时其投资收益会成为企业收益与现金流量的重要补充。对长期股权投资的分析，一般应从以下两个方面展开。

1. 分析对长期股权投资的规模总量是否符合法律要求

我国现行法律规定，除投资公司外，其他企业对外投资不得超过其净资产的50％；当年自身更新改造任务较重时，企业不得对外投资。因此，分析时要注意企业的长期股权投资规模和投资行为是否符合这些法律要求。

2. 分析长期股权投资及其收益的质量

第一，要分析长期股权投资的构成，如企业长期投资的方向、在各投资对象上的投资额、持股比例等。在此基础上，进一步通过对企业投资对象的经营状况及效益的分析来判断投资的质量。

第二，要分析长期股权投资的收益构成。长期股权投资的收益主要有当期股利收益和股票买卖差价收益，其中差价收益往往具有高度不确定性，也不容易计量。

第三，要对利润表中股权投资收益与现金流量表中因股权投资收益而收到的现金之间的差异进行分析，因为这项差异在某种程度上也能说明长期股权投资收益的质量。

第四，要根据长期股权投资的目的来区分其收益的质量。长期股权投资是一种经济行为，应当追求投资收益，但有时企业为了全局性战略计划，在被投资企业连续几个会计期间亏损造成本企业投资收益为负数的情况下仍会坚持投资，因为只有这样才能保障本企业生产原料的稳定供应或销售渠道的顺畅。例如，某铜加工厂为了保障原材料稳定供应持有了某铜矿的相当股份，即使铜矿连年亏损，也必须控制该铜矿的经营，使其经营领域不会转向。此时投资收益显得不再特别重要。

第五，分析长期股权投资减值准备计提的合理性。在实务中，对于有市价的长期股权投资是否应当计提减值准备比较容易判断，对无市价的长期股权投资，如果无法获得被投资单位详细可靠的资料，就难以对投资企业是否应当计提减值准备和应当计提多少减值准备作出正确判断，因此只有深入分析才不至于发生这方面的偏差。

（四）投资性房地产

投资性房地产是指为赚取租金或资本增值，或两者兼有而持有的房地产。企业持有这类房地产的目的不是自用，而是用于投资，主要包括已出租的土地使用权、持有并准备增值后转让的土地使用权和已出租的建筑物等。对投资性房地产的分析，主要应注意企业对投资性房地产的分类是否恰当，是否将投资性房地产与固定资产、无形资产的界限作了正确区分。另外，还要注意分析投资性房地产的数量规模和资产质量情况以及与本企业生产经营主业的关系是否协调。

（五）固定资产

固定资产是指使用期限较长、单位价值较高，并在使用过程中保持其实物形态基本不变的资产项目。企业固定资产应符合以下两个标准之一：一是生产经营用的固定资产，使用年限在一年以上，主要包括房屋建筑物、机器、机械、运输工具以及其他与生产经营有关的设备、器具、工具等；二是不属于生产经营主要设备的物品，单位价值在2 000元以上，使用年限超过两年。企业在对固定资产进行具体确认时，应根据固定资产的上述确认条件，考虑企业的具体情形加以判断。固定资产属于企业的劳动资料，其价值会随着使用磨损而逐渐以折旧的形式转移到产品成本和有关费用中，再随同产品销售转化为企业的货币资金。对固定资产应从以下三个方面进行分析。

1. 应对固定资产的占用规模和结构进行分析

对固定资产分析既要了解企业拥有固定资产的总体规模，又要分析固定资产在总资产中所占的比重，还要分析各类固定资产之间的结构是否达到了优化。一个企业固定资产的多少，通常代表着一个企业生产经营规模的大小和生产能力的高低，在一定程度上代表着企业的市场竞争能力。企业固定资产占用规模和结构的分析应当结合企业所处行业的性质、企业生产经营的规模和特征以及企业所处生命周期阶段来展开。各行业企业的固定资产占总资产的比重必须达到行业要求的标准。一般情况下，工业企业固定资产的比重要大于第三产业的企业。另外，企业生产经营状况的特点不同，对各类固定资产的结构有不同的要求，企业必须不断优化固定资产的内部结构才能提高固定资产的利用效果。

2. 需要对固定资产质量进行分析和判断

对固定资产质量进行分析和判断具体包括：

（1）固定资产更新情况，即将固定资产期末数减去期初数之差，除以期初数，表明企业固定资产的更新改造程度。更新改造程度较高的，意味着该企业的固定资产质量在得到不断优化、固定资产更新快、技术装备处于较领先的水平，企业的后续发展能力和市场竞争能力较强，也代表着企业的生产率和固定资产利用效能较高，市场前景和盈利前景看好。将报表中固定资产原值、折旧和净值结合起来，可以观察固定资产的新旧程度，企业应根据固定资产的新旧程度安排企业固定资产的更新改造。

（2）非生产经营用固定资产和闲置的固定资产。非生产经营用固定资产是指不直接服务于企业生产经营过程的固定资产；闲置的固定资产是指不需用或不能用的固定资产。这些部分的固定资产因为其不具备生产经营能力，且分散和消耗企业资源，是企业的包袱。对此，可针对非生产经营用和闲置固定资产占固定资产总额的比重进行分析。企业应努力消减非生产经营用固定资产在固定资产中所占的比重，尽快处置闲置的固定资产，以提高固定资产的生产效能、周转效率和流动性。

3. 固定资产折旧政策

固定资产折旧额的大小，直接影响企业的盈利水平。因此，对固定资产折旧的分析，主要应分析影响确认折旧的因素，包括固定资产的原值或重置价值、固定资产的折旧年限、净残值、企业的实际受益情况和企业计算折旧的目的性等。根据现行制度规定，企业有权在财政部规定的分类固定资产的参考折旧年限区间范围内，根据企业对固定资产的使用情况，自行确定折旧年限。企业的实际受益情况是指固定资产的效能、状况、技术水平的发展状况，企业应考虑实际受益情况考虑折旧额在各会计期间的分配情况。因为固定资产一般在使用前期效能好、故障率低、技术水平高，所以企业一般应在使用前期多提折旧，在使用后期少提折旧。企业计算折旧的会计目的和纳税目的不一样，因此国家专门制定了会计折旧政策和税法折旧政策来规范，对此企业只能自觉遵守，分析时要注意分析判断企业对会计折旧政策和税法折旧政策遵守的严肃性。另外，为了保持市场竞争优势，鼓励技术创新，保证技术领先水平，加速机器设备等经营性固定资产的更新换代，在遵循会计折旧政策和税法折旧政策的前提下，一些财务管理水平高的企业可能会实施一些内部折旧政策。这些内部折旧政策是企业财务政策的重要组成部分，它既不会与会计折旧政策相抵触而直接改变外部投资者对企业市场价值的判断，更不会与税法相抵触而影响既定收益下的纳税现金流量，分析时主要应注意这些内部折旧政策实施的效果如何。

（六）在建工程

在建工程反映企业期末各项未完成的工程的实际支出和尚未使用的工程物资的实际成本。这部分资金占用还不能发挥生产经营效能，因此企业应加强工程建设资金的管理，加快工程资金的周转。分析时主要应分析这部分资金的占用规模变化、管理情况及周转速度。

（七）固定资产清理

固定资产清理反映企业因出售、报废等原因转入清理但尚未清理完毕的固定资产的净值，以及固定资产清理过程中所发生的清理费用和变价收入等各项金额的差额。分析时首先应注意企业对需要清理的固定资产能否尽快清理以盘活资产、优化固定资产分布结构；其次要关注反映到利润表中的固定资产清理净损失（营业外支出）或净收益（营业外收入）对企业未来利润总额的影响情况。

（八）无形资产

无形资产是指企业所控制的，能为企业带来经济利益但无实物形态的非货币性长期资产，包括专利权、商标权、土地使用权、著作权、非专利技术等。随着科技进步特别是知识经济时代的到来，无形资产作为企业可持续发展能力和竞争能力的重要支撑，会给企业的生存和发展带来巨大影响，因而越来越受到企业的重视。分析无形资产项目，主要应关注以下几个方面。

1. 分析无形资产的规模和结构

分析无形资产，首先应对其总额进行数量判断，结合企业所处行业、企业生产经营规模及企业生命周期阶段分析企业无形资产占资产总额比重的适合性。另外，还要注意考察各类无形资产的结构比重，借以判断无形资产结构的合理性和总体质量。一般而言，专利权、商标权、土地使用权、著作权、特许权等无形资产的价值易于鉴定，质量较高；而非专利技术等不受法律保护的无形资产项目，价值质量具有很大的不确定性。

2. 分析无形资产的确认是否科学

与有形资产相比，无形资产给企业提供未来经济利益的大小具有较大的不确定性。无形资产的取得成本无法代表其未来经济价值的大小，其实际经济价值受企业外部因素的影响较大，预期的盈利能力不能准确地加以确定。对此，需要关注会计报表附注，分析无形资产的确认是否符合现行会计准则规定的确认条件。此外，还应关注企业自创无形资产所发生的研究和开发支出的处理问题。根据现行会计准则规定，无形资产依法申请取得前发生的研究与开发费用要区分研究阶段支出与开发阶段支出，其中开发阶段发生的支出如符合条件，可以作资本化处理，确认为无形资产；其他费用则作为费用化处理。因此，要注意某些企业将一些本不符合资本化条件的开发支出资本化，借以达到虚增利润和资产的不法目的。如果发现企业无形资产不正常增加，则有可能是企业为了减少研究和开发支出对利润表的冲击而进行的一种处理。

3. 分析无形资产摊销政策

无形资产的摊销问题涉及企业资产和利润数据。现行准则规定，对于寿命有限的无形资产应当考虑与该项无形资产有关的经济利益的预期实现方式，采用适当的摊销方法，将其应摊销金额在使用寿命期内系统合理地摊销；对于无法预见为企业带来经济利益的期限的无形资产，应视为使用寿命不确定的无形资产而不应摊销。因此，对企业无形资产摊销政策进行分析时，应详细审核企业无形资产使用寿命的确定是否准确，有无将本能确定使用寿命的无形资产作为使用寿命不确定的无形资产不予摊销；摊销方法的确定是否考虑了经济利益的预期实现方式；摊销方法和摊销年限有无变更、变更是否合理等。

4. 分析无形资产减值准备计提的合理性

无形资产是一种技术含量很高的特殊资源，它的价值确认本来就存在着高风险，而且当今世界新技术层出不穷，伴随新旧技术的更换，原有的无形资产一旦落伍必然引发价值贬值。因此，无形资产发生减值十分正常。现行会计准则规定，无形资产减值准备一经确认在以后期间不得任意转回，因此分析无形资产减值准备的计提时，一定要注意减值准备计提的合理性和科学性。

（九）长期待摊费用

长期待摊费用是指企业已经支出，摊销期限在一年以上（不含一年）的各项费用，包括以经营租赁方式租入固定资产的改良支出、固定资产大修理支出等。长期待摊费用实际上已不是企业的资产。分析长期待摊费用时，一要审核该项费用是否应在一年以上摊销，二要分析企业是否对之进行了连续平均摊销，否则本项目可能成为企业调节利润的工具。

（十）其他非流动资产

其他非流动资产一般包括国家批准储备的特种物资、银行冻结存款，以及临时设施和涉及诉讼中的财产等。这类资产如果比重较大，会影响企业的正常生产经营活动，因此应注意分析这类资产的数额以及在总资产中所占比重的变化。

第三节　负债和所有者权益项目分析

负债是指企业过去的交易或者事项所形成的、预期会导致经济利益流出企业的现实义务。现实义务是指企业在现行条件下已经承担的义务。企业的负债按其偿还期的长短分为流动负债和长期负债。所有者权益是指企业资产扣除负债后由所有者享有的剩余权益。公司的所有者权益称为股东权益。所有者权益具体包括实收资本（或股本）、资本公积、盈余公积和未分配利润等。负债和所有者权益是形成企业资产的两种不同性质的资金来源。

对负债项目的分析应注意两个方面：一是负债性质的分析。要区分向外单位借入的款项和所欠的款项。一般来说，前者具有强制性，后者在偿还时间等方面具有一定的灵活性。企业应根据负债的性质及自身的支付能力，妥善安排好负债的偿付，保护好企业自身的信用形象。二是负债利息的分析。按照借款费用准则规定，负债利息支出有不同的处理，企业应根据规定合理核算，正确处理。

一、流动负债项目分析

流动负债是指企业将在一年内或者超过一年的一个营业周期内偿还的债务，主要包括短期借款、交易性金融负债、应付票据、应付账款、预收款项、应付职工薪酬、应交税费、应付利息、应付股利、其他应付款等项目。从理论上讲，流动负债应按其将来付出的流动资产的价值计价，但因其期限较短，流动负债的现值与将来偿付款的数额差异较小，因此现行制度规定，各项流动负债按实际发生额（现值）计价。流动负债是企业负债的重要组成部分，一般要以流动资产变现或举借新的流动负债来偿还或支付，其财务风险、短期还债压力比长期负债更大。

一般而言，流动负债主要用于企业的日常生产经营，满足企业简单再生产的需要。分析流动负债项目，首先，应对流动负债的总额进行数量判断，分析流动负债占负债总额的比重，分析流动负债与流动资产的数量对比关系。这种分析也应当结合企业所处行业、企业生产经营规模及企业所处生命周期阶段展开。流动负债占总负债的比重，成长型企业较低，成熟型企业较高。其次，要分析各流动负债组成项目的性质和数额，进而判断流动负债的来源渠道及其偿还的紧迫程度。再次，对流动负债的分析，要同企业的经营形势相联系，结合企业的采购政策、付款政策、股利分配政策等分析流动负债占用的合理性。最后，要同企业的流动资产构成及其实现的利润相联系，判断流动负债各组成内容的变化是否合理。下面对流动负债各主要项目进行具体分析。

1. 短期借款

短期借款是指企业从银行或其他单位借入的期限在一年（含一年）以下的各种借款。短期借款都是为了满足日常生产经营的短期需要而举借的，其数量的多少往往取决于企业生产经营活动对流动资金的需要、现有流动资金的短缺情况等因素。短期借款适度与否，可以根据流动负债的总量、目前的现金流量状况和对短期内的现金流量预期来确定。一个现金流量较差的企业，如果有过多的短期借款，超出了企业的偿债能力，必然会增大财务风险。另外，企业还要结合对短期借款的使用情况来分析短期借款的使用效果。

2. 交易性金融负债

交易性金融负债是指企业承担的交易性金融负债的公允价值，或企业持有的指定为以公允价值计量且其变动计入当期损益的金融负债。如果企业因发行了交易性债券等而承担了这项负债，就要密切关注其给企业带来的财务风险和偿债能力压力。

3. 应付票据

应付票据是企业因赊销交易而签发的允许在不超过一年的期限内按票据上规定的日期支付一定金额的商业汇票。我国目前规定，商业汇票的最长期限为 6 个月，因此应付票据的流动性高于应付账款，其偿付压力和财务风险也大于应付账款。

4. 应付账款

应付账款是指企业因赊购原材料等物资或接受劳务供应而应付给供应单位的款项。在市场经济条件下，应付账款的发生是正常的，也是经常的。但如果应付账款超过信用期限，会严重损害企业的信誉和信用。因此，分析应付账款项目时不但要关注应付账款的总额，更要深入分析应付账款超过信用期限的数额、时间和频率。

5. 预收款项

预收款项是指企业商品销售尚未发生或劳务尚未提供，而向购货方收取的货款或定金。它需要在以后用约定的商品、劳务或出租资产来抵偿。预收款项的数额是否合理要结合企业交易时的实际情况和具体合同条款来评价。

6. 应付职工薪酬

应付职工薪酬是指企业按规定支付给全体职工的各种薪酬，包括职工工资、奖金、津贴和补贴，职工福利费，各种社会保险费，住房公积金，工会经费、职工教育经费，非货币性福利等。分析应付职工薪酬项目时，应注意企业是否通过该项目来调节利润，要警惕企业利用不合理的预提方式提前确认费用和负债，从而达到隐瞒利润、少缴税款的目的。如果出现应付职工薪酬余额过大，尤其是期末数比期初数增加过大，则还要注意企业可能存在拖欠职工工资的行为，而这有可能是企业资金紧张、经营陷入困境的表现。

7. 应交税费

应交税费是指企业在会计期末应交未交的各种税金和专项收费。应交税费涉及的税种和费用项目较多，因此在分析此项目时，首先应当了解欠税欠费的内容，以便有针对性地分析企业欠税欠费的原因。如果该项目的余额过大，说明该企业拖欠国家税费的现象严重，应当引起密切关注。

8. 应付利息和应付股利（利润）

应付利息主要包括分期付息到期还本的长期借款应支付的利息、企业发行债券应支付的利息等。应付股利（利润）是指企业期末应付未付给股东（投资者）的现金股利（或利润）。这两个项目作为企业的短期负债，也要注意分析其数量和应付未付的时间。

9. 其他应付款

其他应付款是指企业应付、暂收其他单位或个人的款项，如应付租入固定资产的租金、包装物的押金、应付保险费、存入保证金、应付统筹退休金等。分析这个项目，首先要弄清其他应付款中各子项目的金额，分析其合理性；其次要分析审核清楚企业有否利用该项目存在违规行为。

二、非流动负债项目分析

非流动负债也叫长期负债，是指偿还期在一年或者超过一年的一个营业周期以上的债务，包括长期借款、应付债券、长期应付款、专项应付款、预计负债、递延所得税负债等。作为企业的一项义务，除具有负债的共同特征外，与流动负债相比，非流动负债还具有债务金额大、偿还期限长、有时可以分期偿还、财务风险和偿还压力较小等特点，因而成为企业筹集长期资金的一种重要方式。由于受资金时间价值的影响较大，非流动负债的价值一般应根据合同或契约规定在未来必须支付的本金和所付利息之和按适当的贴现率折现后的折现值来确定。

非流动负债主要用于企业长期资产的投资，满足企业扩大再生产的需要。对非流动负债的分析，首先应对其总额进行数量判断，分析长期负债占负债总额的比重。长期负债占负债总额的比重，一般来说成长型企业较高，成熟型企业较低。在非流动负债增长的同时，如果企业利润明显提高，说明企业通过负债经营发挥财务杠杆作用的做法正确，企业财务状况发展良好。其次，非流动负债的变化要与流动负债的变化结合起来分析。如果非流动负债增加而流动负债减少，销售收入增长，说明企业生产经营资金有长期保证，企业也抓住了扩大业务的机会。非流动负债增加流动负债减少，而销售收入并未增长，有可能是企业正在增加在建工程进行结构性调整，这时要分析工程项目的预期收益；也有可能是企业通过调整负债结构，用新的长期负债归还短期负债，以暂时回避短期资金紧张的局面。最后，分析非流动负债的关键是负债数量要适度。与增加投入资本相比，举借长期负债有利于保持投资者（股东）的控制权；除资本化以外的长期负债的利息支出可以税前列支，有一定避税作用；在投资利润率高于负债利率的条件下，长期负债能给企业带来财务杠杆正效应。但长期负债的财务风险比权益资金大，如果企业经营不善，市场情况恶化，企业可能陷入财务困境。因此，只有适度负债，企业才能实现既利用长期负债弥补资金缺口，获得财务杠杆利益，又不至于因此造成太大财务风险陷入财务困境。下面对长期负债各主要项目进行具体分析。

1. 长期借款

长期借款是指企业向银行或其他金融机构借入的期限在一年以上的款项。一般用于企业固定资产购建、固定资产改扩建、大修理工程及流动资产的正常需要等方面。资产负债表中的长期借款项目反映的是企业尚未归还的长期借款本金和利息。分析时主要应联系企业的实际情况关注长期借款的数量规模和期限结构的变化情况。

2. 应付债券

长期债券是指企业为筹集长期资金而发行的偿还期在一年以上的债券。资产负债表中的应付债券项目反映的是企业发行的尚未归还的各种长期债券的本金和利息。与长期借款相比，长期债券对企业形成的风险和压力更大。分析时应主要关注应付债券的余额和应归还的期限。

3. 长期应付款

长期应付款是指企业除长期借款和应付债券以外的其他各种长期应付款，如融资租赁方式下企业应付未付的租金等。融资租赁对企业用做保证的自有资金的数量要求比长期借款要低，租赁公司承担的风险从企业支付较高的租金中补偿，因此相对而言，这部分长期负债对企业的风险较小。分析时主要应留意该项目的余额及各子项目的数额。

4. 专项应付款

专项应付款是指企业取得的政府作为企业所有者投入的具有专项或特定用途的款项。企业收到该款项时将其作为负债，用该款项形成长期资产时转入资本公积，因此该应付款一般无须归还，是一项良性债务。其数额越大，意味着未来所有者权益会有较大增加。

5. 预计负债

预计负债是指因企业对外提供担保、未决诉讼、售后产品质量保证等或有事项而确认的负债。与或有事项相关的义务满足一些条件时，应当确认为预计负债。预计负债比或有负债更接近于真正的负债，因此分析时要注意其数额大小。

三、所有者权益项目分析

所有者权益（股东权益）是指企业资产扣除负债后由所有者（股东）享有的剩余权益，具体包括实收资本（股本）、资本公积、盈余公积和未分配利润等项目。所有者权益是投资者对企业净资产的要求权，是企业生存和持续发展的基础，也是企业维护债权人权益的保证。企业能否在资金市场上借到资金及能够借入多少资金，取决于主权资金（所有者权益）的保障程度。因此，所有者权益是企业举借债务的先决条件，也是企业偿还债务本息的基础保障。所有者权益的来源包括所有者投入的资本、直接计入所有者权益的利得和损失、留存收益等。

对所有者权益进行总体分析，要注意以下两个方面：第一，要分析所有者权益总额及其在企业总资金中的比重。所有者权益总额是反映企业经济实力的基础，是确保企业存在、稳定和发展的基石，是企业偿债能力及承担风险的保障。对债权人而言，所有者权益在企业总资金中所占的比重越高，其债权就越有保障，对债权人就越有利。第二，要考察企业的股权结构及所有者权益内部中各项目构成与企业未来发展的适应性。企业重大经营管理决策权主要掌握在控股股东的手中，控制性股东、重大影响性股东决定着一个企业未来发展的方向。因此，对企业所有者权益进行分析时，必须关注企业控制性股东、重大影响性股东的背景状况。一个公司股权的分散或集中，会形成不同的公司治理结构和决策机制，对公司的经营管理和未来发展会产生不同的影响。所有者权益内部包括投入资本（实收资本、资本公积）和留存收益（盈余公积、未分配利润）。企业是依靠投入资本还是留存收益来扩充所有者权益，对公司的发展也具有不同的影响，因为投入资本的资金成本高，而留存收益一般没有外显资金成本，所以按照融资优序理论，留存收益是企业各种融资方式的首选。企业通过内部发展筹集的资金越多，企业将获得更多的经济效益，也体现出企业注重内部积累，反映出经营管理水平越高。第三，要通过分析企业所有者权益与负债之间结构比例的变化，观察企业资金来源结构的稳定性和风险性变化情况。下面对所有者权益各项目进行具体分析。

1. 实收资本（或股本）

实收资本是指企业实际收到的投资者投入的资本额，包括国家资本、法人资本和个人资本。对股份公司而言，实收资本，即股本。有关法律法规对企业的设立都规定有注册资本的最低限额，因此对实收资本项目进行分析时，首先，应将实收资本与注册资本的最低限额相比较，看是否符合法律法规的要求。其次，对新办企业进行实收资本项目分析时还要考察企业实收资本是否存在不实的情况。因为现实中少数新办企业会利用以下手段搞虚假出资：账户中计列的只是名义资本，资本金没有全部到位；有些企业在验资时用银行借款充当实收资本；有些企业虽全额出资，但随后将资金抽走；有些企业以高估无形资产的方式，虚列或转增资本。再次，要分析实收资本（股本）的结构，观察企业是否按照资本产权多元化的状况建立了合理的代表各方利益的治理结构。最后，要将资本金结构与净收益分配结构相比较，观察资本的平等权利在企业是否得到了实现。

2. 资本公积

资本公积的来源主要包括资本溢价（股票溢价）、接受捐赠财产形成的公积金、法定财产重估增值等。按照规定，资本溢价和接受捐赠的资产价值可以转增资本，而财产重估增值一般只能用于补偿以后年度的财产减值损失。

3. 库存股

库存股也叫库藏股，是指由公司购回而没有注销并由该公司持有的已发行股份。它的特性与未发行的股票类似，没有投票权或分配股利的权利，在公司解散时也不能变现。库存股的用途是在适当时机再向市场出售而获利或用于对员工及管理层的持股激励。库存股还为公司调整负债与权益资本间的资金结构提供了方便，有利于公司股票价格的稳定。

4. 盈余公积

盈余公积是指企业按规定从税后利润中提取的积累资金。它可以用于转增资本、弥补亏损，特殊情况下还可以用于分配股利。盈余公积越多，表明企业资本积累能力、亏损弥补能力、股利分配能力及应对风险的能力越强。

5. 未分配利润

未分配利润是指企业实现的净利润在提取盈余公积和分配利润后的余额，反映企业各年累积的尚未分配给投资者的利润。未分配利润是未确定用途的留存收益，因此企业在使用未分配利润上有较大的自主权。未分配利润越多，反映企业当年和以后年度的积累能力、股利分派能力及应付风险的能力越强。分析时应注意的是，未分配利润是一个变量，可将该项目的期末数与期初数相比，观察其变动的曲线和发展趋势。

第四节 资产负债表水平分析

资产负债表水平分析也称为资产负债表的横的比较，是将连续数期的资产负债表金额并列起来，形成比较资产负债表，然后比较其相同项目（指标）的增减变动金额和幅度，据以判断企业财务状况的发展变化趋势，并通过各项目的增减变化分析其存在的问题，寻找原因，总结经验教训，便于下一步继续保持或加以改进。下面对资产负债表主要项目（指标）的水平分析具体过程作分别介绍。

一、资产项目增减变动分析

1. 货币资金项目增减变动的分析

企业货币资金增减变动，可能受以下因素的影响：销售规模的变动、信用政策的变动、为支出大笔现金做准备等。如根据表3-1，永昌公司2007～2009年年末的货币资金余额分别为51 494元、70 683元和58 058元，说明永昌公司三年中货币资金期末余额变化较大，因此要寻找原因，并对照永昌公司的最佳现金持有额、公司生产经营规模的变化分析货币资金管理中是否存在问题、存在哪些问题。

2. 应收商业账款增减变动分析

在流动资金和销售收入不变的情况下，应收商业账款的绝对额增加了，表明企业变现能力在减弱，承担的风险增大，其占用比重不合理；如果应收商业账款的增加与流动资金增长和销售收入增加相适应，表明应收商业账款占用相对合理。如根据表3-1，永昌公司2007～2009年年末的应收商业款项（应收票据和应收账款的总额）余额分别为63 199元、84 612元和172 938元，说明永昌公司三年中应收商业款项期末余额在不断增长，为此要寻找具体原因，并对照永昌公司三年的销售规模和信用政策的变化分析应收商业款项管理中是否存在问题、存在哪些问题。从永昌公司应收票据和应收账款两个资产项目的变化看，应收票据的余额在不断增长，而应收账款项目的余额在不断减少，说明公司采用的货款结算方式有了较大变化。

3. 存货增减变动分析

对存货项目增减变动分析时应特别注意对变动较大的存货子项目进行重点分析。一般来说，存货的增加应以满足生产销售、不盲目采购和无产品积压为前提；存货的减少应以压缩库存量、加速周转，不影响生产销售为前提。这样才说明企业存货资金的管理水平在提高。永昌公司2007年年末存货余额为63 365元，2008年年末和2009年年末的存货余额（分别为112 860元和116 006元）基本持平，比2007年年末大幅增长，应进一步联系公司销售规模的变化、存货各子项目余额的变化来分析其原因，并揭示存货管理水平的变化。

4. 流动资产项目总额增减变动分析

对流动资产项目总额增减变动分析要结合企业生产经营规模的变化情况展开，分析其变化的合理性，然后再通过流动资产各构成项目的变化寻找流动资产总额变化的原因，揭示企业流动资产的管理水平。永昌公司2008年年末和2009年年末的流动资产总额（分别为301 928元和356 358元）呈增长趋势，尤其是比2007年年末流动资产总额（214 712元）大幅增长，应进一步联系公司生产销售规模的变化，以及货币资金、应收款项、存货等流动资产主要项目余额的变化来分析其原因，并揭示流动资产营运管理水平的变化。

5. 固定资产增减变动分析

企业固定资产占用规模增减变动的分析应当结合企业生产经营规模的变动来展开，对固定资产增长情况、更新情况、报废情况及损失情况进行分析。永昌公司2007～2009年年末的固定资产净值分别为277 878元、395 111元和426 850元，呈逐年增长的趋势，尤其是2008年年末比2007年年末增长幅度不小，应进一步联系公司销售规模的变化、固定资产利用效率的变化来分析其原因，并揭示固定资产管理水平的变化。

6. 无形资产增减变动分析

从发展趋势上看，一个发展健康的企业无形资产应当呈上升态势。无形资产增加幅度较大，表明企业重视无形资产的投入，企业可持续发展能力较强。

7. 非流动资产总额增减变动分析

非流动资产总额增减变动分析也要根据企业生产销售规模的变动来分析其合理性，

再从非流动资产的主要构成项目的变化来分析其原因，以揭示非流动资产营运管理水平的变化。永昌公司 2007～2009 年年末的非流动资产总额分别为 535 593 元、567 165 元和 629 778 元，呈逐年增长的趋势，增长幅度平缓，如果联系到公司销售规模的变化（2007～2009 年销售收入分别为 585 714 元、724 502 元和 788 863 元），非流动资产总额的增长基本属于正常现象。至于具体非流动资产各年的营运效率如何变化，可以通过计算非流动资产周转率指标来具体体现，从而揭示出非流动资产管理水平的变化。永昌公司非流动资产的主要构成项目是长期股权投资、固定资产和在建工程。其中逐年增长的长期股权投资与本企业销售规模关系不大；固定资产属于经营资产，与销售规模联系紧密，固定资产的逐年增长是造成永昌公司非流动资产逐年增长的主要原因；在建工程项目的变动则体现永昌公司未来的生产经营能力的变动情况。

8. 资产项目总额增减变动分析

资产项目总额是体现企业生产经营规模的重要指标，也是反映企业为了实现一定的产出而投入的资源的体现。资产项目总额增减变动分析也主要联系企业生产销售规模的变化来分析其合理性，通过资产总额各构成项目的变化来剖析其变化原因，并通过计算总资产周转率来分析企业资产管理水平的变化。永昌公司 2007～2009 年年末的资产总额分别为 750 305 元、869 093 元和 986 136 元，呈逐年增长的趋势，增长幅度平缓，联系到公司销售规模的变化（2007～2009 年销售收入分别为 585 714 元、724 502 元和 788 863 元），资产总额的增长基本属于正常现象。

二、负债和所有者权益项目增减变动分析

1. 流动负债增减变动分析

主要通过流动负债各个项目的增减变动，分析企业短期融资渠道的变化情况及偿债压力的大小，借以判断企业短期资金的融资能力对企业生产经营活动的影响。永昌公司 2007～2009 年年末的流动负债合计分别为 135 184 元、194 690 元和 258 495 元，呈逐年增长的趋势。这主要因为流动负债项目，如短期借款、应付票据、应付账款等项目均在不断增长所致。

2. 长期负债增减变动的分析

主要通过长期负债各项目的增减变动，分析企业长期融资渠道的变化情况，借以判断企业长期资金的融资能力。永昌公司 2007～2009 年年末的非流动负债合计分别为 37 025 元、51 535 元和 67 000 元，呈逐年增长趋势。主要是因为作为永昌公司非流动负债主要项目的长期借款三年中增长明显。2007～2009 年年末永昌公司长期借款分别为 29 701 元、47 000 元和 67 000 元。

3. 所有者权益增减变动分析

通过对所有者权益增减变动的分析，可进一步了解企业对负债偿还的保障程度和企业自身积累资金和融通资金的能力与潜力。增加（减少）注册资本、资本公积发生增减变化、留存收益的增加（减少）等，都会导致企业所有者权益发生增减变动。永昌公司 2007～2009 年年末的所有者权益合计分别为 578 096 元、622 868 元和 660 641 元，呈

逐年增长趋势，主要是因为盈余公积和未分配利润两个项目的余额在三年中不断增长。

第五节　资产负债表结构分析

资产负债表结构分析是在资产负债表水平分析的基础上发展起来的分析方法，也称纵横结合的比较。它是将资产负债表各项目与资产总额或负债与所有者权益总额相比，计算出各项目占总体的比重，并将各项目构成与历年数据及同行业水平进行比较，分析其变动的合理性及其原因，借以进一步判断企业财务状况的发展趋势。首先，以资产负债表中的总体指标（资产总计或负债与所有者权益总计）为100％，计算出其各组成指标占该总体指标的百分比，形成共同比资产负债表（也称结构百分比资产负债表），进行纵向分析。然后，将连续数期的共同比资产负债表并列起来，形成比较共同比资产负债表，以比较共同比资产负债表为依据，比较连续数期各个项目百分比的增减变动情况，进行纵横结合的分析比较，以此来判断有关财务状况的发展趋势。这种方法能消除不同时期（不同企业）之间业务规模差异的影响，因此它既可用于同一企业某一时期财务状况的纵向比较，又可用于同一企业不同时期的横向比较，还可以用于同行业不同企业之间的横向比较。

资产负债表结构分析，要结合企业的行业特点、企业的经营特征和经营状况、风险偏好、企业所处的市场环境、所有者对控制权的态度等因素，才能得出合理的结论。一般而言，生产企业固定资产占总资产的比重要大于流通企业；大量大批生产的企业流动资产占总资产的比例往往具有相对稳定性，流动资产内部各项目之间也具有相对稳定的比例关系，而单件小批生产的企业流动资产占总资产的比例、流动资产内部各项目的比例关系则往往具有较大的波动性；企业经营状况好、销售顺畅时，货币资金占流动资产的比重会相对提高，应收账款和存货占比会相对下降，固定资产在总资产中的占比会增大，流动资产占比会相对下降；偏好高风险的企业，流动资产占总资产的比重会相对较小，长期资产的占比相对较大，流动资产中的波动性流动资产所占比例也会相对较大，而长期性流动资产（如保险储备）占比会相对较小，企业也会较多地利用负债资金。经营风险已经较大的企业，为了中和企业的整体风险，负债比例一般都比较小；当宏观经济环境处于繁荣阶段时，企业生产销售扩大，其资产结构中的货币资金比重会下降，而应收账款、存货、固定资产比重会上升，此时企业也会利用较多的负债资金。盈利能力越大、财务状况越好、变现能力越强的企业，举债筹资会较多；如果企业所有者不愿控制权稀释，也会较多地利用负债资金，而较少吸收直接投资或发行股票。

一、资产配置结构（投资结构）分析

资产配置结构是公司资产的具体构成及其组成部分的相互关系。只有得到合理配置的企业资产，才是高质量的资产。因此，企业资产结构（投资结构）是否合理，决定了企业资金能否顺畅周转，决定了企业资金使用效率，从而在某种程度上决定了企业经济效益的高低。利用资产负债表进行资产结构分析，可以了解某一时点企业资产的构成情况，判断资产配置结构（投资结构）是否合理。将企业资产结构结合负债及所有者权益

项目的构成进行分析，可以判断企业的资金来源结构（资本结构）是否合理、负债是否适度及公司自有资本的强弱。

（一）各大类资产项目占总资产的结构比重分析

企业资产从大类来讲主要包括流动资产、固定资产、无形资产等项目。在进行各大类资产项目占总资产的结构比重分析时，要注重分析以下几个方面的结构比率。

1. 短期金融资产比率

短期金融资产是指企业可以随时用于清欠、退还融资或购买其他资产的资产，主要包括货币资金、可随时贴现的应收票据、交易性金融资产等。短期金融资产比率是短期金融资产占总资产的比重。这一比率的意义在于它表明企业资产的弹性。企业可以随时用这部分短期金融资产来调整资产结构以适应市场变化，满足及时偿付的需要，但持有短期金融资产的收益性很差，因此企业应当根据自身的实际情况选择一个恰当的短期金融资产比率。

2. 流动资产比率

流动资产比率是流动资产占总资产的比重。流动资产是企业短期内可运用的资金，相对而言，具有变现时间短、周转速度快的特点。因此，从资产的流动性角度看，流动资产比率越高，流动资产在总资产中所占的比重越大，企业资产的流动性和变现能力就越强，企业的偿债能力和承担风险的能力也越强。但是，从收益性（盈利能力）角度看，流动资产的收益性比长期资产低，因此过高的流动资产比率不是好事。企业为了增加收益，必须加速流动资金的周转，用较少的流动资产占用取得更大的销售收入。确定合理的流动资产比率实质上是在资产的流动性和收益性之间作出权衡。对流动资产比率合理性的分析，一方面应结合企业的行业特征、经营状况和其他经营特征而定；另一方面必须与同行业的平均水平或行业先进水平进行比较，再结合销售收入的变动情况进行趋势分析，了解流动资产比率的增长是否超过销售的增长，就能更好地说明流动资产比率变动的合理性。如果流动资产比率的增长速度快于销售增长的速度，说明流动资产利用效率、周转速度在下降。

3. 固定资产比率

固定资产比率是固定资产占总资产的比重。固定资产是企业经营不可或缺的物质条件。固定资产的数量和质量，说明企业的经济实力和技术先进水平，也反映企业的生产经营规模。与流动资产相比，固定资产具有投资收益高、投资风险大的特点，也就是说流动性差、收益性高。因为固定资产投入资金多、回收时间长、能在企业生产经营过程中长期发挥作用、变现能力差、投资风险大，但它能反映企业工艺技术先进性水平，决定了企业的长期盈利能力的高低。所以，企业应根据所处行业的经营特征和企业自身的生产经营实际情况确定一个合理的固定资产比率，同时合理地使用固定资产，保持不断的更新，为提高劳动生产率和扩大生产销售创造条件。还要注重固定资产与流动资产之间保持投资结构的协调。

4. 无形资产比率

无形资产比率是无形资产占总资产的比重。无形资产比重指标的高低，可以说明企业知识化和高新技术化的程度，也可以说明企业可持续发展的潜力及综合竞争能力的强弱。总的来看，在注重无形资产与其他资产结构适配性的基础上，这个比率越高越好。

5. 对外投资比率

对外投资比率是指企业对外投资额占总资产的比重。现在不少企业都注重商品经营与资本经营并举，这个比率是反映企业资本经营力度的指标，也可以借此观察企业资本经营的水平和效果。对外投资与对内投资相比，投资收益可能较高，但投资风险较大，因此企业应根据自身的实际情况确定一个合适的对外投资比率。判断对外投资比重是否合理，首先要看企业的对外投资有没有影响企业内部生产经营资金的周转，对外投资能不能获得较高收益。对外投资比率提高，有可能是企业资金充足，进行对外投资以取得更多收益，但也有可能是企业发展受到了限制，目前的产业或产品利润率较低，需要寻求新的发展目标。因为对外投资风险较大，对外投资比率高，企业投资风险也高，所以企业管理者应具体分析，慎重行事。作为生产经营型企业，对外投资比率不宜过高。

6. 费用性资产比率

费用性资产是指那些名为资产实为费用的资产，是那些由于会计核算要求而暂时列作资产的纯摊销性的资产，包括长期待摊费用、递延所得税资产等项目。费用性资产比率指这些费用性资产占总资产的比重。这类费用性资产绝大多数不能为企业的生产经营提供任何实质性帮助，没有实际利用价值，因此费用性资产比率高，说明企业资产质量较低。

下面根据永昌公司资产负债表计算列举永昌公司 2007～2009 年年末各大类资产项目占总资产的结构比重，并作简单分析。如表 3-2 所示。

表 3-2　永昌公司各大类资产结构比率　　　　　　单位：％

项　目	2007 年年末	2008 年年末	2009 年年末
短期金融资产比率	10.28	14.05	21.91
流动资产比率	28.62	34.74	36.14
固定资产比率	58.40	50.20	48.22
无形资产比率	0	0	0
对外投资比率	12.98	15.05	15.64
费用性资产比率	0	0	0

永昌公司短期金融资产比率从 2007 年年末的 10.28％ 提高到 2009 年年末的 21.91％，说明该公司资产结构的弹性不断增强，即期偿付能力提高，但要注意因此而对企业收益性的影响。

该公司流动资产比率从 2007 年的 28.62％ 上升到 2009 年的 36.14％，固定资产比率由 2007 年的 58.40％下降到 2009 年的 48.22％，说明该公司资产的流动性增强，但对公司的收益性可能会产生负面影响。固定资产比率的下降可能是由于该公司处置了一些闲置固定资产，还要结合公司生产销售规模具体分析流动资产和固定资产的使用效率。

该公司的对外投资比率从 2007 年的 12.98％上升到 2009 年的 15.64％，对此应结合公司的资金实力、经营目的及对外投资中各子项目的结构作进一步分析。在保证企业内部生产经营资金需要的前提下进行对外投资，应予以肯定，否则就不可取。下一步对外投资的结构是否需要作出调整，也要结合具体情况而定。

（二）流动资产构成分析

流动资产构成分析中，主要应考察现金类资产、应收账款、存货等主要流动资产项目占总资产的比重，考察流动资产内部各主要项目占流动资产合计的比重。这些结构比率的合理性，也要结合企业的行业性质、经营状况及其他经营特征而定，要与同行业的平均水平或行业先进水平进行比较，并进行变动趋势分析而定。表 3-3 列示永昌公司 2007～2009 年年末各流动资产项目占总资产的比重。

表 3-3　永昌公司各流动资产项目占总资产的比重　　　　单位：％

项目	2007 年年末	2008 年年末	2009 年年末
货币资金	6.86	8.13	5.89
应收票据	3.42	5.92	16.02
应收账款	5.01	3.82	1.51
预付款项	1.04	1.92	0.73
其他应收款	3.83	1.96	0.22
存货	8.45	12.99	11.76
流动资产合计	28.62	34.74	36.14
资产总计	100	100	100

表 3-4 列示永昌公司 2007～2009 年年末流动资产各主要项目占流动资产合计的比重。

永昌公司货币资金占流动资产的比率不断下降，说明即时偿付能力可能有所下降，还可以结合流动负债数据说明即时短期偿债能力的变化；应收票据占流动资产的比重不断上升，应收账款占流动资产的比重不断下降，可能是因为公司采用的结算方式有所改变，也可能是企业应收账款管理水平有所提高，从资产流动性角度看有所增强；其他应收款占流动资产的比重下降可能是企业这方面资金管理水平的提高所致；存货比率的升高可能说明企业销售情况存在一定问题，但要结合存货周转率进行具体分析。

表 3-4　永昌公司流动资产内部各主要项目占流动资产合计的比重　　单位：%

项目	2007 年年末	2008 年年末	2008 年年末
货币资金	23.98	23.41	16.29
应收票据	11.94	17.04	44.35
应收账款	17.49	10.98	4.18
预付款项	3.64	5.53	2.01
其他应收款	13.38	5.65	0.60
存货	29.51	37.38	32.55
流动资产合计	100	100	100

（三）固定资产构成分析

固定资产构成分析可以从以下三个方面进行：一是分析生产经营用固定资产构成的变化情况；二是考察未使用和不需用的固定资产构成的变化情况，查明企业在处置闲置固定资产方面的工作效率；三是分析生产经营用固定资产内部结构是否合理。

二、资金来源结构（资本结构）分析

资金来源结构是指资金来源总额中各项目所占的比重及它们之间的比例关系。因为负债资金与权益资金相比，资金成本低、财务风险大，短期资金和长期资金相比，资金成本低、财务风险大，所以不同的资金来源结构决定了企业的资金成本高低、财务风险大小、偿债能力的强弱（债权人权益的保障程度）和财务杠杆作用能否充分发挥，从而影响甚至决定企业的盈利能力。

一个企业资金来源结构的健全与否，还要看它与企业资产结构的适配性和协调性。企业在各种资产上的投资，在筹资时应合理选择长短期资金与之搭配。只有这样，才能保证企业的资金成本、筹资风险和收益水平达到最佳。

企业各种资金占用（投资）与各种资金来源（筹资）的搭配形式，称为企业的筹资组合。筹资组合，对营运资金（一般指流动资产减流动负债的差额）的管理来说，就是如何处理、搭配流动资产与流动负债之间的关系问题。其着眼点是：如何合理安排长期性流动资产（如现金最低持有额、存货的保险储备等）和波动性流动资产（也称短期性流动资产）的资金来源。因此，筹资组合也是企业营运资金管理的重要内容之一。

企业要保持良好的财务状况和稳定的收益水平，在确定筹资组合时应遵循的基本原则是"长期资金长期用，短期资金短期用"。但事实上，由于不同企业对风险和收益的不同偏好、企业所处的行业和经营规模不同，不是每个企业都会这样做的，因此形成了不同的筹资组合。不同的筹资组合可以影响企业的收益和风险。企业财务管理人员必须认真考虑不同筹资组合带来的不同风险和成本、企业所处的行业、经营规模、当时资金市场的利率情况等因素，作出最优的筹资组合决策。

资金来源结构与资产结构的搭配组合（筹资组合）主要有三种类型：稳健型（保守

型）组合、适中型组合、风险型组合。不同的筹资组合形式决定着企业的风险和收益水平。企业应当根据自己的实际情况选择不同的筹资组合。

所谓稳健型（保守型）筹资组合策略，是指企业短期筹资只融通部分波动性流动资产的资金需求，另一部分波动性流动资产、所有的长期性流动资产及所有的长期资产投资所需要的资金，则完全由长期负债和所有者权益资金作为资金来源。在这种筹资组合策略下，因为短期融资所占比重较小，所以企业无法偿还到期债务的风险较低，同时蒙受短期利率变动损失的风险也较低。然而，因权益资金和长期负债的资金成本都高于短期资金的资金成本，以及经营淡季仍需负担大量长期负债利息，从而降低了企业的收益水平。因此，这是一种风险和收益均较低的筹资组合策略。较为保守的企业及其财务人员会使用这种筹资组合搭配策略。

适中型筹资组合策略，也叫正常的筹资组合策略或中庸策略。这是一种对各项流动资产的投资都用期限相近的流动负债来解决的筹资组合。在这种筹资组合策略下，企业波动性流动资产投资所需的资金用短期负债来筹措，长期性流动资产和长期资产投资所需的资金，则以权益资本与长期负债来解决。采用适中型筹资组合，其筹资风险和资金成本都比较适中。各期偿债次数和偿债数额得到适当的控制，对企业财务状况会产生较好的影响。

在风险型筹资组合策略下，不仅所有波动性流动资产投资采用短期筹资方式融通，而且一部分或全部长期性流动资产投资也用短期筹资方式来融通，甚至一部分长期资产投资所需要的资金也用短期筹资来解决。这种筹资组合可以降低资金成本，提高企业收益水平，但企业必然要在短期筹资到期后重新举债或申请展期，这样企业便会经常地举债和还债，从而加大了筹资风险；还可能面临由于短期负债利率变动，从而增加企业资金成本的风险。因此，这是一种收益较高、风险也较大的筹资组合策略。喜欢冒险的企业及其财务人员在进行筹资组合搭配时多采用此种策略。

若资金来源结构合理，企业的资金实力定然充实，财力基础稳定，易于抵御外来风险。因此，任何企业都要根据自身面临的各种条件，努力寻求最佳的资金来源结构（资本结构），而对资金来源结构的分析十分有益于此。

（一）资金来源类别结构分析

企业的资金来源按性质可分为负债和所有者权益两大部分，按期限长短可分为短期资金（流动负债）和长期资金。资金来源类别结构分析就是指两种分类的资金比重及其变动趋势分析，反映企业的基本资本结构及其变动趋势。

负债和权益资金占企业总资金来源的不同比重决定了企业资金成本的高低和财务风险大小，反映出企业负债是否适度和企业长期偿债能力的强弱，也体现出所有者投入一定的权益资金控制企业资产规模的大小。

表 3-5 和表 3-6 列示永昌公司资金来源的性质结构和期限结构，并作简单分析。

表 3-5   永昌公司负债与所有者权益占总资金来源的比例   单位：%

项目	2007 年年末	2008 年年末	2009 年年末
负债合计	22.95	28.33	33.01
所有者权益（或股东权益）合计	77.05	71.67	66.99
负债和所有者权益（或股东权益）总计	100	100	100

表 3-6   永昌公司短期资金与长期资金占总资金来源的比例   单位：%

项目	2007 年年末	2008 年年末	2009 年年末
短期资金来源	18.02	22.40	26.21
长期资金来源	81.98	77.60	73.79
负债和所有者权益（或股东权益）总计	100	100	100

永昌公司负债资金占全部资金来源的比重（资产负债率）从 2007 年年末的 22.95% 逐年上升到 2009 年年末的 33.01%，所有者权益资金占全部资金的比重（所有者权益比率）从 2007 年年末的 77.05% 逐年下降到 2009 年年末的 66.99%，说明该公司的长期偿债能力有所下降，财务风险有所加大，财务杠杆的作用得到了进一步发挥，但该公司的资产负债率总体上说还较低，负债筹资能力还有一定的上升空间，因此从总体上说，该公司的资金来源结构在不断优化。

该公司短期资金占总资金来源的比重从 2007 年年末的 18.02% 不断上升到 2009 年年末的 26.21%，长期资金来源占总资金来源的比重从 2007 年年末的 81.98% 逐年下降到 2009 年年末的 73.79%，说明该公司资金成本有所下降，财务风险有所加大，收益能力有所提高，因此从这方面来说，该公司的资金来源结构也在不断优化。当然长短期资金结构的合理性程度还要结合公司资产结构的变化、企业风险偏好、企业生产经营规模的变化等因素分析才能得出正确的结论。

（二）负债资金构成分析

企业负债资金来源分为流动负债和长期负债。负债资金构成分析主要要分析流动负债和长期负债在总负债资金中所占的比重。流动负债所占比重越高，说明企业对短期资金的依赖性越强，企业偿债压力和财务风险也就越大，要求企业资金周转的速度要更快。但流动负债占总负债中的比重大，企业付出的资金成本会较低，收益性较好。一般来说，长期负债占负债总额的比重，成长型企业较高，成熟型企业较低。另外，还要分析短期负债中各项目占总短期负债的比重，长期负债中的各项目占总长期负债的比重，以了解更详细的负债资金来源情况，判断负债资金来源的合理性程度。

如表 3-7 所示，永昌公司流动负债对总负债的比率由 2007 年的 78.50% 上升到 2009 年的 79.42%，说明该公司的财务风险逐年稍有所加大。至于这样的流动负债与长期负债的比重结构是否合理，要结合企业所面临的各方面因素进行分析判断。

表 3-7　永昌公司流动负债与长期负债占总负债资金的比例　　　　单位：%

项目	2007 年年末	2008 年年末	2009 年年末
流动负债	78.50	79.07	79.42
长期负债	21.50	20.93	20.58
负债总计	100	100	100

（三）所有者权益构成分析

所有者权益中，实收资本是所有者最初投入企业的资金，而资本公积，尤其是盈余公积和未分配利润是企业用所有者的实际投资带来的资本积累，积累这部分资本，是企业稳定和充实资金来源、增加盈利的基础之一。因此，分析所有者权益中实收资本和这部分资本积累各自所占的比重，不仅能反映所有者权益的构成情况，而且可以反映企业所有者投入资本的利用效果。如果企业有利润，而且没有完全分完的话，这部分资本积累会不断增加。这部分资本积累无须承担筹资成本，可以增强企业的偿债能力和应对风险的能力，而且可以增加企业利润分配的能力。

表 3-8 列示永昌公司所有者权益项目的构成比重，并依此进行简单分析。

表 3-8　永昌公司所有者权益项目的构成比重　　　　单位：%

项目	2007 年年末	2008 年年末	2009 年年末
实收资本	25.71	23.87	22.50
资本公积＋盈余公积金＋未分配利润	74.29	76.13	77.50
所有者权益（股东权益）	100	100	100

从表 3-8 可以看出，该公司积累部分的资本规模占所有者权益的比重从 2007 年的 74.29% 逐年提高到 2009 年的 77.50%，说明所有者投入的资本的利用和积累效果在不断增加。再通过分析所有者权益中的盈余公积和未分配利润两个项目的数额，发现这两个项目的数额确实在这三年中都在逐年增加。这样，有利于维护公司资本结构的安全与稳定，降低公司的财务风险。

本 章 小 结

本章首先对资产负债表的作用和基本格式进行了介绍，随后讲述了对资产负债表的各个项目进行数量和质量分析的方法，通过项目分析可以反映公司的资产、负债和所有者权益的数量和质量；最后讲述了对资产负债表进行水平分析和结构分析的方法，主要介绍了用比较资产负债表进行水平分析（横的比较）发现各项目数量规模的发展趋势和利用共同比资产负债表、比较共同比资产负债表进行纵的比较和纵横结合的比较发现资产、负债和所有者权益及其主要项目的结构变化趋势的分析方法。这些分析方法具有很强的应用性，能为财务信息需求者了解企业一般的财务状况提供重要渠道。本章的重点是资产负债表的水平分析、资产负债表的结构分析。

【进一步学习指南】

资产负债表是企业最重要的财务报表之一，在实务工作中，资产负债表的利用率很高，对不同的报表使用者都有着重要作用。通过对资产负债表的分析，可以提示企业偿债能力的强弱、资金结构（包括资金来源结构和资金投向结构）的合理程度、财务杠杆的利用程度、财务风险的大小及企业整体财务状况的健康情况等信息。如果读者想对资产负债表一般分析，尤其想对资产负债表水平分析和结构分析作更深入的了解，或者感兴趣的读者想比较一下各种教材对这一问题的不同阐述，可以参考其他一些教材、文献和法规。

【进一步阅读书目及法规】

戴欣苗. 2005. 财务报表分析. 北京：清华大学出版社

郭泽光. 2007. 财务报告分析. 北京：高等教育出版社

侯艳蕾，张宏禄. 2008. 财务报表分析. 北京：中国金融出版社

李忠波. 2005. 企业财务报告分析. 北京：科学出版社

史德刚，傅荣. 2008. 财务报告编制与分析. 大连：东北财经大学出版社

王华，石本仁. 2007. 中级财务会计. 北京：中国人民大学出版社

张新民，钱爱民. 2008. 财务报表分析. 北京：中国人民大学出版社

张新民，王秀丽. 2006. 企业财务报表分析案例精选. 大连：东北财经大学出版社

赵秀芳. 2009. 企业财务分析. 大连：大连理工大学出版社

资产负债表分析. MBA 智库百科网，2010-4-17

中华人民共和国财政部. 2006. 企业会计准则——应用指南. 北京：中国财政经济出版社

【案例分析】

秦池酒厂是山东省潍坊市临朐县的一家生产"秦池"白酒的企业。1992 年，它还是一家亏损的国营小酒厂，全部资产仅为几间低矮的平房、一地的大瓦缸、厂里一人多高的杂草和 500 多个人心涣散的工人。1993 年，正营级退伍军人姬长孔来到这里，任经营副厂长。1995 年 11 月，姬长孔赴京参加第一届"标王"竞标，以 6 666 万元的价格夺得中央电视台黄金时段广告"标王"后，引起出人意料的轰动效应，秦池酒厂一夜成名，秦池白酒也身价倍增。中标后的一个多月时间里，秦池酒厂就签订了销售合同 4 亿元；头两个月秦池销售收入就达 2.18 亿元，实现利税 6 800 万元，相当于秦池酒厂建厂以来前 55 年的总和。到 6 月底时其订货单已排到了年底。1996 年秦池酒厂的销售也由 1995 年的 7 500 万元一跃至 9.8 亿元，实现利税 2.2 亿元。

尝到了甜头的秦池酒厂在 1996 年 11 月再以 3.2 亿元人民币的"天价"，买下了中央电视台黄金时间段广告，从而成为令人瞩目的连任二届"标王"。然而，好景不长，1997 年年初的一则关于"秦池白酒是用川酒勾兑"的系列新闻报道，把秦池酒厂推进了无法自辩的大泥潭，当年秦池酒厂的销售额减少到 6.5 亿元。1998 年销售额更锐减到 3 亿元，并传出秦池生产经营陷入困境，出现大幅亏损的消息。2000 年 7 月，因供应商起诉秦池酒厂拖欠其 300 万元货款，法院判决秦池酒厂败诉，并裁定拍

卖"秦池"注册商标。令人啼笑皆非的是，几亿元打造的商标最终却以几百万元的价格抵债。2004 年 4 月，国内媒体纷纷报道了一条消息：山东秦池酒厂准备资产整体出售。

从财务角度看，导致秦池酒厂陷入困境的原因主要有两个：一方面，在扩大生产规模，提高生产能力，从而提高固定资产等长期性资产比例的同时，使流动资产在总资产中的比例相应下降，由此降低了企业资金的流动能力和变现能力；另一方面，巨额广告支出和固定资产投资所需资金要求企业通过银行贷款解决，按当时的银行信贷政策，此类贷款往往为短期贷款，这就造成了银行的短期贷款被用于资金回收速度较慢、周转期较长的长期性资产上，由此使企业资产结构与资本结构在时间和数量上形成较大的不协调性，"短贷长投"结果形成了很大的资金缺口。此时秦池所面临的现实问题是：在流动资产相对不足从而使企业现金流动能力产生困难的同时，年内到期的巨额银行短期贷款又必须偿还，从而陷入了无力偿还到期债务的财务困境。可以说，是"短贷长投"扼住了"标王"的喉咙。

资料来源：会计师网，2010-1-30。

要求：请按企业资产负债表分析的一般原理论述一下如何通过资产负债表分析及时了解和判断类似秦池酒厂出现的这种问题以及对此类问题的预防对策。

【思考和练习题】

（一）思考题

1. 通过资产负债表你能得到哪些信息？
2. 你认为资产负债表中哪些项目是分析的重点？如何分析重点项目？
3. 怎样进行资产负债表的水平分析？
4. 怎样进行资产负债表的结构分析？
5. 你认为应该怎样进行投资结构（资产配置结构）与筹资结构（资金来源结构或资本结构）两者之间的适配性分析？

（二）练习题

表 3-9 是福庆公司 2008 年年末和 2009 年年末的比较资产负债表。

表 3-9　福庆公司 2008 年年末和 2009 年年末的比较资产负债表

编制单位：福庆公司　　　　　　2008 年、2009 年 12 月 31 日　　　　　　单位：万元

资产	2008 年年末	2009 年年末	负债和所有者权益 （或股东权益）	2008 年年末	2009 年年末
流动资产			**流动负债**		
货币资金	6 328.54	26 079.41	短期借款	27 427.47	24 006.88
交易性金融资产			交易性金融负债		
应收票据	2 558.87	3 643.16	应付票据	5 675.50	8 609.00
应收账款	27 513.03	33 352.48	应付账款	26 928.35	35 944.41

续表

资产	2008 年年末	2009 年年末	负债和所有者权益（或股东权益）	2008 年年末	2009 年年末
预付款项	5 207.48	5 822.93	预收款项	5 692.47	6 810.75
应收利息	75.36	59.45	应付职工薪酬	1 928.75	1 573.02
应收股利			应交税费	2 134.83	2 250.03
其他应收款	8 532.15	6 936.85	应付利息		
存货	57 500.82	69 889.67	应付股利	2 843.18	2 496.07
一年内到期的非流动资产			其他应付款	6 609.63	16 703.22
其他流动资产	34.49		一年内到期的非流动负债	1 508.00	663.00
流动资产合计	107 750.74	145 783.94	其他流动负债	393.83	461.93
非流动资产			**流动负债合计**	81 142.01	99 518.31
可供出售金融资产			**非流动负债**		
持有至到期投资	44.90		长期借款	8 917.00	15 394.00
长期应收款			应付债券		
长期股权投资	5 576.72	15 049.51	长期应付款	2 594.60	2 057.70
投资性房地产			专项应付款	577.48	651.38
固定资产	31 855.72	35 503.41	预计负债		
在建工程	3 778.14	6 622.32	递延所得税负债		
工程物资			其他非流动负债	−6 376.10	0.00
固定资产清理			**非流动负债合计**	5 712.98	18 103.08
生产性生物资产			**负债合计**	86 854.99	117 621.39
油气资产			**所有者权益（或股东权益）**		
无形资产	503.50	12 726.72	实收资本（或股本）	35 274.10	49 553.42
开发支出			资本公积	20 424.64	42 938.31
商誉			减：库存股		
长期待摊费用	586.35	437.47	盈余公积	4 376.94	1 639.87
递延所得税资产			未分配利润	3 165.40	4 370.38
其他非流动资产			**所有者权益（或股东权益）合计**	63 241.08	98 501.98
非流动资产合计	42 345.33	70 339.43			
资产总计	150 096.07	216 123.37	**负债和所有者权益总计**	150 096.07	216 123.37

　　要求：请根据福庆公司上述资产负债表的数据，对福庆公司两年来资产负债表反映的财务状况进行水平分析、结构分析、投资结构（资产配置结构）与筹资结构（资金来源结构或资本结构）两者的适配性分析。

第四章

利润表一般分析

【本章学习目标】

- 了解利润表的作用、基本结构和格式
- 熟悉利润表项目分析的相关知识
- 掌握并能应用利润表水平分析和结构分析的方法和原理
- 了解企业利润质量恶化的特征

在市场经济条件下，追求利润最大化已成为企业经营的主要目标。随着我国市场经济体制的进一步完善，企业生产经营呈现多元化的特点，这给财务报表使用者判断企业利润的构成和质量增添了难度。信息需要者阅读企业利润表不仅应关注该表的最后结果（净利润）的多寡，而且要采用一定的分析方法和程序，了解企业收入的增长点和开支重点，考察企业利润形成的过程、利润的结构及其发展趋势，剖析影响利润数量和质量的原因，从而挤出虚假业绩的"泡沫"，正确、全面、辩证地认识企业的经营业绩和盈利能力。

第一节　利润表分析概述

一、利润表的作用

利润表又称收益表或损益表，是反映企业一定会计期间（月份、季度、半年或年度）经营成果的财务报表。它是依据"收入－费用＝利润"的关系，按照其重要性，将收入、费用和利润项目依次排列，并根据会计账簿记录的大量数据累计整理后编制而成的。它是一种动态报表。按照现行制度规定，企业每个月都必须编制当月的利润表，用于反映当月企业利润的组成，以及所得与所耗之间配比效果方面的信息。

企业经营的主要目的是为了"赚钱"。在风云变幻的市场经济大潮中，利润几乎主宰着企业的沉浮乃至掌握着企业的"生杀大权"。利润是企业综合经营业绩的体现，又是进行利润分配的主要依据，企业盈利能力是投资者等企业利益相关者关注的焦点，因此利润表是财务报表中的主要报表之一，对利润表的分析也显得十分重要。

利润表的作用可以具体表现在以下几个方面。

1. 反映企业经营成果，有利于评价经营业绩

利润表提供的收入、成本费用等信息，反映企业生产经营所得和所费的情况，给企业经营成果及其形成过程做了一个活生生的"录像"。利润表提供的不同时期的比较数字（本月数、本年累计及上年实际数等），反映了企业利润和盈利能力的发展趋势。利润表还反映企业因盈利活动而引起的权益变化，并最终通过所有者权益的增减表现出来，体现了投资者投入资本的完整性程度。将利润表与资产负债表结合起来分析，能够评价企业的资金营运能力、发展能力及长期偿债能力，将利润表有关项目与现金流量表的净流量进行比较，可以了解和判断企业当期实现利润的质量，从而有利于评价考核企业经营业绩。

2. 可以发现经营管理中的问题，为经营决策提供依据

分析企业利润的形成过程及其利润构成（结构），并与以前各期相比较，可以找出影响利润变化的具体原因，从而发现经营管理中存在的问题，为企业经营管理者进行经营决策提供依据，有利于企业提高管理水平。

3. 有助于预测企业未来的盈利能力，判断企业的价值

对一个企业的价值进行衡量时，潜在的盈利能力通常是决定企业价值的一个重要因素。借助利润表可以预测企业未来盈利能力发展的趋势和前景，了解企业的经营实力，为判断企业价值的未来变化提供重要依据。利润表反映出的营业收入增长率和净利润增长率等指标及其发展趋势，还能体现企业的经营成长性。

4. 有利于投资者和债权人作出正确的投资和信贷决策

利润表反映企业的综合经营业绩和盈利能力发展趋势，利润又是进行利润分配的主要依据，将利润表信息与资产负债表信息相结合，可以提供诸如各种资产周转率、资产利润率等反映盈利能力、资金营运能力、长期偿债能力的指标，通过利润表及其他资料反映的企业收入结构、产品销售结构、成本费用结构、利润形成结构等情况，可以判断企业经营结构合理与否，从而有助于投资者和债权人作出正确的投资和信贷决策。

二、利润表的结构和格式

利润表一般由表首和正表两部分构成。表首主要概括说明报表名称、编制单位、编制日期、报表编号和货币计量单位等。正表是利润表的主体部分，主要反映收入、成本费用和利润项目的具体内容、相互关系及其计算过程。我国利润表的栏目一般设有"本月数"和"本年累计"两栏（季度、半年度、年度利润表设"本期金额"和"上期金额"两栏）。"本月数"反映表中各项目的本月实际发生数，"本年累计"栏反映各项目自年初起至本月止累计实际发生数。

利润表的格式为报告式。目前国际上通用的报告式利润表主要有单步式和多步式利润表两种。我国财务报表列报准则规定，企业的利润表采用多步式格式。

多步式利润表是通过将当期的收入、成本费用、支出项目按性质加以归类，按利润形成的主要环节，列示一些中间性利润指标，分步计算出当期净损益。多步式利润表将不同性质的收入和费用类别进行对比，得出营业利润、利润总额等中间性的利润数据，分层次反映企业利润的构成和来源渠道，便于使用者理解企业经营成果的不同来源。

普通股或潜在普通股已公开交易的企业，以及正处于公开发行普通股或潜在普通股过程中的企业，还应当在利润表中列示每股收益信息。

多步式利润表的基本结构和格式如表 4-1 所示。

表 4-1 利润表

会企 02 表

编制单位： 　　　　　年　　月　　　　　单位：元 币种：人民币

项目	本月数	本年累计
一、营业收入		
减：营业成本		
营业税金及附加		
销售费用		
管理费用		
财务费用		
资产减值损失		
加：公允价值变动收益（损失以"—"号填列）		
投资收益（损失以"—"号填列）		
其中：对联营企业和合营企业的投资收益		
二、营业利润（亏损以"—"号填列）		
加：营业外收入		
减：营业外支出		
其中：非流动资产处置净损失		
三、利润总额（亏损总额以"—"号填列）		
减：所得税费用		
四、净利润（净亏损以"—"号填列）		
五、每股收益		
（一）基本每股收益		
（二）稀释每股收益		

总体来看，营业收入、营业成本、各类费用和利润项目构成利润表的主体。多步式的利润表中，收入的列报应能反映企业的盈利渠道和发展方向。对于各类费用，企业应当采用"功能法"列报，即按照费用在公司经营与管理活动中所发挥的功能进行分类列报，通常分为从事生产经营业务发生的成本、销售费用、管理费用和财务费用等。这样有助于财务报告使用者了解企业的活动领域和相应的开支。例如，销售费用反映企业在

市场营销这一领域的开支大小，管理费用意味着企业为日常经营管理所发生的费用，财务费用表示企业为融资所发生的费用等。向财务报告使用者提供这种结构性信息，能更清楚地揭示企业经营业绩的主要源泉和构成，使相关会计信息更加有用。

三、利润表各项目之间的关系

（一）营业利润

营业利润＝营业收入－营业成本－营业税金及附加－销售费用－管理费用
－财务费用－资产减值损失＋公允价值变动净收益＋投资净收益

营业利润是指企业在生产经营活动中实现的经营性利润。营业收入是指企业经营主要业务和其他业务所确认的收入总额，包括主营业务收入和其他业务收入。营业成本是指企业经营主要业务和其他业务所发生的实际成本总额，包括主营业务成本和其他业务成本。营业税金及附加是指企业经营业务应负担的营业税、消费税、城市维护建设税、资源税、土地增值税和教育费附加等。销售费用是指企业在销售商品过程中发生的包装费、广告费等费用和为销售本企业商品而专设的销售机构的职工薪酬、业务费等经营费用。管理费用是指企业行政管理部门为组织和管理生产经营而发生的各种费用。财务费用是指企业为筹集生产经营所需资金而发生的筹资费用。资产减值损失是指企业各项资产由于减值而发生的各项损失。公允价值变动净收益是指企业按照相关准则规定应当计入当期损益的各项资产或负债公允价值变动的净收益，如为净损失，以"－"表示。投资净收益是指企业以各种方式对外投资所取得的净收益，如为净损失，以"－"表示。

（二）利润总额

利润总额＝营业利润＋营业外收入－营业外支出

营业外收入是指企业发生的与其经营活动无直接关系的各项收入。营业外支出是指企业发生的与其经营活动无直接关系的各项支出，其中包括非流动资产处置净损失（净收益以"－"号列示）。

（三）净利润

净利润（净亏损以"－"号列示）＝利润总额－所得税费用

所得税费用是指企业根据"所得税"会计准则确认的应从当期利润总额中扣除的所得税费用。税后净利润归属于所有者，因此企业若实现了净利润就增加了所有者权益，而发生净亏损则减少了所有者权益。

第二节 利润表项目分析

一、收入项目分析

收入是指企业在日常活动中形成的、会导致所有者权益增加的、与所有者投入资本无关的经济利益的总流入，主要包括销售商品或提供劳务的收入和让渡资产使用权的收入。在市场经济条件下，收入作为影响利润指标的重要因素，越来越受到企业和投资者等众多信息使用者的重视。根据"收入"会计准则的规定，企业收入的确认应当至少符合以下条件：一是与收入相关的经济利益应当很可能流入企业；二是经济利益流入企业的结果会导致资产的增加和负债的减少；三是经济利益的流入额能够可靠地计量。企业销售商品收入的金额，应按照已收或应收合同或协议价款的公允价值确定，发生的现金折扣、商业折扣和销售折让一般应在销售收入中扣除。

收入在利润表中用"营业收入"项目体现。营业收入是企业日常经营活动中取得的经济利益的总流入，包括企业主营业务收入和其他业务收入。它基本上代表着企业的营业规模，反映了企业生产经营的基本结果，是形成企业业绩的最重要、最基本的来源，也是企业财富和所有者权益增长的基础。通过分析营业收入的构成及其变化趋势，找出企业业绩的主要增长点和营业收入构成变化中存在的问题和解决对策，可以为企业生产经营决策提供依据，增强企业的竞争能力。另外，还要注意分析与关联方交易的收入在总收入中的比重，分析企业有无利用隐匿、转移、分解收入等手段偷逃流转税和所得税。

在企业营业收入中，主营业务收入所占的比重一般较大。因此，对主营业务收入进行分析就显得尤为重要。销售量和销售单价是影响主营业务收入的两个基本因素。在实际工作中，可以运用因素分析法对这两个因素对主营业务收入变化的影响程度进行详细分析。在这两个影响主营业务收入的基本因素中，销售单价因素对主营业务收入的影响更加敏感，这就要求企业根据市场供求状况及本企业产品或劳务的成本和质量，合理确定单价，并努力做好促销工作，扩大本企业产品的市场占有份额。

其他业务收入是企业除主营业务收入以外的其他经营活动实现的收入，包括出租固定资产、出租无形资产、出租包装物和商品、销售材料、用材料进行非货币性交换或债务重组等实现的收入。对其他业务收入的分析，一要分析它的变动趋势；二要分析它在收入中所占的比重；三要分析形成其他业务收入变动的原因。

二、费用项目分析

作为会计要素的费用是企业在日常活动中发生的、会导致所有者权益减少的、与向所有者分配利润无关的经济利益的总流出。费用表现为资产减少或负债增加而引起的所有者权益减少。费用的确认至少应符合以下条件：一是与费用相关的经济利益应当很可能流出企业；二是经济利益流出企业的结果会导致资产的减少或者负债的增加；三是经济利益的流出额能够可靠地计量。费用是按照历史成本（实际成本）计量的。在利润表中，费用项目主要包括营业成本、营业税金及附加、销售费用、管理费用、财务费用、所得税费用等项目。

（一）营业成本

"营业成本"项目反映企业在经营主要业务和其他业务发生的实际成本总额，分为主营业务成本和其他业务成本两部分。营业成本不同于其他费用，它是与营业收入相关的，已经确定了归属期，直接依附于相关产品或劳务的、被对象化了的成本。对于工商企业而言，主营业务成本通常就是已售出的产品或库存商品的生产成本或进货成本。营业成本与营业收入相配比，二者之间的差额就是通常所说的毛利额，它基本上代表着企业生产销售的商品和劳务的盈利水平。可以计算营业成本占营业收入的比例来分析每百元营业收入中补偿的营业成本是多少，明确营业成本对企业盈利能力的影响力度。对营业成本进行分析时，应注重分析主营业务成本总额及其构成的变动趋势，比较确定本期与前期、历史最佳水平或同行业企业的成本差异，从而找出产生成本差异的原因，便于提出改进对策。必须指出的是，企业营业成本的高低，既有企业不可控制的因素的影响，也有企业可以控制的因素的影响，还有企业通过成本会计核算系统对企业制造成本进行处理的因素的影响。因此，还要注意企业有无利用违反规定的成本开支范围列支成本，或乱摊成本、转移成本，或歪曲各项要素分配的真实性等手法偷逃所得税的行为。

（二）营业税金及附加

"营业税金及附加"项目是反映企业在本期经营业务中应负担的消费税、营业税、城市维护建设税、资源税、土地增值税和教育费附加等流转税费。营业税金及附加费用的高低和企业商品流转额或劳务供应量具有正相关关系，也体现了企业对于社会的贡献。它虽然不构成产品的生产成本，但却是企业为了取得营业收入而必须发生的一项费用支出，所以也是影响营业利润的重要因素。在分析时，主要应注意各种流转税费实际发生额计算的准确性和税费交纳的及时性。

（三）销售费用

"销售费用"项目是企业在销售商品过程中发生的各项费用，以及为了销售本企业产品而专门设立的销售机构的各项经营费用。从销售费用的基本构成及功能看，有的是销售过程中发生的费用，如包装费、检验费、运输费、装卸费、整理费、保险费、销售佣金、委托代销费用等，这些费用与企业的销售业务活动有关；有的是为了促销商品而发生的费用，如广告费、展览费、售后服务费、产品质量保证损失等，它们与企业的未来发展、市场开拓、企业品牌知名度的扩大有关；有的是专设销售机构（销售公司、销售网点、售后服务网点等）的经营费用，如销售人员的薪酬、业务费、销售用固定资产的折旧费和修理费等，这些费用中的一部分与从事销售活动人员的待遇有关。对利润表销售费用项目进行分析时，可以计算销售费用占营业收入的比例来分析每百元营业收入中补偿的销售费用是多少，从而明确销售费用对企业盈利能力的影响力度。更应将企业销售费用的增减变动趋势与销售量的变动结合起来，分析这种变动趋势的合理性、有效性、协调性，而不能片面追求销售费用降低额，否则可能对企业的长期发展不利或者影响企业销售人员的积极性。一般认为，在企业生产经营业务扩大的情况下，其销售费用额不应降低。另外，也要注重分析销售费用构成的变动情况，找出影响销售费用增减的主要因素，总结销售费用管理中存在的问题，以寻求相对控制销售费用的对策。

（四）管理费用

"管理费用"项目是企业行政管理部门为组织和管理企业生产经营所发生的各项费

用。管理费用内容庞杂、细目众多、金额较大，几乎成了费用之"筐"，那些应当由企业统一负担的费用一般都计入管理费用中。因此，首先要分析企业是否有虚列管理费用、费用分摊比例是否合理或是否将应计入成本的开支计入管理费用，以判断管理费用的真实性。其次，可以计算管理费用占营业收入的比例来分析每百元营业收入中补偿的管理费用是多少，从而明确管理费用对企业盈利能力的影响力度。第三，可采取按不同时期管理费用绝对额或结构对比的方法，比较分析有无重大波动和异常，以发现管理费用的开支和管理中是否存在问题。第四，要注意管理费用的管理效率也主要应强调相对控制和相对降低，而不是绝对额的控制和降低，因为像业务招待费、技术开发费、管理人员薪酬等很多管理费用项目的发生额与企业生产经营规模的扩大有关。过分强调管理费用绝对额的控制和降低，既不科学，又可能影响相关管理人员的积极性，对公司的长期发展不利，因此分析时应将企业管理费用的增减变动与生产经营规模的变动结合起来，分析这种变动趋势的合理性和有效性。

（五）财务费用

"财务费用"项目反映企业为筹集生产经营所需资金而发生的筹资费用，包括利息支出（减利息收入）、汇兑损失（减汇兑收益）、金融机构手续费、销售发生的现金折扣（减收到的现金折扣）等。与销售费用和管理费用相比，财务费用具有项目少、重点项目突出的特点，其中经营期间发生的利息支出构成了企业财务费用的主体。对财务费用项目进行分析时，也可以计算财务费用占营业收入的比例来分析每百元营业收入中补偿的财务费用是多少，从而明确财务费用对企业盈利能力的影响力度。值得注意的是，借款费用应当考虑资本化问题，只有非资本化的金额才计入财务费用。企业借款利息水平的高低主要取决于借款规模、利率和借款期限三个因素，分析时要结合宏观货币政策、资金市场和企业当时的具体情况进行。

（六）资产减值损失

资产减值是指资产的可回收金额低于其账面价值。利润表中的"资产减值损失"项目反映企业各项资产发生的减值损失。根据新准则规定，为了体现资产的真正价值，当企业资产的可收回金额低于账面价值时，原则上都应将资产的账面价值减记至可回收金额，减记的金额确认为资产减值损失，计入当期损益，同时计提相应的资产减值准备。企业计提的应收款项坏账准备、存货跌价准备、持有至到期投资减值准备等，在相关资产价值恢复的时候，可以在原计提的减值准备金额内予以转回，而长期股权投资、固定资产、在建工程、工程物资、无形资产、商誉等非流动资产相关的资产减值准备一经计提，以后不得转回。企业股东和债权人都很关注资产的现时状况，因为一旦资产减值，就会影响企业的盈利能力和偿债能力。企业经营管理者也可以借此信息掌握不良资产状况，及时作出资产处理和更新决策。

（七）所得税费用

"所得税费用"项目反映企业根据所得税会计准则确认的应从当期利润总额中扣除

的所得税费用。由于会计和税法的分离，会计上核算的所得税费用与按照税法计算应缴纳的所得税并不相同。根据新企业会计准则，所得税核算采用资产负债表债务法核算，其金额大小不仅受当期应缴纳所得税的影响，而且包括预期以后期间可能应缴纳（或者可抵扣）项目的影响金额。所得税费用应依据当期应交所得税和递延所得税资产、递延所得税负债的期末、期初差额加以确定。

$$\text{所得税} \atop \text{费用} = {\text{当期应交} \atop \text{所得税}} + \left({\text{递延所得税} \atop \text{负债期末余额}} - {\text{递延所得税负} \atop \text{债期初余额}} \right) - \left({\text{递延所得税资} \atop \text{产期末余额}} - {\text{递延所得税资} \atop \text{产期初余额}} \right)$$

对所得税费用的分析，要从企业组织形式、资本结构决策、费用列支方法、销售收入确认的时间、固定资产折旧和存货计价方法等多个方面进行。不同的组织形式，对是否构成纳税人，有着不同的结果，如公司设立下属公司时，选择设立子公司还是分公司对企业所得税负会产生不同的影响。子公司作为独立的纳税义务人要单独交纳所得税，如果子公司所在地税率较低时，子公司可以少交所得税，而分公司只能将其利润并入总公司交纳所得税，因此无论其所在地税率高低，均不能增减公司的整体税负。再者，作为公司法人制企业，其利润要交纳企业所得税，其税后利润作为股利分配给投资者后，投资者还要交纳个人所得税，而合伙企业和独资企业取得的收益都只需交纳个人所得税即可。因此，在设立企业时，要考虑好各种企业组织形式对所得税的影响，作好所得税的税收分析。不同的资本结构决策对所得税费用也有影响。负债的利息可以在税前列支，而权益资金的股息只能在交纳所得税后的净利润中分配，这样，多利用负债资金就可以起到节税作用，因此企业在资本结构决策时就应把所得税费用因素考虑进去。同样，费用列支时间和数额、销售收入确认的时间、固定资产折旧和存货计价方法的不同选择，对企业所得税费用的增减也都有不同的影响，企业在决策时应充分考虑并且认真分析这些因素。

三、利润项目分析

（一）公允价值变动净收益

"公允价值变动收益（损失以'—'号填列）"项目用来反映因企业资产或负债公允价值变动形成的应当计入当期损益的利得或损失。公允价值是指在公平交易中，熟悉情况的交易双方自愿进行资产交换或债务清偿的金额。会计上采用公允价值计量的资产通常都是一些对价格变化比较敏感的资产，如交易性金融资产、交易性金融负债、采用公允价值计量的投资性房地产、衍生工具、套期保值业务等，企业一般会采取盯市管理策略。值得注意的是，不要把公允价值下降造成的变动损益和上述资产减值损失混为一谈。公允价值变动产生的收益或损失要根据实际情况进行具体分析。

（二）投资净收益

"投资收益（损失以'—'号填列）"项目反映企业对外投资收益减去投资损失的净额。投资收益包括对外投资分得的利润、股利和债券利息，投资到期收回或中途转让取得款项高于账面价值的差额，以及按权益法核算的股权投资在被投资方增加的净资产中拥有的数额等；投资损失包括对外投资到期收回或中途转让取得款项低于账面价值的差额，以及按权益法核算的股权投资在被投资方减少的净资产中分担的数额等。随着我国资金市场的发展，企业营业利润中投资收益所占比重日益加大。对投资净收益的分析也要根据当期的实际情况进行具体分析。

（三）营业利润

利润表中的"营业利润"项目的数额是以营业收入为基础，减去营业成本、营业税金及附加、销售费用、管理费用、财务费用、资产减值损失加上公允价值变动净收益和投资净收益计算出来的。因此，营业利润项目分析主要从以下两个方面展开。

1. 分析营业利润额的大小和结构

企业营业利润的多少，说明了企业总体经营管理水平和效果。

（1）当营业利润较大时，要注意分析以下问题：第一，其他业务利润的多少。其他业务利润是其他业务收入减其他业务支出的差额。在企业开展多种经营业务较多时，其他业务利润会弥补主营业务利润的不足，但是如果企业其他业务利润很大，甚至长期高于主营业务利润时，企业应当考虑调整产业结构。第二，其他业务利润的用途。要关注企业的其他业务利润主要是用来扩大营业收入，还是主要用于非生产经营性消费。如果用于扩大营业收入，企业的盈利能力会越来越强，而如果用于购买小汽车、高档装修等非生产经营性消费，企业则仍然缺少长远的盈利能力。

（2）当营业利润较小时，应着重分析商品销售利润的大小、多种经营的发展情况和各种期间费用的多少。如果期间费用较高，影响制约了营业利润时，就要详细分析销售费用、管理费用、财务费用的构成，找出期间费用居高不下的原因，严格加以控制与管理，以提高营业利润。

2. 分析影响营业利润变动的各个因素的影响程度

在工业企业，如果暂时不考虑各种期间费用和资产减值损失、公允价值变动净收益和投资净收益，营业利润由产品销量、销售单价、单位生产成本、流转税费的税率四个因素决定（如果是多品种产品生产企业，还要考虑产品品种结构变动这一因素），在进行具体的利润项目分析时，往往是采用因素分析法（连环替代法），在将实际营业利润与计划营业利润对比的基础上，分析影响营业利润变动的各种因素的影响程度，并对企业营业利润完成情况作恰当的评价，挖掘增加营业利润的因素，从而提出相应对策。

（四）营业外收入和营业外支出

营业外收入和营业外支出是指企业发生的与经营业务无直接关系的各项利得和损失。会计上通过营业外收入核算的项目主要有非流动资产处置利得、非货币性资产交换利得、债务重组利得、政府补助、资产盘盈利得、捐赠利得、经批准处理的确实无法支付的应付款项等；通过营业外支出核算的项目主要有非流动资产处置损失、非货币性资产交换损失、债务重组损失、公益性捐赠支出、非常损失、罚没支出、资产盘亏损失等。需要注意的是，与营业活动的收入和费用不同，营业外收入和营业外支出不存在对应或配比关系，某种事项的发生可能有收入而不需要为此付出什么，同样，有些事项的发生仅仅有"付出"而不会得到什么"回报"。因此，这类事项如果出现异常，则需要财务报告使用者作一些特殊处理，比如考察企业正常经营业务的盈利能力，以判断营业外收支对利润总额的影响。另外，应重点对营业外支出项目进行分析，着重检查其是否严格按制度规定的项目、范围和标准列支，是否把应计入产品成本和期间费用的开支也挤到了营业外支出中，从而造成成本费用指标的虚假现象。通过营业外收支的分析，还可以补充说明企业工作的质量，揭露工作中的薄弱环节。

（五）利润总额

对"利润总额"项目进行分析，应主要从以下两个方面进行：

（1）分析利润总额的增长与完成情况。这主要通过对比本期利润总额的实际数和计划预算数，计算本期计划的完成程度，如果没有完成，还要对未完成利润计划的原因进行深入分析。将本期利润总额与上期利润总额进行比较，计算利润增长率，以动态地观察企业利润的增长情况。还要比较分析组成利润总额的各项目的本期实际数与上期实际数，以便确定各项目对企业经营成果的影响程度。

（2）分析利润总额构成的变动情况，对影响利润总额的各个组成部分进行分析。企业利润总额包括营业利润和营业外收支净额。一般情况下，营业利润是利润总额的主要部分，在利润总额中所占的比重最大，而营业外收支净额等在利润总额中所占的比重较小。因此，在分析时要注意企业利润总额的构成是否符合上述一般情况。如果企业利润总额是在营业外收支发生大幅波动的情况下形成的，说明企业的利润总额不是以营业利润为基础的，是不稳定、不可持续的，而且利润总额可能存在不真实性。

（六）净利润

企业的净利润等于利润总额减去所得税后的余额。它是完全归属于所有者的企业经营成果。企业净利润不仅包括企业经营性盈利，而且包括企业投资、资本运作等理财性盈利和非经常性损益。因此，净利润的增减变动是利润表上所有项目增减变动的综合结果。对净利润分析的内容，包括对形成净利润的各项目的增减变动及其结构变动的分析，和对其变动差异较大的重点项目的分析。在对营业利润和利润总额进行初步分析的基础上进行净利润的增减变动及其构成分析时，应将分析的重点放在引起本期净利润增减变动的主要项目上，尤其要分清经营性、经常性损益项目的影响和非经营性、非经常性损益项目的影响。

（七）每股收益

在上市公司的利润表中，还有一项"每股收益"项目。每股收益是指当期归属于普通股股东的净利润中，每一普通股所能享有（或应负担）的净收益（净亏损）金额。利润表上分别以基本每股收益和稀释每股收益列示。每股收益是衡量上市公司盈利能力和进行业绩评价的基本指标，也是股东最关心的指标之一。而在现实经济生活当中，每股收益指标同时又是一个容易引起争议和误解的指标。长期以来，学术界和实务界关于每股收益尤其是复杂资本结构下每股收益核算口径的认识并不统一，如"基本每股收益"、"主要每股收益"、"稀释每股收益"、"全面摊薄每股收益"、"加权平均每股收益"等，不仅叫法不一、名目较多，而且各有各的解释，同时还具有"国际"差异。特别是对于稀释每股收益的稀释性（摊薄）原理的诠释，至今未有统一的认识。一般而言，稀释性潜在普通股是指假设当期转换为普通股会减少每股收益的潜在的普通股，主要包括可转换公司债券、认股权证和股票期权等。

第三节　利润表水平分析

利润表水平分析也称为利润表的横的比较，是将连续数期的利润表金额并列起来，形成比较利润表，然后比较其相同项目（指标）的增减变动金额和幅度，据以判断企业经营成果的状况及其发展变化趋势，并通过各项目的增减变化分析其存在的问题，寻找原因，总结经验教训，便于下一步继续保持或加以改进。利润表的水平分析趋势比较可以采用环比比较，也可以采用定基比较。下面对利润表主要项目（指标）的水平分析具体过程作分别介绍。

表 4-2 列示永昌公司 2007～2009 年的比较利润表。

表 4-2　永昌公司 2007～2009 年的比较利润表

编制单位：永昌公司　　　　　　　　　2007～2009 年　　　　　　　　　单位：元

项目	2007 年	2008 年	2009 年
一、营业收入	585 714	724 502	788 863
减：营业成本	482 909	631 304	687 108
营业税金及附加	3 467	4 196	4 579
销售费用	4 663	3 872	3 154
管理费用	4 433	5 769	6 065
财务费用	3 758	2 490	2 811
资产减值损失			
加：公允价值变动收益（损失以"－"号填列）			
投资收益（损失以"－"号填列）	1 731	42	2 801
其中：对联营企业和合营企业的投资收益			
二、营业利润（亏损以"－"号填列）	88 215	76 913	87 947
加：营业外收入	12	455	958
减：营业外支出	8 860	38	10 063
其中：非流动资产处置净损失			
三、利润总额（亏损总额以"－"号填列）	79 367	77 330	78 842
减：所得税费用	12 948	10 259	25 977
四、净利润（净亏损以"－"号填列）	66 419	67 071	52 865

（一）收入变动趋势分析

营业收入是形成企业利润的主要来源。所谓收入变动趋势分析，是指通过对营业收入前后各期的比较分析，了解营业收入的增减变化情况，包括变动额和变动率，并在此基础上判断其发展趋势，对企业未来的收入变化作出预测。

永昌公司的营业收入从 2007 年的 585 714 元逐年增加到 2009 年的 788 863 元，说明该公司的营业收入基本呈上升趋势；2009 年营业收入比 2007 年增长了 203 149 元，两年中增长了 34.68%，说明该公司经营状况良好，业务发展迅速，前景看好。分析者还可以将永昌公司营业收入的增长速度与其他同行业企业的增长速度相比较，以评价该公司营业收入增长速度的快慢。此外，分析者还应分析永昌公司营业收入增长的原因，了解该公司营业收入的增长究竟主要来源于主营业务收入的增长还是其他业务收入的增长。

（二）成本费用变动趋势分析

在利润表中，费用项目主要包括营业成本、营业税金及附加、销售费用、管理费用、财务费用、所得税费用等项目。一般企业中，营业成本是所有成本费用项目的主要部分。成本费用变动趋势分析是指通过对各成本费用项目前后各期的比较分析，了解各成本费用项目的增减变化情况，包括变动额和变动率，并在此基础上判断其发展趋势，对企业未来的成本费用变化作出预测。

永昌公司营业成本从 2007 年的 482 909 元逐年增加到 2009 年的 687 108 元，说明该公司营业成本随着营业收入的增长基本呈上升趋势；2009 年营业成本比 2007 年增长了 204 199 元，两年中增长了 42.29%。对比营业收入的增长率分析发现，该公司营业成本的增长率超过了营业收入的增长率，说明该公司毛利率有下降趋势，应引起经营管理者的重视。分析者还可以将该公司营业成本的增长速度与其他同行业企业的增长速度相比较，以评价该公司营业成本增长速度是否正常。此外，分析者还应分析永昌公司营业成本增长的原因，了解该公司营业成本增长的主要原因究竟是因为主营业务成本的增长还是其他业务支出的增长。最为重要的是，要计算每年营业成本占营业收入的比例来分析每百元营业收入中补偿的营业成本数的增减变动情况。

永昌公司营业税金及附加、管理费用随着营业收入的增长也在逐年增长，这应属于正常现象，但也还要计算每年营业税金及附加、管理费用占营业收入的比例来分析每百元营业收入中支出的营业税金及附加数、管理费用数的增减变动情况是否合理。这样才能真正看到问题的实质。

永昌公司 2008 年的所得税费用比 2007 年有所下降，2008 年的财务费用比 2007 年下降明显，2009 年所得税费用比 2008 年大幅上升，财务费用略有上升，这些都要结合当时的实际情况作具体分析，寻找升降的具体原因，以利于下一步的控制工作的开展。最好也要计算每年所得税费用、财务费用占营业收入的比例来分析每百元营业收入中支出的所得税费用数、财务费用数的增减变动情况是否合理。

永昌公司的销售费用从 2007～2009 年逐年平稳下降，这与营业收入的逐年增长趋势不符，必须认真查找销售费用下降的原因，以利于下一步采取相应对策。

（三）利润项目变动趋势分析

利润项目变动趋势分析是指通过对各利润构成项目（包括公允价值变动净收益、投资净收益、营业利润、营业外收支净额、利润总额、净利润等）前后各期的比较分析，了解各利润构成项目的增减变化情况，包括变动额和变动率，并在此基础上判断其发展趋势，对企业未来的利润构成项目变化作出预测。

永昌公司2008年的投资净收益比2007年有所下降，但2009年又有较大上升，应结合具体情况进行原因分析；该公司营业利润从2007年的88 215元下降到2008年的76 913元，2009年又上升到87 947元，但仍没有达到2007年的水平，必须从营业收入、各成本费用项目的历年变化中寻找原因，加以改进；该公司营业外收支净额在这三年中变动剧烈，而且2007年和2009年这两年的营业外收支净额均为数额较大的负数，比较严重地影响了利润总额，原因必须分析清楚；从利润总额看，在2007～2009年营业收入稳步增长的情况下，该公司利润总额变化不大，2009年的利润总额还达不到2007年的水平，必须认真分析造成这种局面的原因，采取相应措施加以改进；从净利润看，2009年的净利润比前两年下降较明显，原因可以从营业收入和各项成本费用的变动情况中一步步分析出来。

第四节　利润表结构分析

利润表结构分析是在利润表水平比较分析的基础上进行的纵横结合的比较。它是将利润表各项目与营业收入这一项目的总额相比，计算出各项目占总体的比重，并将各项目构成与历年数据及同行业水平进行比较，分析其变动的合理性及其原因，借以判断企业利润的质量和企业营业收入、各项成本费用和经营成果的发展趋势，进而为预测未来的盈利能力提供依据。

首先，以利润表中的营业收入数额定为100％计算出其各因素或各种财务成果占营业收入的百分比，形成共同比利润表（也称结构百分比利润表），进行纵向分析，也叫垂直分析。然后，将连续数期的共同比利润表并列起来，形成比较共同比利润表，以比较共同比利润表为依据，比较连续数期各个项目百分比的增减变动情况，进行纵横结合的分析比较，以此来判断有关财务成果的结构及其增减变动的合理程度和发展趋势。这种方法能消除不同时期（不同企业）之间业务规模差异的影响，既可用于同一企业某一时期收入、成本费用和利润项目的纵向比较，对于实际利润构成与标准利润构成进行比较评价，又可用于同一企业不同时期的横向比较，还可以用于不同企业之间的横向比较。利润表结构分析，要结合企业的行业特点、经营状况及当时所处的市场环境等因素，才能得出合理的结论。

（一）利润表结构总体分析

表4-3列示永昌公司比较共同比利润表，作为利润表结构分析的依据。

表 4-3　永昌公司 2007～2009 年比较共同比利润表

编制单位：永昌公司　　　　　　　　　2007～2009 年　　　　　　　　　单位：%

项　目	2007 年	2008 年	2009 年
一、营业收入	100	100	100
减：营业成本	82.45	87.14	87.10
营业税金及附加	0.59	0.58	0.58
销售费用	0.80	0.53	0.40
管理费用	0.76	0.80	0.77
财务费用	0.64	0.34	0.36
加：投资收益（或损失）	0.30	0.01	0.36
二、营业利润（或亏损）	15.06	10.62	11.15
加：营业外收入	0.00	0.06	0.12
减：营业外支出	1.51	0.01	1.28
三、利润总额（或亏损总额）	13.55	10.67	9.99
减：所得税费用	2.21	1.42	3.29
四、净利润（或净亏损）	11.34	9.26	6.70

　　从营业成本占营业收入的比例看，2009 年和 2008 年基本持平，但都比 2007 年增加了约 4.6%。这要分析具体原因，为抓好营业成本控制工作提供依据。营业税金和附加占营业收入的比例在三年中变化不大。销售费用占营业收入的比例三年中不断下降，这基本可以说明永昌公司销售费用的控制工作做得好，但也要结合具体情况作原因分析。管理费用占营业收入的比例三年也变化不大，财务费用占营业收入的比例 2009 年和 2008 年变化不大，但都比 2007 年大幅降低，具体原因有待进一步剖析。投资收益占营业收入的比例 2009 年比 2007 年略有上升，但 2008 年与其前后两年相比，投资收益占营业收入的比例都要低了不少，也要分析具体原因。2009 年营业利润占营业收入的比例虽然比 2008 年略有提高，但比 2007 年下降不少，说明企业盈利能力 2008 年和 2009 年都不如 2007 年，必须认真剖析原因，提出增加营业利润的措施。虽然永昌公司营业外收入占营业收入的比例三年中有所提高，但该公司营业外支出占营业收入的比例远大于营业外收入占营业收入的比例，而且营业外支出占营业收入的比例三年中变化剧大，必须仔细分析原因。从利润总额占营业收入的比例（营业利润率）看，该公司这三年中逐年降低，说明该公司的盈利能力不但没有提高，反而逐年下降，这不是好事，必须联系收入和成本费用税金、投资收益、营业外收支净额的变化分析其原因，才能得出正确的解释，并为下一步工作的改进提供对策依据。从所得税费用占营业收入的比例看，三年中该公司也变动剧烈，也要分析其具体原因。最后从该公司净利润占营业收入的比例（销售净利率）看，三年也在不断下降，且下降幅度不小，说明该公司盈利能力在不断下降，一定要联系各种收入费用项目占营业收入比例来一项一项地分析造成这个结果的原因，为下一步稳定和提高企业盈利能力提供依据。

（二）收入结构分析

收入结构分析是指通过各项收入在总收入中所占的比例来对收入的构成及其发展趋势进行分析，说明企业收入水平及其合理性、稳定性。显然，正常的企业，应以主营业务收入为主，而其他业务收入上升可能预示企业新的经营方向。主营业务收入中还要计算创造主营业务收入的各项业务或各个产品的收入占主营业务收入的比例来分析主营业务收入的构成，并联系各业务或各产品所处的生命周期阶段和市场前景来分析它们的发展趋势，为企业下一步的经营决策提供服务。其他业务收入中，也要计算各项其他业务收入占其他业务收入总额的比例，并联系企业下一步的经营目标进行发展趋势的合理性分析。

（三）成本费用结构分析

成本费用结构分析主要是分析企业总成本费用中各项目所占的比重及其发展趋势，说明企业支出水平及其必要性和合理性。总成本费用加上公允价值变动收益和投资收益后形成营业利润，因此它是营业利润增减变动原因分析中的重要因素。表 4-4 列举永昌公司成本费用结构表进行简单分析。

表 4-4　永昌公司 2007～2009 年成本费用结构表　　单位：%

项 目	2007 年	2008 年	2009 年
营业成本	96.73	97.48	97.64
营业税金及附加	0.69	0.65	0.65
销售费用	0.93	0.60	0.45
管理费用	0.89	0.89	0.86
财务费用	0.75	0.38	0.40
成本费用总额	100	100	100

永昌公司营业成本一直占成本费用总额的绝大多数，是总成本费用的主要组成部分，而且在 2007～2009 年的三年中，营业成本占总成本费用的比重每年都有所上升。因此，永昌公司要提高盈利水平，控制营业成本是其关键。三年中该公司营业税金及附加在总成本费用中的比重比较稳定，2008 年和 2009 年还略有下降。该公司销售费用逐年下降，而且下降幅度较大。管理费用占总成本费用的比重也基本稳定，2009 年比前两年略有下降。财务费用占总成本费用的比重，2008 年和 2009 年基本持平，但都比 2007 年下降不少。

（四）利润业务结构分析

利润业务结构分析主要是对各种性质的业务所形成的利润占利润总额比重及其合理性进行的分析。企业利润总额由营业利润、营业外支净额构成。营业利润又由生产经营性利润（销售利润）和公允价值变动收益、投资净收益构成。通过利润业务结构分析可以说明利润的来源结构及其增减变动的合理程度，考察企业持续产生利润的能力，利润形成的合理性及企业收益的质量，还可跟同行业企业进行比较说明问题。

对于生产经营企业，一般应以营业利润为主，主营业务利润的下降可能预示危机，其他业务利润、投资收益的上升可能预示着新的利润点的出现，高额的营业外收支净额只不过是昙花一现甚至可能是造假的结果。

表 4-5 列示永昌公司利润总额的构成情况，并进行简单分析。

表 4-5　永昌公司 2007～2009 年度利润总额构成表

项　目	2007 年		2008 年		2009 年	
	数额（元）	占比（%）	数额（元）	占比（%）	数额（元）	占比（%）
销售利润	86 484	108.97	76 871	99.41	85 146	108.00
投资收益	1731	2.18	42	0.05	2 801	3.55
营业利润	88 215	111.15	76 913	99.46	87 947	111.55
营业外收支净额	−8 848	−11.15	417	0.54	−9 105	−11.55
利润总额	79 367	100	77 330	100	78 842	100

从表 4-5 可以看出，永昌公司营业利润三年来一直是利润总额的最重要构成部分，从构成比例上看一直占据绝对地位。在营业利润中，生产经营性利润（销售利润）又占据绝对地位。可见永昌公司的利润结构基本合理，主业明确，盈利能力基本稳定，公司盈利的质量较高。投资收益在营业利润、利润总额中的占比（贡献）很小，且三年中在营业利润、利润总额中的占比很不稳定，2007 年、2009 年两年比 2008 年占比相对明显要大。2007 年、2009 年的营业外收支净额都是负数（净支出），且数额较大，在利润总额中的占比较高，这一问题应引起高度重视，需要作详细分析，剖析其具体原因。

第五节　利润质量恶化的特征分析

利润是反映企业盈利能力和评价企业经营管理业绩的重要依据，因此对利润质量的分析十分必要。一般认为，利润质量高的企业表现为：①主营业务利润是企业利润的主要来源；②对利润的计量实行持续、稳健的会计政策；③企业的收入能迅速转化为现金。而企业利润质量的恶化，也必然会反映到各个方面，不利于企业的长期稳定发展。对于报表使用者而言，可以从以下几个方面来判断企业的利润质量是否正在恶化。

（一）反常压缩酌量性成本支出

酌量性成本是指企业管理层可以通过自己的决策而改变其规模的成本。在市场衰退业务不振时，公司应尽量压缩如开发费用、广告费用、市场营销费、职工培训费等酌量性固定资本的开支，降低经营杠杆作用，减轻经营风险。但这类酌量性成本支出对企业的可持续发展又非常有利，如果企业在成长发展阶段就降低此类成本支出的话，就属于反常压缩。这种压缩有可能是企业为了当期的利润规模而降低或推迟了本应发生的酌量性成本支出。靠反常压缩酌量性成本支出而获得的利润，是暂时的、低质量的利润。因此，报表使用者在考察企业的盈利能力和经营绩效，制定经营决策时，以利润作为绝对指标是一种短视且不科学的行为。

（二）变更会计政策和会计估计

按照会计的一致性原则的要求，企业会计政策和会计估计前后各期应保持一致，不得随意变更。如果企业在不符合"会计政策、会计估计变更和差错更正"会计准则要求的条件下变更会计政策和会计估计，目的就有可能是改善企业的报表利润。因此，在企业面临不良的经营状况时，变更会计政策和会计估计的，可以被认为是企业利润质量恶化的一种信号。在企业管理层曾经有过利用会计政策和会计估计变更改善财务状况的"前科"时更是如此。

（三）应收账款规模的异常扩大

应收账款的异常变化包括其规模的不正常扩大、应收账款平均收账期的不正常变长等。在企业赊销政策一定的条件下，企业的应收账款规模应该与企业的营业收入保持一定的对应关系，企业应收账款的平均收账期应保持稳定。企业应收账款规模也与采用的信用政策有关。企业应收账款的不正常增加，其增长速度大大高于企业主营业务收入和利润的增长速度，应收账款平均收账期的不正常变长，有可能是企业为了增加其营业收入而放宽信用政策的结果。过宽的信用政策，会使企业面临未来发生大量坏账损失的风险，从而降低企业利润的质量。

（四）存货周转速度过于缓慢

如果企业存货周转速度过于缓慢，表明企业产品的质量和价格、存货的控制或营销策略等方面存在问题。在营业收入一定的条件下，存货周转速度越慢，企业占用在存货上的资金也就越多。过多的存货占用，必然会增加企业存货的储存成本、机会成本等管理成本，导致企业利润质量下降。

（五）应付账款规模异常增加

在企业供货商赊销政策一定的条件下，企业的应付账款规模应该与企业的采购规模保持一定的对应关系，企业应付账款的平均付账期应保持稳定。在企业产销较为平稳的条件下，企业的应付账款规模还应该与企业的营业收入保持一定的对应关系。如果企业的购货和销售状况没有发生较大变化，供货商也没有放宽信用政策的条件下，企业应付账款规模的异常增加、应付账款平均付账期的不正常延长，有可能表明企业支付能力、资产质量和利润质量的恶化。

（六）无形资产规模的不正常增加

如果企业出现无形资产的不正常增加，则有可能是企业利用研究和开发支出的资本化转化为资产，用以弥补应当归属于当期的其他花费或开支，造成的结果一边是利润的虚增，一边是资产的虚列。

（七）利润来源过度依赖非主营业务利润

一般来说，企业以主营业务利润、投资收益形成企业利润总额的支点。在正常情况下，上述两类利润来源应当在利润总额中占有合理的比例。但是，在主营业务利润增长点潜力挖尽又没有发现新的利润增长点的情况下，一些企业为了维持一定的利润水平，就有可能通过非主营业务利润和特殊的交易或事项来弥补主营业务利润和投资收益的不足，如通过出售资产、大量从事其他业务来获取利润以使利润表中的利润水平不会下降。显然，这类非主营业务利润和特殊的交易或事项在短期内可能会使企业利润维持表面繁荣，但同时会使企业的长期发展战略和利润质量受到冲击。

（八）计提的各种资产减值准备过低

企业各种资产减值准备，应严格按照相关会计准则规定予以计提。但是，资产减值准备计提的具体比例仍依赖于企业对有关资产贬值程度的主观认识。在期望将利润高估的会计期间，企业往往选择较低的计提比例。这就等于把应当由企业现在或以前负担的费用、损失人为地递延到未来的会计期间，从而导致当期企业利润质量下降。

（九）成本费用出现不正常降低

企业利润表中的营业成本和销售费用、管理费用等期间费用按其习性可以分为固定成本费用和变动成本费用两部分。固定成本费用在一定范围内不随产销业务量的变化而变化，变动成本费用与产销业务量呈正比例变动关系。这样，企业各个会计期间的成本费用一般不太可能发生随着企业产销业务量的增长而下降的情况。但是，在实务中经常会发现在一些企业的利润表中，收入项目增加的同时而成本费用项目大幅降低的反常情形。在这种情况下，信息使用者完全可以怀疑企业有在报表中"调"出虚假利润的可能。

另外，如果企业扩张的速度过快，也可能导致因此而取得的利润的质量下降。如果一个企业可供分配的利润较多，又没有合适的投资机会，但该企业一直不采用现金股利形式分配股利，也可以说明该企业的利润质量不高，利润的实现没有相应的现金收回作保障。

本 章 小 结

利润表是财务报表中的主要报表之一，利润是企业综合经营业绩的体现，又是进行利润分配的主要依据，企业盈利能力是投资者等企业利益相关者关注的焦点，对利润表的分析十分重要。本章首先介绍了利润表的作用、结构和格式，以及利润表各项目之间的关系；其次介绍了对利润表中各收入项目、费用项目、利润项目进行分析的基本内容和基本方法；再次结合实例介绍了收入、成本费用和利润项目变动趋势分析为内容的利润表水平分析的基本原理；第四，结合实例介绍了以利润表总体结构分析、收入结构分析、成本费用结构分析及利润业务结构分析为主要内容的利润表结构分析的基本方法；最后，介绍了企业利润质量恶化的种种表现。本章的重点是利润表水平分析与结构分析的方法和原理。

【进一步学习指南】

利润表是财务报表中的主要报表之一，企业盈利能力是投资者等企业利益相关者关注的焦点。信息需要者阅读和分析企业利润表不仅为了关注该表的最后结果（净利润）的多寡，而且要了解企业收入的增长点和开支重点，考察企业利润形成的过程、利润的结构及其发展趋势，剖析影响利润数量和质量的原因，挤出虚假业绩的"泡沫"，从而正确、全面、辩证地认识企业的经营业绩和盈利能力。因此，对利润表的分析十分重要。如果读者想对利润表作一般分析，尤其想对利润表水平分析和结构分析作更深入的了解，或者感兴趣的读者想比较一下各种教材对这一问题的不同阐述，可以参考其他一些教材、文献和法规。

【进一步阅读书目及法规】

戴欣苗. 2005. 财务报表分析. 北京：清华大学出版社

郭泽光. 2007. 财务报告分析. 北京：高等教育出版社

侯艳蕾，张宏禄. 2008. 财务报表分析. 北京：中国金融出版社

李忠波. 2005. 企业财务报告分析. 北京：科学出版社

史德刚，傅荣. 2008. 财务报告编制与分析. 大连：东北财经大学出版社

史敏. 新企业会计准则下利润表的变化及分析. 会计网，2008-9-2

汤炳亮. 2005. 企业财务分析. 北京：首都经济贸易大学出版社

王华，石本仁. 2007. 中级财务会计. 北京：中国人民大学出版社

张新民，钱爱民. 2008. 财务报表分析. 北京：中国人民大学出版社

张学谦，闫嘉韬. 2007. 企业财务报表分析原理与方法. 北京：清华大学出版社

赵秀芳. 2009. 企业财务分析. 大连：大连理工大学出版社

中华人民共和国财政部. 2006. 企业会计准则——应用指南. 北京：中国财政经济出版社

【案例分析】

双汇集团和春都集团的前身分别是漯河肉联厂和洛阳肉联厂，都是始建于 1958 年，都是 1984 年由省管下放到地方，同是国务院确定的全国 520 家重点企业、同是中国名牌、同是地处中原的肉类加工企业，都在 1998 年上市，但双汇的崛起和春都的滑坡必须引起人们对企业盈利质量的思考。

双汇在发展中紧紧围绕主业做文章，依靠高新技术提高产品质量，积极扩大主业生产规模，利用价格优势和规模优势，实现了经济效益的连年增长。公司生产的"双汇"牌火腿肠系列产品是国内肉类加工行业的名牌产品，拥有世界生产规模最大的肉类制品综合生产工业基地，装备着具有国际先进水平的火腿肠生产线，公司 1997 年市场占有率已达 38%，在全国肉类制品行业中名列前茅。正是双汇强劲的主营业务盈利能力给企业效益的持续增长奠定了良好基础。1998 年"双汇发展"成功上市，2004 年该集团实现销售收入 160.2 亿元，2007 年销售收入更突破了 300 亿元。

但春都的情况就不一样了。自 1997 年开始，由于自身战略失误及对手挤压，春都销售收入锐减，经营出现亏损，市场占有率从最高时的 70% 跌到 2002 年 4 月的 10%。自 1998 年 12 月在深交所募股上市后由于管理混乱，对主营业务之外的领域投资过度（最多的时候，春都同时上马十几个项目，所需资金高达 10 个亿，而此时春都年利润才 1.5 亿，只能大量举债），结果将主营业务拖垮。该公司 1999 年以后主营业务收入，尤其是主营业务利润出现大幅下滑，1999 年虽实现净利润 2 408 万元，但扣除了补贴收入、发行新股募集资金冻结的利息收入、集团所给的资金占用费收入等非经营性损益后的净利润为一2 056 万元。失去了主营业务的春都在 2000 年陷入严重亏损。2002 年 4 月 16 日，春都被"ST"特别处理。2002 年 7 月，春都系几无可用周转资金，主业基本停产，亏损数亿元。一代企业明星从此陨落。2003 年 3 月，"ST 春都"被暂停上市。但在市场力量的作用下，2007 年后春都又再度站起。

表 4-6 和表 4-7 分别列示了双汇及春都 1998～2000 年度利润表主要数据。

表 4-6　双汇 1998～2000 年度利润表主要数据　　　　　单位：元

项　目	1998 年度	1999 年度	2000 年度
一、主营业务收入	2 015 620 424	2 400 830 373	3 107 212 247
减：主营业务成本	1 800 807 756	2 024 865 336	2 647 854 477
主营业税金及附加	675 496	3 868 373	5 031 100
二、主营业务利润	214 137 172	372 096 664	454 326 670
加：其他业务利润	137 588	1 569 017	8 269 677
减：营业费用	88 047 927	150 564 950	222 687 624
管理费用	29 380 278	56 357 121	41 143 614
财务费用	7 650 630	−9 569 270	−2 122 455
三、营业利润	89 195 925	176 312 879	200 887 564
加：投资收益	14 706 037	11 009 498	22 789 528
补贴收入	2 656 907	12 491 373	—
营业外收入	7 831 882	4 776 356	15 754 966
减：营业外支出	2 097 056	1 598 495	3 143 995
四、利润总额	112 293 695	202 991 611	236 288 064
减：所得税	16 062 390	40 775 185	33 049 441
少数股东收益	29 094 128	39 678 222	44 880 674
五、净利润	67 137 177	116 318 585	154 698 250

表 4-7　春都 1998～2000 年度利润表主要数据　　　　单位：元

项　目	1998 年度	1999 年度	2000 年度
一、主营业务收入	501 641 281	455 777 720	294 841 684
减：主营业务成本	422 938 276	422 656 054	284 005 853
主营业税金及附加	1 400 978	1 414 603	315 536
二、主营业务利润	77 302 027	31 707 063	10 520 294
加：其他业务利润	7 572 029	740 003	724 000
减：营业费用	12 248 384	20 759 814	18 110 731
管理费用	8 070 159	14 043 831	29 090 401
财务费用	5 486 138	−7 113 691	−359 040
三、营业利润	59 069 375	4 757 112	−35 597 799
加：投资收益	310	—	—
补贴收入	5 100 000	15 146 616	—
营业外收入	291 145	12 171 885	25 385
减：营业外支出	340 654	48 341	358 915
四、利润总额	64 120 176	32 027 272	−35 931 329
减：所得税	22 119 563	7 946 616	—
五、净利润	42 000 613	24 080 655	−35 931 329

资料来源：春都双汇：一代火腿双雄的唏嘘归宿. 新浪财经特别策划，2007-1-20；春都与双汇——由营业利润占比知高下. 会计师网，2010-3-11

要求：对双汇和春都两公司 1998～2000 年度的利润表进行利润业务结构分析，并说明不同的利润质量对两公司的影响。

【思考和练习题】

（一）思考题

1. 企业利润表的基本内容和具体结构如何？简要解释利润表内各项目之间的关系。

2. 你认为利润表中哪些项目是分析的重点？如何分析重点项目？

3. 利润表水平分析的目的是什么？如何对利润表进行水平分析评价？

4. 怎样进行利润表的结构分析？

5. 影响利润质量的因素有哪些？利润质量恶化如何表现？

（二）练习题

表 4-8 是福昌公司 2007～2009 年度的比较利润表。

表 4-8　福昌公司 2007～2009 年度比较利润表

编制单位：福昌公司　　　　　　　　2007～2009 年度　　　　　　　　　单位：元

项　目	2007 年度	2008 年度	2009 年度
一、营业收入	212 369	349 433	376 745
减：营业成本	176 434	299 682	328 184
营业税金及附加	714	569	762
销售费用	8 757	12 238	106 89
管理费用	15 094	18 501	23 384
财务费用	2 241	2 706	5 007
资产减值损失	680	1 358	652
加：公允价值变动收益（损失以"－"号填列）			
投资收益（损失以"－"号填列）	1 793	－545	－977
其中：对联营企业和合营企业的投资收益			
二、营业利润（亏损以"－"号填列）	10 242	13 834	7 090
加：营业外收入	878	376	192
减：营业外支出	206	492	436
其中：非流动资产处置净损失			
三、利润总额（亏损总额以"－"号填列）	10 914	13 718	6 846
减：所得税费用	2 443	3 465	1 066
四、净利润（净亏损以"－"号填列）	8 471	10 253	5 780

要求：对福昌公司的上述比较利润表进行水平分析和结构分析。

第五章

现金流量表一般分析

【本章学习目标】

- 掌握现金流量表水平分析、结构分析的方法和技巧
- 熟悉现金流量表主要项目分析的方法和内容
- 熟悉现金流量表分析应考虑的因素
- 熟悉现金流量表与其他财务报表结合分析的内容
- 了解现金流量表的作用、结构和格式等问题

现金是企业经营中的"血液"。"血液"流通是否顺畅、"血液"质量是否良好决定着一个企业的生命力。有时候，一个企业的资产负债表和利润表的数据表明该企业财务状况正常，经营成果也相当不错，但其现金流量表则可能揭示该企业现金不足，收益质量不高、财务状况存在潜在危机。因此，反映企业一定会计期间内现金和现金等价物流入和流出信息的现金流量表，包含着一些企业资产负债表和利润表所没有反映的重要信息，是报表使用者对企业进行财务报告分析的重要内容。解读一个企业的财务状况和经营成果，不仅要分析资产负债表和利润表的内容，而且要采用一定的分析方法和程序，通过现金流量表分析来了解企业现金的来龙去脉和现金收支构成情况，考察和验证企业财务状况和经营成果的质量，揭示其原因和问题，从而更全面、正确地认识和评价企业真实的经营业绩，作出正确的决策。

第一节 现金流量表分析概述

一、现金流量表的作用

现金流量表是反映企业一定会计期间内经营活动、投资活动、筹资活动等对现金及现金等价物产生的影响及其程度的报表。我国企业从 1998 年开始编制现金流量表，以取代原来编制的财务状况变动表，使资产负债表、利润表、现金流量表构成了一个完整

的财务报表体系。现金流量表是以现金为基础编制的财务状况变动表,它不仅反映了企业一定时期的净现金流量,更重要的是揭示了企业一定时期净现金流量形成的原因,配合资产负债表和利润表的分析,可以充分反映企业当前的财务状况和经营业绩情况。

(一)现金流量表的相关概念

1. 现金的概念

现金流量表是以现金为基础编制的。现金流量表中的"现金"与平时我们理解的现金概念不同,它是一个广义的概念,包括现金和现金等价物两部分。我国现金流量表会计准则规定,"现金是指企业的库存现金以及可以随时用于支付的存款。现金等价物是指企业持有的期限短、流动性强、易于转换为已知金额现金、价值变动风险很小的投资"。因此,现金流量表中的"现金"包括企业"现金"账户核算的库存现金,"银行存款"账户核算的存入金融机构、随时可以用于支付的存款,"其他货币资金"账户核算的外埠存款、银行汇票存款、银行本票存款、信用证保证金存款、信用卡存款。在银行存款和其他货币资金中不能随时用于支付的部分,如不能随时支取的定期存款、已质押的活期存款等,不能作为现金,而应列入投资。现金等价物一般包括3个月内到期的债券投资等,它虽然不是现金,但其支付能力与现金差别不大,可视为现金。权益性投资变现的金额通常不确定,因而不属于现金等价物。企业应当根据具体情况,确定现金等价物的范围,一旦确定不得随意变更。

2. 现金流量的概念

现金流量是指企业某一时期内现金和现金等价物(以下简称现金)流入和流出的数量。在这里,流量是一个相对于存量的概念。存量是某一时点的数据,如会计核算中的余额;流量是一定期间内所发生的数据,如会计核算中的发生额。

企业销售商品、提供劳务、处置固定资产、发行股票和债券、取得银行借款、获得投资收益等取得现金,可以导致现金的流入;企业购买材料、支付工薪、购建固定资产、偿还债务、发放股利、上交税金等支付现金,可以导致现金的流出。但是,企业现金各项目之间的增减变动,仅是现金形式之间的转换,不会产生现金流量,如企业将现金存入银行、用现金购买将于3个月内到期的债券等,就没有使现金流入或流出企业。需要注意的是,现金流量中的现金必须是不受限制而可以自由使用的现金。

我国《企业会计准则第31号——现金流量表》将现金流量分为三类,即经营活动产生的现金流量、投资活动产生的现金流量和筹资活动产生的现金流量。现金流入总额减现金流出总额等于净现金流量。净现金流量是现金流量表所要反映的一个重要指标,它反映了企业各类活动形成的现金流量的最终结果,可能是正数,也可能是负数。正数为净流入,负数则为净流出。一般来说,现金流入大于现金流出反映了企业现金流量的积极现象和趋势。

企业资产的价值取决于其未来产生现金流量的能力,而企业真实的盈利是建立在持续不断的现金流入的基础上的。只有现金流量不断增长的企业,才能获得持续发展、不断壮大,才具有投资的价值,因此现金流量是分析企业价值和企业盈利质量的一个重要指标。现金流量信息还能够表明企业经营状况是否良好、资金是否紧缺、企业偿付能力的大小，从而为投资者、债权人、企业管理当局提供非常有用的信息。

3. 现金流量表的概念

现金流量表是反映企业在一定会计期间现金和现金等价物流入和流出的动态报表。通过现金流量表所反映的企业现金流量的全部信息，可以更全面地揭示企业资产的流动性，更好地评价企业财务状况及其管理部门取得和运用现金的有效性。现金流量表反映了企业的现金获取、现金支付及偿还能力，因而对现金流量表的分析是企业决定筹资和投资方针、股利分配计划及编制现金预算的依据。

现金流量表具有以下特点：第一，现金流量表以现金和现金等价物为编制基础，因此它更能反映企业当前的偿债能力、支付能力和财务灵活性。第二，现金流量表以收付实现制为编制原则。以是否实际收到现金或实际支付现金为依据，报告现金收入和现金支出，是对资产负债表和利润表的重要补充。第三，现金流量表将现金流量分为经营活动、投资活动和筹资活动现金流量三类。对于一些非常性项目，如自然灾害损失、保险赔款等，其现金流量应根据其性质，分别归并到三类现金流量中反映。第四，现金流量表采用直接法为主、间接法为辅的编制方法，汇率变化对现金的影响作为调节项目单独列示，在附注中还要披露不涉及现金收支的投资和筹资活动。

（二）现金流量表的作用

现金流动是一个过程，这一过程产生大量有助于投资和理财决策的现金流量信息。编制现金流量表的主要目的是便于投资者、债权人等财务报表使用者了解和评价企业获取现金的能力，并据以预测企业未来的现金流量。在资本市场日趋完善的条件下，企业的筹资行为和投资行为逐渐向多元化发展。现金流转情况在很大程度上影响着企业的生存和发展，因此无论是企业经营管理者还是外部投资者债权人都越来越意识到现金流量信息在分析企业财务状况及经营成果质量时的重要性，现金流量表因而成为其做出正确决策的重要信息源。具体地说，现金流量表主要具有以下几个方面的作用。

1. 能够说明企业一定期间内现金流入和流出的原因

现金流量表以现金的流入和流出反映企业在一定时期内的经营活动、投资活动和筹资活动的动态信息，反映企业现金流入和流出的全貌。因此，通过现金流量表能够了解现金从哪里来，又流到哪里去，了解企业净利润与经营活动现金流量之间产生差异的原因，而这些信息是资产负债表和利润表所不能提供的。通过现金流量表能够较全面地评价各项活动的效果，从而有利于分析和评价企业经营、投资和筹资活动的有效性。

2. 能够说明企业的偿债能力、支付能力

资产负债表和利润表中的会计要素是按权责发生制确认的，据此评价和预测企业的偿债能力、支付能力和盈利能力具有一定的局限性。通常情况下，报表阅读者比较关注企业的盈利情况，并且往往以获得利润的多少作为衡量标准。但是，企业一定期间内获得的利润大小并不代表企业真正具有偿债或支付能力。在某些情况下，企业利润表上的经营业绩可观，但现金不足、财务困难，偿还不了到期债务；有些企业利润表上反映的经营成果并不可观，却有足够的偿付能力。产生这种情况的原因之一，是会计核算中采用的

权责发生制、配比原则所导致的。而现金流量表完全以现金的收支为基础，现金存量的增减及现金流量的流向均侧重于实际数量和时机，客观上保证了指标的真实性，消除了会计估计等对盈利能力和支付能力的影响。因此，通过现金流量表可以充分了解企业是否真正有足够的现金偿还到期债务、支付股利、进行必要投资的能力，了解企业现金流入的构成和现金流转的效率和效果，从而为投资者、债权人作出决策提供重要依据。

3. 能够分析预测企业未来获取现金的能力及对外筹资的需要

通过现金流量表及其他财务信息，可以了解企业现金的来源和用途是否合理，了解经营活动产生的现金流量有多少，以及企业在多大程度上依赖外部资金。从经营活动取得的净现金流量，是企业自我创造现金的能力。据此可以分析预测企业未来获取或支付现金的能力、企业是否需要对外筹资。例如，企业通过银行借款筹得资金，从本期现金流量表中反映为现金流入，但意味着未来偿还借款时要流出现金。又如，本期应收未收的款项，在本期现金流量表中虽然没有反映为现金的流入，但意味着未来将会有现金流入。从而为企业编制现金流量计划、组织资金调度、合理节约地使用现金创造条件。

4. 可以了解企业当期有关现金、非现金投资和筹资活动对财务状况的影响

资产负债表提供的静态财务信息，不能反映企业财务状况变动的原因，也不能表明资产、负债变动给企业带来多少现金，又用去多少现金；利润表只能反映利润的数额和构成，不能反映经营活动、投资活动和筹资活动给企业带来的现金收支数额。而现金流量表能够反映企业经营活动创造现金流量的能力，投资活动、筹资活动产生和获得现金流量的能力，以及这些现金是如何运用的，能够说明资产、负债、净资产的变动的原因，对资产负债表和利润表起到补充说明的作用。现金流量表还能通过附注（补充资料）的方式提供那些不影响当期现金流量，但会对企业的资本结构及未来现金流量可能产生影响的重要投资和筹资活动的信息，如债务转为资本、一年内到期的可转换公司债券、融资租赁固定资产等，使财务报表使用者全面了解和分析企业有关现金、非现金投资和筹资活动对财务状况的影响，以便评估企业未来的现金流量，制定合理的投资或信贷政策。

5. 有助于分析企业收益的质量和了解企业的成长能力

虽然利润表中列示的净利润指标反映了企业一定时期的经营成果，但是利润表是按权责发生制编制的，它不能反映企业生产经营活动产生了多少现金。而现金流量表中反映的经营活动现金流量体现了企业生产经营活动产生了多少现金，与净利润指标相比较，可以了解企业净利润与经营活动现金流量之间产生差异的程度，揭示差异出现的规律性，就可以进一步评价企业一定时期净利润的质量，因为只有实实在在的现金净流入才能真正代表企业真实有效的收益，也有利于评价企业运用资产产生有效收益的能力。企业成长能力是指企业未来的发展趋势和发展速度，包括企业规模扩大、利润增加、资产增值等。通过现金流量表中的投资和筹资活动产生的现金流量，可以了解企业是从外部筹措资金扩大经营规模，还是收回投资支付到期债务收缩了经营规模。通过若干期现金流量表中投资活动现金流出的数据，可以看出企业对内、对外投资是否面临新的投资机会或发展机遇。

（三）现金流量表和资产负债表、利润表之间的关系

资产负债表、利润表和现金流量表，分别从不同角度反映企业的财务状况、经营成果和现金流量，三者不可相互替代。

资产负债表反映企业某一特定日期所拥有或控制的经济资源及其分布情况、需要偿还的债务及清偿时间，以及所有者所拥有的净资产的情况。它表明了企业在某一特定日期的财务状况。但是，资产负债表并没有说明一个企业资产、负债和所有者权益的总量和结构从期初到期末发生变化的原因，即企业的财务状况为什么发生了变化。利润表反映企业一定期间内的经营成果，即盈利或亏损的情况，表明企业的盈利能力。利润表在一定程度上说明了企业财务状况变动的原因，但是利润表是按照权责发生制原则计量收入实现情况和资金耗用（成本费用）情况，没有提供经营活动引起的现金流入和现金支出信息。此外，利润表中有关投资收益和财务费用的信息反映了企业投资和筹资活动的效率和成果，但没有反映企业投资的规模和投向，以及筹资的规模和来源等信息。

可以说，资产负债表和利润表只能提供企业某一方面的信息，为了全面反映一个企业经营活动和财务活动对财务状况变动的影响，以及财务状况变动的原因，还需要编制现金流量表，以反映经营活动、投资活动和筹资活动引起的企业现金流量的变化及原因。特别是在"现金至尊"的现代企业经营活动中，在资本市场日益发达的今天，投资活动和筹资活动越来越为企业信息使用者所关注，而资产负债表和利润表所提供的信息无法满足其决策所需。现金流量表就是在资产负债表和利润表已经反映了企业财务状况和经营成果信息的基础上，进一步提供企业现金流量信息，即以现金为基础提供企业财务状况变动的信息，更全面地反映企业真实的财务状况和经营成果的质量，是对资产负债表和利润表的重要补充，是联系资产负债表和利润表的桥梁。资产负债中现金及现金等价物项目的年末数－年初数＝现金流量表中"现金及现金等价物净增加额"；利润表中的"净利润"项目在现金流量表补充资料中要用间接法调节为"经营活动产生的现金流量净额"。

二、现金流量表的结构和格式

现金流量表的结构包括主表和附注两个部分。主表包括表头和正表。表头主要标明报表的名称、编制时期、编制单位的名称及金额单位。我国企业现金流量表的正表采用报告式结构，主要内容有六个项目，分类反映经营活动产生的现金流量、投资活动产生的现金流量、筹资活动产生的现金流量及汇率变动对现金及现金等价物的影响，最后汇总反映企业某一期间现金及现金等价物的净增加额和期末现金及现金等价物余额。

现金流量按照经营活动、投资活动和筹资活动进行分类报告，其目的是便于报表使用者深入了解各类活动对企业财务状况的影响，以及预测评估企业现金流量未来前景。

经营活动是指企业投资活动和筹资活动以外的所有交易和事项。经营活动产生的现金流入项目主要有：①销售商品、提供劳务收到的现金；②收到的税费返还；③收到的其他与经营活动有关的现金。经营活动产生的现金流出项目主要有：①购买商品、接受劳务支付的现金；②支付给职工以及为职工支付的现金；③支付的各项税费；④支付其

他与经营活动有关的现金。

投资活动是企业长期资产的购建和不包括在现金等价物范围内的投资及其处置活动。投资活动产生的现金流入项目主要有：①收回投资收到的现金；②取得投资收益收到的现金；③处置固定资产、无形资产和其他长期资产收回的现金净额；④处置子公司及其他营业单位收到的现金净额；⑤收到其他与投资活动有关的现金。投资活动产生的现金流出项目主要有：①购建固定资产、无形资产和其他长期资产支付的现金；②投资支付的现金；③取得子公司及其他营业单位支付的现金净额；④支付其他与投资活动有关的现金。筹资活动是指导致企业资本及债务规模和构成发生变化的活动，包括吸收权益资本、发行债券、借入资金、支付股利、偿还债务本息等。筹资活动产生的现金流入项目主要有：①吸收投资收到的现金；②取得借款收到的现金；③收到其他与筹资活动有关的现金。筹资活动产生的现金流出项目主要有：①偿还债务支付的现金；②分配股利、利润或偿付利息支付的现金；③支付其他与筹资活动有关的现金等。

现金流量表各项目之间的关系为：现金及现金等价物的净增加额＝经营活动产生的现金流量净额＋投资活动产生的现金流量净额＋筹资活动产生的现金流量净额＋汇率变动对现金及现金等价物的影响；期末现金及现金等价物余额＝现金及现金等价物的净增加额＋期初现金及现金等价物余额。

正表中的经营活动现金流量采用直接法编制，通过现金收入和支出的主要类别反映来自企业经营活动的现金流量。

现金流量表附注包括三个方面：①现金流量表补充资料；②当期取得或处置子公司及其他营业单位的有关信息；③现金和现金等价物的详细信息。其中，现金流量表补充资料又包括三项内容：①将净利润调节为经营活动现金流量；②不涉及现金收支的重大投资和筹资活动；③现金及现金等价物净变动情况。企业应当采用间接法在现金流量表补充资料中披露将净利润调节为经营活动现金流量的信息。

正表第一项"经营活动产生的现金流量净额"与补充资料第一项将净利润调节为经营活动现金流量后的结果"经营活动产生的现金流量净额"相等。正表中的第五项"现金及现金等价物净增加额"与补充资料中的第三项现金及现金等价物净变动情况的结果"现金及现金等价物净增加额"存在钩稽关系，金额一致，因为正表中第五项的数额是流入与流出的差额，补充资料中第三项的数额是期末数与期初数的差额，计算依据不同，但结果一致。

表 5-1 列示永昌公司 2009 年度的现金流量表来说明企业现金流量表的基本格式。

表 5-1　现金流量表

会企 03 表

编制单位：永昌公司　　　　　　　　2009 年　　　　　　　　单位：元

项目	上期金额（2008 年）	本期金额（2009 年）
一、经营活动产生的现金流量		
销售商品、提供劳务收到的现金	661 555	710 490
收到的税费返还	15 271	0
收到其他与经营活动有关的现金	1 842	921

续表

项目	上期金额（2008 年）	本期金额（2009 年）
经营活动现金流入小计	678 668	711 411
购买商品、接受劳务支付的现金	525 838	514 140
支付给职工以及为职工支付的现金	19 803	22 043
支付的各项税费	61 307	84 078
支付其他与经营活动有关的现金	9118	19 220
经营活动现金流出小计	616 066	639 481
经营活动产生的现金流量净额	62 602	71 930
二、投资活动产生的现金流量		
收回投资收到的现金		
取得投资收益收到的现金	90	977
处置固定资产、无形资产和其他长期资产收回的现金净额	14	53
处置子公司及其他营业单位收到的现金净额		
收到其他与投资活动有关的现金	1 120	758
投资活动现金流入小计	1 224	1 788
购建固定资产、无形资产和其他长期资产支付的现金	44 545	73 038
投资支付的现金	17 500	4 332
取得子公司及其他营业单位支付的现金净额		
支付其他与投资活动有关的现金	16 000	1
投资活动现金流出小计	78 045	77 371
投资活动产生的现金流量净额	−76 821	−75 583
三、筹资活动产生的现金流量		
吸收投资收到的现金		
取得借款收到的现金	106 299	91 000
收到其他与筹资活动有关的现金		
筹资活动现金流入小计	106 299	91 000
偿还债务支付的现金	55 300	71 000
分配股利、利润或偿付利息支付的现金	14 802	25 845
支付其他与筹资活动有关的现金	2 789	3 127
筹资活动现金流出小计	72 891	99 972
筹资活动产生的现金流量净额	33 408	−8 972
四、汇率变动对现金及现金等价物的影响		
五、现金及现金等价物净增加额	19 189	−12 625
加：期初现金及现金等价物余额	51 494	70 683
六、期末现金及现金等价物余额	70 683	58 058

三、现金流量表分析应考虑的因素

现金流量表分析就是以现金流量表为主要信息来源，利用多种分析方法，进一步揭示企业现金流量的信息，并从现金流量角度对企业的财务状况和经营业绩作出评价。

在进行现金流量表分析时，首先要对现金流量表中经营活动、投资活动和筹资活动的具体项目进行解读。了解企业现金主要来自于何方，这些现金流量又是由哪些业务形成的，所取得的现金用在何方，即有多少现金是来自于经营活动，经营活动用去了多少现金，有多少是来自于投资活动和筹资活动，投资活动和筹资活动又用去了多少现金，从而总体了解企业当年的现金来源和当年的现金都用到哪里去了，现金余额发生了哪些变化。其次要进行现金流量表水平分析和结构分析。分析企业现金流量增减变动情况及其发展趋势，分析现金流量的构成情况及其变化过程。根据现金流量增减变动和结构变动的结果，结合资产负债表和利润表等资料，寻找各类活动以及各项目变动的真实原因，并针对原因提出一定的改进建议或结论。这可以利用比较现金流量表、共同比现金流量表和比较共同比现金流量表进行。

进行企业现金流量表分析时，要注意以下因素对企业现金流量的影响。

1. 企业经营发展周期阶段对现金流量的影响

企业经营状况的好坏与企业经营发展所处的不同阶段密切相关，从而影响企业在不同发展时期从经营活动中获取现金的能力的大小。一般来说，初创期企业的经营活动现金流量净额较小，投资活动现金流出远大于现金流入，企业更多地依赖筹资活动现金流量以满足生产经营活动的资金需要；当企业发展进入成长期（扩张阶段），经营活动获取现金流量的能力不断增强，但对外筹资仍然是解决资金需要的主要方式，随着企业的发展壮大，投资支出逐渐减少，投资活动现金流入量相应提高，筹资需求降低，企业筹资活动现金流量比重逐渐下降；当企业处于成熟期，经营活动获取现金流量的能力达到最大并且稳定，成为企业现金流量的主流，企业向股东支付较多股利并偿还借款，对外筹资需求相对减少，筹资活动产生的现金流量常常为现金流出，企业投资活动现金流出因为投资机会的减少而趋于减少；衰退期的企业必须调整产业方向以寻求新的利润增长点，这一阶段企业经营活动产生现金流量的能力降低，而投资却需要增大力度，企业筹资活动的现金流入量因为企业需要增加债务而又会增加。因此，运用现金流量表提供的信息资料，开展企业获取现金能力的评价，必须联系企业经营发展周期阶段对现金流量的影响，才能作出正确的评价。

2. 企业经营战略和经营特点对现金流量的影响

不同的企业及同一企业的不同发展阶段，其经营战略和经营特点是不同的。例如，采取扩张战略的企业，常采用多元化经营方式，投资活动现金流量在企业中占有一定地位，企业现金流量的大小主要取决于投资项目效益的好坏和投资资金的需求状况，经营活动所获取现金流量的比重不一定居于主要地位；而采取内部发展战略的企业，主营业务突出，其现金流量主要取决于经营活动获取现金的能力，而投资活动和筹资活动取得现金的能力居于次要地位。

3. 宏观经济周期对企业现金流量的影响

当市场环境处于经济周期的收缩阶段，企业产品销售下降，经营活动现金流量减少，投资固定资产的现金流出也相应减少，随着应收账款的清理回收、存货的廉价处理，经营活动现金流量又得以提高，因此此时企业现金流量的来源仍以经营活动现金流量为主。当宏观经济周期处于复苏和扩张阶段，产品销售增加，企业经营活动现金流量增加，生产能力方面的投资支出增加，企业对外筹资的需求也会不断扩大，经营活动和筹资活动成为企业获取现金流量净额的主要来源，投资活动现金流量净额会减少甚至出现负数。

第二节 现金流量表项目分析

企业现金流转状况的好坏，不能简单地从期末与期初现金比较的差额中得出结论，要想全面、正确地评价企业的真实经营业绩，就应对现金流量表各项活动中的各个项目加以比较、分析和评价，以便更好地了解企业的财务状况及现金流量情况，发现存在的问题，预测未来，为决策提供有用的信息。

一、经营活动现金流量主要项目分析

1. 销售商品、提供劳务收到的现金

销售商品、提供劳务收到的现金是指企业销售商品、提供劳务实际收到的现金，包括本期销售收到的现金、前期销售本期收回的现金、向购买方收取的增值税销项税额、本期预收的款项等。但是，对于本期销售本期退回的商品和前期销售本期退回的商品支付的现金应从该项目中扣除。企业销售材料和代购代销业务收到的现金也包括在本项目中，这些项目将会增加企业本期的现金。该项目的现金流量构成了经营活动现金流入的主要部分。例如，永昌公司 2009 年销售商品、提供劳务收到的现金为 710 490 元，比 2008 年增加了 48 935 元。

销售商品、提供劳务收到的现金项目发生增减变动的原因包括企业销售策略、市场供求关系、企业信用政策和收账政策发生变化导致现金流量增加或减少。分析时应结合企业利润表和有关财务报表附注加以分析。

2. 收到的税费返还

收到的税费返还是指企业收到返还的增值税、消费税、营业税、所得税、关税和教育费附加等各种税费的返还款。一般只有外贸出口企业、国家财政扶持领域的企业或地方政府支持的上市公司才有这个项目。这一项目只包括企业上交后由税务等政府部门返还的款项，不包括其他方面的补贴和返还款。企业收到的与非税费有关的现金，如罚款收入、经营租赁固定资产收到的现金、流动资产损失中由个人赔偿的现金收入等应在"收到的其他与经营活动有关的现金"项目中反映。

该项目发生增减变动的原因与国家税收政策有关，分析时应结合税收政策的变化。这部分现金流量的变化不具有持续性，不能代表企业具有获取现金的正常能力，如永昌公司 2008 年收到的税费返还为 15 271 元，而 2009 年收到的税费返还却为 0。

3. 购买商品、接受劳务支付的现金

购买商品、接受劳务支付的现金是指企业购买材料、商品、接受劳务实际支付的现金，包括本期购买商品、接受劳务支付的货款和与货款一并支付的增值税进项税额，前期购买商品、接受劳务本期偿付的应付款项的现金及预付的购货款等。但是，对于本期发生的购货退回收到的现金应从该项目中扣除。该项目的现金流出量是经营活动现金流出的主要部分。

永昌公司 2009 年购买商品、接受劳务支付的现金为 514 140 元，比 2008 年减少 11 698 元。导致该项目发生增减变动的原因可能有：企业销售市场变化导致存货的增减变动，企业资金供应的变化和应付账款管理水平的变动导致应付账款的增减变动等。分析时应结合企业利润表、资产负债表和有关的财务报表附注加以分析。

4. 支付给职工以及为职工支付的现金

支付给职工以及为职工支付的现金是指本期企业实际支付给职工的现金以及为职工支付的现金，包括工资、奖金、津贴、补贴和社会保险金、住房公积金等，但不包括支付给离退休人员和在建工程人员的现金。支付给离退休人员的现金在"支付其他与经营活动有关的现金"项目反映；支付给在建工程人员的现金则在"购建固定资产、无形资产和其他长期资产支付的现金"项目中反映。

永昌公司 2009 年支付给职工以及为职工支付的现金为 22 043 元，比 2008 年增加 2 240 元。导致该项目发生增减变动的原因可以结合企业的工薪发展水平、企业的经济效益、职工人数的增减加以分析，并与企业历史水平、本行业平均水平进行比较分析。

5. 支付的各项税费

本项目反映企业按规定实际上交税务部门的各项税费，包括本期发生并支付的税费以及本期支付以前各期发生的税费和预交的税金，如支付的增值税、营业税、所得税、教育费附加、印花税、房产税、土地增值税、车船税等。

企业支付的各项税费应当与其生产经营规模相适应。此外，还应将支付的各项税费项目与利润表的营业税金及附加和所得税费用进行比较。永昌公司 2009 年支付的各项税费为 84 078 元，比 2008 年增加 22 771 元。

二、投资活动现金流量主要项目分析

投资活动现金流量分对外投资现金流量和经营性长期资产现金流量两个部分。企业对外投资现金流入和流出均可以在现金流量表中投资活动产生的现金流量项目中得到反映。其中短期对外投资在报告期对外出售变现，反映为本期投资活动现金流入；长期的对外股权和债权投资如果在未来会计期间出售变现，所得现金流入量将反映在未来会计期间的现金流入量中。我国企业从事长期对外投资的业务较多，因此大多反映为本期发生现金支出，未来期间出售产生现金流入这种现金流转模式。企业本期的长期投资现金流出要依靠未来的投资收益补偿，如现金股利、债券利息等。投资收益所引起的现金流

入量往往不能满足对外投资的现金支出,因此在特定会计期间,如果对外长期投资所引起的现金流出量大于现金流入量,说明当期企业对外投资呈现扩张态势;反之则说明呈现萎缩态势。经营活动现金流量满足其用途后的剩余,应为企业对外投资提供资金支持。企业经营性长期资产投资现金流出,平时要靠使用过程中的折旧、摊销分期补偿。使用一定时期后,通过处置的方式补偿。因此,如果经营性长期资产所引起现金流出量大于其产生的现金流入量,说明企业当期经营性长期资产呈现增加态势;反之,则呈现收缩规模或调整结构的态势。

1. 收回投资收到的现金

收回投资收到的现金是指企业出售或到期收回除现金等价物以外的交易性金融资产、持有至到期投资、可供出售金融资产、长期股权投资、投资性房地产而收到的现金,不包括债权性投资收回的利息、收回的非现金资产以及处置子公司及其他营业单位收到的现金净额。

该项目一般数额很小或为0,如永昌公司2008年和2009年收回投资收到的现金均为0。如果金额较大,则可能属于企业重大资产转移行为,应与财务报表附注的相关信息联系起来,衡量投资的账面价值与收回现金的差额,考察其合理性。

收回投资收到的现金项目发生增减变动的原因可能有:企业为了收缩对外投资规模而减少股权投资,为了解决短期现金需求而出售短期投资,企业前期购买的长期债券到期的收回等。如果企业收回股权投资是为了弥补经营活动现金不足,说明企业资金周转不畅,资金短缺严重;如果是由于投资环境变化或被投资单位经营不佳,说明企业在重新调整投资战略。

2. 取得投资收益收到的现金

取得投资收益收到的现金是指因股权投资和债券投资而获得的现金股利、利息以及从子公司、联营企业分回利润而收到的现金,不包括股票股利。这部分现金流入表明企业前期投资本期所获得的现金收益,应与利润表中的投资收益结合起来进行分析。企业能否通过投资收益及时收回现金,反映企业对外投资的质量。而且很多时候现金流量表上取得投资收益收到的现金往往需要和上年利润表中确认的投资收益配比,才能保证口径一致,真实反映投资收益的收现水平,如永昌公司2009年取得投资收益收到的现金为977元,比2008年增加887元,表明企业进入了投资回收期。

3. 处置固定资产、无形资产和其他长期资产收回的现金净额

处置固定资产、无形资产和其他长期资产收回的现金净额是指企业处置这些资产所取得的现金,减去为处置这些资产而支付的有关费用后的净额。固定资产报废、毁损的变卖收益和由于自然灾害所造成的固定资产等长期资产损失收到的保险赔款收入也包括在本项目中。本项目一般金额不大,且因为处置长期资产收到的现金与处置活动支付的现金在时间上比较接近,所以用净额反映。

处置固定资产、无形资产和其他长期资产收回的现金净额增减变动的原因可能包括:企业将闲置或多余的固定资产等进行变现,也可能是因为企业产业、产品结构将有所调整,这对企业经营和理财是有利的。由于经营和偿债方面出现困难,不得不靠变卖

固定资产等长期资产以维持生产经营活动或偿还到期债务，或不得不开始收缩投资战线，这种情况将影响企业的未来发展。

4. 处置子公司及其他营业单位收到的现金净额

处置子公司及其他营业单位收到的现金净额项目反映企业处置子公司及其他营业单位收到的现金，减去相关处置费用与子公司及其他营业单位持有的现金和现金等价物后的净额。

该项目一般金额为 0，如果有余额，意味着企业当期处置了部分子公司或其他营业单位，这种重大资产转移行为往往表明企业的战略结构将发生改变。也可能是由于企业陷入债务危机，只能靠变卖子公司的现金收入偿债，因此该项目的分析要结合企业重大事项公告和财务报表附注中的有关说明进行，查明具体原因，以便合理预测其对企业未来财务状况和经营业绩的影响。

5. 购建固定资产、无形资产和其他长期资产支付的现金

本项目反映企业取得这些资产时所支付的现金，包括购买设备所支付的现金和增值税款、建造工程支付的现金、支付在建工程人员的工资、购入或自创取得各种无形资产的实际现金支出等，不包括为购建固定资产等长期资产而发生的借款利息资本化的部分以及融资租入固定资产支付的租赁费。这两部分应在筹资活动产生的现金流量中单独反映。

企业固定资产、无形资产投资规模代表扩大再生产的能力。这也是企业除经营活动的支出以外最重要的、对企业影响最大的流出项目。其数额多寡，意味着企业经营战略的不同。例如，永昌公司 2009 年购建固定资产、无形资产和其他长期资产支付的现金为 73 038 元，比 2008 年支付的现金增加了 28 493 元。一般而言，正常经营的企业此项目应当具有一定的数额，其数额的合理性应结合行业、企业生产经营规模、企业生命周期、企业长短期规划及企业筹资活动现金流入来分析，也要对连续几个会计期间的数据加以比较来分析企业对内投资的情况。应当注意的是，如果该项目的金额小于购建固定资产、无形资产和其他长期资产的现金流入，则表明企业可能正在缩小生产经营规模或者正在退出该行业。遇到这种情况，应当进一步分析是由于企业自身原因，还是行业因素的影响，以便对企业的未来进行预测。

6. 投资支付的现金

投资支付的现金是指企业进行权益性投资和债权性投资支付的现金，包括企业取得除现金等价物以外的交易性金融资产、持有至到期投资、可供出售金融资产而支付的现金，以及支付的佣金、手续费等附加费用。企业购买债券的价款中含有债券利息的，以及溢价折价购入的，均按实际支付的金额反映。例如，永昌公司 2009 年投资支付的现金为 4 332 元，比 2008 年的 17 500 元下降不少。

投资所支付的现金项目反映企业参与资本市场运作、实施股权投资能力的强弱。其规模的大小应和企业的经营特点及战略目标相适应，还需考虑国家宏观经济环境和企业投资环境的变化，同时要结合投资收益进行分析。

三、筹资活动现金流量主要项目分析

现金流量表需要单独反映筹资活动产生的现金流量，通过对现金流量表中筹资活动现金流量的分析，可以了解企业的筹资方式及筹资规模的大小，了解企业的资本结构，可以帮助投资者和债权人预计对企业未来现金流量的要求权，以及获得前期现金流入而支付的代价。筹资活动产生的现金流量各项目的内容如下。

1. 吸收投资收到的现金

本项目反映企业以发行股票、债券等方式筹集资金实际收到的款项净额（发行收入减去支付的佣金等发行费用后的净额）。企业发行股票方式筹资而由企业直接支付的审计费、咨询费等费用，以及发行债券支付的发行费用在"支付其他与筹资活动有关的现金"项目中反映。由金融机构直接支付的手续费、宣传费、咨询费、印刷费等费用，从发行证券取得的现金收入中扣除，以净额列示。

2. 取得借款收到的现金

本项目反映企业向银行或其他金融机构举借各种短期、长期借款而收到的现金，如永昌公司 2008 年和 2009 年取得借款收到的现金分别为 106 299 元和 91 000 元。

对该项目的分析要注意以下方面：第一，借款所收到的现金是企业从金融机构借入的资金，其数额的大小，体现企业通过银行等金融机构筹资能力的强弱。应注意剔除企业之间资金拆借等所谓的"借款"。第二，长短期借款的用途不同，因此要结合资产负债表中的短期借款和长期借款项目进一步分析，考察企业从金融机构取得资金的合理性、稳定性和风险程度。第三，本项目要与购建各项资产所支付的现金项目配比，分析借款合同的执行情况。如果企业购建固定资产所发生的现金支出与借款合同所规定的时间和额度相同，则说明企业执行借款合同的情况较好；反之，如用企业流动资金借款购建固定资产，不但借款合同执行情况不好，而且会对企业近期的偿还能力产生不良影响。

吸收投资和借款收到的现金均属于企业对外筹资，其规模大小与经营活动和投资活动的资金需求有关，也与企业理财政策和对外筹资能力有关。吸收投资收到的现金和借款收到的现金项目分析时，一要与企业所处的生命周期阶段结合起来分析，如果企业处在成长期，则投资机会多，需要资金量大，吸收投资和借款收到的现金会快速增长；如果企业处于成熟期，投资机会明显减少，吸收投资和借款收到的现金规模会逐渐缩小。二要结合经营活动和投资活动的现金净流量进行评价。如果经营活动和投资活动现金流出较大，造成企业经营活动和投资活动现金暂时短缺，可以通过合理安排对外筹资解决，但如果经营不当造成经营活动现金持续性短缺，则必须加强经营活动管理，否则企业筹资将面临很大困难。

3. 偿还债务支付的现金

偿还债务支付的现金是指企业以现金偿还债务的本金，包括偿还银行等金融机构的借款本金和偿还到期的债券本金等。企业偿还的借款利息、债券利息不在本项目中反映，应在"分配股利、利润或偿付利息支付的现金"项目中反映。

4. 分配股利、利润或偿付利息支付的现金

本项目反映企业实际支付的现金股利、支付给其他投资单位的利润或用现金支付的借款利息、债券利息所支付的现金。不同用途的借款，其利息开支渠道也不一样，如有的计入在建工程，有的计入财务费用等。

对该项目进行分析时应注意以下几个方面：第一，分配股利、利润或偿付利息支付的现金代表了企业现时支付能力。对此应结合企业的资产规模、所有者权益规模和负债规模及当期利润水平进行分析。第二，要注意现金流出的时点。本项目既包括现金支付本期应付的股利和利润，又包括现金支付前期应付的股利或利润及预先支付的利润；既包括企业短期借款和长期借款的利息，又包括支付短期和长期债券的利息，而不论利息支出是资本化还是费用化。例如，永昌公司 2009 年分配股利、利润或偿付利息支付的现金为 25 845 元，比 2008 年增加 11 043 元，分配股利、利润或偿付利息支付的现金增加是永昌公司 2009 年现金净流量大幅度下降的主要原因，当然偿还债务增加也是其中原因之一。

第三节　现金流量表水平分析

为了考察企业现金流量增减变动的情况和发展趋势，可以通过编制比较现金流量表的方法来进行水平分析。现金流量表水平分析也称现金流量表的横的比较，是将连续数期的现金流量表金额并列起来，形成比较现金流量表，然后计算比较相同各类和各项目（指标）的增减变动金额和幅度，据以判断企业现金流量的变化情况（包括有利变化和不利变化），观察企业现金流量的变动规律和发展趋势，并通过各项目的增减变化分析其存在的问题，寻找原因，总结经验教训，便于下一步继续保持或加以改进。现金流量表的水平分析趋势比较可以采用环比比较，也可以采用定基比较。

（一）现金流量增减变动分析

现金流量表增减变动分析是指将企业本期与上期现金流量表各项目的数据进行比较，看企业现金流量各项目的增减变动情况，从中找出影响企业现金流量变动的主要原因，为进一步的分析指明方向。

现以永昌公司的现金流量表数据资料为例，说明现金流量表的增减变动情况，见表 5-2。

从表 5-2 的计算结果可以看出，永昌公司 2009 年现金及现金等价物净增加额为 −12 625 元，比 2008 年减少了 31 814 元，下降幅度为 165.79%。其原因是：

（1）经营活动现金流入量和流出量均有所增加，增长幅度分别为 4.82% 和 3.80%，且现金流入量大于现金流出量的增长，导致现金净额的增加更多，增加数额为 9 328 元，增长幅度为 14.90%，说明永昌公司 2009 年经营活动创造现金流量的能力有所增强。2009 年经营活动现金流量净额为 71 930 元，与 2008 年 62 602 元比较，增长幅度为 14.90%，增长幅度越高，说明企业成长性越好。

表 5-2　永昌公司现金流量增减变动分析表

项 目		2008 年（元）	2009 年（元）	2009 年比 2008 年	
				增减额（元）	增减（%）
经营活动：现金流入		678 668	711 411	32 743	4.82
	现金流出	616 066	639 481	23 415	3.80
	现金流量净额	62 602	71 930	9 328	14.90
投资活动：现金流入		1 224	1 788	564	46.08
	现金流出	78 045	77 371	−674	−0.86
	现金流量净额	−76 821	−75 583	1 238	−1.61
筹资活动：现金流入		106 299	91 000	−15 299	−14.39
	现金流出	72 891	99 972	27 081	37.15
	现金流量净额	33 408	−8 972	−42 380	−126.86
汇率变动对现金及现金等价物的影响					
现金及现金等价物净增加额		19 189	−12 625	−31 814	−165.79

（2）投资活动现金流入 2009 年比 2008 年增长了 46.08%，现金流出则有所减少，减少了 0.86%。但从现金流量表可以看出，2009 年永昌公司购建固定资产、无形资产和其他长期资产支付的现金比 2008 年大大增加，从 2008 年的 44 545 元增加到 2009 年的 73 038 元，增加了 28 493 元，增加幅度为 63.96%，这说明永昌公司用于生产经营方面的长期资产投资规模扩张明显，企业生产能力大大增加。但由于投资支付的现金、支付其他与投资活动有关的现金等项目的现金流出规模大大缩小，投资活动现金流入又增长较快，最终导致投资活动产生的现金流量净额反而有所增加，增加了 1.61%。

（3）筹资活动现金流入 2009 年比 2008 年减少了 15 299 元，减少了 14.39%，筹资活动现金流出增加了 27 081 元，增加了 37.15%，使得筹资活动现金流量净额减少了 42 380 元，与 2008 年相比，减少了 126.86%。其主要原因是取得借款收到的现金明显减少，偿还债务支付的现金和分配股利、利润或偿付利息支付的现金明显增加，公司借款负债筹资规模缩小，偿还债务和利润的分配增加了。

2009 年永昌公司现金期末余额为 58 058 元，比 2008 年年末 70 683 元虽有减少，但余额仍过高，这些现金可能是以前通过股权或债权筹资形成的。这也是该公司 2009 年投资加大、借款减少、偿还债务增多，造成现金及现金等价物净增加额为 −12 625 元的原因。现金的大量结余，会影响企业资产的盈利能力，永昌公司 2008 年、2009 年投资项目可能还没有结束，2009 年该企业还会加快投资进度，使项目尽快产生效益。

（二）现金流量趋势分析

现金流量趋势分析既可以是绝对数趋势分析（横的比较），又可以是相对数趋势分析（纵横结合的比较也称结构百分比趋势分析）。绝对数趋势分析的方法较简单，适用于对未来绝对数额的预测分析。相对数趋势分析可以使不同规模的公司之间的比较更有实际意义。进行趋势分析可以了解企业现金流量的发展态势，从而为研究企业的经营战略、预测未来的现金流量提供一定的依据。要了解企业现金流量的发展趋势，需要以连续数期的现金流量表为基础（通常需要 3～5 年的报表资料），计算趋势发展的定比比率进行比较，以观察其发展变化趋势。分析时先要观察现金及现金等价物净增加额的历年发展变化总趋势，然后再从经营活动、投资活动和筹资活动的现金流入、流出及现金流量净额进行趋势变动的具体原因分析。

第四节　现金流量表结构分析

现金流量表结构分析是指对现金流量的各个组成部分占总体的百分比及其相互关系的分析，包括现金流入结构分析、现金流出结构分析、净现金流量结构分析和现金流入流出比分析。它是在现金流量表水平比较分析的基础上进行的纵横结合的比较。分析方法是将现金流量表中的某一项目数字作为基数（100%），将各项目数据与这一总体项目的总额相比，计算出各项目占总体的比重，进行纵向分析，揭示现金流量表中各部分和总体结构的关系，分析各项目的变动对总体产生的影响，了解企业现金的主要来源和主要去向，以及净现金流量形成的主要原因。将各项目构成与历年数据进行比较，进行纵横结合的比较，并根据企业所处的不同发展阶段判断现金流量结构分布及其变动的合理性，借以判断企业现金流量的质量和企业各项目现金流入、现金流出和净现金流量的变化趋势及其原因，进而为预测判断企业未来的现金流量发展情况和获取现金的能力提供依据。对现金流量表的结构分析，还可以采取与同行业先进企业或与本企业条件相当的企业比较的方式，明确地位、找出差距、发现问题、加以改进。因此，纵横结合的现金流量表分析能够达到提高现金流量表分析质量和企业经营管理水平的目的。

现金流量的结构与公司的长期稳定发展密切相关。经营活动是公司的主营业务，经营活动产生的现金流量的稳定性和再生性较好，来自经营活动的现金流量越多，表明公司发展的稳定性越强。在现金流量分析中，经营活动现金流量是分析的重点，其结构百分比具有代表性。投资活动是企业为了扩大规模或为闲置资产寻找投资场所，筹资活动则是为经营活动和投资活动筹集资金。这两种活动所发生的现金流量应具有辅助性，是服务于主营业务的。这两部分的现金流量过大，表明公司财务缺乏稳定性。

现金流量表结构分析中对于总体和组成部分的选择是灵活多样的，既可以将企业全部现金流入量和流出量作为总体，也可以仅将经营活动、投资活动和筹资活动现金流入、流出量作为总体。但是，总体一旦确定，组成部分的选择应与总体相关，不能任意选取。

下面以永昌公司 2009 年现金流量表的数据为例，来分析该公司现金流量结构的情况，如表 5-3 所示。

表 5-3　永昌公司 2009 年现金流量表结构分析数据

项目	金额（元）	内部结构（%）	流入结构（%）	流出结构（%）	流入流出比
一、经营活动产生的现金流量					
销售商品、提供劳务收到的现金	710 490	99.87			
收到其他与经营活动有关的现金	921	0.13			
经营活动现金流入小计	711 411	100	88.46		
购买商品、接受劳务支付的现金	514 140	80.40			
支付给职工以及为职工支付的现金	22 043	3.45			
支付的各项税费	84 078	13.15			
支付其他与经营活动有关的现金	19 220	3.00			
经营活动现金流出小计	639 481	100		78.29	1.13
经营活动产生的现金流量净额	71 930				
二、投资活动产生的现金流量					
取得投资收益收到的现金	977	54.64			
处置固定资产、无形资产和其他长期资产收回的现金净额	53	2.96			
收到其他与投资活动有关的现金	758	42.40			
投资活动现金流入小计	1 788	100	0.22		
购建固定资产、无形资产和其他长期资产支付的现金	73 038	94.40			
投资支付的现金	4 332	5.60			
支付其他与投资活动有关的现金	1	0			
投资活动现金流出小计	77 371	100		9.47	0.02
投资活动产生的现金流量净额	−75 583				
三、筹资活动产生的现金流量					
取得借款收到的现金	91 000	100			
筹资活动现金流入小计	91 000	100	11.32		
偿还债务支付的现金	71 000	71.02			
分配股利、利润或偿付利息支付的现金	25 845	25.85			
支付其他与筹资活动有关的现金	3 127	3.13			
筹资活动现金流出小计	99 972	100		12.24	0.92
筹资活动产生的现金流量净额	−8 972				
四、汇率变动对现金及现金等价物的影响					
五、现金及现金等价物净增加额	−12 625				
加：期初现金及现金等价物余额	70 683				
六、期末现金及现金等价物余额	58 058				
合　计			100	100	

（一）现金流入结构分析

现金流入结构分析反映企业现金总流入结构和各项业务活动现金流入结构，即经营活动现金流入、投资活动现金流入和筹资活动现金流入在全部现金流入中的比重及各项业务活动现金流入中具体项目的构成情况。通过现金流入结构分析，可以了解企业的现金来自什么渠道，以判断和评价企业现金流入的合理性，把握增加现金流入的途径。通过对企业连续数年的现金流入结构的比较分析，可以判断出企业现金流量的总体质量及各项目现金流入的发展总体趋势，进而为预测企业未来获取现金的能力提供依据。

企业经营活动的现金流量一般是企业现金流量的主要来源，是保证企业获得持续稳定资金来源的主要途径。从企业经营活动获取的现金在企业现金流量中所占的比重大小分析，可以看出企业采用的是何种资金战略。如果比重较大且一直稳定保持，说明企业采取的是依靠经营盈利的自我积累型资金筹措战略，企业资金来源稳定，财务状况安全；如果所占比重较小，说明企业采取的是主要依靠资本投资和对外借款的金融证券型资金战略。

一般来说，在现金流入量中经营活动的现金流入量所占比重最大，特别是主营业务活动现金流入应明显高于其他经营活动的现金流入。但是，对于经营业务不同的企业，这个比例会有较大差别。单一经营、主营业务突出的企业，其主营业务活动的现金流入可能占到经营活动现金流入的 95% 以上。另外，企业所采取的经营理财策略不同，对待风险的态度不同，其现金流入结构也会不同。一个稳健型、专心经营特定范围内业务的企业，理财策略比较保守，即使有闲置资金也不善于投资，为了减少风险会尽可能少借债，其经营活动的现金流入所占的比例会较高，投资和筹资活动的现金流入比例可能较低。一个激进型的企业，经营理财策略比较冒险，往往总是千方百计筹集资金，不断寻找投资机会来扩张企业规模。如果筹资能力较强，投资得当，企业在某一特定时期筹资活动和投资活动的现金流入的比例会较高，有时甚至会超过经营活动的现金流入。如果企业筹资能力强，但投资不得当，其现金流入结构中筹资活动的现金流入量较大，而投资活动的现金流入量较少，有时会只有流出，少有流入甚至没有现金流入。

永昌公司 2009 年总现金流入中经营活动的现金流入占 88.46%，投资活动的现金流入占 0.22%，筹资活动的现金流入占 11.32%。因此，该公司当年的现金流入主要来自于生产经营活动，也有一部分来自于筹资活动，而投资活动的现金流入比例很小。在经营活动现金流入中，主要来源于销售商品、提供劳务收到的现金，占 99.87%，还要将销售商品、提供劳务收到的现金与经营活动流入的现金总额进行比较，企业产品销售现款占经营活动现金流入的比重大，说明企业主营业务突出，营销状况良好；在投资活动现金流入中，取得投资收益收到的现金占 54.64%，其次是收到的其他与投资活动有关的现金，占 42.40%，处置固定资产、无形资产和其他长期资产收回的现金净额占 2.96%，没有收回投资收到的现金，说明永昌公司投资活动正常；在筹资活动现金流入中，本年借款收到的现金 91 000 元，占 100%，说明公司本年对外筹资都来自于借款。

（二）现金流出结构分析

现金流出结构是指企业各项业务活动现金流出在全部现金流出中的比重，以及各项业务活动现金流出中具体项目的构成和比重。通过对现金流出的总流出结构和三项活动流出的内部结构的分析，可以了解企业现金使用的方向，了解影响企业现金流出的主要因素和现金流出的主要原因，从而明确节约现金开支的主要途径。通过对企业连续数年的现金流出结构进行比较分析，可以判断企业各项目现金流出的总体发展趋势，为预测判断企业未来的现金流出发展情况和整个经营理财的发展趋势提供依据。

一般来说，生产经营型企业的经营活动现金流出的比重应较大，尤其是购买商品、接受劳务支付的现金和支付各类经营费用的现金流出应占有较大比重。投资活动和筹资活动现金流出比例的大小，则因企业的理财策略不同而存在较大的差异。而且，经营活动的现金流出应具有一定稳定性，各期的变化幅度不应过大，而投资活动和筹资活动现金流出的稳定性相对较差，甚至具有偶然性。因为支付投资款、大量到期债务的偿还及支付股利等活动的发生，这两类活动的现金流出量会呈现剧增现象，所以应结合企业的具体情况加以分析。

永昌公司 2009 年的现金流出中，经营活动产生的现金流出占 78.29%，投资活动和筹资活动产生的现金流出分别占 9.47%和 12.24%。因此企业大部分现金流出是为经营活动所需，而投资活动和筹资活动占用较少。在经营活动现金流出中，购买商品、接受劳务支付的现金占 80.40%，支付的各项税费占 13.15%，支付给职工及为职工支付的现金占 3.45%，支付其他与经营活动有关的现金占 3%。这说明经营活动现金流出的结构是比较合理的；在投资活动现金流出中，购建固定资产、无形资产和其他长期资产支付的现金占 94.4%，投资支付的现金占 5.6%，说明企业正在进行固定资产等长期资产的投资；在筹资活动现金流出中，偿还债务占了 71.02%，分配股利、利润或偿付利息支付的现金占 25.85%，支付其他与筹资活动有关的现金只占 3.13%。企业筹资处于比较良性的循环之中。

（三）现金净流量结构分析

现金净流量结构是指企业经营活动产生的现金流量净额、投资活动和筹资活动产生的现金流量净额在现金及现金等价物净增加额中所占的比重。通过现金净流量结构的分析，可以了解企业现金净流量形成的原因，反映企业的现金收支是否平衡。通过对企业连续数年间的现金净流量结构进行比较分析，可以判断企业现金净流量的总体发展趋势，进而为预测判断企业未来的现金净流量发展情况提供依据。

一般来说，企业在生产经营业务正常开展，投资和筹资规模比较稳定的情况下，现金流量净额越大，则企业活力越强。如果企业现金流量净额主要来自于经营活动产生，说明企业生产和营销状态好、获取现金能力强、坏账风险小；如果企业现金流量净额主要来自于投资活动，可能说明企业生产经营能力衰退，需要通过处置非流动资产缓和资金矛盾，也可能企业为了调整产业产品结构而正在调整资产结构，具体情况应结合资产负债表和利润表进行深入分析才能知晓；如果企业现金流量净额主要是通过筹资活动而产生，则说明企业正从外部筹集大量资金，今后将支付更多股利或利息，将承受较大的财务风险。

现金净流量也可能是负数，即现金流出大于现金流入。在这种情况发生时，不能武断地认为企业获取现金的能力弱，是不好的现象，而应根据不同情况进行具体分析判断。如果现金流量净额负数主要是由企业扩大投资而引起的，说明企业正在进行设备的更新以扩大生产能力或投资开拓更广阔的市场，这意味着企业有更多的发展机会，未来会有更大的现金流入；如果现金流量净额负数主要是由筹资活动引起的，说明企业为了偿还债务及利息大量地支出现金，这意味着减轻了未来的偿债需求和偿债压力，财务风险变小，只要经营活动正常，就不一定会走向衰退；如果现金流量净额负数是由经营活动引起的，但通过投资和筹资活动的现金流入可以弥补经营活动的现金需求，短期内企业还可以进行正常的经营活动。如果投资和筹资活动现金流入无法弥补经营活动现金需求，不仅企业短期偿债能力受到影响，还有可能威胁到企业的生存。必须采取措施扭转这样的不利局面，使企业走向正常的轨道。

现以永昌公司现金流量表资料，分析该企业现金净流量结构的情况。永昌公司2009 年现金净流量结构如表 5-4 所示。

表 5-4　永昌公司 2009 年现金净流量结构表

项　目	金额（元）	结构百分比（%）
经营活动产生的现金流量净额	71 930	−569
投资活动产生的现金流量净额	−75 583	598
筹资活动产生的现金流量净额	−8 972	71
汇率变动对现金及现金等价物的影响	0	0
现金及现金等价物净增加额	−12 625	100

从表 5-4 可以看出，永昌公司现金流量净额为负数，经营活动产生的现金流量净额为 71 930 元，占总净流量的−569%，投资活动产生的现金流量净额−75 583 元，占总净流量的 598%，筹资活动产生的现金流量净额为−8 972 元，占总净流量的 71%，说明企业经营活动产生的现金净流量基本能满足投资现金流量的需要，但还要有一定的筹资现金流量作为补充。企业已处于成熟期，并在进行生产结构调整。

如果将不同时期的现金流量结构放在一起进行比较，就可以了解到企业现金流量结构的变化及未来发展趋势。永昌公司 2007～2009 年三年现金流入流出结构如表 5-5 和表 5-6 所示。

表 5-5　永昌公司 2007～2009 年现金流入结构表　　　　　　单位：%

项　目	2007 年	2008 年	2009 年
经营活动现金流入	79.00	86.33	88.46
投资活动现金流入	1.86	0.16	0.22
筹资活动现金流入	19.14	13.51	11.32
合　计	100	100	100

从表 5-5 可以看出，永昌公司的现金流入中，经营活动所取得的现金所占比重很大，而且在全部现金流入中所占的比例在这三年中不断上升，说明企业经营活动发展趋势良好；筹资活动现金流入在全部现金流入中占有一定比例，但三年中该比例在不断下降，说明企业现金需求对筹资现金流入的依赖性在逐步缩小，而越来越依赖于经营活动的现金流入；投资活动现金流入占比极微，作用不大。

表 5-6　永昌公司 2007～2009 年现金流出结构表　　单位：%

项　目	2007 年	2008 年	2009 年
经营活动现金流出	68.40	80.32	78.29
投资活动现金流出	18.15	10.18	9.47
筹资活动现金流出	13.45	9.50	12.24
合　计	100	100	100

从表 5-6 可以看出，永昌公司三年的全部现金流出中主要是经营活动现金流出。经营活动现金流出 2008 年比 2007 年有较大幅度增长，但 2009 年比 2008 年稍有下降；投资活动现金流出在全部现金流出中占一定比例，但呈逐年下降趋势，说明企业投资力度在减弱；筹资活动现金流出占总现金流出的比重由 2007 年的 13.45% 下降到 2008 年的 9.50%，但 2009 年又上升到了 12.24%，但这是企业现金流动的正常表现。

在进行现金流量表结构分析时，应注意结构指标的合理性，同时要与企业所处的发展阶段联系起来分析，各种结构比率在企业的不同发展阶段会表现出不同的特点。例如，初创期企业，流入结构中筹资活动占大部分，流出结构中投资活动占大部分；处在扩张期的企业，经营活动流入增加，筹资活动流入已经下降，但还占一定份额，投资活动现金流出大幅下降，但小额投资仍在继续；在成熟期，占现金流入流出绝大多数的是经营活动现金流量，筹资现金流出增加，因为大量债务到了偿还期，分红比例也在提高，而投资支出基本停止，投资活动流入大量增加；在衰退期，经营活动现金流量跟成熟期相比明显开始减少，此时企业必须调整投资方向，投资活动现金流出又可能增多。

（四）现金流入流出比分析

现金流入流出比是指当期流出的现金取得了多少现金流入的回报，其计算公式为

$$当期现金流入流出比＝当期现金流入÷当期现金流出$$

1. 经营活动现金流入和流出的结合分析

对经营活动现金流入量和流出量结合起来进行分析，其实质就是分析企业经营活动现金流量的质量。质量的好坏一方面要看经营活动现金流量的运行是否体现企业发展的战略要求，另一方面要看它与企业经营活动产生的利润是否有一定的对应关系。

正常情况下，经营活动产生的现金流入量除了要能够满足企业正常经营活动所需的现金流出外，还应该有足够的能力来补偿经营性长期资产的折旧和摊销这些非现金支

出，以及支付利息和现金股利。虽然现金流量表中没有体现固定资产折旧和无形资产摊销的补偿，但如果经营活动现金流量在补偿经营活动日常周转所需的现金流出后的净额不能补偿本年固定资产折旧和无形资产摊销费用的话，经营性长期资产的更新资金到时候只能依靠外筹，这样势必加大资金成本和筹资风险。在现金流量表中，本年利息费用和现金股利引起的现金流出量是作为筹资活动现金流出项目的，但从企业可持续良性发展的角度看，企业不能通过筹资活动的现金流入来支付利息、发放股利，而应该从企业经营活动产生的现金流量净额中保障当年利息的偿还和现金股利的发放。如果经营活动现金流量在用于上述用途还有多余，就可以为企业对内扩大再生产和对外投资提供额外的资金支持。因此，只有当企业经营活动现金流入能够满足企业所有经营活动的支出还有剩余，才能说明经营活动现金流量运行处于良好状态（企业产品适销对路，应收账款收现快，企业付现成本水平适宜），才能对投资和理财发挥支持和促进作用，企业也才有较好的成长能力和支付能力。

如果经营活动产生的现金流量净额大于零，但不足以完全弥补非现金支出，这时企业面临的现金需求压力虽然较小，但这种状态持续下去，对企业经营活动现金流量的质量不应予以较高评价。如果经营活动现金流入量等于现金流出量，说明企业只能应付经营活动日常开支，企业不可能维持简单再生产，因此经营活动现金流量质量较差。如果经营活动现金流入量小于现金流出量，那么不足部分就需要通过其他途径解决，这种现象如果发生在企业成长阶段还属正常现象，如果发生在正常的经营活动中，说明企业经营活动产生的现金流量质量已经很差。

根据表 5-1，永昌公司 2008 年和 2009 年经营活动现金流入均大于现金流出，现金流量净额分别为 62 602 元和 71 930 元，基本上满足了"以收抵支"的要求，但现金流量净额是否能补偿经营性长期资产的折旧和摊销，是否还有能力支付股利和利息，还要结合资产负债表、利润表及现金流量表的补充资料进行分析。根据表 5-3 的计算结果，永昌公司经营活动现金流入流出比为 1.13，说明企业每 1 元的现金流出能换回 1.13 元的现金流入。经营活动现金流入流出比越大越好。在进行经营活动现金流入和流出的结合分析中，还要将销售商品、提供劳务收到的现金和购买商品、接受劳务支付的现金进行比较分析。在企业经营正常、购销平衡的情况下，两者比率大，说明企业的销售利润大、销售回款良好、收现能力强。

2. 投资活动现金流入和流出的结合分析

企业投资现金流入小于现金流出，即投资活动产生的现金流量净额小于零。对于这种情况，应从投资活动的目的来分析。企业投资活动的目的主要有三个方面：其一，为企业以后的生产经营活动奠定基础，如购建固定资产、无形资产等；其二，为企业对外扩张目的进行投资；其三，利用企业暂时不用的闲置资金进行短期投资，以获得一定的收益。因此，不能简单地对企业投资活动现金流入小于现金流出作出否定的评价，如处于扩张中的企业发生这种情况，有利于企业的发展和获利，是生产经营状况良好的表现。投资活动现金流入小于现金流出的资金缺口，主要通过挤占经营活动的现金流量，利用经营活动多余的现金流量和通对外筹资的现金进行补充，或通过消耗企业现存的现金积累等办法来解决。因此，不能以投资活动现金流量是正数还是负数论其优劣。

企业投资活动现金流入大于现金支出，即投资活动产生的现金流量净额大于零。出现这种情况，应分析具体原因。首先可能是企业前期的投资在本期取得了良好的投资效益；其次可能是企业大量变卖了长期资产。如果处置的是闲置的或多余的固定资产等长期资产，有利于企业经营和理财。如果是为了偿还债务或为解决经营活动急需现金，而不得不变卖长期资产，说明企业偿债能力低下或经营活动出现了问题，长此下去会影响企业的未来发展。

永昌公司投资活动的现金流入流出比为 0.02，表明企业处于扩张时期，现金流出很多现金流入很少，而且现金流出主要用于购建固定资产、无形资产和其他长期资产，这意味着永昌公司未来生产规模的扩大，企业将面临新的发展机遇，进入生产经营快速增长的阶段。一般来说，处于初创期、扩张期和生产经营调整期的企业现金流入流出比较小。

3. 筹资活动现金流入和流出的结合分析

筹资活动是企业财务活动的起点。筹资活动的现金流量既是企业经营活动和投资活动的发动机，又是因经营活动和投资活动的需要所引起的。在企业经营活动和投资活动需要现金支持时，筹资活动应该及时足额地筹集资金以满足需求；在企业经营活动和投资活动产生大量闲置现金时，筹资活动应及时清偿相应的债务本息，以提高资金的利用效率。

筹资活动的现金流入大于现金流出，即筹资活动产生的现金流量净额大于零时，说明企业筹措资金能力强，但应与资金使用效果联系起来进行分析，防止企业未来陷入无法支付到期债务的危机当中。当企业处于发展的起步阶段，扩大投资需要大量资金而企业经营活动创造现金流量能力不强的条件下，企业的现金流量需求主要靠筹资活动来解决。因此，分析判断企业筹资活动产生的现金流量大于零是否正常时，应注意资金成本、资本结构和财务风险等因素，判断企业的筹资活动是否已经纳入企业的发展规划，分析这种情况是因为企业管理当局主动以扩大投资和经营活动为目的还是由于企业因投资活动和经营活动的现金流出失控而被动形成的。

筹资活动的现金流入小于现金流出，即筹资活动产生的现金流量净额小于零时，可能是因为企业在本会计期间集中发生偿还债务、支付筹资费用、分配股利或利润、偿还利息、融资租赁等业务；或者是因为企业经营活动与投资活动在现金流量方面运转较好，不需要对外筹集大量资金，但也有可能是因为企业筹资能力减弱，或没有更好的投资扩张机会，而将剩余现金用于发放股利而形成的。

永昌公司筹资活动现金流入流出比为 0.92，说明企业偿还借款、支付利息、分配股利的现金流出大于筹资产生的现金流入。

一般来说，一个健康成长的公司，经营活动现金流量应是正数，投资活动现金流量是负数，筹资活动现金流量是正负相间的。永昌公司目前就是如此。

第五节　现金流量表与其他财务报表的结合分析

单一现金流量表分析虽然能揭示现金流量结构和状态的相关信息，但所提供的信息是有限的，因此现金流量表分析中必须结合资产负债表和利润表等提供的资料，通过对现金充足率的分析，获得企业偿债能力强弱、收益质量高低、现金流量平衡与否的信息。

1. 经营活动现金流量与销售收入、净利润的比较分析

将现金流量表与利润表结合起来，把企业一定时期销售商品收到的现金与当期销售收入进行对比，可以观察当期销售收入的收现有效性和质量。如果这个比例较高，说明企业货款回笼及时、销售收入质量好。2009 年永昌公司销售商品、提供劳务收到的现金为 710 490 元，销售收入为 788 863 元，两者比率为 90.07%，2008 年这个比率为91.31%，销售收入的收现比例和销售收入的质量有稍微的下降。

将利润表中的净利润与经营活动的现金流量净额进行比较，可以考察企业收益的变现能力和净利润的质量。如果这个比例偏低，小于 100%，说明企业总有一部分已确认的净收益未收回现金。在实际工作中，分析经营活动现金流量净额比利润表中的净利润更有现实意义。2009 年永昌公司经营活动现金流量净额为 71 930 元、净利润为 52 865元，经营活动现金流量净额占净利润的比率为 136.06%，而 2008 年这个比率为93.34%，说明 2009 年该公司经营活动获取现金的能力比 2008 年有较大提高，也说明公司利润质量有所提高。

2. 投资活动现金流量中属于投资收益的部分与利润表中的投资收益的比较分析

现金流量表中取得投资收益收到的现金占利润表中的投资收益项目的比重越大，说明企业实现的变现投资收益越高。分析时还应结合企业长期投资的核算方法考虑。企业对投资收益的核算采用成本法，一般是在实际收到现金股利时确认为投资收益，两者的适配性较好。而采用权益法核算投资收益时，当被投资单位当年实现利润，投资单位就可以按股权比例确认为投资收益，故企业投资收益的变现含量较低。

3. 筹资活动现金流量与资产负债表、利润表相关项目的比较分析

筹资活动产生的现金流量会直接影响企业的资本结构和偿债能力，体现企业资本结构和偿债能力的相关指标数据主要来自于资产负债表，如流动资产、资产总额、所有者权益总额、流动负债、负债总额等。筹资活动属于企业理财活动，企业加大对外举债，就必须承担定期支付利息、到期还本的责任，这必然意味着企业存在一定财务风险。企业发行股票，就可能存在股票跌价损失的风险。企业采取不同的股利政策，对于筹资活动现金流量净额的影响也不同。将本期用于股利分配的现金流出与前期实现的净利润相比的比例如果较小，则说明企业实施的是低股利分配政策，但也可能是企业扩大投资的资金压力较大。因此，企业筹资规模越大，往往风险也越大。企业负债筹资的风险比股权筹资的风险更大，因此可以分析吸收权益性资金

收到的现金与筹资活动现金总流入进行比较，如果其所占比重大，说明企业资本实力强、财务风险小。

本 章 小 结

本章首先介绍了现金流量表的作用、现金流量表和资产负债表利润表之间的关系、现金流量表的结构和格式、现金流量表分析应考虑的因素等有关现金流量表分析的基础知识；其次介绍了经营活动、投资活动、筹资活动现金流量主要项目的分析方法；再次从现金流量增减变动分析和现金流量趋势分析两个角度介绍了现金流量表水平分析的内容和方法，从现金流入结构分析、现金流出结构分析、现金净流量结构分析和流入流出比分析等四个方面介绍了现金流量表结构分析的方法和技巧；最后简单介绍了现金流量表与其他财务报表结合分析的内容。本章的重点是现金流量表水平分析和现金流量表结构分析。

【进一步学习指南】

现金是企业经营中的"血液"。反映企业一定会计期间内现金和现金等价物流入和流出信息的现金流量表，包含着一些企业资产负债表和利润表所没有反映的重要信息，是报表使用者对企业进行财务分析的重要内容。通过现金流量表分析可以了解企业现金的来龙去脉和现金收支构成情况，考察和验证企业财务状况和经营成果的质量，揭示其原因和问题，从而更全面、正确地认识和评价企业真实业绩。因此，对现金流量表的分析也十分重要。如果读者想对现金流量表作一般分析，尤其想对现金流量表水平分析和结构分析作更深入的了解，或者感兴趣的读者想比较一下各种教材对这一问题的不同阐述，可以参考其他一些教材、文献和法规。

【进一步阅读书目及法规】

戴欣苗. 2005. 财务报表分析. 北京：清华大学出版社

郭泽光. 2007. 财务报告分析. 北京：高等教育出版社

侯艳蕾，张宏禄. 2008. 财务报表分析. 北京：中国金融出版社

李忠波. 2005. 企业财务报告分析. 北京：科学出版社

史德刚，傅荣. 2008. 财务报告编制与分析. 大连：东北财经大学出版社

王华，石本仁. 2007. 中级财务会计. 北京：中国人民大学出版社

向丽. 2004. 浅谈现金流量表的跨表分析与运用. 财务与会计，（6）

张新民，钱爱民. 2008. 财务报表分析. 北京：中国人民大学出版社

张新民，王秀丽. 2006. 企业财务报表分析案例精选. 大连：东北财经大学出版社

张学谦，闫嘉韬. 2007. 企业财务报表分析原理与方法. 北京：清华大学出版社

赵秀芳. 2009. 企业财务分析. 大连：大连理工大学出版社

中华人民共和国财政部. 2006. 企业会计准则——应用指南. 北京：中国财政经济出版社

【案例分析】

以实业投资、创业投资为主的上海 AB 公司，2005 年年报显示：当年净利润达 2.24 亿元，比 2004 年同期增长了 23%，每股收益 0.26 元，每股经营性现金流更是达到 0.58 元，资产负债率为 71%。但是，公司依旧"一毛不拔"（董事会决议当年不向股东分红，据称主要用于弥补历年亏损）。该公司现金流量表显示，公司增加的应付项目超过 7 亿元，至 2005 年年底，公司仅应付账款、应付票据、其他应付款三项合计就达 5.57 亿元。显然这些款项是必须要支付的。除去这些因素，公司经营性现金流事实上将出现负值；同时，公司投资活动的现金净流量为 -3.4 亿元。

资料来源：赵秀芳，企业财务分析，大连理工大学出版社，2009

要求：

（1）请问 AB 公司不向股东分配现金股利的真实原因是什么？

（2）根据该案例提供的情况，请你谈谈如何通过现金流量表的分析考察和验证企业的财务状况和经营情况，揭示其原因和问题，从而更正确、全面地认识企业的真实经营业绩。

【思考和练习题】

（一）思考题

1. 企业现金流量表的基本内容和具体结构如何？简要解释现金流量表内各主要项目之间的关系。

2. 你认为现金流量表中哪些项目是分析的重点？如何分析这些重点项目？

3. 现金流量表水平分析的目的是什么？如何对现金流量表进行水平分析评价？

4. 怎样进行现金流量表的结构分析？

5. 如何进行现金流量表与其他财务报表的结合分析？

（二）练习题

1. 福达公司 2007～2009 年现金流量表有关资料如表 5-7 所示。

表 5-7　福达公司 2007～2009 年现金流量表　　　　单位：万元

项　目	2007 年	2008 年	2009 年
经营活动产生的现金流量净额	6 582	8 070	8 496
投资活动产生的现金流量净额	-6 830	-4 617	-4 700
筹资活动产生的现金流量净额	2 219	-4 116	-4 317
汇率变动对现金及现金等价物的影响			
现金及现金等价物净增加额	1 971	-663	-521

要求：对福达公司的现金流量净额趋势进行分析。

2. 福荣公司 2008～2009 年现金流量表有关资料如表 5-8 所示。

表 5-8　福莱公司 2008～2009 年现金流量表　　　　单位：元

项　目	2008 年	2009 年
经营活动现金流入	1 620 493.63	1 609 392.52
经营活动现金流出	1 544 447.84	1467 257.44
投资活动现金流入	202 779.41	163 039.19
投资活动现金流出	183 768.75	255 068.99
筹资活动现金流入	535 518.27	317 610.34
筹资活动现金流出	538 582.06	450 155.22

要求：根据表 5-8 中的数据编制现金流量结构分析表，并对该公司现金流量的结构进行分析。

第六章

所有者权益变动表分析

【本章学习目标】

- 掌握所有者权益变动表水平分析、结构分析的方法和技巧
- 熟悉所有者权益变动表分析应考虑的因素
- 熟悉所有者权益变动表主要项目分析的方法和内容
- 了解所有者权益变动表的作用、结构和格式等问题
- 了解所有者权益变动表与其他财务报表结合分析的内容

　　所有者权益是企业资产扣除负债后由所有者享有的剩余权益，是企业自有资本的来源。所有者权益数量的多少、内部结构的变动等会给企业财务状况和经营发展带来重大影响。所有者权益变动表是反映企业所有者权益的各构成部分当期的增减变动情况的报表，它不仅反映所有者权益总量的增减变动信息，还反映所有者权益增减变动的重要结构性信息。通过分析所有者权益变动表，报表使用者能清晰地了解会计期间各所有者权益构成项目的变动规模、变动结构及其变动趋势，准确理解所有者权益增减变动的原因和过程，因此所有者权益变动表是报表使用者十分关注的主要报表之一。对所有者权益变动表的分析也是财务报告分析的重要内容。

第一节　所有者权益变动表分析概述

一、所有者权益变动表的作用

　　所有者权益变动表是全面反映企业构成所有者权益的各组成部分当期的增减变动情况的动态报表。其主要内容包括：①所有者权益总量的增减变动；②所有者权益增减变动的重要结构性信息，特别是要反映直接计入所有者权益的利得和损失，让报表使用者准确理解所有者权益增减变动的根源；③在一定程度上体现企业综合收益。

（一）所有者权益及其特征

所有者（股东）权益是企业资金来源中最重要的组成部分，是其他资金来源的前提和基础。企业所有者权益主要包括投资者投入的实收资本或股本、投资额超出其注册资本，以及直接计入所有者权益的利得和损失而形成的资本公积、生产经营过程中利润积累形成的盈余公积和未分配利润。

所有者权益具有以下特点：

（1）所有者权益的性质不同于负债。对企业来说，负债的资金成本相对较低，能满足企业短期资金和一部分长期资金周转需要，但会使企业面临偿还债务本金和利息的压力，财务风险较大。而所有者权益是企业的自有资本（又称主权资金、权益资金），其资金成本虽然较高，但能供企业永久使用，投资者只能依法转让，不能抽回其投资。因此，所有者权益在企业生产经营期间无须偿还，风险小，能满足企业长期资金使用的需要。所有者权益中的实收资本（股本）的资金成本从理论上讲虽然较高，但由于利润（股利）支付率并不固定，在盈利不多或没有盈利的情况下，企业可以不分配红利股利，而留存收益（盈余公积和未分配利润）作为一种内部融资，实际上没有外显的资金成本。当然所有者与债权人对企业享有的权益也大不一样。

（2）所有者权益是企业承担财务风险的基础。企业在生产经营活动中，必然面临各种风险，这就要求企业具备相应的承担风险的能力。权益资金越多，企业财务风险越小，如果企业的资金全部是权益资金，则无财务风险而言。企业只有具备一定的所有者权益，才能维护债权人的利益，这也是法定要求。所有者权益在企业资本结构中所占比例的大小，可以反映企业承担经营风险和财务风险的能力。

（3）所有者权益是衡量企业经济实力的依据之一。负债是企业借入需要偿还的资金，因此对企业经济实力的衡量不能以总资产为尺度，而应以自有资金（净资产，也就是所有者权益）的多少为依据。权益资金越多，企业的财务实力越雄厚。所有者权益中实收资本（或股本）和资本公积的多少表明了企业生产经营的基础财务规模，盈余公积和未分配利润的多少展示了企业潜在的财务发展能力。

（二）所有者权益变动表的作用

从国外会计准则制定机构关于财务业绩报告的改革目标和过程来看，都在要求报告更全面、更有用的财务业绩信息，以满足使用者投资、信贷及其他经济决策的需要。我国2007年1月1日施行的《企业会计准则——基本准则》中对所有者权益要素作了如下规定："所有者权益的来源包括所有者投入的资本、直接计入所有者权益的利得和损失、留存收益等。"因此，我国编制所有者权益变动表是为了顺应综合收益改革国际趋势的需要，在一定程度上体现了企业的综合收益。综合收益是指企业在某一期间与所有者之外的其他方面进行交易或发生其他事项引起的净资产变动。综合收益的构成包括两部分：净利润和直接计入所有者权益的利得和损失。其中净利润是企业已实现并已确认的收益，直接计入所有者权益的利得和损失是指不应计入当期损益、会导致所有者权益发生增减变动的、与所有者投入资本或者向所有者分配利润无关的利得或者损失。在我国所有者权益变动表中，净利润和直接计入所有者权益的利得和损失单列项目反映，体现了企业综合收益的构成，能更好地帮助投资者获得与其决策相关的全面收益信息。

企业所有者权益的增减变动对企业当期和未来的财务状况（偿债能力、财务风险、财务杠杆作用程度等）有着举足轻重的影响，因此，在进行报表分析时，应对企业所有者权益的总量、增减变动情况及其对财务状况的影响予以足够的重视。企业所有者权益变动表的作用可以概括为以下几个方面。

1. 反映企业财务经济实力，提供企业盈利能力信息

所有者权益作为企业的自有资本，是企业开展生产经营、承担债务责任、抵御财务风险的财务基础。所有者权益的增减变动直接决定着企业现在和未来开展生产经营、承担债务责任、抵御财务风险等方面经济实力的变化。而所有者权益的增减主要源于企业利润的增减，所以所有者权益变动表也间接地反映出企业的盈利能力，从而能为报表使用者提供企业盈利能力变化方面的信息，据以判断公司净资产的实力、资本保值增值能力及对负债的保障程度，为决策提供有用的信息。

2. 反映企业自有资本的质量，揭示所有者权益变动的原因

所有者权益变动表全面反映企业的所有者权益在年度内的变化情况，便于会计信息使用者深入分析企业所有者权益的增减变化情况及其发展趋势。所有者权益变动表全面记录了影响所有者权益变动的各个因素的年初余额和年末余额，通过每个项目年末和年初余额的对比及各项目构成比例的变化，可以揭示所有者权益变动的具体原因及过程，揭示所有者权益各构成项目变动的合法性与合理性，从而为报表使用者判断企业自有资本的质量、正确评价企业的经营管理工作业绩提供信息。

3. 反映企业股利分配政策及现金支付能力，为投资者的投资决策提供信息

所有者权益变动表既有资产负债表中的所有者权益项目的内容，又有利润表中净利润项目的内容，还包括利润分配方面的内容。向股东分配多少利润取决于公司的利润分配政策和现金支付能力。而现金支付能力的信息又源于现金流量表。因此，该表通过反映利润分配情况，不仅向投资人或潜在投资人提供了有关股利分配政策和现金支付能力方面的信息，便于投资人分析被投资方的投资价值及股利发放等各项权益变动因素，以预测投资效益，而且通过这一过程将资产负债表、利润表、现金流量表等主要报表有机地联系在一起，为报表使用者全面评价企业的财务状况、经营成果和企业发展能力提供了有用信息，因此从受托责任角度编制所有者权益变动表，既是对投资者负责，又是对股东和公司自身负责。

4. 能更好地为利润表和资产负债表提供辅助信息

所有者权益变动表中的"直接计入所有者权益的利得和损失"及"利润分配"与利润表之间存在较强的关联性。"直接计入所有者权益的利得和损失"与利润表中的"公允价值变动收益"相辅相成，共同反映了公允价值变动对企业产生的影响。"利润分配"则提供了企业利润分配的去向和数量，为利润表提供了辅助信息。所有者权益变动表中提供的所有者结构变动信息与资产负债表中所有者权益部分相辅相成，反映了所有者权益具体项目变动的过程及其原因。另外，新会计准则要求除了在附注中披露与会计政策变更、前期差错更正有关的信息外，还要在所有者权益变动表中更清晰地列示企业会计政策变更和前期差错更正对所有者权益变动的影响数额，反映会计政策变更的合理性及会计差错更正的幅度。财务报表的使用者应当从资产负债表、利润表、现金流量表和所有者权益变动表这四张基本财务报表及其关联中，深入分析和理解所有者权益变动表所包含的有用信息。

二、所有者权益变动表的结构和格式

（一）一般企业所有者权益变动表的基本结构和列报格式

所有者权益变动表的结构包括主表和附注两个部分。主表包括表头和正表。表头主要标明报表的名称、编制时期、编制单位的名称及金额单位。所有者权益变动表属于动态报表，根据财务报表列报准则的规定，企业需要提供比较所有者权益变动表，列示所有者权益变动的比较信息。因此，所有者权益变动表要就各项目分为"本年金额"和"上年金额"两栏分别填列。在结构上，从左向右列示了所有者权益的组成项目，包括实收资本（或股本）、资本公积、库存股、盈余公积、未分配利润；自上而下反映了各项目年初至年末的增减变动过程，包括上年年末余额、本年年初余额、本年增减变动金额、本年年末余额。

为了清楚地表明构成所有者权益的各组成部分当期的增减变动情况，所有者权益变动表以矩阵的形式列示。一方面，要列示导致所有者权益变动的交易或事项，按照所有者权益变动的来源对一定时期所有者权益变动情况进行全面反映；另一方面，要按照所有者权益各组成部分（包括实收资本、资本公积、盈余公积、未分配利润和库存股）及所有者权益总额列示交易或事项对所有者权益的影响。

下面列示永昌公司 2009 年的所有者权益变动表，以说明企业所有者权益变动表的结构和具体格式，如表 6-1 所示。

表 6-1　所有者权益变动表

会企 04 表

编制单位：永昌公司　　　　　　　　2009 年　　　　　　　　单位：元

项目	本年金额						上年金额					
	实收资本（或股本）	资本公积	减：库存股	盈余公积	未分配利润	所有者权益合计	实收资本（或股本）	资本公积	减：库存股	盈余公积	未分配利润	所有者权益合计
一、上年年末余额	148 655	311 351		65 562	97 300	622 868	148 655	31 1351		45 441	72 649	578 096
加：会计政策变更												
前期差错更正												

续表

项目	本年金额						上年金额					
	实收资本（或股本）	资本公积	减：库存股	盈余公积	未分配利润	所有者权益合计	实收资本（或股本）	资本公积	减：库存股	盈余公积	未分配利润	所有者权益合计
二、本年年初余额	148 655	311 351		65 562	97 300	622 868	148 655	311 351		45 441	72 649	578 096
三、本年增减变动金额（减少以"－"号填列）												
（一）净利润					52 865	52 865					67 071	67 071
（二）直接计入所有者权益的利得和损失												
1. 可供出售金融资产公允价值变动净额												
2. 权益法下被投资单位其他所有者权益变动的影响												
3. 与计入所有者权益项目相关的所得税影响												
4. 其他												
上述（一）和（二）小计					52 865	52 865					67 071	67 071
（三）所有者投入和减少资本												

续表

项目	本年金额						上年金额					
	实收资本（或股本）	资本公积	减：库存股	盈余公积	未分配利润	所有者权益合计	实收资本（或股本）	资本公积	减：库存股	盈余公积	未分配利润	所有者权益合计
1. 所有者投入资本												
2. 股份支付计入所有者权益的金额												
3. 其他												
（四）利润分配												
1. 提取盈余公积				16 327	−16 327					20 121	−20 121	
2. 对所有者（或股东）的分配					−15 092	−15 092					−22 299	−22 299
3. 其他												
（五）所有者权益内部结转												
1. 资本公积转增资本（或股本）												
2. 盈余公积转增资本（或股本）												
3. 盈余公积弥补亏损												
4. 其他												
四、本年年末余额	148 655	311 351		81 889	118 746	660 641	148 655	311 351		65 562	97 300	622 868

（二）一般企业所有者权益变动表各项目的内容

（1）"上年年末余额"项目。反映企业上年资产负债表中实收资本（或股本）、资本公积、盈余公积、未分配利润的年末余额。

（2）"本年年初余额"项目。为了体现会计政策变更和前期差错更正的影响，企业应当在上年年末所有者权益余额的基础上加减"会计政策变更"和"前期差错更正"金额进行调整得出本年年初所有者权益的余额。

（3）"本年增减变动金额"项目。分别反映如下内容：①"净利润"项目，反映企业当年实现的净利润（或净亏损）金额；②"直接计入所有者权益的利得和损失"项目，反映企业当年直接计入所有者权益的利得和损失金额，包括"可供出售金融资产公允价值变动净额"、"权益法下被投资单位其他所有者权益变动的影响"和"与计入所有者权益项目相关的所得税影响"三个方面的金额；③"所有者投入和减少资本"项目，反映企业当年所有者投入的资本和减少资本，包括"所有者投入资本"和"股份支付计入所有者权益的金额"等内容；④"利润分配"项目，包括"提取盈余公积"、"对所有者（或股东）的分配"等内容；⑤"所有者权益内部结转"项目，反映不影响当年所有者权益总额的所有者权益各组成部分之间当年的增减变动，包括"资本公积转增资本（或股本）"、"盈余公积转增资本（或股本）"、"盈余公积弥补亏损"等项金额。

（4）"本年年末余额"项目。根据"本年年初余额"和"本年增减变动金额"计算得出。

所有者权益变动表"上年金额"栏内各项数字，应根据上年度所有者权益变动表"本年金额"栏内所列数字填列。"本年金额"栏内各项数字一般应根据"实收资本（或股本）"、"资本公积"、"利润分配"、"库存股"、"以前年度损益调整"等科目的发生额分析填列。由于企业的净利润及其分配情况作为所有者权益变动的组成部分，所以不需要单独设置利润分配表列示。

第二节　所有者权益变动表项目分析

一、所有者权益各组成部分变动情况的分析

所有者权益各组成部分就是构成所有者的内容项目，包括实收资本、资本公积、库存股、盈余公积和未分配利润。它们横向列示在所有者权益变动表中。

（一）实收资本（或股本）变动情况的分析

实收资本（或股本）是指投资者按照企业章程、合同或协议的约定投入到企业中的各种资产的价值，是企业实际收到的投资者投入的资本。除非企业出现增资、减资等情况，实收资本在企业正常经营期间一般不发生变动。实收资本的变动会影响企业原有投资者对企业的所有权和控制权，也会影响企业的偿债能力和盈利能力。在股份有限公司中，实收资本表现为股本，包括优先股股本和普通股股本。

实收资本（或股本）的增加包括资本公积转入、盈余公积转入、利润分配转入和发行新股等多种渠道。对实收资本（或股本）变动情况进行分析时，要注意以下问题：资本公积转增资本和盈余公积转增资本并不影响所有者（股东）权益总额，但是资本公积和盈余公积转增资本后，公司注册资本将会增大。这样一方面为企业经营规模的扩大创造了条件，另一方面将造成可流通股票数量的增加。转增股以后，可能造成股价和股东

所持股份的市值下跌。因此，分析资本公积和盈余公积转增资本的利弊，要从公司的长远发展和股票市场的具体情况来进行。如果公司通过利润分配分派股票股利，一方面会增加公司股本，另一方面也增加了股东手中股票的数量，也可能会稀释股票的价格。而公司发行新股既能增加注册资本和股东权益，又可增加公司的现金资产，这可以说是对公司发展最为有利的增资方式。

企业可以按法定程序报经批准减少注册资本。股份公司采用收购本企业股票方式减资，按注销股票的面值总额减少股本，购回股票支付的价款超过面值总额部分，依次冲减资本公积和留存收益；购回股票支付的价款低于面值总额的，价款与面值的差额部分增加资本公积。

分析实收资本（或股本）的变动情况，要结合其他因素进行。要注意在公司实收资本（或股本）增长的同时，营业收入和净利润是否相应增加，以观察实收资本周转率、实收资本净利率或加权平均每股收益较上年有无增长。实收资本（或股本）的增加能为公司发展积累物质基础，也有可能给公司带来新的问题。因此，企业应制定科学合理的资本扩张战略，充分利用募集的资本，壮大公司实力，同时提高资本使用效率，增强盈利能力，为公司的持续发展奠定基础。

（二）资本公积变动情况的分析

资本公积是企业在非经营业务中产生的资本增值。它不同于实收资本（或股本），实收资本（或股本）是投资者对公司的原始投入，而资本公积是由特定来源形成的，除资本（股本）溢价外，主要来自非所有者（股东）投入。作为所有者（股东）权益的一部分，资本公积有特定的使用流向，是一种"准实收资本"。在对所有者权益变动表进行分析时，要考察其形成过程和使用流向，以便于投资者对公司自有资本的质量作出准确的判断。

资本公积增加的原因主要有：

（1）资本（股本）溢价，它是资本公积的主要来源，主要包括：①公司收到投资者投入的资本与其在注册资本或股本中所占份额的差额；②公司发行的可转换公司债券按规定转为股本时形成的差额；③企业将重组债务转为股本时形成的差额；④企业经股东大会或类似机构决议，用资本公积转增资本时形成的差额等。资本公积为公司以后转增资本奠定了基础。

（2）其他资本公积，主要包括：①企业长期股权投资采用权益法核算时，在持股比例不变的情况下，被投资单位除净损益以外所有者权益的其他变动形成的；②按新会计准则规定实施公允价值计价后出现的各种公允价值与账面价值的差额。

资本公积减少的原因主要是转增资本（股本）。分析时要注意转增资本的额度及转增资本后新的股权比例情况。可通过转增资本前后的实收资本净利率、每股收益、每股净资产等指标进一步加以分析。

总之，对实收资本与资本公积的分析，要分析实收资本的增加，有多少是资本公积或盈余公积转入，有多少是所有者投资形成；要考察实收资本占所有者权益的比重，分析其比重结构的合理性；要从实收资本多个年度的变动数据分析其增长速度和变化趋势。

（三）盈余公积变动情况的分析

盈余公积和未分配利润构成了企业的留存收益。盈余公积是企业按照规定从净利润中提取的各种积累资金，可以用于弥补亏损、转增资本（或股本），符合规定条件时也可以用于分派股利。

盈余公积增加的主要来源是按规定从本期净利润中提取的法定盈余公积金和任意盈余公积金。盈余公积减少的情况一般包括：①转增资本。实际转增时要按股东原有持股比例结转，且转增后留存的盈余公积不能少于注册资本的25％。②弥补亏损。公司用税前利润（5年）无法弥补亏损时，可用税后利润和盈余公积弥补以前年度的亏损。③分配股利。用盈余公积分配股利的形式有股票股利和现金股利。

分析企业所有者权益变动表中的盈余公积项目，首先要分析盈余公积的变动总额、变动原因和变动趋势；其次要评价盈余公积项目变动的合法性和合理性。盈余公积的增减变化及变动额的多少，取决于企业的盈亏状况和企业的利润分配政策，取决于企业对国家相关规定的遵循程度，以及对积累和消费、公司长远发展和股东短期利益的不同考虑。

（四）未分配利润变动情况的分析

企业的未分配利润是未指定用途的留存收益，它是期初未分配利润加上本期实现的净利润，减去提取的盈余公积和分出利润后的余额。未分配利润是公司利润分配的最终结果，它没有特定的用途，既可以用于生产经营，又可以用于公司的扩张，还可以留待以后年度进行股利分配。未分配利润在所有者权益中的比例提高，说明企业盈利能力和积累能力增强。

分析企业所有者权益变动表中的未分配利润项目，首先也要了解未分配利润的变动总额、变动原因和变动趋势；其次要评价未分配利润变动的合理性。和盈余公积一样，未分配利润的增减变化及变动额的多少，也主要取决于企业的盈亏状况和企业的利润分配政策，取决于企业对积累和消费、公司长远发展和股东短期利益的不同考虑。

总之，对企业留存收益（盈余公积和未分配利润）变动情况的分析，实际上是对企业整个利润分配活动的分析。利润分配活动的分析是依据所有者权益变动表的相关资料，分析企业净利润在企业和所有者之间，以及企业盈余公积和未分配利润之间的分配情况及变动状况，确定各主要分配渠道分配额的增减变动幅度和变动趋势、分配结构是否合理合法。因此，企业利润分配政策决定了流向所有者和留存在公司以图再投资的资金数量，分配政策的恰当与否直接影响企业的市场价值、筹资能力及企业未来的成长性。通过所有者权益变动表中有关留存收益的变动情况、结构及其变动趋势的分析，可以判断企业所处的生产经营发展不同周期阶段与利润分配政策的适应性，从而预测企业未来的发展前景，评价企业的价值。

留存收益的变动情况主要受到企业盈亏状况、利润分配政策、会计政策变更、前期损益调整、资产的流动性、法律和契约性约束、资本成本、投资机会、资本结构等因素的影响，也会受到企业生产经营发展所处不同周期阶段的影响。一般来说，企业当年盈利多，留存收益也可能会增加；反之，如果企业当年亏损，则会减少留存收益。此外，留存收益的增减数额，还取决于企业的分配政策。如果企业是留多分少的利润分配政策，则留存收益增加的数额较多；反之，如果留少分多，留存收益增加的数额就少。企业处于初创期和成长期，一般不分股利或实施低股利政策，利润基本留存，企业处于成熟期一般会多发股利少留收益。留存收益的增加，将有利于企业资本的保全、资金实力的增强、筹资风险的降低、财务压力的缓解，资金成本的减少（因为留存收益的资金成本只是一种机会成本）。

二、影响所有者权益变动的主要因素的分析

影响所有者权益变动的主要因素包括会计政策变更的影响额、前期会计差错更正的影响额、当期净利润、直接计入所有者权益的利得和损失、所有者投入资本和减少资本、提取盈余公积、向所有者（股东）分配利润。它们纵向列示在所有者权益变动表中。影响所有者权益变动的主要因素项目与本期所有者权益变动额的关系，可以结合以下公式来具体理解：本期所有者权益变动额＝净利润±直接计入所有者权益的利得或损失±会计政策变更和前期会计差错更正的累积影响±所有者投入资本或减少资本－向所有者分配利润。

影响所有者权益变动的主要因素的分析，是对引起所有者权益变动的主要因素项目进行具体剖析对比，分析其变动原因、变动的合理性与合法性、有否存在人为操控的迹象等事项的过程。

为了避免与第三章资产负债表和第四章利润表的分析及上述分析内容的重复，这里关于影响所有者权益变动的主要因素的分析只涉及以下项目。

（一）直接计入所有者权益的利得和损失对所有者权益的影响分析

利得是指由企业非日常活动所形成的、会导致所有者权益增加的、与所有者投入资本无关的经济利益的流入。损失是指由企业非日常活动所发生的、会导致所有者权益减少的、与向所有者分配利润无关的经济利益的流出。直接计入所有者权益的利得和损失是指不应计入当期损益、会导致所有者权益发生增减变动的、与所有者投入资本或向所有者分配利润无关的利得或者损失。

一般而言，已实现确认的利得与损失在发生当年记入利润表，未实现确认的利得与损失可能在资产负债表中确认，同时所有者权益变动表涵盖了这些信息。利润表反映公司在会计年度内已实现的损益。若出现未实现的损益，公司的资产价值就会增减，资本公积也会随之增减，但未实现的损益不在年度利润表中披露，而是直接计入所有者权益。利润表不予披露的未实现损益通常包括固定资产重估产生的未实现损益、货币折算价差产生的未实现损益及长期商业投资重估产生的未实现损益等。

在所有者权益变动表中，直接计入所有者权益的利得和损失的内容包括：①可供出售金融资产公允价值变动净额；②权益法下被投资单位其他所有者权益变动的影响；③与计入所有者权益项目相关的所得税影响；④其他。

通过对直接计入所有者权益的利得和损失的分析，可以进一步说明本会计期间所有者权益由于直接计入所有者权益的利得和损失的原因而导致的增减变化。

【例 6-1】 福荣公司 2009 年实现净利润 290 万元，向所有者分配利润 80 万元，所有者新投入资本 200 万元，长期投资于 A 单位，股权占 40%，A 单位本年亏损 25 万元。福荣公司期初所有者权益为 3 650 元，试确定 2009 年福荣公司所有者权益的变动额。

解：根据影响所有者权益变动的主要因素项目与所有者权益变动额的关系公式，2009 年所有者权益变动额为

$$290 - 10 - 80 + 200 = 400（万元）$$

福荣公司 2009 年所有者权益变动情况如表 6-2 所示。

表 6-2　福荣公司 2009 年所有者权益变动情况简表　　　　　单位：万元

项 目	金 额
本年年初所有者权益余额	3 650
净利润	290
± 直接计入所有者权益的利得和损失	-10（-25×40%）
＋ 新增资本	200
－ 分配利润	80
本年所有者权益净增加额	400
年末所有者权益余额	4 050

（二）会计政策变更对所有者权益的影响分析

会计政策是指会计主体在会计核算过程中所采用的原则、基础和会计处理方式。会计政策变更是指在特定的情况下，企业可以对相同的交易或事项由原来采用的会计政策改用另一会计政策。企业采用的会计政策在每一个会计期间和前后各期应当保持一致，不得随意变更。但是，满足下列条件之一的，可以变更会计政策：一是法律、行政法规或者国家统一会计制度等要求变更；二是会计政策变更能够提供更可靠、更相关的会计信息。

会计政策变更能够提供更可靠、更相关的会计信息的，主要应当采用追溯调整法进行处理，将会计政策变更累积影响数调整为列报前期最早期初留存收益。其中，追溯调整法是指对某项交易或事项变更会计政策，视同该项交易或事项初次发生时即采用变更后的会计政策，并以此对财务报表相关项目进行调整的方法。会计政策变更的累计影响数是指按照变更后的会计政策，对以前各期追溯计算的列报前期最早期初留存收益与现有金额之间的差额。对会计政策变更的累积影响数的分析，主要目的是合理区分属于会计政策变更和不属于会计政策的业务或事项。如果当期发生的交易或事项与以前相比具有本质差别而采用新的会计政策、对初次发生的或不重要的交易或事项采用新的会计政策等情况都不属于会计政策变更的业务或事项。

会计政策变更的积累影响数要在所有者权益变动表中单独列示。

（三）前期差错更正对所有者权益的影响分析

对前期差错更正对所有者权益累积影响数的分析，主要目的是及时发现和更正前期差错，合理判断和区分相关业务是属于会计政策变更还是属于会计差错更正，以达到所有者权益变动信息的准确性。

前期差错是指由于没有运用或错误运用下列两种信息，而对前期财务报表造成省略或错误：一是编报前期财务报表时预期能够取得并加以考虑的可靠信息；二是前期财务报告批准报出时能够取得的可靠信息。前期差错通常包括计算记录错误、应用会计政策错误、会计估计差错、疏忽或曲解事实及舞弊产生的影响等。前期差错更正是指企业应当在重要的前期差错发现后的当期财务报表中调整前期相关数据，并在所有者权益变动表中适时披露。前期差错更正主要采用追溯重述法，即在发现与前期相关的影响损益的会计差错时，按其对损益的影响数调整发现的期初留存收益，会计报表其他相关的期初数也应一并调整，从而对财务报表相关项目进行更正。

第三节 所有者权益变动表水平分析

所有者权益变动表水平分析也称为所有者权益变动表的横的比较，是将连续数期的所有者权益变动表金额并列起来，形成比较所有者权益变动表，然后比较其相同项目（指标）的增减变动金额和幅度，据以判断企业所有者权益变动情况的发展变化趋势，并通过各项目的增减变化分析其存在的问题，寻找原因，总结经验教训，便于下一步继续保持或加以改进。下面结合永昌公司 2009 年和 2008 年所有者权益变动表的具体数据，对所有者权益变动表主要项目（指标）的水平分析具体过程作分别介绍。根据表 6-1 的相关数据，计算列出 2009 年和 2008 年相比永昌公司所有者权益项目增减变动额及变动幅度，如表 6-3 所示。

表6-3 永昌公司所有者权益各构成项目增减变动分析表

项 目	金额（元）		变动情况	
	2008 年	2009 年	变动额（元）	变动率（%）
实收资本（或股本）	148 655	148 655	0	0
资本公积	311 351	311 351	0	0
盈余公积	65 562	81 889	16 327	24.90
未分配利润	97 300	118 746	21 446	22.04
所有者（股东）权益合计	622 868	660 641	37 773	6.06

从表 6-1 和表 6-3 中可以看到：永昌公司 2009 年产生净利润 52 865 元，向所有者分配了利润 15 092 元，剩余 37 773 元留存企业作为盈余公积和未分配利润。因此所有者权益比 2008 年增加了 37 773 元，增长率达到 6.06%。这意味着公司的自有资本得到增加，债权人权益的保证程度得以提高，公司偿债能力、盈利能力及公司下一步发展的

资本实力都提高了，所有者权益有一个较好的增长趋势。同时也说明永昌公司 2009 年年度经营状况较好，未来有发展潜力。

永昌公司 2009 年所有者权益的增加，主要得益于盈余公积增加了 16 327 元，增长率为 24.90%；未分配利润增加了 21 446 元，增长率为 22.04%。这说明永昌公司在净利润增长的情况下，比较注重内部发展资金的积累，比较注重公司的下一步持续发展能力的提高。

第四节　所有者权益变动表结构分析

所有者权益变动表结构分析是指对所有者权益的各构成项目金额占所有者权益总额的比重及其变动情况的分析。它能反映企业所有者权益各构成项目的分布情况及其合理性程度，预测其未来的发展趋势，揭示目前企业的资本实力和风险承担能力，反映企业的内部积累能力和对外融资能力，从而间接反映企业目前的经营状况和未来经济发展潜力。分析方法是编制共同比和比较共同比所有者权益变动表进行结构分析（纵的分析）和结构变化及其趋势分析（纵横结合的分析）。这些方法既可用于同一企业不同时期的横向比较，还可以用于同行业不同企业之间的横向比较，从中找出与同行业企业间的差距。

一、所有者权益结构变动分析应考虑的因素

所有者权益结构是由于企业采用产权筹资方式形成的，是产权筹资的结果。对所有者（股东）权益结构进行分析，必须考虑以下因素。

1. 利润分配政策

所有者权益虽然由四个部分组成，但实质上只分为两类：所有者投入资本和生产经营活动形成的利润积累。一般来说，所有者投入资本不会经常变动，因此，由企业生产经营形成的利润积累决定了所有者权益的数量变动，并直接影响所有者权益结构。在企业经营业绩一定的情况下，所有者权益结构直接受制于企业的利润分配政策。若企业当期采用高利润分配政策，就会把大部分利润分配给所有者，当期留存收益（盈余公积和未分配利润）的数额必然减少，当期所有者权益结构的变动就不太明显；反之，企业采取低利润分配或暂缓分配政策，留存收益比重必然会因此提高。

2. 所有者权益规模

所有者权益结构变动既可能是由所有者权益总量变动引起的，也可能是由所有者权益内部各项目本身变动引起的。实务中具体有这样三种情况：一是总量变动，结构变动。例如，所有者权益各具体构成项目发生不同程度的变动时，其总量会因此变动，由于各项目变动幅度不同，所有者权益结构也会随之变动。二是总量不变，结构变动。这是由所有者权益内部各项目之间相互变动造成的，如以盈余公积转增资本。三是总量变动，结构不变。当所有者权益内部各项目按相同比例呈同方向变动时，会出现这种情况。实务中第三种情况几乎没有，而第一种、第二种情况却是普遍存在的。

3. 企业控制权

企业原来的控制权掌握在原所有者手中，如果企业通过吸收新的投资者追加资本投资来扩大企业资本规模，不但会引起所有者权益构成结构的变化，而且会分散原所有者对企业的控制权。如果老股东不想分散、稀释其对企业的控制权，在企业需要资金时只能采取负债筹资方式。这样既不会引起企业所有者权益结构发生变动，也不会分散老股东对企业的控制权。

4. 权益资本成本

企业权益资本的资金成本往往高于负债资金的资金成本，因为所有者承担的风险要大于债权人承担的风险，其回报率要求自然也要高。但在所有者权益的内部构成项目中，投入资本的资金成本往往远高于留存收益的资金成本，因为作为一种内部融资方式，留存收益实际上没有真正资金成本，它的资金成本是一种机会成本，而且又筹资快捷，还无须支付筹资费用。因此，企业要降低资金成本，应尽量多利用留用利润，在所有者权益中加大其比重，企业综合资金成本就会相对降低。

5. 外部环境因素

企业在选择筹资渠道和筹资方式时，往往不会完全依企业自己的主观意志而定，还受到经济环境、金融政策、资金市场状况、资本保全法规要求等因素的制约。这些因素影响企业的筹资渠道和方式，也必然影响到所有者权益结构。

二、所有者权益结构及其变动的分析评价

根据表6-1提供的永昌公司所有者权益变动表的资料，编制永昌公司所有者权益构成项目结构及其变动情况分析表如表6-4所示。

表6-4　永昌公司所有者权益结构变动情况分析表

项目	金额（元）		结构（%）		
	2008 年	2009 年	2008 年	2009 年	差异
实收资本（或股本）	148 655	148 655	23.87	22.50	−1.37
资本公积	311 351	311 351	49.98	47.13	−2.85
所有者投入资本合计	460 006	460 006	73.85	69.63	−4.22
盈余公积	65 562	81 889	10.53	12.40	1.87
未分配利润	97 300	118 746	15.62	17.97	2.35
内部形成留成收益合计	162 862	200 635	26.15	30.37	4.22
所有者（股东）权益总计	622 868	660 641	100	100	

从表6-4可以看出，2008年和2009年所有者权益项目构成中，所有者投入资本比重分别是73.85%和69.63%，而内部形成的留存收益分别占26.15%和30.37%，说明所有者投入资本仍然是永昌公司所有者权益构成中的主要部分和主要来源。虽然所有者投入资本的数额两年中没有发生变化，但由于2009年留存收益比2008年增加了37 773

元，使所有者投入资本在 2009 年所有者权益总额中所占比重下降了 4.22％，企业内部形成的留存收益的占比则相应上升了 4.22％。这说明永昌公司所有者权益项目间的结构变化是由生产经营形成的盈利留用原因所导致的。公司 2009 年资本保值增值率达到了 106.06％，资本积累率达到了 6.06％，说明企业的盈利能力、偿债能力、负债能力、资本实力和未来发展能力得到了一定程度的提高。2009 年企业的股利分配率是 28.55％，留存收益率达到了 71.45％，说明企业注重未来发展资金的需要，注重积累，强调依靠内源融资使公司获得可持续稳定发展，企业制定和实施的利润分配政策比较合理。另外，还要分析构成所有者权益的具体项目，如实收资本、资本公积、盈余公积和未分配利润各自在所有者权益中所占比重的变化情况，更加详细地体现各具体项目在整个所有者权益和整个企业资金结构中的作用程度的变化情况。如果条件允许，还要跟同行业企业进行相应比较，发现本企业所有者权益项目的构成比例是否已经优化，是否还存在差距，以便在下一步的利润分配和筹资结构调整工作中作出改进。当然所有者权益构成项目的结构变动分析，最好用 3～5 年的资料作出对比，这样才能更加清晰地体现所有者权益项目结构构成的发展趋势，为下一步的决策工作提供更有用的参考信息依据。

需要指出的是，所有者权益变动表的分析也不能仅针对所有者权益变动表这一张报表的相关信息展开分析，而要联系资产负债表、利润表和现金流量表的相关数据作出更有意义的分析。例如，联系利润表的数据，分析观察实收资本净利率、投资者投入资本收益率、净资产收益率、所有者权益资金周转率等反映企业盈利能力、资金营运能力指标的变化情况；结合资产负债表中的相关信息，分析企业整体资本结构、偿债能力、财务杠杆利用程度、财务风险、资金成本的变化情况。

本 章 小 结

本章首先对所有者权益变动表的作用和基本结构格式进行了介绍，随后讲述了对所有者权益变动表的各个项目进行数量和质量分析的方法，最后介绍了对所有者权益变动表水平分析和结构分析的方法和技巧，主要介绍了用比较所有者权益变动表进行水平分析（横的比较）发现各项目数量规模的发展趋势，以及利用共同比所有者权益变动表和比较共同比所有者权益变动表进行纵的比较和纵横结合的比较发现所有者权益及其主要项目的结构变化趋势的分析方法。本章的重点是所有者权益变动表的水平分析和结构分析。

【进一步学习指南】

所有者权益变动表是反映企业所有者权益的各构成部分当期的增减变动情况的报表。通过分析所有者权益变动表，报表使用者能清晰地了解会计期间各所有者权益构成项目的变动规模、变动结构及其变动趋势，准确理解所有者权益增减变动的原因和过程。因此，对所有者权益变动表的分析也是财务报告分析的重要内容。如果读者想对所有者权益变动表分析，尤其想对所有者权益变动表的水平分析和结构分析作更深入的了解，或者感兴趣的读者想比较一下各种教材对这一问题的不同阐述，可以参考其他一些教材、文献和法规。

【进一步阅读书目及法规】

郭泽光. 2007. 财务报告分析. 北京：高等教育出版社

侯艳蕾，张宏禄. 2008. 财务报表分析. 北京：中国金融出版社

刘金芹. 2010. 基于所有者权益变动表的财务分析. 会计之友，(18)

荣树新. 2007. 如何看懂所有者权益变动表. 理财，(5)

史德刚，傅荣. 2008. 财务报告编制与分析. 大连：东北财经大学出版社

王华，石本仁. 2007. 中级财务会计. 北京：中国人民大学出版社

王永霞，钟耿敏. 2008. 对所有者权益变动表的分析. 广东工业大学学报，(8)

张新民，钱爱民. 2008. 财务报表分析. 北京：中国人民大学出版社

中华人民共和国财政部. 2006a. 企业会计准则第 30 号——财务报表列报

中华人民共和国财政部. 2006b. 企业会计准则——应用指南. 北京：中国财政经济出版社

【案例分析】

　　琼民源是海南民源现代农业发展股份有限公司的简称。琼民源 A 股 1993 年在深圳上市，上市以后公司一直业绩不佳，在 1995 年公布的年报中，琼民源每股收益为 0.000 7 元，年报公布日（1996 年 4 月 30 日）其股价仅为 3.65 元。但从 1996 年 7 月 1 日起，琼民源的股价以 4.45 元起步，在短短几个月内已蹿升至 20 元，翻了数倍。

　　1997 年 1 月 22 日，琼民源公司率先公布 1996 年年报。年报赫然显示：琼民源 1996 年实现利润 5.71 亿元，净利润 4.85 亿元，每股收益达到 0.867 3 元，净利润比 1995 年同比增长了 1 290.68 倍，净资产收益率由 1995 年的 0.03％增加到 1996 年的 21.51％，资本公积金增加 6.57 亿元。同时，年报中公布了令人咋舌的利润分配预案：每 10 股转送 9.8 股，其中以提取两金后的分红基金送 7 股，资本公积金转增资本 2.8 股。按此预案分配后，公司总股本将从原来的 5.59 亿元变为 11.08 亿元，资本公积金将从原来的 4.46 亿元变为 9.43 亿元，盈余公积金将从原来的 1.08 亿元变为 2.05 亿元。面对公司如此"骄人"的业绩，市场无不震撼，年报公布当天琼民源股价便涨到 26 元以上。

　　公司年报称 1996 年利润出现突破性增长的主要原因是投资北京的战略决策（主要是开发北京民源大厦、沙河卫星城等房地产项目、投资接管北京凯奇通信总公司）获得巨大成功。但一部分警惕的市场人士对琼民源如此惊人的业绩跳跃和公司语焉不详的解释提出了疑问，于是公司于 2 月 1 日出台了"补充公告"，重点对年报中本期数对比上期数变化较大的项目（如利润表中增幅高得出奇的其他业务利润、投资收益和营业外收入，资产负债表中的长期投资、固定资产、无形资产、资本公积等）进行了说明。其中，资本公积 1996 年期末比期初增加 6.57 亿元，主要是由于本年对外投资评估增值部分和下属公司投资总额超过注册资本部分形成。其中，房屋建筑物评估增值 4.53 亿元，超过注册资本部分 2.04 亿元。根据利润分配方案拟动用资本公积 1.60 亿元，分配后资本公积 9.43 亿元。

　　1997 年 2 月 28 日琼民源将在海口召开股东大会，伴随 5 636.2 万股（换手率高达

30%）的天量成交，当天晚上琼民源被宣布停牌。从此，琼民源就再也没有恢复交易，其股票后来被置换为中关村科技股票，并于 1999 年 7 月 12 日重新上市流动。

1998 年 4 月 29 日，证监会公布了对琼民源的调查结果和处理意见。调查发现，琼民源 1996 年年报所称实现的 5.71 亿元利润中有 5.40 亿是虚构的，新增的 6.57 亿元资本公积则全是琼民源在未取得土地使用权、未经国家有关部门批准立项和确认的情况下，对投资项目（如向北京凯奇通信总公司、北京京门旅游城的投资，组建海南民源农村经济开发公司、海南民源旅业公司时投资的土地）进行资产评估，进而将评估虚增的资本公积金数额调整有关账目而编造的。

资料来源：裘理瑾，李若山. 痛定思痛——对"琼民源"事件的一些思考. 财务与会计，1999 (5)；侯海文. 回顾"琼民源"事件始末. 南方都市报，1999-7-8；朱军. 琼民源事件始末. 凤凰财经，2008-9-26。

要求：根据案例资料阐述企业所有者权益变动表项目分析的意义和重点。

【思考题】

1. 企业所有者权益变动表的基本内容和具体结构如何？简要解释所有者权益变动表内各项目之间的关系。

2. 你认为所有者权益变动表中哪些项目是分析的重点？如何分析重点项目？

3. 所有者权益变动表水平分析的目的是什么？如何对所有者权益变动表进行水平分析评价？

4. 怎样进行所有者权益变动表的结构分析？

第七章

财务报表附注分析

【本章学习目标】

• 了解财务报表附注的作用、财务报表附注的披露要求、财务情况说明书的基本内容

• 熟悉企业财务报表附注的内容

• 掌握企业财务报表附注内容分析的方法，包括附注的相关内容对企业偿债能力、资金营运能力和盈利能力分析的影响

财务报表中的数据是对企业发生的经济业务经过分类、简化、汇总和浓缩后的结果，如果没有说明形成这些数据所使用的会计政策，披露理解这些数据所必需的详细资料，财务报表就不可能充分发挥让报表使用者清晰了解企业财务状况、经营成果和现金流量的效用。因此，财务报表附注与资产负债表、利润表、现金流量表和所有者权益变动表等报表本身具有同等的重要性。另外，目前有些企业还自行编制了财务情况说明书。财务报表附注和财务情况说明书也是进行财务报告分析的重要依据，财务报告分析者必须全面阅读和考察财务报表附注和财务情况说明书，才能使分析工作更加深入，分析结论更加准确、全面和科学。

第一节　企业财务报表附注分析概述

一、财务报表附注的作用

财务报表附注是对财务报表本身无法或难以充分表达的内容和项目以文字描述或明细资料等形式所作的补充说明和详细解释，以及对未能在财务报表中列示的项目的说明，是财务报告体系重要的组成部分。财务报表附注的提供能有效提高会计信息的质量。在会计实务中，财务报表附注主要以旁注（括号说明）、尾注及补充报表等形式出现。我国现行财务报表附注形式主要是尾注。

财务报表附注的具体作用主要表现在以下几方面。

1. 增进会计信息的可理解性和有用性

财务报表以金额数据表示为主,报表披露的规定内容又具有相当的固定性,理解报表信息之间内在的逻辑关系需要一定的理解能力和知识结构,报表提供的是关于企业经济业务的历史信息,因而无法详尽地表述各项目的具体信息及披露预测性信息。财务报表附注是对财务报表不能包括的内容或披露不详尽的内容所作的有效补充和明细反映,附注披露的相关信息与基本报表中所列示的项目相互参照,还有助于报表使用者从整体上更好地理解财务报表,因此能增进会计信息的可理解性和有用性。

2. 增强会计信息的可靠性和可比性

只有可靠的报表信息才能使报表使用者作出正确的决策。财务报表提供的信息不会因为它遵守了会计准则,选用了恰当的会计政策就能保证其可靠性。例如,即使资产负债表中的"应收账款"项目所反映的企业赊销额是公允的,但它不一定能充分揭示其可收回余额,如果不在报表附注中进行账龄分析或补充说明,就会削弱"应收账款"项目所提供信息的可靠性。财务报表附注还可以提高会计信息的可比性。例如,通过附注揭示会计政策选择和变更的原因及事后的影响,可以使本企业前后期、不同行业或同一行业不同企业之间提供的会计信息更具可比性,从而便于进行对比分析。

3. 协调信息质量特征,突出重要信息

会计信息质量特征有可理解性、相关性、可靠性、可比性、重要性等方面,但各种质量特征之间存在着一定矛盾,如相关的信息未必可靠,可靠的信息有时不够相关。但报表附注不失为一种协调这些矛盾的良方,例如,可靠性要求会计信息具有可验证性,要求会计确认和计量企业过去已经发生了的经济活动,但相关性要求的决策有用性使信息使用者最希望得到关于企业未来情况的财务信息。报表附注可以披露报表表内无法确认的这类信息,从而提高决策有用性。另外,财务报表中的信息多而杂,一般使用者可能抓不住重点,而附注对报表中重要信息的分解说明,能帮助报表使用者了解哪些是重要信息,从而有利于报表使用者在决策中加以重点考虑。

需要注意的是,财务报表附注和表内信息是不可分割的,共同组成了财务报告体系。附注中的定量或定性说明,并不能用来替代基本报表中的正常分类、计量和描述,不能与财务报表发生冲突,也不能更正财务报表中的错误。

二、财务报表附注披露的基本要求

尽管财务报表附注在很多方面具有重要的作用,但它也存在着一定的局限性,如财务报表附注没有财务报表本身直观,由于各个企业经营业务和经营环境的差别,财务报表附注很难做到编制和披露的规范化和标准化。有些企业就是利用了附注编制和披露的随意性而滥用财务报表附注,因此必须强调财务报表附注披露的基本要求。

1. 要从量和质两个角度对经济事项进行完整的反映

附注披露的信息既可能是定量信息,又可能是定性信息,还可能是定量和定性信息的结合,因此必须从量和质两个角度对企业经济事项完整地进行反映,以满足信息使用

者的决策需求。

2. 附注信息应当按照一定的结构进行系统合理的排列和分类，有顺序地披露

因为财务报表附注的内容繁多，所以更应按逻辑顺序排列、分类披露，做到条理清晰，具有一定的结构，以便于使用者理解和掌握，也更好地实现财务报表的可比性。例如，附注中企业对报表重要项目的说明，应当按照资产负债表、利润表、现金流量表、所有者权益变动表及其项目列示的顺序进行披露，采用文字和数字描述相结合、尽可能以列表形式披露重要项目的构成或当期增减变动情况，并且报表重要项目的明细金额合计，应当与报表项目金额相衔接。

三、企业财务报表附注的内容

根据《企业会计准则第 30 号——财务报告的列报》和相应指南中的规定，财务报表附注主要包括如下内容：①企业基本情况；②财务报表的编制基础；③遵循企业会计准则的声明；④重要会计政策和会计估计；⑤会计政策和会计估计变更及差错更正的说明；⑥报表重要项目的说明；⑦或有事项的说明；⑧资产负债表日后事项的说明；⑨关联方关系及其交易的说明。

（一）企业基本情况

主要是对企业基本情况的说明，包括企业注册地、组织形式和总部地址，企业的业务性质和主要经营活动，母公司及集团最终母公司的名称，财务报告的批准报出者和财务报告批准报出日。

（二）财务报表的编制基础

企业应当说明本企业编制报表适用的会计年度、记账本位币、会计计量所运用的计量基础、编制财务报表遵循的基本原则等有关财务报表编制基础的内容。

（三）遵守企业会计准则的声明

企业相关负责人应当声明编制的财务报表符合企业会计准则的要求，真实、公允地反映了企业的财务状况、经营成果和现金流量，确保会计信息的真实与完整。

（四）重要会计政策和会计估计

根据财务报表列报的规定，企业应当披露重要会计政策的确定依据，重要会计估计中所采用的关键假设和不确定性因素。不重要会计政策和会计估计可以不披露。判断重要与否的标准是与会计政策和会计估计相关项目的性质和金额。

1. 会计政策的确定依据

会计政策的确定依据主要是指企业在应用会计政策过程中所作的对报表中确认的项目金额最具影响的判断。例如，如何判断持有的金融资产是持有至到期的投资而不是交易性投资；对于拥有的持股不足 50％ 的企业，如何判断企业拥有控制权并因此将其纳入合并范围；如何判断与租赁资产相关的所有风险和报酬已转移给企业；投资性房地产的判断标准；等等。这些判断对在报表中确认的项目金额具有重要的影响，其披露有助于报表使用者理解企业选择和运用会计政策的背景，增加财务报表的可理解性。企业应当披露的重要会计政策如下：

（1）存货，主要包括确定发出存货成本所采用的方法，可变现净值的确定方法，存货跌价准备的计提方法。

（2）投资性房地产，主要包括投资性房地产的计量模式；采用公允价值模式的，投资性房地产公允价值的确定依据和方法。

（3）固定资产，主要包括固定资产的确认条件和计量基础，固定资产的折旧方法。

（4）无形资产，主要包括无形资产使用寿命的估计，无形资产使用寿命不确定的判断依据，无形资产摊销方法，判断无形资产项目满足资本化条件的依据。

（5）资产减值，主要包括各种计量属性下资产或资产组可收回金额的确定方法、关键假设及其依据。

（6）债务重组，主要包括债务人和债权人各种债务重组中相关公允价值的确定方法及依据。

（7）收入，主要包括收入的确认原则和方法（包括确定提供劳务交易完工进度的方法）。

（8）所得税，主要包括确认递延所得税资产的依据。

（9）外币折算，主要包括记账本位币及其选定、变更的原因。

（10）金融工具，主要包括指定为以公允价值计量且其变动计入当期损益的金融资产和金融负债的性质、指定依据及其他说明，指定金融资产为可供出售金融资产的条件，确定金融资产已减值的依据及计算减值损失的方法，金融资产和金融负债的利得和损失的计量基础，金融资产和金融负债终止确认的条件等。

（11）企业合并，主要包括属于同一控制下企业合并的判断依据，非同一控制下企业合并成本的公允价值的确定方法。

另外，还有生物资产、股份支付、建造合同、租赁、石油天然气开采等方面的会计政策也要披露。

2. 会计估计中所采用的关键假设和不确定因素的确定依据

这些关键假设和不确定因素在下一会计期间内很可能导致对资产、负债账面价值的重大调整，因此其披露也有助于提高财务报表的可理解性。在确定报表中确认的资产和负债的账面金额过程中，企业有时需要对不确定的未来事项在资产负债表日对这些资产和负债的影响加以估计。例如，固定资产可收回金额的计算需要根据其公允价值减去处置费用后的净额与预计未来现金流量的现值两者之间的较高者确定，在计算资产预计未来现金流量的现值时需要对未来现金流量进行预测，选择适当的折现率，并在附注中披露未来现金流量预测所采用的假设及其依据、所选择的折现率的合理性等。

（五）会计政策、会计估计变更及差错更正的说明

为了保证会计信息的可比性，一般情况下企业应在每一会计期间采用相同的会计政策，但是在符合变更条件时也可以变更会计政策或会计估计，并在财务报表附注中说明以下事项：

（1）重要会计政策变更的性质、内容和理由。

（2）会计政策变更当期和各个列报前期财务报表中受影响的项目名称和调整金额。

（3）会计政策变更无法进行追溯调整的事实和原因，以及开始应用变更后的会计政策的时点、具体应用情况。

（4）重要会计估计变更的内容和理由。

（5）会计估计变更对当期和未来期间的影响金额。

（6）会计估计变更的影响数不能确定的事实和理由。

（7）前期差错的性质和内容。

（8）各个列报前期财务报表中受影响的项目名称和更正金额；前期差错对当期财务报表也有影响的，还应披露当期财务报表中受影响的项目名称和影响金额。

（9）前期差错无法进行追溯重述的事实和原因，以及对前期差错开始进行更正的时点、具体更正情况。

（六）报表重要项目的说明

企业财务报表附注中对报表重要项目的说明，应当按照资产负债表、利润表、现金流量表、所有者权益变动表及其项目列示的顺序进行披露，尽可能以列表形式披露重要项目的构成或当期增减变动情况，并与报表项目相互参照。

资产减值准备明细表、分部报表、现金流量表补充资料应当在附注中单独披露，不作为报表附表。

下面择要列示一些报表重要项目的披露格式和说明。

1. 交易性金融资产

交易性金融资产的披露格式见表 7-1。

表 7-1　交易性金融资产的披露格式

项目	期末余额	年初余额
1. 交易性债券投资		
2. 交易性权益工具投资		
3. 指定为以公允价值且其变动计入当期损益的金融资产		
4. 衍生金融资产		
5. 其他		
合　计		

2. 应收款项

说明：①坏账的确认标准，以及坏账准备的计提方法和计提比例，还包括说明以前年度已提坏账准备但本年度又以各种方式收回的原因，原估计计提比例的理由和合理性，本年度实际冲销的应收款项及其理由；②应收账款、预付账款、其他应收款分别计提的坏账准备；③应收账款按账龄结构或客户类别的披露。应收账款按账龄结构的披露格式见表7-2。

表 7-2　应收款项按账龄结构的披露格式

账龄结构	期末余额	年初余额
1年以内（含1年）		
1~2年（含2年）		
2~3年（含3年）		
3年以上		
合　计		

注：有应收票据、预付账款、长期应收款、其他应收款的，比照应收账款进行披露。

3. 存货

说明：①存货的具体构成；②本期存货跌价准备计提和转回的原因；③用于担保的存货账面价值。

存货具体构成的披露格式见表7-3。

表 7-3　存货具体构成的披露格式

存货种类	年初账面余额	本期增加额	本期减少额	期末账面余额
1. 原材料				
2. 在产品				
3. 库存商品				
4. 周转材料				
⋮				
合　计				

存货跌价准备的披露格式见表7-4。

表 7-4　存货跌价准备的披露格式

存货种类	年初账面余额	本期减少额	本期减少额		期末账面余额
			转回	转销	
1. 原材料					
2. 在产品					
3. 库存商品					
4. 周转材料					
⋮					
合　计					

4. 可供出售金融资产

可供出售金融资产的披露格式见表7-5。

表 7-5　可供出售金融资产的披露格式

项　目	期末公允价值	年初公允价值
1. 可供出售债券		
2. 可供出售权益工具		
3. 其他		
合　计		

5. 持有至到期投资

持有至到期投资的披露格式见表表 7-6。

表 7-6　持有至到期投资的披露格式

项　目	期末账面余额	年初账面余额
1. ⋮		
合　计		

6. 长期股权投资

说明：（1）具有重大影响以上的被投资单位的清单及其主要财务信息。其披露格式见表 7-7。

表 7-7　长期股权投资的披露格式

被投资单位	期末账面余额	年初账面余额
1. ⋮		
合　计		

（2）被投资单位由于所在国家或地区及其他方面的影响，其向投资企业转移资金的能力受到限制的，应当披露限制的具体情况。

（3）当期及累计未确认的投资损失金额。

7. 固定资产

（1）各类固定资产的披露格式见表 7-8。

表 7-8　各类固定资产的披露格式

项　目	年初账面余额	本期增加额	本期减少额	期末账面余额
一、原价合计				
其中：房屋、建筑物				
机器设备				
运输工具				

续表

项目	年初账面余额	本期增加额	本期减少额	期末账面余额
⋮				
二、累计折旧合计				
其中：房屋、建筑物				
机器设备				
运输工具				
⋮				
三、固定资产减值准备累计金额合计				
其中：房屋、建筑物				
机器设备				
运输工具				
⋮				
四、固定资产账面价值合计				
其中：房屋、建筑物				
机器设备				
运输工具				
⋮				

（2）企业确有准备处置固定资产的，应当说明准备处置的固定资产名称、账面价值、公允价值、预计处置费用和预计处置时间等。

8. 无形资产

（1）各类无形资产的披露格式见表 7-9。

表 7-9　各类无形资产的披露格式

项目	年初账面余额	本期增加额	本期减少额	期末账面余额
一、原价合计				
1.				
⋮				
二、累计摊销合计				
1.				
⋮				
三、无形资产减值准备累计金额合计				
1.				
⋮				
四、无形资产账面价值合计				
1.				
⋮				

（2）计入当期损益和确认为无形资产的研究开发支出金额。

9. 商誉的形成来源、账面价值的增减变动情况

略。

10. 递延所得税资产和递延所得税负债

（1）已确认递延所得税资产和递延所得税负债的披露格式见表 7-10。

表 7-10　已确认递延所得税资产和递延所得税负债的披露格式

项　目	期末账面余额	年初账面余额
一、递延所得税资产		
1.		
⋮		
合　计		
二、递延所得税负债		
1.		
⋮		
合　计		

（2）未确认递延所得税资产的可抵扣暂时性差异、可抵扣亏损等的金额（存在到期日的，还应披露到期日）。

11. 资产减值准备

资产减值准备的披露格式见表 7-11。

表 7-11　资产减值准备的披露格式

项　目	年初账面余额	本期计提额	本期减少额		期末账面余额
			转回	转销	
一、坏账准备					
二、存货跌价准备					
三、可供出售金融资产减值准备					
四、持有至到期投资减值准备					
五、长期股权投资减值准备					
六、投资性房地产减值准备					
七、固定资产减值准备					
八、工程物资减值准备					
九、在建工程减值准备					
十、生物性生物资产减值准备					
其中：成熟生物性生物资产减值准备					
十一、油气资产减值准备					
十二、无形资产减值准备					
十三、商誉减值准备					
十四、其他					
合　计					

12. 交易性金融负债

交易性金融负债的披露格式见表 7-12。

表 7-12　交易性金融负债的披露格式

项　目	期末公允价值	年初公允价值
1. 发行的交易性债券		
2. 指定为以公允价值计量且变动计入当期损益的金融负债		
3. 衍生金融负债		
4. 其他		
合　计		

13. 职工薪酬

(1) 应付职工薪酬的披露格式见表 7-13。

表 7-13　应付职工薪酬的披露格式

项　目	年初账面余额	本期增加额	本期支付额	期末账面余额
一、工资、奖金、津贴和补贴				
二、职工福利费				
三、社会保障费				
其中：1. 医疗保险费				
2. 基本养老保险费				
3. 年金缴费				
4. 失业保险费				
5. 工伤保险费				
6. 生育保险费				
四、住房公积金				
五、工会经费和职工教育费				
六、非货币性福利				
七、因解除劳动关系给予的补偿				
八、其他				
其中：以现金结算的股份支付				
合　计				

(2) 企业本期为职工提供的各项非货币性福利形式、金额及其计算依据。

14. 应缴税费

应缴税费的披露格式见表 7-14。

表 7-14　应缴税费的披露格式

税费项目	期末账面余额	年初账面余额
1. 增值税		
⋮		
合　计		

15. 短期借款和长期借款

（1）借款的披露格式见表 7-15。

表 7-15　借款的披露格式

项　目	短期借款		长期借款	
	期末账面余额	年初账面余额	期末账面余额	年初账面余额
信用借款				
抵押借款				
质押借款				
保证借款				
合　计				

（2）对于期末预期借款，应分别贷款单位、借款金额、逾期时间、年利率、逾期未偿还原因和预期还款期进行披露。

16. 营业收入

（1）营业收入的披露格式见表 7-16。

表 7-16　营业收入的披露格式

项　目	本期发生额	上期发生额
1. 主营业务收入		
2. 其他业务收入		
合　计		

（2）披露合同当期预计损失的原因和金额，同时应列表详细披露各合同项目的总金额、累计已发生成本、累计已确认毛利（亏损）、已办理结算的价款金额。

（3）分部收入。

17. 公允价值变动收益

公允价值变动收益的披露格式见表 7-17。

表 7-17　公允价值变动收益的披露格式

产生公允价值变动收益的来源	本期发生额	上期发生额
1.		
⋮		
合　计		

18. 投资收益

（1）投资收益的披露格式见表 7-18。

表 7-18 投资收益的披露格式

产生投资收益的来源	本期发生额	上期发生额
1.		
⋮		
合 计		

（2）按照权益法核算的长期股权投资，直接以被投资单位的账面净损益计算确认投资损益的事实及原因。

19. 资产减值损失

资产减值损失的披露格式见表 7-19。

表 7-19 资产减值损失的披露格式

项 目	本期发生额	上期发生额
一、坏账损失		
二、存货跌价损失		
三、可供出售金融资产减值损失		
四、持有至到期投资减值损失		
五、长期股权投资减值损失		
六、投资性房地产减值损失		
七、固定资产减值损失		
八、工程物资减值损失		
九、在建工程减值损失		
十、生物性生物资产减值损失		
十一、油气资产减值损失		
十二、无形资产减值损失		
十三、商誉减值损失		
十四、其他		
合 计		

20. 营业外收入

营业外收入的披露格式见表 7-20。

表 7-20 营业外收入的披露格式

项 目	本期发生额	上期发生额
1. 非流动资产处置利得合计		
其中：固定资产处置利得		
无形资产处置利得		
⋮		
合 计		

21. 营业外支出

营业外支出的披露格式见表 7-21。

表 7-21 营业外支出的披露格式

项 目	本期发生额	上期发生额
1. 非流动资产处置损失合计		
其中：固定资产处置损失		
无形资产处置损失		
⋮		
合 计		

22. 所得税费用

说明：①所得税费用（收益）的组成，包括当期所得税、递延所得税；②所得税费用（收益）与会计利润的关系。

（七）或有事项的说明

新或有事项准则对预计负债、或有负债和或有资产三类或有事项的披露作了明确规定。财务报表附注对或有事项说明的内容包括：

（1）预计负债，主要包括预计负债的种类、产生的原因及经济利益流出不确定性的说明；各类预计负债的期初、期末余额和本期变动情况；与预计负债有关的预期补偿金额和本期已确认的预期补偿金额。

（2）或有负债（不包括极小可能导致经济利益流出企业的不经常发生的或有负债），主要包括或有负债形成的原因；经济利益流出不确定性的说明；或有负债产生的财务影响和获得补偿的可能性，无法预计的，应当说明原因。

（3）或有资产，一般情况下不予披露，但或有资产很有可能为企业带来经济利益时，应当披露其形成的原因、预期对企业产生的财务影响等。

（八）资产负债表日后事项的说明

资产负债表日后事项是指资产负债表日至财务报告批准报出日之间发生的有利或不利事项。这类事项分为调整事项和非调整事项。

调整事项是指对资产负债表日已存在的情况提供了新的或进一步的证据的事项。例如，已证实资产发生了减值、销售退回、已确定获得或支付的赔偿、利润分配，发现财务报表舞弊或差错等。根据新资产负债表日后事项准则的规定，对于调整事项要进行相关的账务处理，同时调整资产负债表日已编制的报表，并在表下进行附注说明。

非调整事项是指表明资产负债表日后才发生或存在的事项。这类事项主要有：发行股票、债券及其他巨额举债；企业合并或处置子公司；自然灾害导致资产发生较大损失；资产价格、税收政策和外汇汇率发生较大变动等。这类事项如不加以说明，将影响财务报告使用者作出正确估计和决策，因此要在财务报表附注中予以说明。披露的内容包括该事项的内容，估计对财务状况经营成果的影响。如果无法作出估计，应说明其原因。

　　（九）关联方关系及其交易的说明

　　一方控制、共同控制另一方或对另一方施加重大影响，以及两方或两方以上同受一方控制、共同控制或重大影响的，构成关联方。下列各方构成企业的关联方：①该企业的母公司；②该企业的子公司；③与该企业受同一母公司控制的其他企业；④对该企业实施共同控制的投资方；⑤对该企业实施重大影响的投资方；⑥该企业的合营企业；⑦该企业的联营企业；⑧该企业的主要投资者个人及与其有关系密切的家庭成员；⑨该企业或其母公司的关键管理人员及与其关系密切的家庭成员；⑩该企业主要投资者个人、关键管理人员或与其关系密切的家庭成员控制、共同控制或施加重大影响的其他企业。

　　关联方交易是指关联方之间转移资源、劳务或义务的行为，而不论是否收取价款。关联方交易通常包括购买或销售商品及购买或销售商品以外的其他资产、提供或接受劳务、担保、提供资金（贷款或股权投资）、租赁、代理、研究与开发项目的转移、许可协议、代表企业或由企业代表另一方进行债务结算、关键管理人员薪酬。

　　企业无论是否发生关联方交易，均应在财务报表附注中披露、说明与母公司和子公司有关的下列信息：①母公司和子公司名称。母公司不是该企业最终控制方的，还应披露最终控制方的名称。母公司和最终控制方均不对外提供财务报表的，还应披露母公司之上与其最近的对外提供财务报表的母公司的名称。②母公司和子公司的业务性质、注册地、注册资本（或实收资本、股本）及其变化。③母公司对该企业或者该企业对子公司的持股比例和表决权比例。

　　企业与关联方发生关联方交易的，应当在报表附注中说明该关联方关系的性质、交易类型及交易要素。交易要素至少应当包括：交易的金额；未结算项目的金额、条款和条件，以及有关提供或取得担保的信息；未结算应收项目的坏账准备金额；定价政策。关联方交易的金额应当说明两年期的比较数据。

　　关联方交易的说明应遵循重要性原则。对企业财务状况和经营成果有影响的关联方交易，应当分别关联方及交易类型说明；不具有重要性的，类型相似的非重大交易可合并说明。

　　除了上述需要披露说明的项目外，只要对使用者有帮助的其他重要项目，企业都要进行披露说明。

第二节　企业财务报表附注的内容分析

　　由于企业财务报表本身固有的局限性，在财务报告分析中仅仅依据基本财务报表列出的项目和数据所作的财务报告分析结论是不全面的，甚至可能得出错误的结论，从而误导信息使用者的决策。在财务报告分析中只有在注重基本财务报表提供的信息的基础上，充分关注和利用财务报表附注所揭示的内容信息，才能准确地评价企业的财务状况、经营成果和现金流量情况，科学地分析企业的偿债能力、资金营运能力和盈利能力，并找出其存在的问题，提出改进对策，减少因财务报告分析结论的不科学而带来的决策失误概率。另外，将财务报表附注中的一些信息与基本报表中的情况进行对比，有时还能发现报表中数据可能存在的问题，为进一步深入调查和分析提供依据。

财务报表附注作为财务报告的一部分，其分析内容主要可归纳为三个方面，即财务状况（包括偿债能力）分析、资产管理效率（资金营运能力）分析和盈利能力分析。

在通过财务报表附注对财务状况进行分析时，重点应落实在分析企业的财务弹性上。财务弹性是企业在面临突发事件而产生现金需求时，作出有关反应的能力。现代企业处于一个越来越不确定的经济环境之中，从而会面临更多的突发事项，需要应付更多的突发现金需求。通过财务报表附注可以从以下几个方面反映企业的财务弹性：①未使用的银行贷款额度；②可能迅速转化为现金的长期资产的有关状况，可用非经营性资产所占的比重来衡量；③企业的长期债务状况；④或有事项。

在对资产管理效率进行分析时，利用财务报表附注可更深入地揭示企业各项资产管理效率（资金营运能力）高低的内外部原因及预测企业未来资产的管理情况。

在对企业盈利能力进行评价时，重点是对企业的盈利进行预测。财务报表附注中的盈利预测信息能够帮助财务报表使用者评价企业未来获取盈利和现金流量的时间、金额和不确定性，从而作出更合理的经营理财决策。

（一）财务报表附注对偿债能力分析的影响

企业偿债能力包括短期偿债能力和长期偿债能力。反映短期偿债能力的流动比率、速动比率、现金比率等指标均建立在对企业相关流动资产和流动负债关系的分析之上，其计算时的分母均为流动负债；反映长期偿债能力的资产负债率、产权比率、权益乘数等指标都与企业的负债总额、负债比率有关。影响企业偿债能力的重要财务报表附注项目是或有负债。

或有事项是指由过去的交易或者事项形成的，其结果须由某些未来事项的发生或不发生才能决定的不确定事项。按照《企业会计准则 13 号——或有事项》的规定，只有同时满足如下三个条件才能将或有事项相关义务确认为预计负债，列示在财务报表附注中：一是该义务是企业承担的现时义务；二是该义务的履行很可能导致经济利益流出企业；三是该义务的金额能够可靠地计量。或有负债确认的第二项和第三项条件往往依靠会计人员的职业判断。尤其是第二项，会计准则应用指南虽然规定了可能性的对应概率，但实际上或有负债的概率很难通过科学的方法计算出来，必须依靠相关会计人员的职业判断。

或有事项准则只规定了以下四类或有负债必须在会计报表附注中披露：①已贴现商业承兑汇票形成的或有负债；②未决诉讼或仲裁形成的或有负债；③为其他单位提供债务担保形成的或有负债；④其他或有负债（不包括极小可能导致经济利益流出企业的或有负债），包括售出产品可能发生的质量事故赔偿、尚未解决的税额争议可能出现的不利后果、污染环境导致的可能支付的罚款和治污费用等，对于企业来说其可能性也是存在的。企业有可能利用或有事项准则对其他或有负债极小可能性的规定不披露或少披露或有负债，这些或有负债一旦成为事实负债，将会加大企业的偿债负担。

因为或有负债的存在，资产负债表确认的负债并不一定完整反映了企业的负债总额，所以企业偿债能力分析应该结合财务报表附注中披露的或有负债信息。如果存在或有负债，显然会减弱企业的偿债能力；如果存在未被披露的或有负债，更会使偿债能力指标的准确性大打折扣，不考虑或有负债的流动比率、速动比率、资产负债率、产权比率等指标都夸大了企业的偿债能力。因此，要准确地反映短期偿债能力分析中的流动比率和速动比率，其公式中分母的流动负债应适当加上或有负债，即流动比率＝流动资产÷（流动负债＋或有负债×估计概率）×100％；速动比率＝速动资产÷（流动负债＋或有负债×估计概率）×100％。长期偿债能力分析中的资产负债率和产权比率，其公式中分子的负债总额均要加上考虑了概率的或有负债，即资产负债率＝（负债总额＋或有负债×估计概率）÷资产总额×100％，产权比率＝（负债总额＋或有负债×估计概率）÷所有者权益×100％。

除附注中披露的或有负债外，其他或有事项（如或有资产、附注中未披露的或有负债）、承诺事项（如与贷款有关的承诺、信用证承诺、售后回购协议下的承诺等）、亏损合同、重组义务等也会对企业偿债能力产生较大影响；财务报表中未反映的企业资产价值增减也会影响企业的偿债能力。例如，账面价值可能被高估或低估的资产（如已严重贬值的技术落后的设备、已有很大升值的处于城市中心地段的厂房等）、尚未全部入账的重要资产项目（如企业自行开发、成本较低又计入期间费用的商标权、专利权，以公允价值披露在附注中的企业衍生工具等）；企业长期性经营租赁的设备及其租赁费用实际上也是企业的长期资产和长期负债，但未在资产负债表中反映出来，若被忽视也会对企业长期偿债能力产生影响；企业从事合资经营时经济实体间的控制程度与所选择的合并方法不相匹配时，会形成表外融资，影响企业偿债能力。分析者必须结合财务报表附注有关或有事项的信息或其他资料，严加观察和剖析，才能更准确地评价企业的偿债能力。

（二）财务报表附注对资金营运能力分析的影响

资金营运能力主要是指企业资金的周转速度，反映了企业资金运用的效率。反映企业资金营运能力的财务分析指标主要有周转率（次数）和周转期（天数）两类。其中周转率指标主要包括总资产周转率、固定资产周转率、流动资产周转率、应收账款周转率和存货周转率等。这些周转率指标一般都是用一定时期（一般为一年）资金周转总额除以周转一次所需的该项资金额计算而得的。一定时期的资金周转总额一般都用一年的销售收入额、赊销收入额、销售成本额表示。例如，流动资产周转率＝销售收入净额÷流动资产平均余额×100％。其中销售收入净额是指利润表中营业收入减去销售退回销售折扣和折让后的净额。总资产周转率、固定资产周转率指标计算时的分子也是销售收入净额。又如，应收账款周转率＝赊销净额÷应收账款平均余额×100％。其中赊销净额是主营业务收入减去现销收入、销售退回销售折扣和折让后的净额。因为利润表中没有提供赊销净额的数据，所以有时赊销净额也用销售收入净额来代替。因为收入的确认是一项重要的会计政策，所以必须要认真地分析领会财务报表附注中关于收入确认的会计政策信息。新收入会计准则对收入确认的条件规定得非常严格，对于同样的业务，按新准则要求确认的收入一般都比较少，因而计算出来的总资产周转率、固定资产周转率、流动资产周转率和应收账款周转率也偏低。

应收账款周转率的高低，不仅取决于赊销收入净额的多少和应收账款占用数额的合理与否，而且还间接地取决于应收账款的账龄分布、客户的信用状况。一旦拖欠大额账款的客户出现严重信用问题或破产倒闭，必然引起连锁反应，导致企业应收账款资金周转不灵。而报表附注中提供的应收账款的账龄分布情况、客户分布状况为这一分析提供了重要的分析依据。

存货周转率＝销售成本÷平均存货占用额×100％。要正确理解其分子和分母的意义，也应该仔细阅读和判断财务报表附注中有关存货计价方法的相关信息。销售成本与平均存货占有额的大小与存货流转假设有直接关系。除了个别计价法外，存货的实物流转与价值流转并不一致，严格来说，只有应用个别计价法计算出来的存货周转率才是准确的存货周转率。因而，其他存货流转假设，如先进先出法、加权平均法、移动平均法、计划成本法、毛利率法和零售价法等，都是采用一定技术方法在销售成本和期末存货成本之间进行分配，销售成本和期末存货成本存在着此消彼长的关系。这种关系在采用先进先出法的情况下特别明显。在目前经济生活中，通货膨胀是不容忽视的全球性客观经济现象，物价普遍呈现持续增长趋势。在通货膨胀条件下，采用先进先出法的销售成本偏低，而期末存货偏高，这样计算出来的存货周转率毫无疑问地偏低。对某些企业而言，如果期末存货应按成本与可变现净值孰低法计价，在计提存货跌价准备的情况下，期末存货价值小于其历史成本，公式中的分母变小，存货周转率就会变大。

（三）财务报表附注对盈利能力分析的影响

总资产利润率、净资产收益率、销售利润率、成本费用利润率等反映企业盈利能力的主要财务指标，其分子都是息税前利润、税前利润或净利润，因此利润指标是影响盈利能力的重要因素。一般情况下，分析企业盈利能力只涉及正常的生产经营状况。而企业发生的一些非常项目，同样会给企业带来收益或损失，但这只是特殊情况下产生的特殊结果，不能说明企业的正常盈利能力。因此，在进行企业盈利能力分析时，应当排除以下项目：证券买卖等非常项目，已经或将要停止的营业项目，重大事故或法律更改等特别项目，会计准则和财务制度变更带来的累计影响等。这些非常项目的信息资料无一例外地要从财务报表附注中去搜寻。另外，现金流量表的补充资料中的一些信息，对分析利润的质量也有重要帮助。

除此之外，影响企业利润的因素还有以下几个方面：

（1）存货流转假设。在物价持续上涨的情况下，采用先进先出法结转的销售成本较低，因而计算出的利润偏高，而采用加权平均法等方法计算出的销售成本相对较高，其利润则偏低。

（2）计提的各种跌价、减值和损失准备，如企业计提的坏账准备、存货跌价准备、长期投资减值准备、固定资产减值准备、无形资产减值准备、在建工程减值准备等，其计提方法和计提比例的大小会对企业利润额产生不小的影响。

（3）长期投资核算方法。企业对外长期性投资可以采用成本法或权益法核算。在采用成本法的情况下，只有实际收到分得的利润或股利时才确认收益；而在权益法下，则是一般情况下每个会计年度都要根据本企业占被投资单位的投资比例和被投资单位所有者权益变动情况确认投资损益。

（4）固定资产折旧方法。固定资产折旧采用加速折旧法还是直线法，对企业利润的影响也不小。在采用加速折旧法的前几年，其利润要小于直线法下的利润额，加速折旧末期则其利润一般又要大于直线法。

（5）或有事项的存在。或有负债有可能导致经济利益流出企业，未作记录的或有负债将可能减少企业的预期利润；或有资产则有可能导致经济利益流入企业，未作记录的或有资产将可能增加企业的预期利润。

（6）关联方交易。分析者要注意企业关联方交易的变动情况，企业关联方交易的大幅度变动往往隐含着粉饰财务报告的可能。

这些影响利润的因素，凡是可能增加企业利润的，会增加企业的盈利能力，反之则会削弱企业的盈利能力。

第三节　财务情况说明书分析

财务情况说明书是企业对自身一定会计期间内生产经营、资金周转、利润实现及分配等情况做出的综合性分析报告。

财务情况说明书曾经是我国企业年度财务报告的组成部分，直到 2000 年国务院公布的《企业财务会计报告条例》中还要求企业一般要编制财务情况说明书。但现行新的企业会计准则和财务制度对其应否编制和编制内容并没有作出硬性规定。例如，新的企业会计准则并没有明确指出企业必须编制财务情况说明书，但是在基本准则中也留有了余地："财务会计报告包括会计报表及其附注和其他应当在财务会计报告中披露的相关信息和资料。"实务中，监管部门也没有要求上市公司编制财务情况说明书。但有的企业的主管部门要求下属企业编制财务情况说明书。目前一些重视财务管理和财务报告分析工作的企业，会在月末或年末自觉编制包含各种内容的各种形式财务分析报告（财务情况说明书）。因此，财务情况说明书也是财务报告分析的依据之一，是开展财务报告分析的重要的现成参考资料。

企业财务情况说明书的内容一般包括：①企业生产经营的基本情况，包括生产产品的品种、产量、质量、销量、销售收入及增长率、市场占有率等；②资金增减和周转情况，包括资金的增减额和增减幅度、资金周转速度（周转次数和周转天数）、资金周转速度变动情况及变动原因等；③利润实现和分配情况，说明本期实现的利润及其与上期相比增减变动的情况和增减变动的原因，说明利润分配的情况等；④对企业财务状况、经营成果、现金流量有重要影响的其他事项，如财务收支情况（包括财务收支的主要事项及收支金额）、各种税金的缴纳情况、重要财产物资的变动情况、汇率利率税率变动等对企业财务情况产生重大影响的事项等；⑤对未来情况的预测和发展战略等方面。

上市公司的财务情况说明，一般包括以下内容：①公司基本情况简介；②会计数据和业务数据摘要；③股本变动及股东情况；④公司董事、监事、高级管理人员和员工情况；⑤公司治理结构；⑥股东大会情况简介；⑦董事会报告；⑧监事会报告；⑨重大事项。

通过阅读和分析财务情况说明书，可以了解企业对财务状况经营成果现金流转等情况的自我分析，了解企业对经营理财情况的自我评价、企业经营理财面临的环境、企业的未来发展计划、企业对未来发展的信心、影响企业目标的内外部因素和企业为实现总目标可采取的措施及可能面临的风险等信息。

本 章 小 结

本章首先阐述了财务报表附注的作用和财务报表附注的披露要求；接着介绍了企业财务报表附注的基本内容，包括企业基本情况、财务报表的编制基础、遵循企业会计准则的声明、重要会计政策和会计估计、会计政策和会计估计变更以及差错更正的说明、报表重要项目的说明、或有事项的说明、资产负债表日后事项的说明、关联方关系及其交易的说明；然后介绍了企业财务报表附注内容分析的方法，包括附注的相关内容对企业偿债能力、资金营运能力和盈利能力分析的影响；最后简单介绍了企业财务情况说明书的内容。本章的重点是企业财务报表附注的内容、企业财务报表附注内容分析的方法，包括附注的相关内容对企业偿债能力、资金营运能力和盈利能力分析的影响。

【进一步学习指南】

财务报表附注与资产负债表、利润表、现金流量表和所有者权益变动表等报表本身具有同等的重要性。财务报表附注也是进行财务报告分析的重要依据，财务报告分析者必须全面阅读和考察财务报表附注，才能使财务报告分析工作更加深入，分析结论更加准确、全面和科学。因此，对财务报表附注的分析也十分重要。如果读者想对财务报表附注的分析，尤其想对企业财务报表附注的相关内容对企业偿债能力、资金营运能力和盈利能力分析的影响作更深入的了解，或者感兴趣的读者想比较一下各种教材对这一问题的不同阐述，可以参考其他一些教材、文献和法规。

【进一步阅读书目及法规】

戴欣苗. 2005. 财务报表分析. 北京：清华大学出版社

郭泽光. 2007. 财务报告分析. 北京：高等教育出版社

侯艳蕾，张宏禄. 2008. 财务报表分析. 北京：中国金融出版社

刘红伟. 2009. 浅议会计报表附注对财务分析质量的影响. 现代经济信息，(13)

牛同令. 2010. 财务报表附注在财务分析中的重要性. 大众商务，(8)

史德刚，傅荣. 2008. 财务报告编制与分析. 大连：东北财经大学出版社

王华，石本仁. 2007. 中级财务会计. 北京：中国人民大学出版社

佚名. 2005. 编写财务情况说明书浅见. 工业会计，(3)

张新民，钱爱民. 2008. 财务报表分析. 北京：中国人民大学出版社

中华人民共和国财政部. 2006a. 企业会计准则第 30 号——财务报表列报

中华人民共和国财政部. 2006b. 企业会计准则——应用指南. 北京：中国财政经济出版社

【思考题】

1. 企业财务报表附注有什么作用?
2. 简述企业财务报表附注的内容。
3. 简述企业财务报表附注的相关内容对企业偿债能力、资金营运能力和盈利能力分析的影响。
4. 企业财务情况说明书中一般应包括哪些内容?

第八章

财务比率分析

【本章学习目标】

- 熟悉企业有关偿债能力、盈利能力、资金营运能力、发展能力等方面的财务分析指标
- 理解各种分析指标的作用及不足
- 掌握重要财务指标的计算方法
- 能够运用各种财务比率对企业财务情况、经营成果、现金流量及发展能力进行分析和评价

企业财务比率分析是以企业财务报告等资料为基础，通过计算一系列的财务比率，对企业的偿债能力、资金营运能力、盈利能力和发展能力进行分析和评价的方法。企业财务能力的分析主要通过财务比率分析来实现。通过财务比率分析，可以深入了解企业财务状况、经营成果和现金流量情况，评价企业一定时期的经营理财情况和业绩，总结经营理财工作中的经验教训，揭示经营理财中存在的问题，为财务报告分析者下一步的经营理财决策提供重要依据，促进企业管理水平的提高。

第二章第二节已经介绍了财务比率分析方法的概念与财务比率的分类。本章将在此基础上，对反映企业财务状况、经营成果和现金流量等情况，反映企业偿债能力、资金营运能力、盈利能力和发展能力的财务比率进行计算和分析。

财务比率分析按综合程度可分为单项财务比率分析和综合财务比率分析两类。其中单项财务比率分析由偿债能力、资金营运能力、盈利能力、发展能力四大类分析指标组成，主要反映企业某一方面的财务情况；综合财务比率分析则是把各单项指标综合在一起进行分析，其目的在于全方位地了解企业经营理财的状况，并借此对企业的财务活动和经济效益的优劣作出系统、合理的评价。本章主要介绍单项财务比率，为第九章第一节进行企业经营理财综合分析打下一定基础。

为了说明进行偿债能力分析、资金营运能力分析、盈利能力分析及发展能力分析的方法和技巧，需要整套的企业财务报表资料作为依据。本章将以永昌公司的资产负债表

（表 3-1）、利润表（表 4-1）、现金流量表（表 5-1）和所有者权益变动表（表 6-1）的数据为基础，介绍反映企业偿债能力、资金营运能力、盈利能力及发展能力分析的各项财务比率的计算和分析方法。

第一节　企业偿债能力的分析

企业的债权人或者潜在的债权人为了确保能从企业及时收回债权，需要分析企业的偿债能力。企业自身为了及时偿还债务，降低财务风险，也需要关注自己的偿债能力，进而做好财务筹划，确保企业正常运营。其他利益相关者也会在不同程度上关注企业的偿债能力。

一、偿债能力分析的目的和影响偿债能力的影响因素

（一）企业偿债能力分析的目的

1. 偿债能力分析的含义

偿债能力分析又称企业偿债风险状况分析或安全性分析，是对企业偿还到期债务的能力的分析，包括短期偿债能力分析和长期偿债能力分析。

企业偿债能力的强弱是判断企业财务状况好坏的主要标准之一。负债是企业所承担的能以货币计量、需以资产或劳务偿还的债务。可见偿还债务的方式可以是用企业资产偿还，也可以是以提供劳务抵偿债务。但是以提供劳务抵偿债务受到很多主客观因素的限制，因而不是偿还债务的常见方式。因此，在分析偿债能力时，主要考虑的是以资产偿还债务的能力。在所有资产中，除现金（现金及其等价物，下同）外，其他资产常常是不具现时的直接偿付能力的。因此分析企业偿债能力的另一个关键问题是资产变现力，即企业各项资产转化为现金的能力。在一定期间，企业拥有多少现金及资产变现力可以衡量企业偿还债务的承受能力或保证程度。一项资产转化为现金流入，通常要经过销售业务来实现，有时还要经过生产加工制作过程，因此，分析企业偿债能力还需要结合企业销售和利润的实现，以及生产经营情况进行综合分析。

企业偿债能力除了取决于企业资产的流动性外，还取决于企业负债的规模及负债的流动性。因此，分析企业偿债能力，还必须分析企业负债与所有者权益的比例关系，以及各项负债占总负债的比例关系等。

2. 偿债能力分析的目的

（1）对债权人而言，偿债能力分析的主要目的是判断其自身债权的偿还保证程度，即确认企业能否按期还本付息。

（2）对企业投资者（所有者）而言，偿债能力分析的主要目的是判断自身所承担的投资风险与可能获得的财务杠杆利益，以便在投资风险与投资收益间作出权衡，确定投资决策。

（3）对企业管理当局而言，对偿债能力的分析既有监督、控制企业偿债能力的目的，又有保证生产经营过程正常进行的目的。保持适当的偿债能力，不但是企业开展正

常生产经营的需要，也是企业保持负债能力的需要。企业未来能否筹集到所需的资金，在一定程度上取决于目前的偿债能力。

（二）影响企业偿债能力的主要因素

1. 影响短期偿债能力的因素

（1）资产的流动性。流动性是指企业资产转化为现金的能力。不但短期债务需用流动资产来偿还，长期债务最终也需用流动资产来偿还。一般情况下，企业不可能出售长期资产来偿还短期债务。因此，资产的流动性越强，尤其是流动资产中变现能力较强的资产如现金所占比重越大，企业的短期偿债能力就越强。相对而言，企业流动资产中的应收账款和存货流动性及变现能力较差。

（2）企业的经营收益水平。短期债务通常要以流动资产中的现金来偿还，而现金的取得通常主要来源于企业的经营利润。一个企业的经营收益水平高、经营利润可观，增加了企业的资金，一般能使企业获得持续和稳定的现金流入，提高了短期偿债能力，从而从根本上保障了债权人的权益。

（3）流动负债的结构。如果企业必须用现金偿付的流动负债所占比重较大，则企业必须拥有足够的现金才能保证其偿债能力；如果在流动负债中可用商品或劳务来偿还的流动负债（如预收账款等）所占比重较大，则企业只要有足够的存货就能保证其这方面的偿债能力。

（4）表外因素。分析企业的短期偿债能力还应注意一些未在财务报表上充分披露的其他因素。例如，准备变现的长期资产、良好的企业偿债信誉、可动用的银行贷款指标等因素会增强企业短期偿债能力，而承担担保责任引起的债务、未作记录的或有负债等因素会降低企业短期偿债能力。

2. 影响长期偿债能力的主要因素

（1）企业的盈利能力。这是影响企业长期偿债能力的最重要因素。企业长期负债大多用于长期资产投资，形成企业固定生产能力。在正常生产经营条件下，企业不是靠出售长期资产，而是靠企业生产经营所得作为偿债的资金来源。因此，企业长期偿债能力与企业盈利能力密切相关。企业能否有足够的现金流入量偿还长期债务本息，主要取决于企业是否有稳定良好的盈利能力。

（2）企业的资本结构，也就是资本结构中长期负债与权益资金的比例关系。长期偿债能力必须以拥有较高权益资金比率为基础。如果企业盈利能力强，但将利润的绝大部分分配了股利红利，权益资金的积累速度较慢，就无法提高甚至降低偿还长期债务的能力。即使在企业结束经营时，如果没有足够的权益资金保障，资产又不能以账面价值处理，长期债务也会得不到全部清偿。

另外，租赁活动、投资及资本性支出、债务重组、购并和资产出售、诉讼和仲裁、承诺事项、特殊政策等表外因素，也会对企业的偿债能力产生影响。

企业的债务按照偿还期限划分，分为短期负债和长期负债。在一年以内或超过一年的一个营业周期内需要偿还的债务是短期负债。一年以上或超过一年的一个营业周期以上需要偿还的债务是长期负债。因此，企业的偿债能力分析也相应地划分为短期偿债能力分析和长期偿债能力分析。

偿债能力的衡量方法有两种：一是比较债务与可供偿债资产的存量，资产存量超过债务存量越多，则偿债能力越强；二是比较偿债所需现金和经营活动产生的现金流量，经营活动产生的现金流量超过偿债所需的现金越多，则偿债能力越强。

二、短期偿债能力分析

短期偿债能力是指企业偿还流动负债的能力。短期偿债能力是衡量企业财务实力和反映企业财务状况的重要标准。在资产负债表中，流动负债与流动资产形成一种对应关系。一般来说，流动负债要用流动资产偿付，需要用现金来直接偿还，因此可以通过分析流动负债和流动资产之间的关系来判断企业短期偿债能力。流动负债财务风险大，当企业无能力偿还其短期债务时，企业最基本的持续经营能力都会受到怀疑，更谈不上其他，甚至有可能面临倒闭的危险，债权人也必将蒙受损失。因此，企业短期偿债能力分析，通常被列为财务报告分析的首要项目。

评价企业短期偿债能力的财务指标主要有营运资金、流动比率、速动比率、现金比率等，另外还有现金流量与流动负债比率、到期债务本息偿付比率、现金利息保障倍数等。

（一）营运资金

营运资金是指企业一定时点的流动资产减去流动负债后的差额。其计算公式如下：

$$营运资金＝流动资产－流动负债$$

营运资金是反映企业短期债务与可偿债资产的存量比较指标。营运资金数额越大，说明流动资产越大于流动负债，流动负债偿还的可能性越大，企业短期偿债能力越强，财务状况越稳定；反之，则短期偿债能力越弱。

由于营运资金是一个绝对数指标，只能反映企业某一时点的短期偿债能力，而不便于不同企业间的比较，只能用于同一企业前后各期的对比，分析企业短期偿债能力的发展趋势。另外，在企业提高资金营运效率的情况下，营运资金占用的减少，并不能说明企业短期偿债能力的下降，还要注意企业规模的扩大和缩小问题。如果企业营运资金显出不正常的过高或过低，就必须逐项分析流动资产和流动负债。

【例 8-1】　根据永昌公司 2009 年年末资产负债表数据资料计算，2009 年年初、年末永昌公司的营运资金为

2009 年年初营运资金＝301 928－194 690＝107 238（元）

2009 年年末营运资金＝356 358－258 495＝97 863（元）

上述计算结果说明，永昌公司 2009 年年末营运资金数额比 2009 年年初有所减少，主要是由于企业 2009 年度流动资产的增加数略小于流动负债的增加数而导致的。

（二）流动比率

流动比率是企业一定时点流动资产与流动负债的比率。其计算公式如下：

$$流动比率＝流动资产÷流动负债$$

流动比率是衡量企业短期偿债能力最通用的比率。它表明企业的短期债务可由预期在该项债务到期前变为现金的资产来偿付的能力。一般情况下，流动比率越高，表明企业短期偿还债务的能力越强，债权人的权益越有保证；如果该比率过低，则说明企业的短期偿债能力不好。从企业短期债权人的角度看，自然希望流动比率越高越好。但从企业经营者角度看，流动比率不应过高，过高通常意味着企业不能充分利用成本较低的流动负债或者闲置的流动资产过多，从而导致企业机会成本增加而盈利能力降低。因此，流动比率应保持在一个合适的水平上。国际上一般认为流动比率应保持在 2 倍左右，即流动资产与流动负债的比例保持为 2∶1，才足以表明企业财务状况稳妥可靠。这是因为流动资产中变现能力最差的存货金额一般占流动资产总额的一半，剩下的部分为流动性较好的资产，至少应等于流动负债，才能保证企业最低的短期偿债能力。但这只是经验上的数据，不同行业、不同企业及同一企业的不同时期合理的流动比率不应该完全相同，因此不能用统一标准来评价各企业流动比率合理与否。最近几十年，金融环境和企业经营方式发生了较大变化，流动比率有降低趋势，大部分企业的流动比率均低于 2。一般而言，如船舶、飞机、车辆、机床等营业周期较长的制造业企业，流动比率较高；如果企业营业周期较短，则流动比率可以相对较低。因此，流动比率最好与同行业的平均水平比较，才能说明短期偿债能力的强弱。

根据流动比率评价企业短期偿债能力的强弱，其前提是企业的存货和应收账款的周转情况是正常的。如果应收账款增多且收账期延长，存货存在大量积压，流动比率即使偏高，也不能说明企业短期偿债能力就好。因此，企业在分析流动比率的基础上，要进一步对现金流量、速动比率、现金比率加以考察。另外，一年内到期的非流动负债在计算流动比率时应作为流动负债。流动比率有时还易被企业操纵，因此在分析流动比率时还应当注意剔除一些虚假因素的影响。

【例 8-2】 根据永昌公司 2009 年年末资产负债表数据资料计算，2009 年年初、年末该企业流动比率为

2009 年年初流动比率＝301 928÷194 690＝1.550 8

2009 年年末流动比率＝356 358÷258 495＝1.378 6

上述计算结果说明，永昌公司 2009 年年初、年末流动比率均低于一般公认标准，反映该企业短期偿债能力较差且存在进一步下降的趋势。当然，还应结合企业所处的行业、所处的生产经营周期阶段的具体情况，与同行业的平均水平进一步比较分析，才能得出正确的结论。

（三）速动比率

速动比率是企业某一时点速动资产与流动负债的比率，也称酸性试验比率。速动资产是指可以迅速变现的流动资产，也就是指将那些"放久了容易变酸的项目（如存货、预付费用等）"予以剔除后剩下的流动资产，主要包括现金、交易性金融资产、应收款项等，而不包括存货、预付账款，其主要原因是存货的变现能力较差，预付账款不具有变现能力。速动资产的确定方法有两种：一种是减法，以流动资产扣除存货计算速动资

产；另一种是加法，直接将货币资金、交易性金融资产、应收款项净值相加计算速动资产。速动比率的计算公式如下：

$$速动比率＝速动资产÷流动负债$$

速动比率用以衡量企业流动资产中可以较快用于偿付短期债务的能力。它是流动比率的一个重要的辅助指标。较之流动比率，速动比率能够更加准确、可靠地评价企业资产的流动性及其直接偿还短期债务的能力。速动比率越高，表明企业偿还流动负债的能力越强，对债权人的保证程度越强。如果速动比率过低，说明企业的短期偿债能力存在问题；但速动比率过高，则又说明企业拥有过多的速动资产，会影响企业的收益能力，因此速动比率不宜过高。国际上一般认为速动比率为 1 较为合适，此时表明企业既有良好的短期偿债能力，又有合理的流动资产结构。在实际应用中，应结合不同行业、企业的实际情况分析、判断速动比率的合理性。

用速动比率评价企业的短期偿债能力，其前提是应收款项周转情况是正常的。如果企业流动资产中存在大量不易收回的不良应收款项，那么速动比率即使大于 1，也不能保证企业有良好的短期偿债能力，因此该比率要与速动资产的变现能力结合起来考察，结合企业应收账款周转率、坏账准备率进行分析。另外，尽管速动比率较之流动比率更能反映流动负债偿还的安全性和稳定性，但并不能认为速动比率较低的企业流动负债到期绝对不能偿还。如果企业存货周转顺畅、变现能力较强，即使速动比率较低，只要流动比率高，企业仍然有望偿还到期的债务本息。同样，速动比率高也不能说明企业已有足够的现金用来偿债，因此还要结合企业现金流量的状况进行分析。

【例 8-3】   根据永昌公司资产负债表的相关数据资料计算，2009 年年初、年末永昌公司的速动比率为

2009 年年初速动比率＝（301 928－112 860）÷194 690＝0.971 1

2009 年年末速动比率＝（356 358－116 006）÷258 495＝0.929 8

永昌公司尽管流动比率较低，但从速动比率的数值看，虽然 2009 年年末短期偿债能力较年初有所下降，但短期偿债能力依然较好。这表明永昌公司流动资产的变现能力较好，速动资产在流动资产中所占的比重较高。

（四）现金比率

现金比率又称即付比率，是企业现金类资产与流动负债的比率。现金类资产包括企业拥有的货币资金和交易性金融资产（如可随时售出的短期有价证券、可贴现和转让的票据等），它们都可以随时变现，持有它们如同持有现金。现金类资产相当于资产负债表中"货币资金"和"交易性金融资产"两项目相加的数额，是速动资产减去应收款项的余额。现金比率是最能反映企业即刻偿付流动负债的能力，用它来衡量企业的短期偿债能力最为安全和稳健。现金比率的计算公式如下：

$$现金比率＝现金类资产÷流动负债$$

现金比率越高，说明企业的短期偿债能力越强，企业面临的短期偿债压力越小。现金比率低，说明企业短期偿债能力弱。站在债权人的角度看，现金比率越高越好。但站在企业有效理财的角度看，现金比率并不是越高越好，因为在企业的所有资产中，现金

是流动性最好、收益性最差的资产。过高的现金比率，会使企业资产过多地保留在盈利能力最差的现金资产上，在提高短期偿债能力的同时，增加了机会成本，降低了企业的盈利能力。因此，对于企业来讲，一般不会允许保持过高的现金比率，只要能保证具有合理的现金偿债能力即可。一般而言，现金比率控制在 20％左右即可，但实际上，不存在适用于所有行业中所有企业的"标准"现金比率。企业必须根据本企业的实际情况，考虑本行业的一般标准来确定自身最合理的现金比率。另外，分析现金比率时，还必须注意现金类资产的内涵变化。如具有某些用途、不得随便运用的现金，减少了企业实际可动用的现金数量；而某些账面价值不能准确反映其市场价格的有价证券，应对其按实际价格进行相应调整，只有这样才能衡量企业真正的即时偿债能力。

【例 8-4】 根据永昌公司资产负债表的数据资料计算，2009 年年初、年末永昌公司的现金比率为

2009 年年初现金比率＝70 683÷194 690＝0.363 1

2009 年年末现金比率＝58 058÷258 495＝0.224 6

永昌公司 2009 年年初的现金比率太高，年末有些改进，现金比率趋向比较正常的水平。说明该企业在 2009 年比较有效地运用现金类资产，合理安排资产结构，从而提高了资金的使用效率。当然，要结合企业自身具体情况，并与同行业的平均水平进行比较分析，才能得出正确的结论。

2009 年年末与年初相比，永昌公司流动比率、速动比率和现金比率都呈下降趋势，说明该公司的短期偿债能力有下降趋势，财务风险在加大。

上述四个反映企业短期偿债能力的财务指标都是基于资产负债表的数据进行的分析。为了更好地说明企业的短期偿债能力，还可以利用现金流量表中的数据，通过下列指标来进行分析。

（五）现金流量与流动负债比率

现金流量与流动负债比率是指企业经营活动现金流量净额与流动负债的比率，体现企业经营活动所产生的现金净流入可以在多大程度上保证当期流动负债的偿还，反映企业通过经营活动创造现金偿还流动负债的能力。其计算公式如下：

现金流量与流动负债比率＝（经营活动现金流量净额÷流动负债）×100％

一般地说，现金流量与流动负债比率越大，表明企业经营活动产生的现金净流量保障企业按时偿还到期短期债务的能力越强。分析时必须和同行业企业现金流量与流动负债比率相比较，与本企业流动比率、速动比率结合起来分析，才能正确评价企业的短期偿债能力。应当注意的是，现金流量与流动负债比率的分子是这一年度的经营活动现金流量净额，说明本年度经营活动创造现金的能力，分母是当年年末的流动负债，年末流动负债是下期才需归还的债务，分子分母的计算口径和时间基础不同，该比率的意义因而受到一定的影响。

【例 8-5】 根据永昌公司现金流量表和资产负债表的相关数据计算，2008 年、2009 年该公司现金流量与流动负债比率为

2008 年现金流量与流动负债比率＝（62 602÷194 690）×100％＝32.15％

2009 年现金流量与流动负债比率＝（71 930÷258 495）×100％＝27.83％

从以上计算可以看出，永昌公司 2009 年现金流量与流动负债比率较 2008 年有所下降，虽然 2009 年经营活动创造的现金流量净额比 2008 年有不小增加，但由于 2009 年年末该公司流动负债数额比 2008 年增加更多，造成经营活动创造的现金流量净额与流动负债的比率有所下降，但该比率的合理性程度还得通过比较同行业平均水平才能得出。

（六）到期债务本息偿付比率

到期债务本息偿付比率是指经营活动现金流量净额与本期到期债务本金与利息支出之和的比率，反映企业到期债务的本息由经营活动产生的现金流量净额支付的可能性。其计算公式如下：

$$\text{到期债务本息偿付比率} = \left(\text{经营活动现金流量净额} \div \text{本期到期债务本息支出}\right) \times 100\%$$

这一比率是考察企业经营活动现金流量净额支付当年到期债务本息的能力。该比率越大，说明企业用当年经营活动现金流量净额偿付到期债务的能力越强。该比率大于100％，意味着经营活动现金流量在保证偿付到期现金债务的需求后，还有剩余用于预防性和投机性现金的需要。但该比率过大，也意味着企业持有收益能力很低的现金资产过多，增大现金持有的机会成本，从而影响企业收益能力；该比率过小，则说明企业经营活动产生的现金流量不足以偿付到期债务，如不尽快通过对外筹资或出售长期资产等筹资活动解决所需资金，企业生存将受到威胁。该比率等于100％的情况对企业来说是一个最理想的水平。

【例 8-6】　若永昌公司 2009 年到期债务为 24 000 元，则其到期债务本息偿付比率＝（71 930÷24 000）×100％＝299.71％。

如果同行业的平均到期债务本息偿付比率是 250％，说明永昌公司这方面的偿债能力较好。

（七）现金利息保障倍数

利息保障倍数是息税前利润除以利息费用的倍数。因为息税前利润中包含许多非现金项目，利息费用也不是当期全部用现金支付的，所以该指标不能清楚地显示企业实际支付利息的能力。现金基础的利息保障倍数表明企业经营活动产生的现金是因支付利息所引起的现金流出的倍数。现金利息保障倍数的计算公式如下：

$$\text{现金利息保障倍数} = \left(\text{经营活动现金流量净额} + \text{付现利息支出} + \text{付现所得税}\right) \div \text{付现利息支出}$$

将这一比率与同行业水平相比，可反映企业用经营活动产生的现金支付约定利息的能力。该指标越大，企业偿付利息能力越强。

【例 8-7】　若永昌公司 2009 年付现利息支出为 2 811 元，付现所得税为 25 977 元，则其现金利息保障倍数＝（71 930＋2 811＋25 977）÷2 811＝35.83。

三、企业的长期偿债能力分析

长期偿债能力是指企业偿付未来到期的长期债务的能力，是一个企业保证未来到期长期债务及时偿还的可靠程度。企业长期债务一般数额大、期限长、风险较大。长期偿债能力的强弱，是反映企业财务状况稳定与安全程度的重要标志。企业资本结构的合理与否、盈利能力的强弱和现金流量的充足与否是影响长期偿债能力的重要因素，因此分析企业长期偿债能力应以企业资本结构、盈利能力和现金流量状况为基础。反映企业长期偿债能力的指标有资产负债率、产权比率、权益乘数、有形净值债务率、利息保障倍数和现金净流量债务总额比率等。

（一）资产负债率

资产负债率是企业某一时点负债总额与资产总额的比率。它表明企业资产总额中有多少是通过举债而得到的，以及总资产对偿还全部债务的保障程度。

$$资产负债率＝（负债总额÷资产总额）×100\%$$

资产负债率是衡量企业长期偿债能力最重要的指标，也是体现企业资金结构是否合理的指标，同时由于资金结构决定了企业的资金成本和财务风险，资产负债率不仅能间接地体现企业资金成本的高低和财务风险的大小程度，还体现了企业利用财务杠杆的程度。因此，不论是债权人、投资者还是企业管理当局都十分关注这项比率。一般情况下，资产负债率越小，表明企业长期偿债能力越强。对债权人来说，资产负债率越小越好，这样企业偿债越有保证。对企业所有者来说，如果该比率较大，说明利用较少的权益资金投资形成了较多的生产经营用资产，不仅扩大了生产经营规模，而且在资金息税前利润率大于负债利息率的情况下，还可以利用财务杠杆作用，得到较多的投资净利润，因此此时所有者希望资产负债率高一些，但当资金息税前利润率小于负债利息率时，所有者则希望资产负债率低一些。对企业管理当局而言，则希望资产负债率既不过高也不过低，而应保持适度，因为举债越多风险越大，再筹资会更困难，不举债或少举债会显得畏缩不前而丧失财务杠杆利益，因此资产负债率又是评价经营管理者理财能力和进取心的一个重要指标。适度的资产负债率表明企业债权人的投资风险较小，企业面临的财务风险适度。目前国际上一般认为资产负债率在50%左右较好。当然利用该比率分析企业长期偿债能力时应当与企业盈利能力指标结合起来分析，考虑企业经营情况、资产结构、企业规模、负债期限、企业资产实际价值与账面价值的关系、现金流量情况等因素，并注意与同行业平均水平相比较，才能得出企业资产负债率是否合理、长期偿债能力是否适当的结论。

需要注意的是，并非企业所有的资产都可以作为偿债的物质保证，如长期待摊费用等就因为没有直接的变现能力而不能作为可以偿债的资产。至于无形资产中的商誉、商标权、专利权、非专利技术等能否用于偿债，也存在极大的不确定性。因此，又提出有形资产负债率这一比较稳健的比率对企业长期偿债能力进行评价。其计算公式为

$$有形资产负债率＝（负债总额÷有形资产总额）×100\%$$

有形资产总额＝资产总额－无形资产及其他资产

　　较之资产负债率，有形资产负债率指标将企业偿付安全性的分析建立在更加切实可靠的物质保障基础之上。

【例8-8】　根据永昌公司资产负债表的相关数据，计算该公司2009年年初和年末的资产负债率为

　　2009年年初资产负债率＝（246 225÷869 093）×100％＝28.33％

　　2009年年末资产负债率＝（325 495÷986 136）×100％＝33.01％

　　从永昌公司2009年年初和年末的资产负债率看，该企业资产负债率不高，说明该企业长期偿债能力较强。年末与年初相比，资产负债率有所提高，永昌公司长期偿债能力、资本结构、资金成本、财务风险和财务杠杆的利用程度都有了一定的变化。

（二）产权比率

　　产权比率又称为资本负债率，是企业某一时点负债总额与所有者权益总额的比率，反映了债权人所提供资金与所有者所提供资金的对比关系，因此它不仅反映了所有者权益对债务的保障程度，还可以揭示企业资本结构的合理程度、资金成本的高低、财务风险的大小和企业财务杠杆的利用程度。

产权比率＝（负债总额÷股东权益总额）×100％

　　产权比率越低，表明企业的长期偿债能力越强，债权人权益的保障程度越高，承担的风险越小，但也表明企业不能充分地发挥负债的财务杠杆效应。因此，企业在评价产权比率适度与否时，应从提高盈利能力与增强偿债能力两个方面综合进行，即在保障债务偿还安全的前提下，应尽可能地提高产权比率。

【例8-9】　根据永昌公司资产负债表的相关数据，计算该公司2009年年初和年末的产权比率为

　　2009年年初产权比率＝（246 225÷622 868）×100％＝39.53％

　　2009年年末产权比率＝（325 495÷660 641）×100％＝49.27％

　　永昌公司2009年年末的产权比率比年初上升不少，说明该公司长期偿债能力有所下降，也表明企业的资金结构、财务风险及财务杠杆利用程度有了不同程度的变化。

（三）权益乘数

　　权益乘数也称权益总资产率，是指企业某一时点资产总额相当于所有者权益总额的倍数，表明企业所有者投入的资本支撑着几倍于自己的经营规模。它也是一个反映企业长期偿债能力、资金结构和财务风险的指标。这一比率越大，说明企业的负债比率越大，所有者权益在资产中所占比重越小，长期偿债能力越差。其计算公式如下：

$$权益乘数＝\frac{资产总额}{所有者权益总额}$$

【例8-10】　根据永昌公司资产负债表的相关数据，计算该公司2009年年末和年初的权益乘数为

2009 年年初权益乘数＝869 093÷622 868＝1.40

2009 年年末权益乘数＝986 136÷660 641＝1.49

从权益乘数角度看，永昌公司 2009 年末与年初相比，长期偿债能力有所降低，财务风险有所加大。

计算权益乘数时，也可以用资产平均总额和所有者权益平均总额代替。此时计算出来的权益乘数是一项动态比率。

$$权益乘数＝\frac{资产平均总额}{所有者权益平均总额}＝\frac{1}{1-资产负债率}$$

【例 8-11】　根据永昌公司资产负债表的相关数据，计算该公司 2009 年度的权益乘数为

$$2009 年度权益乘数＝\frac{(986\ 136＋869\ 093)÷2}{(660\ 641＋622\ 868)÷2}＝1.45$$

资产负债率、产权比率和权益乘数都表达了资产、负债和所有者权益间的关系，三个比率之间可以相互换算，在表示资本结构和体现长期偿债能力时起基本相同的作用。其区别主要是：资产负债率侧重于分析债务偿付安全性的物质保障程度；产权比率侧重于揭示资本结构的稳健程度以及权益资金对偿债风险的承受能力；而权益乘数与资产负债率的意义相同，主要分析所有者权益占资产的比重。

（四）有形净值债务率

有形净值债务率是企业某一时点的负债总额与有形净资产的比率。它是比资产负债率更为保守和稳健的衡量企业长期偿债能力的指标。有形净资产是所有者权益扣除无形资产后的余额。因为无形资产的价值、预期变现能力存在更大的不确定性，所以在使用有形净值债务率分析企业的偿债能力时，应将无形资产扣除。一般来说，该比率越低，企业偿债能力越强，财务风险越小。其计算公式如下：

有形净值债务率＝负债总额÷（所有者权益－无形资产净值）×100％

但是，在无形资产日益重要的今天，武断地将无形资产全部扣除的做法显然也是欠妥的。合理做法应该是大概估计无形资产的价值，将账面价值高于合理价值的部分扣除。这里牵涉的另一个问题是，无形资产的价值判断本身就比较棘手，因此该指标的正确使用有赖于对无形资产比较可靠的估价。

（五）利息保障倍数

利息保障倍数也称已获利息倍数，是企业当期息税前利润总额相当于利息费用的倍数。它反映了企业以当期经营所得利润偿还债务利息的能力，是利用利润表有关资料来分析企业长期偿债能力的指标。其计算公式如下：

利息保障倍数＝息税前利润总额÷利息费用

息税前利润是指包括债务利息与所得税的正常业务经营利润，不包括非正常项目利润。为了更加准确地反映利息的保障程度，债务利息应包括财务费用中的利息和资本化的利息费用两部分。

利息保障倍数不仅反映企业盈利能力的大小，而且反映盈利能力对偿还到期债务利息的保证程度，它既是企业举债经营的前提依据，也是衡量企业长期偿债能力强弱的重要指标。一般情况下，企业利息保障倍数越高，表明企业长期偿债能力也就越强。国际上通常认为，该指标为 3 时较为适当。从长期来看，企业若要维持正常偿债能力，利息保障倍数至少应当大于 1，如果利息保障倍数过小，企业将面临亏损及偿债的安全性与稳定性下降的风险。究竟企业利息保障倍数应是利息的多少倍才算偿债能力强，这要根据往年的经验并且结合行业特点来判断。

【例 8-12】　根据永昌公司资产负债表和利润表及有关账簿资料，可计算该公司 2008 年和 2009 年的利息保障倍数为

2008 年利息保障倍数 =（77 330 + 2 490）÷ 2 490 = 32.06

2009 年利息保障倍数 =（78 842 + 2 811）÷ 2 811 = 29.05

从计算结果看，虽然 2009 年该公司的利息保障倍数比 2008 年有所下降，但两年的利息保障倍数都较高，说明企业用生产经营所得的息税前利润支付利息费用的能力很强，当然还需进一步结合企业往年的情况和行业的特点进行判断。

（六）现金净流量负债总额比率

现金净流量负债总额比率是指经营现金活动现金流量净额与企业负债总额的比率，反映企业用经营活动产生的现金净流量偿还全部债务的能力，体现了企业偿债风险的高低。其计算公式如下：

现金净流量负债总额比率 =（经营活动现金流量净额 ÷ 负债总额）× 100%

公式中的"负债总额"可以用年末负债总额，也可以用全年平均负债总额。现金净流量负债总额比率是偿债能力分析中的重要指标之一。该比率越高，说明企业偿债能力越强，偿债时效保障越好，相应的风险越小；反之，则说明企业偿债能力差，偿债时效保障弱，相应的风险较大。在正常经营情况下，虽然企业可以用投资活动、筹资活动产生的现金流量来偿还债务，但经营活动产生的现金流量应该是偿还企业负债的主要来源，因此现金净流量负债总额比率是一个客观性、可比性较强的指标，在判断企业的长期偿债能力时应给予足够的重视。

在分析现金净流量负债总额比率时，可以将计算该比率的分母改为长期负债总额，计算出经营活动现金净流量与长期负债总额比率来反映经营活动现金流量净额偿还长期负债的能力；还可以将计算该比率的分母改为一年内到期的长期负债，计算出经营活动现金净流量与本期到期长期负债比率，来反映经营活动现金流量净额偿还一年内到期的长期负债的能力。

【例 8-13】　根据永昌公司现金流量表和资产负债表的相关数据计算，该公司 2008 年和 2009 年现金净流量负债总额比率为

2009 年现金净流量负债总额比率 =（71 930 ÷ 325 495）× 100% = 22.09%

2008 年现金净流量负债总额比率 =（62 602 ÷ 246 225）× 100% = 25.42%

上述计算结果说明，永昌公司通过经营活动产生的现金净流量偿付全部债务的能力

较差，而且 2009 年现金净流量负债总额比率比 2008 年还有所下降。

根据永昌公司现金流量表和资产负债表的相关数据，还可以计算出该公司 2008 年和 2009 年的现金净流量与长期负债总额比率、现金净流量与本期到期长期负债比率，进一步深入地说明和判断该公司用经营活动产生的现金净流量偿还全部长期负债或一年内到期长期负债的能力。

第二节　企业资金营运能力分析

一、资金营运能力分析的目的和影响因素

资金营运能力又称为资产管理能力或资产营运状况，是指企业对其资金资源的配置和利用能力，是通过生产经营资金周转速度的有关指标所反映出来的企业资金（资产）利用的效率，也表明企业管理当局在企业经营管理活动中运用其所拥有资源的能力。

每一个企业在利用其各项资产形成产出或销售的效率是不同的。资产的利用情况或周转速度不仅与企业的生产经营活动密切相关，而且与企业的资金管理水平也关系密切。企业资金管理的一个重要目标，就是要确定和实现企业各项经济资源在总资产中的最佳配置。因此，通过对资金营运能力的分析来判断并确定各项资产的最佳组合，实现资源的优化配置是财务报告分析的一个重要内容。显然，资金营运能力分析必须将资产负债表与利润表结合起来进行分析，其实质是分析企业管理当局是否实现了资金的流动性、财务稳定性和增值性的特征要求。资金营运能力分析既是企业财务状况分析的一部分，又是企业盈利能力分析的一部分。其内容主要包括流动资产周转情况分析、非流动资产周转情况分析和总资产周转情况分析等方面。

（一）资金营运能力分析的目的

资金营运能力表明企业管理当局配置和运用其所拥有资产的能力。一般情况下，资金营运能力通过反映企业生产经营资金周转速度的相关指标衡量。企业资产配置组合得越合理，资金周转速度越快，表明企业资金利用的效果越好、效率越高，资金运营能力越强，企业管理当局经营理财能力越强。资金营运能力的大小对企业盈利能力的持续增长和偿债能力的不断提高有着决定性的影响。因此，资金营运能力的分析对企业所有者考察其投入企业资金的运用效率，对债权人评价企业的偿债能力，对加强企业经营理财管理，以及对国家制定资源配置政策都具有重要的作用。

（1）企业管理当局对资金营运能力分析的目的是发现企业资产结构（投资结构）存在的问题，寻找优化资产结构的途径和方法，制定优化资产结构的决策，进而达到优化资产配置结构、降低投资风险、加速资金周转、提高资金使用效率和效益的目的。

（2）加速资金周转，提高资金运用效率是实现资本保值增值的基本保证和有效途径，因此企业所有者对资金营运能力分析的目的是为进行科学投资决策，选择资金营运能力强、资金利用效率高的企业进行投资，让自己投入企业的资金发挥更大效率，实现

更多盈利，实现资本保值增值的目标。

（3）企业债权人对资金营运能力分析的目的是为了分析企业偿还债务利息和本金的能力，判断其投入企业的债权的安全性。因为债务人的偿债能力来自于其盈利能力，而盈利能力又主要来源于其资金营运能力。

（二）影响企业资金营运能力的主要因素

企业资金营运能力需要通过资产的运作来体现，因此资金营运能力分析主要通过各项资产的周转指标反映。周转指标一般有周转率（次数）和周转期（天数）两种。

周转率（周转次数），即企业在一定时期内的资金周转额（如销售收入、赊销收入、销售成本等）与该项资金周转一次所需要的资金量（平均余额）的比率，一定时间内资金周转次数越多，表明资金周转速度越快，资金营运能力越强；周转期（周转天数）是指某种资金周转一次所需要的时间，周转期越短，表明周转速度越快，资金营运能力越强。其计算公式如下：

$$周转率（周转次数）=\frac{周转额}{资产平均余额}$$

$$周转期（周转天数）=\frac{计算期天数}{周转次数}=\frac{资产平均余额}{周转额}×计算期天数$$

根据上述公式可以发现资金营运能力分析必须将利润表的相关数据与资产负债表的数据有机地结合起来进行计算和分析，即计算企业在某项（或某一组）资产中的投资额产出了多少销售收入（或赊销收入、销售成本），并将计算结果进行各种比较，以揭示企业在配置各种经济资源过程中的效率状况。

从计算资金周转率的公式可以看出，必然要从影响分子"周转额"和分母"资产平均余额"的角度去寻找影响企业资金营运能力的因素。因此，影响企业资金营运能力的主要因素有：

（1）企业所处的行业。由于企业所处行业不同，会导致不同的企业投入同样的资金会产出不同的销售额水平，从而导致不同的资产周转率。一般而言，在资金周转期长的行业中，企业投入同样资金产出的周转额少；在周转期短的行业中，企业投入同样多的资金产出的周转额则较多。

（2）企业经营周期。企业经营周期长短不同，会导致不同的资金周转率水平。因为企业经营周期长，资产的流动性就差，投入同样多的资金产出的周转额就少，资金运用的效率就低。

（3）企业资产构成及质量。企业资产构成中，流动资产偏多，非流动资产偏少，则整体周转期短，投入同样多资金产出的周转额就多，资金使用效率高。资产质量好，变现能力强，周转速度快，资金使用效率就高。

（4）资产管理水平和财务政策。企业资产管理水平高，资产质量不断提高，企业资产结构也得以不断优化，资产周转速度加快。财务政策中的应收账款、存货资金管理政策不同，也会导致这些资金周转速度不同，从而影响企业资金营运能力。

二、进行资金营运能力分析的比率（指标）

从资金周转速度角度评价资金营运能力的指标主要包括总资产周转率、固定资产周转率、流动资产周转率、存货周转率、应收账款周转率等。营运能力也受到资产质量的影响，从资产质量角度评价企业资金营运能力的指标主要用不良资产比率等。

（一）总资产周转率

总资产周转率也称总资产利用率，是一定时期企业销售收入净额与资产平均总额的比值，说明企业全部资产的利用效率，是评价企业资金营运能力的综合性指标。

$$总资产周转率（周转次数）＝销售收入净额÷平均资产总额$$
$$总资产周转期（周转天数）＝（平均资产总额×360）÷销售收入净额$$
$$＝360÷总资产周转次数$$
$$总资产与销售收入比＝平均资产总额÷销售收入净额$$

其中，销售收入净额＝销售收入－销售折扣与折让等；平均资产总额＝（资产总额年初数＋资产总额年末数）÷2。值得说明的是，如果年中资产总额占用波动性较大，平均资产总额也可以这样计算：

$$年平均资产总额＝\frac{年初/2＋第一季末＋第二季末＋第三季末＋年末/2}{4}$$

平均资产总额甚至可以采用更详细的资料进行计算，如按照各月份的总资产占用额计算平均数。

总资产周转次数表明企业总资产在一年中周转的次数，也可以说是企业每1元投资所产生的销售额；总资产周转天数则表明企业总资产周转一次所需的天数。用平均资产总额与销售收入净额之比，可以表明企业取得1元销售收入所需要总资产的投资是多少。

总资产周转率是考察企业总资产运营能力的重要指标，体现了企业全部资产的周转速度，反映了企业全部资产的管理质量和利用效率。该指标数值越高，说明总资产周转速度越快，资产利用效率和管理水平越高，给企业带来的盈利能力和偿债能力越强；如果该指标较低，说明企业利用全部资产进行经营的效率较差，最终会影响企业的盈利能力。

【例8-14】　根据永昌公司资产负债表和利润表的相关数据计算，该公司2009年和2008年总资产周转率（次数）和周转期（天数）为

2008年总资产周转率（次数）＝724 502÷（869 093＋986 136）÷2＝0.78（次）
2009年总资产周转率（次数）＝788 863÷（750 305＋869 093）÷2＝0.97（次）
2008年总资产周转期（天数）＝360÷0.78＝461.54（天）
2009年总资产周转期（天数）＝360÷0.97＝371.13（天）

在具体分析时，可以将当期的总资产周转率与同行业平均水平相比较，以评价本企业的资产管理水平的高低，也可以与上期指标进行对比，以了解全部资产利用效率的改

善情况，也可以观察连续几年的总资产周转率，以分析其变动趋势。

总资产周转率是一个综合指标，它受到很多因素的影响。企业应采取各项措施在既定投资规模条件下扩大销售收入，提高资产的利用程度，处理多余的资产，以提高总资产周转率水平。

（二）固定资产周转率

固定资产周转率是反映固定资产周转情况和利用效率的指标，它是企业一定时期销售收入净额与平均固定资产净值的比率，其计算公式为

$$固定资产周转率（次数）＝\frac{销售收入净额}{平均固定资产净值}$$

$$平均固定资产净值＝\frac{固定资产净值年初数＋固定资产净值年末数}{2}$$

一般情况下，固定资产周转率越高，表明企业固定资产的利用越充分，同时也能表明固定资产投资得当，固定资产结构合理，能够充分发挥效率；反之，如果固定资产周转率不高，则表明固定资产使用效率不高，提供的生产成果不多，企业固定资产营运能力不强。

计算出固定资产周转率后，也需要与本企业以前年份和同行业的情况进行对比才能说明问题。

【例 8-15】　根据永昌公司资产负债表和利润表的相关数据计算，该公司 2009 年和 2008 年固定资产周转率（次数）和周转期（天数）为

$$2008 年固定资产周转率（次数）＝\frac{724\ 502}{(395\ 111＋426\ 850)÷2}＝1.76（次）$$

$$2009 年固定资产周转率（次数）＝\frac{788\ 863}{(277\ 878＋395\ 111)÷2}＝2.34（次）$$

$$2008 年固定资产周转期（天数）＝360÷1.76＝204.55（天）$$

$$2009 年固定资产周转期（天数）＝360÷2.34＝153.85（天）$$

运用固定资产周转率指标时，需要考虑固定资产因计提折旧的影响其净值在不断减少，以及因更新重置固定资产其净值突然增加的影响。同时由于折旧方法的不同，可能影响其可比性。故在分析时要剔除这些不可比因素。

（三）流动资产周转率

流动资产周转率是指企业一定时期的销售收入净额与平均流动资产总额的比率。它是反映全部流动资产周转速度和利用效率的指标，是评价企业资金营运能力的重要指标。计算公式为

$$流动资产周转率（次数）＝\frac{销售收入净额}{平均流动资产总额}$$

$$流动资产周转期（天数）＝360÷流动资产周转次数$$

$$平均流动资产总额＝（期初流动资产＋期末流动资产）÷2$$

如果流动资产在年中波动较大，平均流动资产总额也可以采用分月平均的方法计算。

【例 8-16】 根据永昌公司资产负债表和利润表的相关数据计算，该公司 2008 年和 2009 年流动资产周转率（次数）和周转期（天数）为

$$2008 \text{ 年流动资产周转率（次数）} = \frac{724\,502}{(214\,712 + 301\,928) \div 2} = 2.80 \text{（次）}$$

$$2009 \text{ 年流动资产周转率（次数）} = \frac{788\,863}{(301\,928 + 356\,358) \div 2} = 2.39 \text{（次）}$$

$$2008 \text{ 年流动资产周转期（天数）} = 360/2.80 = 128.57 \text{（天）}$$

$$2009 \text{ 年流动资产周转期（天数）} = 360/2.39 = 150.63 \text{（天）}$$

通常认为，在正常经营情况下，流动资产周转速度越快，表明流动资产利用效果越好，以相同的流动资产完成的周转额越多，从而相对节约了流动资金，等于相对扩大了资产投入，增强了企业的盈利能力和偿债能力。生产经营任何一个环节上的工作改善，都会反映到流动资产周转率指标上来。但是，流动资产周转过快可能意味着企业扩张太快，也可能意味着企业的存货等流动资产投资不足，对销售造成不利影响。

计算出流动资产周转率后，需要与本企业以前年份和同行业的情况进行对比才能说明问题。为查明流动资产周转加速或延缓的原因，还要进一步分析平均流动资产总额构成项目变动的影响，如应收账款周转率、存货周转率的变动。

通过对该指标的分析对比，一方面可以促进企业加强内部管理，充分利用其流动资产；另一方面也可以促进企业采取措施扩大销售，提高流动资产的综合使用效率。

（四）应收账款周转率

应收账款周转率是指企业一定时期内赊销收入净额与平均应收账款余额的比率，用以反映企业应收账款的周转速度和管理效率。用时间表示的周转速度是应收账款周转天数，也称为应收账款回收期。计算公式如下：

$$\text{应收账款周转率（次数）} = \frac{\text{赊销收入净额}}{\text{应收账款平均余额}}$$

$$\text{应收账款周转期（天数）} = 360 \div \text{应收账款周转次数}$$

应收账款是因赊销产生的，因此从理论上说，其分子应按赊销收入净额计算。但对财务报表外部使用者来说，难以得到确切的赊销收入数据，而且财务报表的内部使用者也未必容易取得该项数据。把现销视为收账时间为零的赊销也是可以的。因此，有人主张计算应收账款周转率指标的分子用"销售收入净额"比较好。另外，计算应收账款周转率指标的分母"平均应收账款余额"应包括应收票据。如果应收账款余额的波动性较大，应尽可能采用更详尽的计算资料计算平均应收账款余额。

一般来说，应收账款周转率越高，周转天数越短，说明应收账款的变现速度越快，应收账款的管理效率越高。由于应收账款是企业重要的流动资产，应收账款周转率高，账龄短，可减少收账费用和坏账损失，相对增加流动资产的投资收益，资产的流动性强，企业短期偿债能力也强，在一定程度上可以弥补流动比率和速动比率在分析短期偿

债能力方面的不足；反之，企业的营运资金则过多地滞留在应收账款上，会影响企业正常的资金周转。但应收账款周转率不是越高越好，过高的应收账款周转率也可能说明企业在赊销政策方面存在问题，或为及早收回款项而给予顾客过高的现金折扣，从而降低企业的盈利水平，或奉行严格的信用政策，付款条件过于苛刻，虽然降低了应收账款数额，但同时抑制了企业销售量的增加，最终影响企业的盈利水平。

【例 8-17】 根据永昌公司资产负债表和利润表的相关数据计算，该公司 2008 年和 2009 年应收账款周转率（次数）和周转期（天数）为（年周转额用销售收入净额计算）

$$2008 \text{ 年应收账款周转率（次数）} = \frac{724\ 502}{(37\ 563 + 25\ 636 + 33\ 158 + 51\ 454) \div 2} = 9.80（次）$$

$$2009 \text{ 年应收账款周转率（次数）} = \frac{788\ 863}{(33\ 158 + 51\ 454 + 14\ 901 + 15\ 8037) \div 2}$$
$$= 6.13（次）$$

2008 年应收账款周转期（天数）= 360 ÷ 9.80 = 36.73 （天）
2009 年应收账款周转期（天数）= 360 ÷ 6.13 = 58.73 （天）

影响该指标高低的因素有许多，如企业季节性经营、大量使用分期付款结算方式或现金结算方式等。财务报表使用者应将该指标与该企业的前期指标、同行业平均水平或其他类似企业的该项指标相比较，以判断该指标的高低。至于该指标高低的具体原因则要通过其他分析来寻找。

（五）存货周转率

存货周转率是指企业一定时期的销售成本（营业成本）与平均存货余额的比率，它是反映企业流动资产的重要组成部分——存货资金的周转速度的指标，也是衡量企业生产经营各环节中存货运营效率和管理状况的综合性指标。其计算公式如下：

$$存货周转率（次数） = \frac{销售成本}{平均存货余额}$$

$$存货周转期（天数） = 360 \div 存货周转次数$$

一般而言，存货周转率高，表明存货资金周转速度快，企业在采购、储存、生产、销售各环节的存货资金使用和管理效率高，存货转换为现金或应收账款的能力强，存货占用水平低，存货积压的风险也相对降低，而且存货周转率指标的高低还影响企业短期偿债能力和盈利能力。但存货周转率不是越高越好，过高的存货周转率也可能表明该企业存货管理中出现问题，如可能导致缺货而影响正常的生产经营活动，或由于采购次数过于频繁，每次订量过小而增加存货采购成本。存货周转率过低，则往往表明存货管理不善、销售不畅、存货积压，造成资金沉淀。

报表使用者对存货周转率分析评价时除了考虑不同行业、不同经营方式等因素的影响之外，还应对存货的结构及影响存货周转速度的重要项目进行分析，如计算分析原材料、在产品、产成品周转率等，使存货管理在保证生产经营连续性的同时，尽可能少地占用经营资金，提高资金的使用效率。还要注意的是，存货计价方法对存货周转率具有较大的影响，因此，在分析企业不同时期或不同企业的存货周转率时，应注意存货计价方法的口径是否一致。

【例 8-18】 根据永昌公司资产负债表和利润表的相关数据计算,该公司 2009 年和 2008 年存货周转率(次数)和周转期(天数)如下:

$$2008 \text{ 年存货周转率(次数)} = \frac{631\ 304}{(63\ 365 + 112\ 860) \div 2} = 7.16 \text{(次)}$$

$$2009 \text{ 年存货周转率(次数)} = \frac{687\ 108}{(112\ 860 + 116\ 006) \div 2} = 6 \text{(次)}$$

$$2008 \text{ 存货周转期(天数)} = 360 \div 7.16 = 50.28 \text{(天)}$$

$$2009 \text{ 存货周转期(天数)} = 360 \div 6.00 = 60 \text{(天)}$$

表 8-1 永昌公司 2008 年、2009 年资金营运能力比率(指标)

比率(指标)	2008 年	2009 年	差异
总资产周转率(次)	0.78	0.97	+0.19
总资产周转期(天)	461.54	371.13	−90.41
固定资产周转率(次)	1.76	2.34	+0.58
固定资产周转期(天)	204.55	153.85	−50.70
流动资产周转率(次)	2.80	2.39	−0.41
流动资产周转期(天)	128.57	150.63	+22.06
应收账款周转率(次)	9.80	6.13	−3.67
应收账款周转期(天)	36.73	58.73	+22
存货周转率(次)	7.16	6.00	−1.16
存货周转期(天)	50.28	60	+9.72

永昌公司反映资金营运能力的所有指标,无论是总资产周转率、固定资产周转率、流动资产周转率、应收账款周转率和存货周转率,还是总资产周转期、固定资产周转期、流动资产周转期、应收账款周转期和存货周转期,2009 年与 2008 年相比均有不同程度的变化,各项流动资产周转率(次数)指标减少,周转期(天数)指标增加,说明永昌公司的流动资金营运能力退化,各类资产利用效率有升有降,资产管理中存在一些问题,因此永昌公司必须引起高度重视,查清原因,提出对策,加以改进。

需要说明的是,在上述反映资金营运能力各指标的计算中均以年度作为计算期,但在实际中,计算期应视分析的需要而定,而且应保持分子与分母在时间口径上的一致。如果各期资金占用额比较稳定、波动不大,季度、年度平均资金占用额可以直接用(期初数+期末数)÷2 的公式来计算;如果资金占用的波动较大,应采用更详细的资料进行计算,如用(年初余额/2+1 月底余额 +2 月底余额 + … +11 月底余额+年底余额/2)÷12 的公式计算年度平均资金占用额。

总之,反映企业资金营运能力的各项资产的周转率指标用于衡量企业运用资产赚取收入的效率和能力,经常和反映偿债能力和盈利能力的指标结合在一起使用,可全面评价企业的财务状况和盈利能力。

（六）不良资产比率

不良资产比率是企业年末不良资产总额占年末资产总额的比重。不良资产比率是从企业资产管理角度评价企业资产营运状况的指标。

$$不良资产比率＝不良资产总额÷资产总额$$

年末不良资产总额是指企业资产中存在问题、难以参加正常生产经营运转的那部分资产的数额，主要包括 3 年以上未收回的应收账款、积压的商品物资、不良投资、长期待摊费用、递延所得税资产等项目。但由于积压的存货、不良投资数据不易取得，不良资产比率一般按下式计算：

$$不良资产比率 ＝\frac{3\,年以上未收回的应收账款＋长期待摊费用＋递延所得税资产等}{年末资产总额}$$

一般情况下，不良资产比率越高，表明企业沉淀下来、不能正常参加经营运转的资金越多，资产利用率越差。因此，该指标越小越好。

（七）反映管理效率的现金流量比率

企业营运资金的管理是企业日常财务管理的重要内容，包括现金管理、应收账款管理和存货管理。从管理效率的角度看，要想准确评价企业资产管理效率的高低，还应借助现金流量表的相关资料进行分析，如对销售营业现金流入比率、应收账款收现率、赊销收入折现系数比率的分析。

1. 销售现金流入比率

销售现金流入比率主要用于衡量企业销售收入与销售现金流入量的对称关系，反映企业每 1 元销售收入回收现金的能力，体现企业销售收取现金价款的能力和水平，也体现企业销售收入的质量，同时也从一个侧面揭示企业当前的运行是否处于过度经营的状态。其计算公式为

$$销售营业现金流入比率＝\frac{销售现金流入量}{销售收入净额}$$

一般而言，该比率越高，表明企业应计现金流入量对实际或有效现金流入量的转化能力越强，从而收入的质量越高；反之，则意味着企业的销售收入存在较重的质量问题，应调整销售方针，控制赊销策略，加大收账力度。

如果该比率接近 1，说明企业当期的销售收入款项基本都已收回了现金或者说明企业当年收回现金的销售收入加上当年收回去年的应收账款与当年的销售收入总额基本相等；如果该比率接近于 0，说明企业销售款项中大部分未能收回现金，有可能是企业应收账款政策存在问题；如果该比率连续若干年均小于 1，说明企业应收账款占用较大，影响企业现金的流转。

2. 应收账款收现率

其计算公式为

$$应收账款收现率＝\frac{应收账款平均收现额}{应收账款平均余额}$$

该比率反映企业应收账款收现管理水平的高低，如能同时配合应收账款账龄进行分析的话，更有现实意义。

3. 赊销收入折现系数比率

其计算以式为

$$赊销收入折现系数比率 = \frac{\sum（各时间段应收账款收现额 \times 折现系数或期限系数）}{期间内应收账款累计发生额}$$

该比率是从时间价值角度对赊销收入或应收账款的收现质量进行评价，在国内外一些成功企业中已经得到较广泛的应用。该指标对于提高企业相关责任者的赊销管理活动的风险意识，增强时间价值观念，加快应收账款的收现速度，减少机会成本和坏账损失，提高应收账款的投资效率都有重要意义。

第三节 企业盈利能力分析

盈利是企业生存和发展的前提，也是所有者对企业投资的根本动力。对资金增值的不断追求是企业资金运动的动力源泉和直接目的。盈利能力，也叫获利能力，是企业赚取利润的能力，即企业资金增值的能力。它通常表现为企业利润数额的大小与盈利水平的高低。因为会计六大要素有机统一于企业资金运动过程，并通过筹资、投资活动取得收入、补偿成本费用，从而实现利润目标。所以，可以按照会计基本要素设置销售利润率、成本费用利润率、总资产报酬率、净资产收益率和资本保值增值率等指标，借以评价企业各要素的盈利能力及资本保值增值情况。无论是投资者、债权人还是企业经营管理者，都十分重视和关心企业的盈利能力。利润是投资者取得投资收益、债权人收取本息的来源，是经营者经营业绩和管理效率的集中表现，也是职工福利、政府税收的重要保障。企业偿债能力从长期看主要取决于企业的盈利能力，企业提高资金营运能力的主要目的是提高其盈利能力，因此，对企业的盈利能力进行分析十分重要，在财务报告分析中居于核心地位。

企业盈利能力分析可以从企业收益的数量和质量、一般企业盈利能力和上市公司盈利能力、企业自身盈利能力和社会贡献能力等角度展开。反映盈利能力的财务比率都是动态比率，且一般都是越高越好。

一、盈利能力分析的目的和影响企业盈利能力的因素

（一）盈利能力分析的目的

所谓盈利能力分析就是通过一定的分析方法，剖析、鉴别、判断企业能获取多大数量和多高质量的利润的能力，具体就是分析企业盈利多少、盈利水平高低、获取利润的渠道和方式的合理性，以及盈利能力的稳定性和持久性等。盈利能力分析的目的具体包括以下三方面。

1. 正确评价企业一定时期的经营业绩

利润是企业一定时期经营业绩的集中表现和核心内容，它是评价企业一定时期经营

业绩的主要指标。企业能否获得利润、能够获取多少利润、如何获取利润是企业各利益相关者关心的主要问题，因此盈利能力分析是正确评价企业一定时期的经营业绩的基本手段和有效方式。

2. 及时准确发现企业经营理财中可能存在的问题

盈利能力分析既可以总结经验，更容易发现工作中存在的问题，尤其在通过对比同行业先进企业和本企业历史最好水平进行分析时更容易发现企业经营理财中的不足和差距。

3. 为企业利益相关者提供决策和管理依据

无论是所有者、债权人、政府部门还是企业经营管理者，都十分重视和关心企业的盈利能力，因为这关系到他们的切身利益所在。通过企业盈利能力分析，总结经验、发现问题、寻找原因、预测未来，可以为他们进行科学的投资决策和经营管理决策提供依据。企业所有者（包括现有的出资者和潜在的投资者）为实现资本保值增值，不仅关心企业当前的盈利能力，而且关心企业的发展前景和投资风险。通过分析，所有者还可以评价企业经营管理者的业绩，为制定合理的薪酬制度提供依据，并及时纠正发现的问题；企业债权人最关注的是其本息的安全性，而企业的偿债能力和支付能力，不仅取决于企业当前的现金净流量，而且从根本上取决于企业盈利的稳定性和持久性；承担着受托责任的企业经营管理者的经营管理业绩主要体现在企业盈利的数量和质量；企业利润又是政府税收的重要保障，因此政府税务部门对企业盈利能力也特别关注。

（二）影响盈利能力的因素

企业盈利能力受各方面因素的影响。分析这些因素的影响对评价企业盈利能力是非常重要的。

（1）生产经营能力。企业生产经营能力决定企业的盈利能力。生产经营能力强，企业的全要素生产率就高，企业各要素（包括资本、劳动、技术、土地等）投入产出比就高，企业销售收入扩大，成本费用相对降低，从而带来较高的盈利水平。资金营运能力就是企业在资金财务方面的经营能力，提高资金营运能力，就可以用较少的资金投入产生较多的销售收入，从而获得更多的盈利。

（2）成本费用水平。企业成本费用水平对盈利能力产生反方向的影响。企业成本费用控制能力和管理水平越高，企业盈利能力越强。

（3）风险因素。企业在生产经营中面临的风险主要有经营风险和财务风险两种。根据收益与风险均衡的原理，在完善的市场经济条件下，企业要获得较高的收益，必须去冒较大的风险，企业冒了较大的风险，获利的机会就多。因此，经营风险和财务风险、经营杠杆和财务杠杆也是决定企业盈利能力的重要因素。

二、进行企业盈利能力分析的财务比率（指标）

（一）企业自身盈利能力基本分析

1. 企业盈利能力数量分析

1）一般企业盈利能力的数量分析

（1）销售利润率。销售利润率，也称营业利润率，是指企业一定时期取得的利润与销售收入（营业收入）净额的比率。由于企业利润有主营业务利润、营业利润、利润总额和净利润等多种形式，因此要注意销售利润率指标计算时所用的利润形式，尽可能做到与销售收入净额在计算口径上相互匹配。实际工作中，销售利润率一般主要有两项指标形式：销售利润率和销售净利率。其计算公式如下：

$$销售利润率 = \frac{利润总额}{销售收入净额} \times 100\%$$

$$销售净利率 = \frac{净利润}{销售收入净额} \times 100\%$$

销售利润率表明企业销售收入的盈利能力。该指标值越高，表明从销售收入中获取盈利的水平就越高，企业盈利能力就越强；反之则相反。

【例 8-19】 根据永昌公司利润表的相关数据计算，公司 2008 年度和 2009 年度的销售利润率和销售净利率分别为

2008 年度销售利润率 = （77 330÷724 502）×100% = 10.67%

2009 年度销售利润率 = （78 842÷788 863）×100% = 9.99%

2008 年度销售净利率 = （67 071÷724 502）×100% = 9.26%

2009 年度销售净利率 = （52 865÷788 863）×100% = 6.70%

企业销售利润率和销售净利率指标计算出来后，都要与本企业前期数或计划数或同行业水平进行比较才能说明问题。

（2）成本费用利润率。成本费用利润率是指企业一定时期的利润总额与成本费用总额的比率。其计算公式如下：

$$成本费用利润率 = \frac{利润总额}{成本费用总额} \times 100\%$$

其中，

$$成本费用总额 = 销售成本 + 销售费用 + 管理费用 + 财务费用$$

该指标越高，表明企业为取得利润而付出的代价越小，成本费用控制得越好，盈利能力越强。在评价成本费用开支的效果时，应注意成本费用与利润之间在计算层次和口径上的对应关系。

【例 8-20】 根据永昌公司利润表的相关数据计算，公司 2008 年度和 2009 年度的成本费用利润率分别为

2008 年度成本费用利润率＝（77 330÷643 435）×100％ ＝ 12.02％

2009 年度成本费用利润率＝（78 842÷699 138）×100％ ＝ 11.28％

企业成本费用利润率指标计算出来后，也要与本企业前期数或计划数或同行业水平进行比较才能说明问题。

（3）总资产报酬率。总资产报酬率也称资金利润率、资产利润率、资产收益率或投资报酬率，是指企业在一定时期内的息税前利润或净利润与平均资产总额的比率，因此通常有总资产息税前利润率和总资产净利率两项指标。其计算公式如下：

$$总资产息税前利润率＝\frac{息税前利润}{平均资产总额}×100％$$

$$总资产净利率＝\frac{净利润}{平均资产总额}×100％$$

【例 8-21】 根据永昌公司资产负债表和利润表的相关数据，假设永昌公司财务费用全部为利息费用，平均资产总额为年初数和年末数的平均额，计算该公司 2008 年度和 2009 年度的总资产息税前利润率和总资产净利率分别为

2008 年度总资产息税前利润率＝（79 820÷809 699）×100％ ＝ 9.86％

2009 年度总资产息税前利润率＝（81 653÷927 614.5）×100％ ＝ 8.80％

2008 年度总资产净利率＝（67 071÷809 699）×100％ ＝ 8.28％

2009 年度总资产净利率＝（52 865÷927 614.5）×100％ ＝ 5.70％

总资产报酬率表明企业总资产利用的综合效果。该指标值越高，表明投资盈利水平越高，企业盈利能力越强；反之亦然。判断总资产报酬率指标高低的重要参照有社会平均利润率、行业平均利润率等指标。一般来说，如果企业总资产报酬率低于社会平均利润率，表明该企业经营不佳。

企业的资产是由投资者投入或债权人借入形成的，利润的多少与企业资产的多少、资产的结构、经营管理水平等有着密切的关系，因此总资产报酬率是反映企业投入与产出、所用与所得对比关系的一项综合性经营效率指标。为了正确评价企业的经济效益、挖掘提高利润水平的潜力，可以将该指标进一步分解为资产周转率和销售利润率，即

总资产净利率＝（销售收入净额÷平均资产总额）×（净利润÷销售收入净额）

＝ 总资产周转率×销售净利率

上式表明，要提高总资产报酬率，企业不但要加速资产周转、扩大销售、提高资产的利用效率，而且要尽可能地降低耗费，提高投入产出的比率，从提高资金营运能力和盈利能力两个方面下工夫。

（4）净资产收益率。净资产收益率也称权益资金税后利润率、净资产报酬率、资本收益率、资本利润率、股东权益报酬率、净值报酬率等，它是企业一定时期内的净利润与平均净资产（即所有者权益）总额的比率，反映企业自有资金（权益资金）的投资收益水平，是反映企业盈利能力的核心指标。其计算公式如下：

$$净资产收益率 = \frac{净利润}{平均净资产总额} \times 100\%$$

净资产收益率是企业所有财务比率中综合性最强的一个指标。在某种程度上说，它是一般企业财务管理的基本目标。该比率越大，表明企业所有者权益资金获取收益的能力越强，运营效益越好，企业所有者所享受的净利润越多，企业盈利能力相应越强，对债权人的保障程度也越高；反之亦然。该指标通用性强、适应范围广、不受行业局限，在国际上的企业综合评价中使用率非常高。通过该指标的综合对比分析，可以看出企业盈利能力在同行业中所处的地位以及与同类企业的水平差异。而且该指标与总资产报酬率之间有着内在联系，企业负债比率越低，其总资产报酬率与净资产收益率越接近；企业负债比率越高，净资产收益率超出或低于总资产报酬率也越多。这是因为财务杠杆的作用所导致的。

【例 8-22】　根据永昌公司资产负债表和利润表的相关数据，假设永昌公司平均净资产总额是年初数和年末数的平均额，计算 2008 年度和 2009 年度该公司的净资产收益率分别为

2008 年度净资产收益率 = （67 071÷600 482）×100% = 11.17%

2009 年度净资产收益率 = （52 865÷641 754.5）×100% = 8.24%

（5）资本保值增值率。资本保值增值率是企业扣除客观因素（如企业注册资本增资减资等）后的年末所有者权益总额与年初所有者权益总额的比率，反映了企业当年权益资金在盈利供给下的实际增减变动情况，是评价企业财务效益情况的辅助指标。其计算公式如下：

$$资本保值增值率 = \frac{扣除客观因素后的年末所有者权益总额}{年初所有者权益总额} \times 100\%$$

资本保值增值率是根据"资本保全"原则设计的指标，充分体现了对所有者权益的保护，能够及时、有效地反映侵蚀所有者权益的现象，反映了投资者投入企业资本的保全性和增长性。一般认为，资本保值增值率越高，表明企业的资本保全状况越好，所有者权益增长越快，债权人的债务也越有保障，企业发展后劲越强。该指标通常应大于100%，若小于100%，则表明企业资本受到侵蚀，没有实现资本保全，所有者权益受到损害，也妨碍了企业进一步发展壮大，应予以充分重视。

【例 8-23】　根据永昌公司资产负债表和所有者权益变动表的相关数据，计算 2008 年度和 2009 年度该公司的资本保值增值率分别为

2008 年度资本保值增值率 = （622 868÷578 096）×100% = 107.74%

2009 年度资本保值增值率 = （660 641÷622 868）×100% = 106.06%

该公司 2008 年度和 2009 年度的资本保值增值率表明该公司资本保全和增值状况较好。

表 8-2　永昌公司 2008 年、2009 年盈利能力数量分析比率（指标）

比率（指标）	2008 年	2009 年	差异数
销售利润率（%）	10.67	9.99	−0.68
销售净利率（%）	9.26	6.70	−2.56
成本费用利润率（%）	12.02	11.28	−0.74
总资产息税前利润率（%）	9.86	8.80	−1.06
总资产净利率（%）	8.28	5.70	−2.58
净资产收益率（%）	11.17	8.24	−2.93

从永昌公司各项反映盈利能力的数量指标看，2009 年每一项指标的数额都比 2008 年有所下降或有较大幅度的下降，说明从盈利能力的数量角度看，2009 年存在不少问题，需要寻找到具体原因，加以改进。

2）上市公司盈利能力的数量分析

上市公司公开披露的财务信息很多，投资者要想通过众多的信息准确了解企业的财务现状和未来，没有其他任何工具比正确使用财务比率更重要。除上述一般企业盈利能力的数量分析外，上市公司盈利能力的数量分析还要注重以下指标：①每股收益；②每股股利；③市盈率；④每股净资产。

上市公司盈利能力数量分析的具体内容参见本书第十章。

2. 企业盈利能力的质量分析

按照会计分期假设和权责发生制原则确认的企业账面利润，只表现为一种应计现金流量与企业或股东的可能财富，而非直接等同于实际的现金流入量和股东的真实财富。从财务上讲，只有当应计现金流量转化为实际现金流量时，才表明利润的真正实现与企业或股东财富的实质性取得。如果账面利润不能转化为足够的实际现金流入量，势必给企业带来极为不利的负面影响。由于现金匮乏而无力偿付到期负债本息，无力支付依据账面收入和账面利润计算的增值税等流转税和所得税，无力弥补或追加投资企业再生产所需的资金而只得举借新债，造成财务风险和资金成本的加大。倘若企业长时间处于现金短缺状态，必然会陷入严重的财务困境，这无疑从根本上损害了企业和股东的财务目标。因此，如果单纯地强调盈利能力的数量势必导致企业对账面利润的盲目追求，造成过度经营的不良后果。没有质量保证的盈利能力对企业而言是祸而非福。因此，财务报告使用者在分析企业的盈利能力时，还必须从企业利润来源的稳定可靠性、利润实现的时间分布和利润的现金支持能力等角度深入分析盈利能力的质量问题。企业盈利能力的质量高低也是其现金流动能力强弱的主要表现之一。

1）利润来源的稳定可靠性分析

在企业利润的总体构成中，主营业务利润所占的比重大小是决定企业利润是否具有稳定性与可靠性的基础。如果一个企业在利润总额及盈利能力总水平提高的同时，主营业务利润及在总利润中所占的比重却呈现下降的趋势，往往是企业经营不稳定的危险征兆，若得不到及时纠正，企业有可能从此转入衰退甚至失败。当然，在主营业务利润水平总体滑坡的同时，如果其中的某些项目的利润水平出现大幅增长的势头，也往往意味着企业调整产品经营结构的良好时机，如果能够及时抓住，便可能将企业引向成功之路。

衡量利润来源的稳定可靠性可通过分析这样两个指标：营业利润占利润总额的比重和主营业务利润占营业利润的比重。

（1）营业利润占利润总额的比重

$$营业利润占利润总额的比重 = \frac{营业利润}{利润总额} \times 100\%$$

【例 8-24】 根据永昌公司利润表的相关数据，计算 2008 年度和 2009 年度该公司的营业利润占利润总额的比重分别为

2008 年度营业利润占利润总额的比重 =（76 913÷77 330）×100% = 99.46%

2009 年度营业利润占利润总额的比重 =（87 947÷78 842）×100% = 111.54%

永昌公司 2009 年度营业利润占利润总额的比重为 111.54%，主要是因为该公司 2009 年发生了大量营业外支出，导致利润总额低于营业利润所致。这是一种不正常的现象。

该指标反映企业生产经营活动所创造的利润在整体利润来源结构中的地位。一般而言，营业利润所占比重越大，表明企业利润来源的基础越是稳固，盈利能力的质量也就越高。

（2）主营业务利润占营业利润的比重

与企业核心能力相关的业务是企业的主营业务，主营业务盈利能力的强弱对于整个企业市场竞争能力的优劣及未来发展的前途命运产生着决定性的作用。因此，通过计算和分析主营业务利润占营业利润总额的比重，有助于进一步考察企业利润基础的稳定性和可靠程度，并对盈利能力的质量水平作出更为准确的把握。

2）利润实现的时间分布

时间价值是影响企业经营业绩的一个至关重要的因素。同样数额的利润，如果实现时间分布不同，其价值内涵和质量是截然有别的。这一点在资金时间价值的计算中已经得到充分的验证。这里需要说明的是，在考虑利润实现时间分布的结果时，更应当分析导致这一结果的原因所在。如果所预期或业已出现的利润实现时间分布结果是完全随机或偶然的，则说明这种利润并非是真正稳定可靠的，因为它无法肯定企业未来其他方面的投资也能获得同样的利润质量。

衡量利润实现的时间分布的合理性，可通过分析这样两个指标：利润实现的期限结构和利润期限系数比率。

（1）利润实现的期限结构

$$利润实现的期限结构 = \frac{不同时间段实现的利润额}{相关分析期实现的利润总额}$$

（2）利润期限系数比率。

$$利润期限系数比率 = \frac{\sum（不同时段利润额 \times 折现系数或期限系数）}{分析期利润总额}$$

企业既可以按平均资金成本率或必要投资报酬率为折现率计算出不同时间段的利润额对期初的折现系数，也可以按下列公式计算：

折现系数 ＝（分析期总月份 ＋ 1－ 利润所在月份)÷分析期总月份

3）利润的现金支持能力

现金之于企业，犹如血液之于肌体，关注现金对盈利的支持程度，意义重大。一般可分析以下指标：销售营业现金流入比率、应收账款收现率、赊销收入折现系数比率、营业净利润现金比率等。前三个指标已在资金营运能力分析中介绍过，这里只介绍营业净利润现金比率。

营业净利润现金比率是企业一定期间经营活动现金流量净额与净利润的比率，反映企业净利润的收现程度，是从经营活动现金流量的结果对企业利润的现金保障水平进行评价分析的指标。其计算公式如下：

$$营业净利润现金比率 ＝ \frac{经营活动现金流量净额}{净利润} \times 100\%$$

【例 8-25】 根据永昌公司现金流量表和利润表的相关数据，计算 2008 年度和 2009 年度该公司的营业净利润现金比率分别为

2008 年度营业净利润现金比率 ＝（62 602÷67 071）×100％ ＝ 93.37％

2009 年度营业净利润现金比率 ＝（71 930÷52 865）×100％ ＝ 136.06％

该比率越高，表明企业实现的净利润的有效性就越大，净利润质量越高，整个经营管理处于良好的运行状态；反之，则意味着企业经营理财的成果缺乏有效的质量保证，对以往及当前的经营管理工作需作出进一步检讨和改进。

在上市公司，可以用每股净现金流量与每股收益相比较，也可以反映企业盈利的质量及企业可用于支配的现金数。如果每股收益较高，但每股现金较低，股东就无法期望取得较高的现金股利。并且，如果企业现金总量不足，还有可能导致现金性风险和收支性风险。

另外，还可以通过资本现金流量比率（经营活动现金流量净额÷平均所有者权益总额）和全部资产现金回收率（经营活动现金流量净额÷平均资产总额）等指标考察企业利用权益资金或总资产创造经营活动净现金流量的能力，这也可以说明企业盈利能力的质量问题。对现金流动能力的分析还可以用于企业偿债能力和财务弹性的评价之中。

（二）企业社会贡献能力分析

认真履行社会责任是目前世界上企业发展的崭新潮流，也是企业经营的重要目标。一个企业如果不履行社会责任，从长远看是不可能获得持续发展的。企业的社会责任主要有依法纳税、保障产品和服务的高质量、保护职工权益和改善职工待遇、保护生态环境、支持社区发展和慈善事业等。从财务角度看，企业对社会的贡献主要包括四个方面：政府的税收、职工的工薪、债权人的利息和股东的净利润。在财务报告分析中，评价企业社会贡献能力的指标主要有社会贡献率和社会积累率。

1. 社会贡献率

社会贡献率是指一定时期企业的社会贡献总额与平均资产总额的比率，反映企业利

用投入的社会资源（资产总额）对社会经济利益的贡献程度。其计算公式如下：

$$社会贡献率＝\frac{企业社会贡献总额}{平均资产总额}×100\%$$

企业社会贡献总额包括已交或应交的各种税金和附加、已支付的各种工资薪金和社会保险金、已支出的利息费用和产生的净利润。这些数据资料都可以从企业的财务报告中得知。这个指标数值的大小，反映了企业社会贡献的大小，是社会和市场进行资金资源有效配置的重要依据。

2. 社会积累率

社会积累率是一定时期企业上交的各项财政收入（主要是税收）与企业社会贡献总额的比率。其计算公式如下：

$$社会积累率＝\frac{企业上交财政收入总额}{社会贡献总额}×100\%$$

这项指标反映了企业对社会的经济贡献中用于社会积累的份额，体现了企业社会贡献总额中用于社会消费和社会积累的比例关系。

第四节　企业发展能力分析

发展能力，又称成长能力，是企业未来一定时期不断改善其财务状况和经营业绩、提升企业价值的能力，如利润扩大、销售增长的前景和趋势。它是企业核心竞争力和综合能力的体现。企业的财务状况、核心业务、经营能力、企业制度、人力资源、行业环境等因素对企业发展能力有重要影响。企业发展能力分析通常是对企业在未来一定时期的动态发展变化趋势的一种财务分析。

一、企业发展能力分析的作用和影响发展能力的主要因素

（一）企业发展能力分析的作用

在激烈竞争的市场经济条件下，企业市场价值在很大程度上取决于企业未来的盈利能力，取决于企业未来的销售收入、收益及股利的增长。增强企业偿债能力、资金营运能力和盈利能力最终都是为了使企业能够长久地发展壮大，这是所有企业利益相关者所期望的。因此，发展能力分析对于判断企业未来一定时期的发展后劲、行业地位、面临的发展机遇与盈利发展变化，对于制定中长期发展计划、进行科学的战略决策、选择合理的扩张发展速度都具有重要的意义和作用。

通过对企业发展能力的分析，可以判断企业拥有资源的服务潜力、未来变化趋势，包括这些资源未来的盈利能力、变现能力、未来需要追加投入数额、技术先进性及其未来需要更新改造的情况，以便制定中长期投资计划，进行科学的战略投资决策；可以判断企业未来一定时期的融资变化趋势，了解企业未来资金结构的发展和再融资能力，以便制定中长期融资计划；可以进一步分析企业持续成长能力及其影响因素，科学地确定企业未来扩张发展速度和扩张发展模式，从而制定科学的经营策略和财务策略。

（二）影响企业发展能力的主要因素

衡量企业发展能力的核心指标是企业价值增长率，而影响企业价值增长的因素主要有以下几个方面：

（1）销售收入。不断增长的销售收入是企业发展的主要依托，只有销售收入的不断稳定增长，才能为企业不断发展提供充足的财务资源。

（2）资产规模。企业的资产和净资产是企业发展的基础，是企业取得收入和盈利的保障。在企业资金营运能力和盈利能力保持稳定的情况下，资产和净资产规模与收入规模、盈利规模之间存在正比例关系，如果扩大资产和净资产的投入，企业收入和盈利必将获得正比例增长。

（3）资金营运能力和盈利能力。在企业资产和净资产规模不变的情况下，提高企业的资金营运能力和盈利能力，企业销售收入和利润将获得增长。如果在扩大资产和净资产投入规模的前提下，提高企业的资金营运能力和盈利能力，则企业销售收入和利润的增长更快，增长了的销售收入和利润又为企业的进一步发展提供了更充足的财务资源，从而导致企业发展的良性循环。

（4）股利政策。科学的股利政策，可以从两个方面促进企业价值的提高：一是科学的股利政策更注重为企业的下一步发展提供积累资金（留存收益），尤其是企业处在初创期和成长期的时候；二是科学的股利政策，必将有助于更好地树立投资者对企业的信心，从而改善企业财务形象，提升企业价值。

除以上与财务有关的影响企业发展能力的因素外，企业核心业务战略、经营能力、企业制度、人力资源等内部因素和行业环境，以及政府扶持政策等企业外部因素都会影响企业的发展能力。

二、进行企业发展能力分析的财务比率（指标）

（一）销售增长率

销售增长率是指企业本年销售收入增长额同上年销售收入总额的比率。销售收入是企业规模和经营实力的具体体现，是企业综合实力的市场表现。销售增长率是衡量市场占有能力、预测企业经营业务拓展趋势的重要指标，也是企业扩大资金规模的重要前提。不断增加的销售收入，是企业生存和发展的基础条件。因此，销售增长率是评价企业成长状况和发展能力的重要指标。其计算公式如下：

销售增长率＝（本年销售收入增长额÷上年销售收入总额）×100％

本年销售收入增长额是本年销售收入总额与上年销售收入总额的差额。如果销售增长率小于零，说明由于种种原因，导致企业销售市场份额萎缩；如果销售增长率大于零，说明本期销售收入较上期有所提高。

（二）三年销售平均增长率

三年销售平均增长率表明企业销售收入连续三年的增长情况，体现企业销售收入的增长趋势和稳定程度。其计算公式如下：

$$三年销售平均增长率=\left(\sqrt[3]{\frac{当年销售收入总额}{三年前那年销售收入总额}}-1\right)\times100\%$$

该指标越高，表明企业经营业务竞争能力越强。利用三年销售平均增长率指标，能较好地从销售规模角度体现企业的发展状况和发展能力，避免因少数年份销售收入的不正常增长而产生对企业发展能力的错误判断。假如站在 2009 年角度评价企业三年销售平均增长率状况，则三年前那年销售收入总额是指 2006 年的销售收入总额。

（三）资本积累率

资本积累率是企业本年所有者权益增长额与年初所有者权益的比率。它反映企业当年权益资本的积累能力，是评价企业发展能力的重要指标。其计算公式如下：

$$资本积累率=\frac{本年所有者权益增长额}{年初所有者权益总额}\times100\%$$

式中，

$$本年所有者权益增长额=所有者权益年末数-所有者权益年初数$$

资本积累率反映了企业当年所有者权益的变动水平和投资者投入资本的保全性和增长性，体现了企业资本的积累情况，展现了企业的发展潜力。

（四）三年资本平均增长率

三年资本平均增长率表示企业权益资本连续三年的积累情况，在一定程度上体现了企业的持续发展水平和发展趋势。其计算公式如下：

$$三年资本平均增长率=\left(\sqrt[3]{\frac{年末所有者权益总额}{三年前年末所有者权益总额}}-1\right)\times100\%$$

由于一般增长率指标在分析时具有"滞后性"，仅反映当期情况，而利用该指标，能够反映企业资本积累或扩张的历史发展状况及企业稳步发展的趋势。该指标越高，表明企业所有者权益得到保障的程度越大，企业可以长期使用的资金越充足，抗风险和连续发展的能力越强。

（五）总资产增长率

总资产增长率是企业本年总资产增长额同年初资产总额的比率。总资产增长率衡量企业本期资产规模的增长情况，评价企业经营规模总量上的扩张程度。其计算公式如下：

$$总资产增长率=\frac{本年总资产增长额}{年初资产总额}\times100\%$$

总资产增长率指标是从企业资产总量扩张方面衡量企业的发展能力，表明企业规模增长水平对企业发展后劲的影响。该指标越高，表明企业当年资产经营规模扩张的速度越快。但利用该指标进行实际分析时，应注意资产规模扩张的质与量的关系，以及企业的后续发展能力，避免资产盲目扩张。

（六）固定资产成新率

固定资产成新率是企业当期平均固定资产净值同平均固定资产原值的比率。其计算公式如下：

$$固定资产成新率=\frac{平均固定资产净值}{平均固定资产原值}\times100\%$$

固定资产成新率反映了企业所拥有的固定资产的新旧程度，体现了企业固定资产更新的快慢和持续发展的能力。该指标高，表明企业固定资产比较新，对扩大再生产的准备比较充足，发展的可能性比较大。

（七）技术投入比率

技术投入比率是指企业技术转让费支出和研究开发投资支出占当年主营业务收入净额的比率，反映企业对新技术的研究开发重视程度和研发能力。其计算公式如下：

$$技术投入比率=\frac{当年技术转让费支出与研发投入}{主营业务收入净额}$$

科学技术是第一生产力，现代企业的发展与技术进步密不可分，企业必须占领相关技术领域的制高点，才能在商战中稳操胜券。要提升企业产品的技术含量，就必须注重技术研发的投入，包括直接进行研究开发和接受技术转让。技术投入比率就是将研究开发和接受技术转让方面的投入与企业主营业务收入净额相比较，说明企业主营业务收入中有多大部分用于技术方面的投资，既说明企业对技术研发的重视程度，也说明企业研究开发的能力，进一步说明企业的发展动力储备情况。

（八）可持续增长率

企业的发展扩张速度分为适度型、低速型、超速型三种。如何选择合理的扩张速度是企业发展中一个十分重要的问题。因此，在企业发展能力分析中必须引入"可持续增长率"这一指标，分析企业的可持续增长能力。

所谓可持续增长能力是指企业在保持目前经营效率（盈利能力和资金营运能力）和财务政策（资本结构和股利政策）的情况下能够实现的增长速度（企业销售增长所能达到的最大比率）。无论从经营上还是从财务上看，企业的发展速度最好是可持续发展速度（可持续增长率），即企业在继续维持目标资本结构、不发行新股筹资的前提下的最大增长速度。它基于以下假设：①企业已经确立且打算继续维持目标资本结构和目标股利政策；②不愿意或不打算增发新股，增加债务是其唯一的外部筹资来源；③公司的销售净利率和资产周转率（即经营效率）将维持在当前水平。

在满足以上假设的前提下，我们得到企业的销售增长率、资产增长率、负债增长率、权益资金增长率均相等，且企业权益资金的增加仅表现为本期留存收益。企业最大增长速度在假定无新股发行和不支付股利的情况下，应等于其净资产收益率。

可持续增长率＝权益资金增长率＝本期留存收益/期初所有者权益
　　　　　　＝销售净利率×总资产周转率×收益留存比率×期初权益期末总资产乘数

【例8-26】 某公司在某年度用5 000万元权益资金赚取了1 000万元净利润，即净资产收益率为20%，则下一年度的净利润在净资产收益率不变的情况下将增加为1 200万元（即20%×6 000万元）。因此，只要该公司保持20%的净资产收益率，不发放股利，此时权益资金增长率为20%（即200/1 000），如果保持目标资本结构不变，负债也增长20%，则公司的总资产增长率也将保持在20%，如果经营效率（即销售净利率和总资产周转率）不变，销售增长率也将达到20%。所以，可持续增长率＝留存收益÷期初股东权益。

如果企业发放股利，如股利支付率为40%，则留存收益再投资的比率为60%，企业增长率为20%×60%＝12%，即企业可持续增长率最大值为12%。本例中，600万元净利润用于再投资，下一年度产生的净利润将为1 120万元（5 600×20%＝1 120），增长率为12%。

第五节 进行财务比率分析时应注意的问题

灵活合理地使用各种财务比率，对于企业财务情况的分析和研究很是有用。就企业经营管理者而言，财务比率分析能揭示企业实力之所在，了解企业在市场竞争中所处的地位，并且为制定企业未来发展规划提供依据，又能帮助企业发现自身的弱点，确定问题之所在，从而引起企业经营管理者的警觉，并及时采取各种措施尽快扭转被动局面，保持企业健康发展；对于企业现有和潜在的投资者来说，利用财务比率分析可以了解企业的盈利能力和财务状况，并据此评估其投资收益率和股票价值；而银行等企业债权人则可借助于这一财务分析工具来了解企业的长短期偿债能力，决定扩大、维持还是缩减对企业的信贷规模。此外，西方国家的工会组织在劳资双方的工资谈判中，也参考有关企业的财务比率，以准确掌握对方的财务和经营状况，制定切实可行的策略，增加讨价还价的筹码。同样，精明的求职者在挑选就业机会时，也会对不同企业的财务比率进行比较，以最终确定自己的求职对象。对于政府税务、证券等管理部门来说，也应十分熟悉财务比率分析这一工具的使用价值。

然而，这并不意味着我们可不加注意地随意运用这一分析工具。实际上，财务比率分析涉及企业经营理财的各个方面，而企业各方面的业务活动都是相互联系、彼此制约的，因此我们不能将各项比率孤立起来加以理解。另外，比率分析本身也存在着种种缺陷或局限，假如机械地加以运用，就难免导致错误的结论，并使建立其上的投资决策和管理决策失去坚实的基础，最终给企业及其投资者、债权人造成不必要的损失。

要成功地进行财务比率分析，必须注意以下问题：

（1）在对企业财务报表作比率分析和横向比较时，应结合行业情况及整个宏观经济环境来进行。由于企业所处行业不同，许多财务比率相差悬殊；有时，即使同一行业不同企业的有关比率也会出现显著差异。而对跨行业经营企业的财务比率作横向比较时更须谨慎，否则分析的结论就会不可靠。至于宏观经济形势，它对企业的各种财务比率也会产生影响。例如，在经济衰退或萧条时，销售收入的减少和经营利润的下降就不足为奇。此外，在分析财务比率时，季节性因素也必须考虑到，因为不同企业的生产和销售具有不同的季节性特征，业务活动处于高峰时期的财务比率与生意清淡时期的财务比率肯定大不一样。

（2）要使比率分析结论可信、可靠，作为分析基础的报表数据就必须准确无误，并具有可比性。然而，各国会计制度或会计准则都允许企业在核算和报告其经营活动和财务情况的过程中具有一定程度的灵活性。例如，企业可以结合自身的生产经营特点，选择使用更切实际的会计处理方法。这种灵活性的存在，有可能使两家财务和经营情况相似的企业的各项财务比率之间出现很大差异，或者使各方面情况都不尽相同的两家企业出现大致相同的财务比率。因此，在根据各项财务比率对企业的财务和经营状况做出结论以前，都应充分考虑企业所使用的特定会计核算方法和报表编制程序。

（3）各项财务比率的计算依据都是过去的数据或历史记录，因此当这些比率被用作预测或规划企业未来发展的基础时，必须根据各种变化了的企业经营条件和经济环境作出必要的调整和修正。

（4）财务比率的分析和比较只是财务报告分析的一种方法或技巧，为了准确而又充分地揭示企业经营活动和财务情况的全貌，报表使用者还必须结合使用其他分析方法，仔细检验各种会计数据和有关资料。特别值得一提的是，资产负债表和利润表的分析必须适当结合现金流量表的分析，否则可能会得出错误的或不全面的分析结论。

（5）对企业财务比率的横向比较不能只停留在表面上。有时本企业的财务比率状况看上去似乎好于行业平均标准，但这并不一定意味着本企业经营得法、运行良好。假如该行业正陷于消费需求急剧下降、产品严重滞销积压的困境，也许较好的比率数值仅仅表明本企业生产销售的滑坡速度稍慢一些而已。此外还应注意，某些企业的经营具有独特的性质，它的一些特殊性财务比率不宜作横向比较。

（6）各项财务比率所赖以建立的财务数据，一般都未对物价水平的变动作过调整，这当然会降低对财务比率进行纵向比较的现实意义。特别是在发生严重通货膨胀的情况下，盲目而不加分析地使用或比较财务比率，就难免会被引入歧途。

（7）在使用财务比率时必须注意其是否经过人为的修饰。例如，有的企业赶在报表编制日前将借款还掉，事后再设法借入。在这种情况下，企业的流动比率所揭示的信息就缺乏真实性。又如，由于竞争对手将某种新产品投入市场导致本企业的存货过时滞销，但企业如以原始成本作为存货计价基础而不采用成本与市价孰低法，那么计算出来的相关财务比率就会变得不再可靠。

（8）为了能真正发现潜在的问题和找出问题的症结所在，有必要对财务比率作分解分析。某一项比率的数值低，它既可能是由于分子较小，也可能是因为分母较大；反之，产生一项高数值比率的原因不外乎是较小的分母和较大的分子。例如，某企业的固定资产周转率有提高，假如这主要是销售收入的迅速增长引起的，这当然是一种好现象；假如这起因于企业固定资产规模的急剧缩减，那反而意味着企业生产规模下降。因此，在做出任何有用的结论之前，都必须对构成财务比率的分子和分母的各项经济因素进行深入、仔细的分析。

总之，财务比率分析具有重要作用，但关键在于必须运用适当。只有将财务比率分析同其他分析方法和调研手段相结合，并注意各种企业内外因素变化的影响，才能发挥财务比率分析法的功能，得出可靠的分析结论。

下面以一个具体案例进行分析。

刘姝威研究推理"应立即停止对蓝田股份发放贷款"的依据

在对借款企业发放贷款前和发放贷款后，银行必须分析借款企业的财务报告。如果财务报告分析结果显示企业的风险度超过银行的风险承受能力，那么，银行可以立即停止向企业发放贷款。

1. 蓝田股份的偿债能力分析

2000 年蓝田股份的流动比率是 0.77，说明蓝田股份短期可转换成现金的流动资产不足以偿还到期流动负债，偿还短期债务能力弱。2000 年蓝田股份的速动比率是 0.35，说明扣除存货后，蓝田股份的流动资产只能偿还 35% 的到期流动负债。2000 年蓝田股份的净营运资金是－1.3 亿元，说明蓝田股份将不能按时偿还 1.3 亿元的到期流动负债。1997～2000 年蓝田股份的固定资产周转率和流动比率逐年下降，到 2000 年两者均小于 1，说明蓝田股份的偿还短期债务能力越来越弱。

2000 年蓝田股份的主营产品是农副水产品和饮料。2000 年蓝田股份"货币资金"和"现金及现金等价物净增加额"，以及流动比率、速动比率、净营运资金和现金流动负债比率均位于"A07 渔业"上市公司的同业最低水平，其中，流动比率和速动比率分别低于"A07 渔业"上市公司的同业平均值大约 5 倍和 11 倍。这说明，在"A07 渔业"上市公司中，蓝田股份的现金流量是最短缺的，短期偿债能力是最低的。

2000 年蓝田股份的流动比率、速动比率和现金流动负债比率均处于"CO 食品、饮料"上市公司的同业最低水平，分别低于同业平均值的 2 倍、5 倍和 3 倍。这说明，在"CO 食品、饮料"行业上市公司中，蓝田股份的现金流量是最短缺的，偿还短期债务能力是最低的。

2. 蓝田股份的农副水产品营业收入分析

2000 年蓝田股份的农副水产品收入占主营业务收入的 69%，饮料收入主营业务收入的 29%，二者合计占主营业务收入的 98%。2001 年 8 月 29 日蓝田股份发布公告称：因为公司基地地处洪湖市瞿家湾镇，占公司产品 70% 的水产品在养殖基地现场成交，上门提货的客户中个体比重大，所以"钱货两清"成为惯例，应收款占主营业务收入比重较低。2000 年蓝田股份的水产品收入位于"A07 渔业"上市公司的同业最高水平，高于同业平均值 3 倍。2000 年蓝田股份的应收款回收期位于"A07 渔业"上市公司同业的最低水平，低于同业平均值大约 31 倍。这说明，在"A07 渔业"上市公司中，蓝田股份给予买主的赊销期是最短的、销售条件是最严格的。

作为海洋渔业生产企业，华龙集团以应收款回收期 7 天（相当于给予客户 7 天赊销期）的销售方式，只销售价值相当于蓝田股份水产品收入 5% 的水产品；中水渔业以应收款回收期 187 天（相当于给予客户 187 天赊销期，比蓝田股份"钱货两清"销售方式更优惠、对客户更有吸引力）的销售方式，只销售价值相当于蓝田股份水产品收入

26％的水产品。

蓝田股份的农副水产品生产基地位于湖北洪湖市，公司生产区是一个十万亩的天然水产种养场。武昌鱼公司位于湖北鄂州市，距洪湖的直线距离200千米左右，其主营业务是淡水鱼类及其他水产品养殖，其应收款回收期是577天，比蓝田股份应收款回收期长95倍；但是其水产品收入只是蓝田股份水产品收入的8％。洞庭水殖位于湖南常德市，距洪湖的直线距离200千米左右，其主营产品是淡水鱼及特种水产品，其产销量在湖南位于前列，其应收款回收期是178天，比蓝田股份应收款回收期长30倍，这相当于给予客户178天赊销期，但是其水产品收入只是蓝田股份的4％。在方圆200千米以内，武昌鱼和洞庭水殖与蓝田股份的淡水产品收入出现了巨大的差距。

武昌鱼和洞庭水殖与蓝田股份都生产淡水产品，产品的差异性很小，人们不会只喜欢洪湖里的鱼，而不喜欢武昌鱼或洞庭湖里的鱼。蓝田股份采取"钱货两清"和客户上门提货的销售方式，这与过去渔民在湖边卖鱼的传统销售方式是相同的。蓝田股份的传统销售方式不能支持其水产品收入异常高于同业企业。除非蓝田股份大幅度降低产品价格，巨大的价格差才能对客户产生特殊的吸引力。但是，蓝田股份与武昌鱼和洞庭水殖位于同一地区，自然地理和人文条件相同，生产成本不会存在巨大的差异，若蓝田股份大幅度降低产品价格，它将面临亏损。

根据以上分析，刘姝威研究推理：蓝田股份不可能以"钱货两清"和客户上门提货的销售方式，一年销售12.7亿元水产品。

3. 蓝田股份的现金流量分析

2000年蓝田股份的"销售商品、提供劳务收到的现金"超过了"主营业务收入"，但是其短期偿债能力却位于同业最低水平。这种矛盾来源于"购建固定资产、无形资产和其他长期资产所支付的现金"是"经营活动产生的现金流量净额"的92％。2000年蓝田股份的在建工程增加投资7.1亿元，其中"生态基地"、"鱼塘升级改造"和"大湖开发项目"三个项目占75％，在建工程增加投资的资金来源是自有资金。这意味着2000年蓝田股份经营活动产生的净现金流量大部分转化成在建工程本期增加投资。

根据2001年8月29日蓝田股份发布的公告，2000年蓝田股份的农副水产品收入12.7亿元应该是现金收入。

刘姝威从事商业银行研究，了解我国的商业银行。如果蓝田股份水产品基地瞿家湾每年有12.7亿元销售水产品收到的现金，各家银行会争先恐后地在瞿家湾设立分支机构，会为争取这"12.7亿元销售水产品收到的现金"业务而展开激烈的竞争。银行会专门为方便个体户到瞿家湾购买水产品而设计银行业务和工具，促进个体户与蓝田股份的水产品交易。银行会采取各种措施，绝不会让"12.7亿元销售水产品收到的现金"游离于银行系统之外。与发达国家的银行相比，我国商业银行确实存在差距，但是，我国的商业银行还没有迟钝到"瞿家湾每年有12.7亿元销售水产品收到的现金"而无动于衷。

根据以上分析，刘姝威研究推理：2000年蓝田股份的农副水产品收入12.7亿元的数据是虚假的。

4. 蓝田股份的资产结构分析

蓝田股份的流动资产逐年下降，应收款逐年下降，到 2000 年流动资产主要由存货和货币资金构成，到 2000 年在产品占存货的 82%；蓝田股份的资产逐年上升主要由于固定资产逐年上升，到 2000 年资产主要由固定资产构成。2000 年蓝田股份的流动资产占资产百分比位于"A07 渔业"上市公司的同业最低水平，低于同业平均值约 3 倍；而存货占流动资产百分比位于"A07 渔业"上市公司的同业最高水平，高于同业平均值约 3 倍。2000 年蓝田股份的固定资产占资产百分比位于"A07 渔业"上市公司的同业最高水平，高于同业平均值 1 倍多。2000 年蓝田股份的在产品占存货百分比位于"A07 渔业"上市公司的同业最高水平，高于同业平均值 1 倍；在产品绝对值位于同业最高水平，高于同业平均值 3 倍。2000 年蓝田股份的存货占流动资产百分比位于"CO 食品、饮料"上市公司的同业最高水平，高于同业平均值 1 倍。2000 年蓝田股份的在产品占存货百分比位于"CO 食品、饮料"上市公司的同业最高水平，高于同业平均值约 3 倍。

根据以上分析，刘姝威研究推理：蓝田股份的在产品占存货百分比和固定资产占资产百分比异常高于同业平均水平，蓝田股份的在产品和固定资产的数据是虚假的。

5. 刘姝威的研究推理

根据以上分析，刘姝威研究推理：蓝田股份的偿债能力越来越恶化；扣除各项成本和费用后，蓝田股份没有净收入来源；蓝田股份不能创造足够的现金流量以便维持正常经营活动和保证按时偿还银行贷款的本金和利息；银行应该立即停止对蓝田股份发放贷款。

（资料来源：刘姝威. 蓝田之谜. 北京青年报. 2002-12-24）

本 章 小 结

本章讲述了反映企业偿债能力、资金营运能力、盈利能力、发展能力的各种财务比率的计算和分析方法。偿债能力分析是对企业偿还债务能力的分析，偿还债务能力是企业生存和发展的基础。资金营运能力分析是对企业的资产管理水平和运用效率的分析，某种意义上也是对企业经营效率的分析。盈利能力分析实质上分析的是企业经营的效果。发展能力分析是对企业发展潜力和趋势的分析。企业偿债能力、资金营运能力、盈利能力和发展能力是相互联系、相互影响的。本章介绍了众多财务比率指标，相同的比率对于不同的分析主体可能得出不同的结论，因此必须学会财务比率分析的实际应用技巧。本章的重点是反映企业偿债能力、盈利能力、资金营运能力、发展能力等方面的重要财务分析指标的计算和应用。

【进一步学习指南】

企业财务比率分析是以企业财务报告等资料为基础，通过计算一系列的财务比率，对企业的偿债能力、资金营运能力、盈利能力和发展能力进行分析和评价的方法。企业财务能力的分析主要通过财务比率分析来实现。通过财务比率分析，可以深入了解企业财务状况、经营成果和现金流量情况，评价企业一定时期的经营理财情况和业绩，总结经营理财工作中的经验教训，揭示经营理财中存在的问题，为财务报告分析者下一步的经营理财决策提供重要依据，促进企业管理水平的提高。因此，企业财务比率分析在财务报告分析中占有十分重要的地位。如果读者想对企业财务比率分析问题作更深入的了解，如果感兴趣的读者想比较一下各种教材对这一问题的不同阐述，可以参考其他一些教材、文献和法规。

【进一步阅读书目及法规】

查尔斯·吉布森. 1996. 财务报表分析：利用财务会计信息. 马英麟等译. 北京：中国财政经济出版社

戴欣苗. 2005. 财务报表分析. 北京：清华大学出版社

郭泽光. 2007. 财务报告分析. 北京：高等教育出版社

侯艳蕾，张宏禄. 2008. 财务报表分析. 北京：中国金融出版社

李丽. 2009. 企业财务比率分析方法研究. 现代商业，（6）

李琳. 2007. 新会计准则对财务比率分析的影响. 西部财会，（1）

李忠波. 2005. 企业财务报告分析. 北京：科学出版社

鲁爱民. 2005. 财务分析. 北京：机械工业出版社

史德刚，傅荣. 2008. 财务报告编制与分析. 大连：东北财经大学出版社

汤炳亮. 2005. 企业财务分析. 北京：首都经贸大学出版社

王华，石本仁. 2007. 中级财务会计. 北京：中国人民大学出版社

徐超. 2009. 财务报表比率分析的局限性及解决方案. 经济研究导刊，（18）

张惠忠. 2007. 公司财务管理基础. 上海：上海财经大学出版社

张先治. 2008. 财务分析. 3 版. 大连：东北财经大学出版社

张新民，钱爱民. 2008. 财务报表分析. 北京：中国人民大学出版社

张新民，王秀丽. 2006. 企业财务报表分析案例精选. 大连：东北财经大学出版社

张学谦，闫嘉韬. 2007. 企业财务报表分析原理与方法. 北京：清华大学出版社

赵秀芳. 2009. 财务分析. 大连：大连理工大学出版社

中华人民共和国财政部. 2006. 企业会计准则——应用指南. 北京：中国财政经济出版社

【案例分析】

福信公司 2008 年年末、2009 年年末的比较资产负债表如表 8-3 所示，2008 年度、2009 年度的利润表如表 8-4 所示。

表 8-3　福信公司 2009 年年末、2008 年年末比较资产负债表　　单位：元

资产	2008 年年末	2009 年年末	负债和所有者权益（或股东权益）	2008 年年末	2009 年年末
流动资产			**流动负债**		
货币资金	6 328.54	26 079.41	短期借款	27 427.47	24 006.88
交易性金融资产			交易性金融负债		
应收票据	2 558.87	3 643.16	应付票据	5 675.50	8 609.00
应收账款	27 513.03	33 352.48	应付账款	26 928.35	35 944.41
预付款项	5 207.48	5 822.93	预收款项	5 692.47	6 810.75

续表

资产	2008 年年末	2009 年年末	负债和所有者权益 （或股东权益）	2008 年年末	2009 年年末
应收利息	75.36	59.45	应付职工薪酬	1 928.75	1 573.02
应收股利			应交税费	2 134.83	2 250.03
其他应收款	8 532.15	6 936.85	应付利息		
存货	57 500.82	69 889.67	应付股利	2 843.18	2 496.07
一年内到期的非流动资产			其他应付款	6 609.63	16 703.22
其他流动资产	34.49		一年内到期的非流动负债	1 508.00	663.00
流动资产合计	107 750.74	145 783.94	其他流动负债	393.83	461.93
非流动资产			**流动负债合计**	81 142.01	99 518.31
可供出售金融资产			**非流动负债**		
持有至到期投资	44.90		长期借款	8 917.00	15 394.00
长期应收款			应付债券		
长期股权投资	5 576.72	15 049.51	长期应付款	2 594.60	2 057.70
投资性房地产			专项应付款	577.48	651.38
固定资产	31 855.72	35 503.41	预计负债		
在建工程	3 778.14	6 622.32	递延所得税负债		
工程物资			其他非流动负债	−6 376.10	0.00
固定资产清理			**非流动负债合计**	5 712.98	18 103.08
生产性生物资产			**负债合计**	86 854.99	117 621.39
油气资产			**所有者权益（或股东权益）**		
无形资产	503.50	12 726.72	实收资本（或股本）	35 274.10	49 553.42
开发支出			资本公积	20 424.64	42 938.31
商誉			减：库存股		
长期待摊费用	586.35	437.47	盈余公积	4 376.94	1 639.87
递延所得税资产			未分配利润	3 165.40	4 370.38
其他非流动资产			所有者权益（或股东权益）合计	63 241.08	98 501.98
非流动资产合计	42 345.33	70 339.43			
资产总计	150 096.07	216 123.37	**负债和所有者权益总计**	150 096.07	216 123.37

表 8-4 福信公司 2008 年和 2009 年比较利润表 单位：元

项　目	2008 年	2009 年
一、营业收入	349 433	376 745
减：营业成本	299 682	328 184
营业税金及附加	569	762
销售费用	12 238	10 689
管理费用	18 501	23 384
财务费用	2 706	5 007
资产减值损失	1 358	652
加：公允价值变动收益（损失以"－"号填列）		
投资收益（损失以"－"号填列）	－545	－977
其中：对联营企业和合营企业的投资收益		
二、营业利润（亏损以"－"号填列）	13 834	7 090
加：营业外收入	376	192
减：营业外支出	492	436
其中：非流动资产处置净损失		
三、利润总额（亏损总额以"－"号填列）	13 718	6 846
减：所得税费用	3 465	1 066
四、净利润（净亏损以"－"号填列）	10 253	5 780

要求：根据上述报表资料，计算反映福信公司偿债能力、资金营运能力、盈利能力的各项财务比率指标，并对该公司 2009 年的财务状况和经营业绩作出评价。

【思考和练习题】

（一）思考题

1. 影响企业偿债能力的因素有哪些？

2. 列举评价企业短期偿债能力的指标，并简要说明如何利用这些指标对企业短期偿债能力进行分析。

3. 目前国际上一般认为企业资产负债率在 50％左右较好。你认为这是否符合我国企业的特点？

4. 如何分析评价企业的资金营运能力？应运用哪些指标进行评价？

5. 在分析盈利能力时，是否需要结合偿债能力的指标进行分析？在进行偿债能力的分析时，是否要考虑企业的盈利能力情况？

6. 如何进行企业盈利能力的质量分析？

7. "可持续增长率"这一指标有什么用处？

8. 在进行财务比率分析时要注意哪些问题？

（二）练习题

1. 福贵公司有关资料如表 8-5 所示。

表 8-5 福贵公司有关资料　　　　　　　　　　　单位：万元

项目	期初数	期末数	本期数或平均数
存货	3 600	4 800	
流动负债	3 000	4 500	
速动比率	0.75		
流动比率		1.6	
总资产周转次数			1.2
总资产			18 000

假设该公司流动资产等于速动资产加存货。要求：

（1）计算该公司流动资产的期初数和期末数；

（2）计算该公司本期销售收入；

（3）计算该公司本期流动资产平均余额和流动资产周转次数。

2. 已知福华公司有关资料如下。

（1）2009 年年末简化资产负债表如表 8-6 所示。

表 8-6 福华公司 2009 年度资产负债表（简表）　　　　　单位：万元

资产	金额	负债和所有者权益	金额
现金	30	应付票据	25
应收账款	60	应付账款	55
存货	80	应付工资	10
其他流动资产	30	长期借款	100
固定资产净值	300	实收资本	250
		未分配利润	60
总计	500	总计	500

（2）该公司 2009 年度销售收入为 1 500 万元，净利润为 75 万元。

要求：①计算销售净利率；②计算总资产周转率（用期末数计算）；③计算权益乘数；④计算净资产收益率。

3. 福富公司年初存货为 15 000 元，年初应收账款为 12 700 元；年末流动比率为 3.0，速动比率为 1.3，存货周转率为 4 次，流动资产合计为 27 000 元。

要求：①计算该公司本年销货成本；②如果本年销售收入净额为 96 000 元，除应收账款外的速动资产是微不足道的，其应收账款周转天数为多少天？

4. 已知福星公司 2009 年 12 月 31 日资产负债表如表 8-7 所示。

表 8-7　福星公司 2009 年度资产负债表（简表）　　　　单位：万元

资产	年初	年末	权益	年初	年末
流动资产			流动负债合计	105	150
货币资金	50	45	长期负债合计	245	200
应收账款净额	60	90	负债合计	350	350
存货	92	144			
其他流动资产	23	36	所有者权益合计	350	350
流动资产合计	225	315			
固定资产净值	475	385			
总计	700	700	总计	700	700

同时已知，该公司 2008 年度销售净利率为 16%，总资产周转率为 0.5 次，权益乘数 2.5，净资产收益率 20%，2009 年度销售收入为 350 万元，净利润为 63 万元。根据上述资料，要求：

(1) 计算 2009 年末的流动比率、速动比率、资产负债率和权益乘数；

(2) 计算 2009 年总资产周转率、销售净利率和净资产收益率；

(3) 分析销售净利率、总资产周转率和权益乘数变动对该公司两年间净资产收益率变动的影响。

（净资产收益率＝销售净利率×总资产周转率×权益乘数）

5. 福康公司 2009 年度会计报表的主要资料如表 8-8、8-9 所示。

表 8-8　福康公司 2009 年度资产负债表　　　　单位：千元

资产		负债及所有者权益	
现金（年初 764）	310	应付账款	516
应收账款（年初 1 156）	1 344	应付票据	336
存货（年初 610）	966	其他流动负债	468
流动资产合计	2 620	流动负债合计	1 320
固定资产净额（年初 1 170）	1 170	长期负债	1 026
		实收资本（年初）	1 444
资产总额（年初 3 700）	3 790	负债及所有者权益总额	3 790

表 8-9　福康公司 2009 年度利润表　　　　单位：千元

一、营业收入	6 430
减：营业成本	5 570
二、毛利	860
减：销售和管理费用	580
利息费用	98
三、利润总额	182
减：所得税	72
四、净利润	110

要求：（1）填列表 8-10 中该公司的有关财务比率。

表 8-10　有关财务比率

财务比率	福康公司	行业平均数
流动比率		1.98
资产负债率		62%
利息保障倍数		3.8
存货周转率		6 次
应收账款周转天数		35 天
固定资产周转率		13 次
总资产周转率		3 次
营业净利率（销售净利率）		1.3%
总资产报酬率（总资产净利率）		4.8%
净资产收益率		8.3%

（2）与行业平均财务比率比较，说明该公司经营理财中可能存在的问题。

第九章

财务报告综合分析

【本章学习目标】

- 掌握财务报告综合分析的概念
- 掌握企业经营理财综合分析的基本方法，如杜邦财务分析体系、沃尔比重评分法
- 掌握企业价值评估分析、财务危机预警分析的基本方法
- 熟悉企业各种财务预测分析和企业绩效评价的基本方法
- 了解企业财务战略分析、企业社会责任分析评价的内容和方法

　　企业财务报告的主要目标是决策有用性。企业投资者通过财务报告分析希望对企业管理层的经营理财综合能力、企业价值和企业绩效等进行较为全面的评估；企业管理层则希望通过财务报告分析对企业未来的财务情况进行预测、评价企业实施的财务战略的合理性；其他的利益相关者（如政府和社会公众）还需要了解企业社会责任的履行情况。上述企业财务报告分析目标通过单独的某一类指标分析显然无法达到或无法完全达到，以多类财务比率指标为基础，运用更复杂分析方法的财务报告综合分析技术进行各类分析正是在此背景下产生的。

第一节　企业经营理财综合分析

　　财务报告分析的最终目的在于全方位剖析和了解企业经营理财的状况，评价企业财务状况、经营成果和现金流量状况，并对企业综合经济效益的优劣作出系统合理的评价。要想对企业财务状况和经营成果有一个综合评价，就必须进行相互关联的分析，采用适当的标准进行综合性的评价。单独的某类指标、某一方面财务能力的分析显然无法达到这一目的，因此需要通过各种财务能力指标的综合分析来评价，即财务报告综合分析。

　　所谓财务报告综合分析就是将企业偿债能力、盈利能力、资金营运能力和发展能力

等诸多方面的分析情况纳入一个有机的整体，全面地对企业的经营状况、财务情况进行解剖和分析，从而对企业经济效益的优劣作出准确的综合评价和判断。因此，财务综合分析必须具备分析内容的综合性、分析方法的结合性、分析指标的搭配性、分析结果的多用性等特征。

企业经营理财综合分析的方法或体系较多，其中影响较大、运用较广的主要是杜邦财务分析体系、帕利普财务分析体系和沃尔比重评分法。

一、杜邦财务分析体系

（一）杜邦财务分析体系的产生和意义

运用趋势分析法和财务比率分析法，虽然可以了解企业各方面的财务情况，但不能反映企业各方面财务情况之间的关系。企业经营理财情况是一个完整的系统，内部各因素都是相互依存、相互作用的，任何一个因素的变动都会引起企业整体经营理财情况的改变。因此，财务报告分析者在进行企业经营理财情况的综合分析时，必须深入分析企业经营理财情况内部的各项因素及其相互之间的关系，这样才能比较全面地揭示企业综合经营理财情况的全貌。

杜邦财务分析体系就是利用几种主要的财务比率之间的关系来综合地分析企业的经营理财情况的方法，是一种比较实用的综合财务分析体系。这种方法首先由美国杜邦公司的经理创造出来，故名杜邦财务分析体系或杜邦分析模型、杜邦分析法。杜邦分析法是用来评价公司综合盈利能力和股东回报水平，从企业经营和财务角度评价企业综合绩效的一种经典方法。

杜邦分析体系有助于企业投资者和管理层更加清晰地看到"净资产收益率"这一财务管理基本目标的决定因素，以及销售净利率与总资产周转率、筹资结构（权益乘数）之间的相互关联关系，给投资者和管理层提供了一张明晰的考察公司盈利能力、资产管理效率和筹资结构是否最大化股东投资回报的路线图。

（二）杜邦财务分析体系的基本原理

杜邦财务分析体系的计算等式如下：

$$净资产收益率 ＝ 销售净利率 \times 总资产周转率 \times 平均权益乘数$$

其公式推导过程如下：

$$净资产收益率＝净利润 \div 平均净资产$$
$$＝（净利润 \div 平均资产总额）\times（平均资产总额 \div 平均净资产）$$
$$＝总资产净利率 \times 平均权益乘数$$

总资产净利率又可以表达为

$$总资产净利率＝净利润 \div 平均资产总额$$
$$＝（净利润 \div 销售收入）\times（销售收入 \div 平均资产总额）$$
$$＝销售净利润率 \times 总资产周转率$$

综合公式（1）和公式（2）可以得出净资产收益率的杜邦等式：

净资产收益率 = 销售净利率 × 总资产周转率 × 平均权益乘数

其中，平均权益乘数是平均总资产与平均所有者权益的比率。

利用这种方法进行综合分析时，可把各项财务指标间的关系绘制成杜邦分析图（图 9-1）。

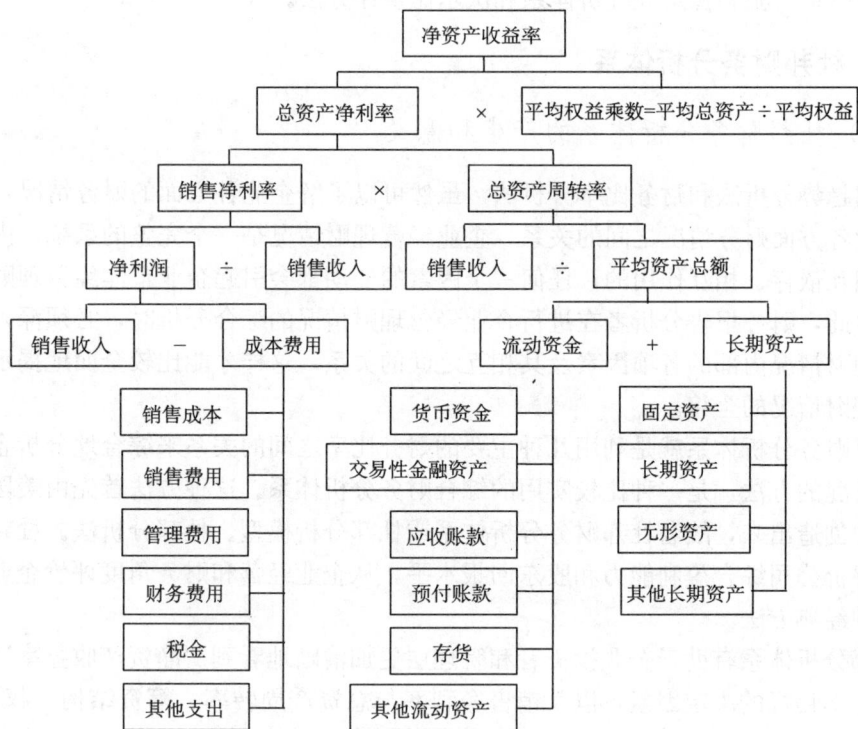

图 9-1 杜邦分析图

杜邦分析图的左边部分主要是分析公司的盈利能力和资金营运能力，并展示公司盈利能力和资金营运能力两者之间的内在联系；杜邦分析图的右边部分主要分析公司的资本结构（筹资结构）。资产投资收益能力和资本结构共同影响净资产收益率的水平。因此，净资产收益率是杜邦财务分析体系的核心，是一个综合性最强的指标，反映了公司财务管理基本目标的实现情况。

（三）杜邦财务分析体系的应用

杜邦财务分析是对企业财务状况和经营成果的综合分析。它通过几种主要财务比率之间的相互关系，全面、系统、直观地反映出企业的经营理财情况，其基本特点是系统、简明、清晰，从而大大节省了财务报表使用者的分析时间。利用杜邦分析图分析时，需从以下几点进行。

1. 净资产收益率是一个综合性最强的财务分析指标，是杜邦财务分析系统的龙头

企业财务管理的目标主要是实现股东财富最大化，而净资产收益率反映了企业所有者投入资本获取净利润的能力，说明企业筹资、投资、资本运营等各项财务及其管理活动的效率。因此，这一财务分析指标是企业所有者、经营者都十分关心的。净资产收益率高低的决定因素主要有三个方面，即销售净利率、总资产周转率和平均权益乘数。这三个指标分别代表了企业的盈利能力、资金营运能力和偿债能力。这样分解后，就可以将净资产收益率这一综合指标发生升降变化的原因具体化，比只用一项综合性指标更能具体地说明问题。

2. 销售净利率反映企业净利润与销售收入的关系

销售净利率是反映企业盈利能力的指标。从图 9-1 中可以很明显地看出，要想提高销售净利率，一是要扩大销售收入，二是要降低成本费用。扩大销售收入既有利于提高销售净利率，又可以提高总资产周转率。扩大销售收入只有两个途径，一是扩大销售量，二是提高销售单价，因此企业必须努力开发新产品、注重营销策略，努力提高市场占有率。同时，降低成本费用，要严格进行预算控制，缩减一些不必要的开支，努力降低和控制各项成本费用的发生。

3. 总资产周转率指标反映企业的资金营运能力

总资产周转率的影响因素主要有资产总额和销售收入两方面，要提高总资产周转率，即总资产的周转速度有两条主要途径：一是扩大销售收入，二是降低资产总额，用较少的资金投入取得更大的销售收入。资产的周转速度直接影响到企业的盈利能力，如果资产周转速度较慢，获得同样的销售收入就必须占用较多的资金，增加资金占用的机会成本，从而减少企业的利润。对于资产周转率的分析，不仅要分析企业总资产周转率，更重要的是分析存货周转率和应收账款周转率等指标，及时发现企业在资产管理方面存在的问题，加强对资产的管理，其中最重要的一项工作是做好投资结构（资产配置结构）的优化，包括对内投资和对外投资的配置结构、对内投资中长期资产与流动资产的配置结构、流动资产中波动性流动资产和长期性流动资产的配置结构等都要尽可能优化，只有这样才能消除资金周转中的瓶颈制约，提高资产的周转速度。

4. 权益乘数是企业平均总资产和平均所有者权益之比

权益乘数主要受资产负债率指标的影响，因此权益乘数指标不仅体现企业偿债能力的高低，还体现企业筹资结构（资本结构）是否合适、资金成本和财务风险是否合理、给企业带来的财务杠杆作用程度大小如何。负债比率越大，权益乘数就越高，说明企业资本结构中负债程度较高，有可能会给企业带来较多的财务杠杆利益，但同时也会带来较大的财务风险。

通过杜邦财务分析体系自上而下分析，分析者不仅可以了解企业财务状况和经营成果的全貌，还可以明确企业各项主要财务指标间的相互关系，查明各项主要财务指标的增减变动情况及其影响因素和影响程度，而且为决策者提供了优化经营理财状况，为提高企业经营效益、实现财务管理目标提供了基本思路，为进一步采取具体措施指明了方向，即提高净资产收益率的根本途径在于扩大销售规模、节约成本费用、合理配置投资

结构、加速资金周转、优化筹资结构、确立风险意识等。

因为杜邦财务分析体系偏重于企业所有者的利益角度展开分析，所以其指标设计也具有一定的局限性。

下面以我国药品行业为例介绍杜邦财务分析方法的应用。

药品行业的杜邦财务分析

药品行业可分为化学药品原料行业、化学药品制剂行业、中成药行业、中草药行业、药品商业和医疗机构六部分来进行研究，其中前四部分统一称为药品工业行业。

1. 药品行业 2006 年杜邦财务分析

如表 9-1 所示，在整个药品行业中，化学药品制剂行业净资产收益率最高，其次是中成药、化学药品原料药行业及医药商业企业，医疗机构的净资产收益率最低。

表 9-1　2006 年我国药品行业杜邦分析指标分解

	化学药品原料药	化学药品制剂	中成药	中药饮片	医药商业企业	医疗机构
净资产收益率	8.91%	10.65%	9.37%	8.16%	8.39%	3.57%
总资产净利率	3.68%	5.35%	4.97%	3.78%	1.47%	2.59%
权益乘数	2.422 5	1.992	1.884 3	2.159 8	5.701 3	1.381 2
销售净利率	4.77%	6.64%	7.49%	5.06%	0.77%	9.55%
总资产周转率	77.15%	80.56%	66.38%	74.62%	190.79%	26.96%

注：表中基础数据来源于《2006 中国医药统计年报》。

净资产收益率是受资产净利率和权益乘数两方面影响的。因为制剂行业总资产净利率最高而权益乘数较低，所以导致其净资产收益率高的主要原因是该行业很强的资产收益能力。制剂行业资产净利率高的原因又是什么？进一步将资产净利率分解为销售净利率和资产周转率，我们发现，制剂行业的销售净利率和总资产周转率均较高，快速的资产周转及较强的销售盈利能力使得制剂行业的资产收益能力终获全行业翘楚。同时，制剂行业的权益乘数远低于医药商业企业，也显著低于原料药和中药饮片业，因此适当地提高财务杠杆程度，增加权益乘数将有利于制剂行业进一步提升净资产收益率。

医药商业企业的资产收益能力很弱，只有 1.47%，为全行业之末。由于资产收益能力由销售盈利能力和资产营运能力构成，商业企业的销售净利率只有 0.77%，而其他药品行业此比率均在 4.7% 以上，说明该行业利润很薄。为了提升利润水平，医药商业企业必须实施"薄利多销"策略，努力加快资产周转，可以看到，医药商业企业的总资产周转率非常高，达到了 190%，为排名第二的制剂行业的两倍，尽管如此，其资产收益率仍然只有 1.47%。为了增加股东回报，医药商业企业采用了较高的财务杠杆，权益乘数达到了 5.7 倍，这意味着负债为股东权益的 4.7 倍之多，企业的平均资产负债率超过了 80%，财务风险较大。

相比其他医药行业，医疗机构的净资产收益率是最低的。其主要原因是资产周转率低，只有 26.96%，仅为药品商业行业的 1/7、制剂行业的 1/3，这主要是跟医疗机构承担更多的科研与社会服务相关，医疗机构需要添置大量医疗设备，而这些设备并未给医疗机构带来可观的营业收入，因此研究如何提高医疗设备的利用效率是改善医疗机构财务效益的重要课题。此外，医疗机构的权益乘数最低，为1.38，这说明医疗机构的股东更重视其营运的财务安全性，避免破产的风险。为了提高股东回报率，适当提高销售净利率是可行途径。我们看到，医疗机构的销售净利率最高，为9.55%，说明该行业能以较少的药品收入取得较高的利润，这也就是医疗机构得以"以药养医"的基础，也能够帮助我们理解为何医疗机构的药品价格会比医药商业企业的价格更高。

2. 纵向对比分析

如表9-2所示，不管是净资产收益率还是资产净利率，化学药品原料药行业、中药饮片行业及医药商业行业2006年较2005年均有一定程度的上升，其中上升最快的是医药商业行业。而化学药品制剂行业、中成药行业和医疗机构均存在不同程度的下降，下降最快的是医疗机构。

表9-2　2006年我国药品行业杜邦分析指标较2005年增长率

	化学药品原料药	化学药品制剂	中成药	中药饮片	商业企业	医疗机构
净资产收益率	5.82%	−10.35%	−6.86%	8.51%	83.99%	−21.19%
资产净利率	3.08%	−9.32%	−2.55%	13.86%	51.55%	−21.99%
销售净利润率	3.7%	−13.43%	−8.88%	21.93%	42.59%	−17.24%
总资产周转率	−0.64%	4.79%	6.96%	−6.67%	6.79%	−6.29%

导致医疗机构2006年净资产收益率快速下降的主要原因是其资产净利率显著降低了21.99%，而资产收益能力降低又主要归因于医疗机构销售净利率下降17.24%，总资产周转率下降6.29%。2006年，国家出台了一系列抑制药价增长的政策，如药品招标采购政策及八部委联合下发的《关于进一步整顿药品和医疗服务市场价格秩序的意见》，这些整顿措施对医疗机构的药品销售收入产生了明显的影响，2006年，在医疗机构工作量持续增长的情况下，药品收入增长7%，与2005年的增长16%相比，下降了9个百分点。

再分析四项比率上升都非常快的药品商业企业，该行业净资产收益率、资产净利率、销售净利润率的增长率分别达到83.99%、51.55%和42.59%，同时，净利润增长率高于主营业务增长率，说明该行业2006年成本费用控制取得了明显成效。

资料来源：张意梅. 我国药品行业的杜邦财务分析. 会计之友，2009，(7)：9～12。

二、帕利普财务分析体系

帕利普财务分析体系是美国哈佛大学教授帕利普（Palepu）对杜邦财务分析体系进行了变形、补充而发展起来的。帕利普在其《企业分析与评价》一书中将财务分析体系中的常用财务比率分为四大类：偿债能力比率、盈利比率、资产管理效率比率、现金流量比率。帕利普财务分析的原理是将某一个要分析的指标层层展开，这样便可探究财务指标发生变化的根本原因。

帕利普财务分析体系的分析过程包括以下五个方面。

1. 可持续增长率

从长远看，企业的价值取决于企业盈利和增长能力。这两项能力又取决于其产品市场战略和资本市场战略，前者包括企业的经营战略和投资战略，后者包括融资战略和股利政策。财务分析的目的就是评价企业在经营管理、投资管理、融资战略和股利政策四个领域的管理效果。可持续增长率是企业在保持盈利能力和财务政策不变的情况下能够达到的增长率，它取决于净资产收益率和股利政策。

$$可持续增长率 = 净资产收益率 \times (1 - 股利支付比率)$$

可持续增长率可用以评估企业增长战略是否可持续，其原理如图 9-2 所示。

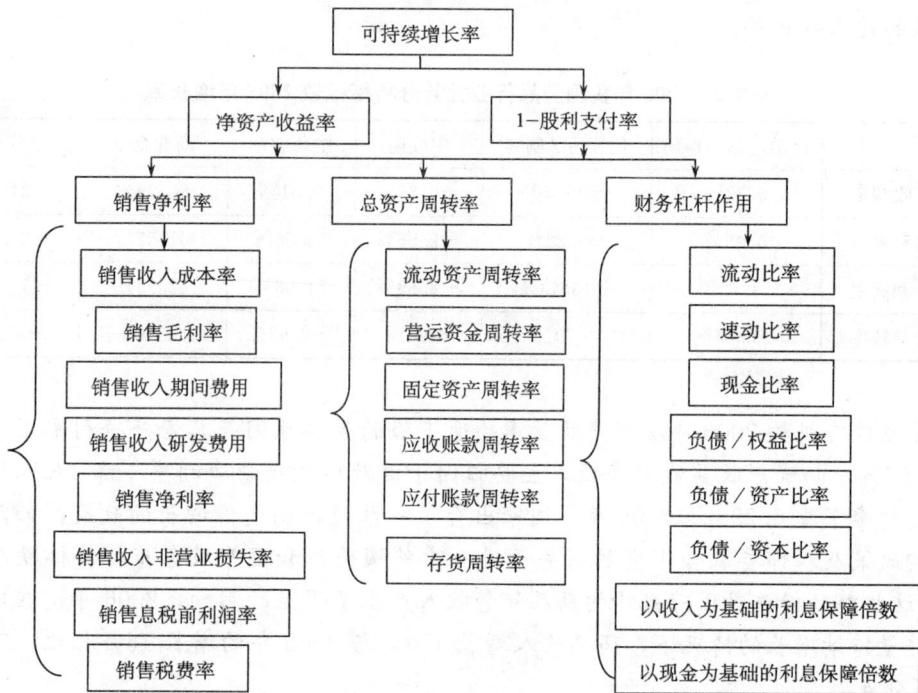

图 9-2　帕利普财务综合分析体系

2. 分析利润动因——分解净资产收益率

企业的净资产收益率受两个因素的影响：企业利用资产的有效性、与股东的投资相比企业的资产基础有多大。

$$净资产收益率 = 资产净利率 \times 平均权益乘数$$

为了更直观地了解利润的动因，可以将净资产收益率进一步分解为

$$净资产收益率 = 销售净利率 \times 总资产周转率 \times 平均权益乘数$$

分解后的公式表明：影响企业净资产收益率的动因是销售净利润率、总资产周转率和财务杠杆作用。

3. 评估经营管理——分解销售净利率

销售净利率表明企业经营活动的盈利能力，因此对销售净利率进行分解能够评估企业的经营管理效率。常用的分析工具是共同比利润表，即把销售收入定为100％，利润表中的所有其他项目都用一个销售收入比率表示。共同比利润表可用于企业一定时间利润表各项目的纵向比较，也可用于行业内企业间的横向比较。通过分析共同比利润表，我们可以了解企业的毛利率与其竞争战略的关系，以及变动的主要原因；期间费用率与其竞争战略的关系，以及变动的主要原因；企业的经营管理的效率；等等。

4. 评估投资管理效率——分解资产周转率

对资产周转率的详细分析可评估企业投资管理的效率。资产管理分为流动资金管理和长期资产管理。流动资金管理分析的重点在应收账款、存货和应付账款。评估资产管理效率的主要财务指标有总资产周转率、存货周转率、应收账款周转率、应付账款周转率、固定资产周转率、营运资金周转率。通过分析这些财务指标可评估企业的投资管理效率。

5. 评估财务管理——检验财务杠杆的作用

财务杠杆使企业拥有大于其产权的资产基础，即企业通过借款和一些不计息债务等来增加资本。只要债务的成本低于资金利润率，财务杠杆就可以提高企业的净资产收益率，但同时财务杠杆也加大了企业的财务风险。评估企业财务杠杆风险程度的财务指标有流动比率、速动比率和现金流动比率（经营活动现金净流量/流动负债）等流动性比率，以及资产负债率、可持续增长率、有形净值负债率和利息保障倍数等长期偿债能力比率。

三、沃尔比重评分法

（一）沃尔比重评分法的含义

企业在进行财务报告分析时，可以通过将本期财务比率与历史财务比率进行比较，分析企业经营理财情况的发展趋势。这种方法虽然能看出本企业自身的发展变化，但很难评判其在行业中的优劣地位。

另外，企业还可以将本企业的财务比率与同行业的平均财务比率或先进水平进行比较，可以了解企业在同行业中所处的位置，但这种方法只能作出定性评价，如与同行业平均水平相当，或比同行业平均水平略好或略差，而无法定量地评价企业的财务经济效益处于何种程度。

为弥补上述缺陷，亚历山大·沃尔（Alexander Wole）在其出版的《信用晴雨表研究》和《财务报表比率分析》等著作中提出了信用能力指数概念，将流动比率、产权比率、固定资产比率、存货周转率、应收账款周转率、固定资产周转率、自有资金周转率七项财务比率用线性关系结合起来，并分别给定各自的分数比重，总计100分，然后将企业的实际值与标准值进行比较，确定各项指标的得分及总体指标的累计分数，并据以对企业财务状况等作出评价，这样的一种方法我们称其为沃尔比重评分法。其评分过程分三步：

（1）计算相对比率。相对比例＝实际值÷标准值。

（2）计算某比率得分。某项比率的分数＝标准值评分×该指标的相对比率。

（3）计算综合得分。企业综合得分＝$\sum$各项比率的评分。

（二）沃尔比重评分法的应用

我们用沃尔的方法，对 B 股份有限公司 2008 年的财务状况进行评分，结果见表 9-3。

表 9-3   B 公司 2008 年沃尔比重评分法分析表

财务比率	比重 1	标准比率 2	实际比率 3	相对比率 4＝3÷2	评分 5＝1×4
流动比率	25	2	5.3	2.7	66
净资产/负债	25	1.5	4.7	3.1	78
资产/固定资产	15	2.5	4.5	1.8	27
销售成本/存货	10	8	16.7	2.1	21
销售额/应收账款	10	6	16.4	2.7	27
销售额/固定资产	10	4	11	2.8	28
销售额/净资产	5	3	3	1	5
合计	100				252

利用沃尔比重评分法，得出 B 公司 2008 年的财务状况评分的结果是 252 分，按照沃尔比重评分法的原理，得分越高，企业总体价值就越高，这表明该公司的财务状况是优秀的。

沃尔比重评分法从理论上讲有一个明显的问题，就是未能证明为什么要选择这七个指标，而不是更多或更少些，或者选择别的财务比率，以及未能证明每个指标所占比重的合理性。沃尔比重评分法从技术上讲也有一个问题，就是某一个指标严重异常（过高或过低，甚至是负数）时，会给总评分带来不合逻辑的重大影响，这个缺陷是由财务比率与其比重相"乘"引起的。

因此，在采用此方法进行财务状况综合分析和评价的时候，应注意以下几个方面的问题：①同行业的标准值必须准确无误；②标准分值的规定应根据指标的重要程度合理确定；③分析指标应尽可能全面，采用指标越多，分析的结果就越接近现实。尽管沃尔比重评分法在理论上还有待证明，在技术上也需完善，但它在实践中还具有较为广泛的应用价值。

目前实践中采用的沃尔比重评分法进行财务报告分析的财务比率指标并不限于上述

七项，可以根据不同的分析需要而定，每项指标的分值比重也可以根据实际情况灵活赋予。

第二节 企业财务预测分析

一、财务预测及其作用

预测是进行科学决策的前提。企业的经营活动会对财务情况产生影响，而财务情况又会影响企业预期的经营活动。财务预测是在基于对企业历史财务报表进行分析的基础上，根据当前的情况和未来的经营战略与财务战略，采用一定方法，对企业财务活动的未来发展趋势和结果作出科学推测和判断的过程。

财务预测是企业财务管理工作的重要环节之一，承担制定财务计划、提出财务决策方案的职责。它在企业经营理财过程中必不可少，主要表现在以下四个方面：

第一，财务预测有助于优化投资决策。根据销售前景估计出的融资需求不一定总能被满足，因此就需要根据预期的融资能力协调营业收入预期增长率对资产投资的需求，使投资决策建立在可行的基础上。此外，以营业收入为核心的财务预测是预计投资项目预期现金流量的基础，对投资项目的评价具有重要影响。

第二，财务预测是进行融资计划的前提。企业的可持续增长会涉及企业销售、资产运营、资本结构等各方面的财务政策。企业营业收入增长时，流动资产或固定资产相应增加，进一步会导致融资需求的增加。增加的融资可以通过内源融资和外源融资取得。通常，营业收入增长率较高时内源融资往往不能满足新增融资的需求，即使获利良好的企业也需要外源融资。外源融资需要寻找资本提供者，向他们作出还本付息的承诺或提供盈利前景，并使之相信其投资是安全并且可以获利的，这个过程需要较长时间。因此，财务预测是企业预先明确财务需求，提前安排融资计划的基础和前提。

第三，财务预测是企业经营活动顺利进行的基础。企业要根据行业发展前景、国家宏观政策及产品的市场需求状况等，对其经营目标进行预测。财务预测通过预计财务报表将主要经营目标转换成财务收入、利润、资产收益等效益指标，并与企业预算等管理过程相衔接。

第四，财务预测有助于增强企业的应变能力。预测、决策和计划都是超前思考和行动的过程，其结果并非仅仅是一个融资需求数字，还包括对未来各种可能前景的认识和思考。财务预测展示了企业各种战略决策的未来财务成果和前景，提高了企业对不确定事件的反应能力，从而减少不利事件出现带来的损失，增加利用有利机会带来收益的可能性。

二、财务报表预测方法

财务报表预测方法实质上是对资产负债表、利润表、现金流量表等报表内部的项目进行预计、判断和估算的方法，包括定量分析法和定性分析法两大类。前者是建立在经验判断、逻辑思维和逻辑推理的基础上，通过判断事物具有的各项因素、属性，利用直观的材料，依靠个人和集体经验的综合分析，对事物的未来状况进行预测；后者是根据历史数据找出其内在的规律，通过分析事物的各项因素、属性间的数量关系，运用数学运算对事物未来状况进行的量化预测。在实际工作中，两类预测方法不是完全排斥，而是相互补充的。二者的有机结合能够提高预测结果的准确性和合理性。本节主要对定量分析法中的销售百分比法、线性回归分析法和财务预算进行介绍。

（一）销售百分比法

销售百分比法是根据财务报表上各相关项目与营业收入总额之间的比例关系，按照预期销售额增长情况来预测有关项目未来金额的一种方法。在此过程中，销售额增减变动的预测是否准确直接影响到最终预测结果的质量。此方法可用于预测资产负债表项目、利润表项目及对外筹集资金项目等。

销售百分比法在运用时，一般按照以下步骤进行：

（1）根据搜集到的历史资料，分析判断财务报表中各相关项目与营业收入总额之间的关系。在资产负债表的资料项目中，货币资金、应收账款、存货等流动资产项目一般会随营业收入的增减而增减，属于变动性资产项目。固定资产项目是否变动，则取决于预测期的经营规模是否在企业原有的生产能力范围内。若是，则固定资产项目不随营业收入的增减变动而变动；反之，固定资产项目会随营业收入增减而变动。其他长期资产项目，如无形资产、长期投资等，与营业收入的变动无关。在负债及所有者权益项目中，应付账款、应付工资、应交税金等流动负债（自然性融资）项目都属于变动性负债项目；盈余公积、未分配利润（在销售利润率和股利分配率不变的条件下）会随营业收入的增减变动而变动；长期负债、股本和资本公积项目一般不随营业收入的增减而变动。

（2）根据以往历史资料，计算确定基期报表上与营业收入有关的项目与基期营业收入之间的比例关系。

（3）预测销售额。由于财务报表上许多项目与营业收入之间存在固定的比例关系，未来营业收入的预测十分重要。在实际预测过程中，预测人员往往需要依据收集到的各种外部信息，通过定性分析、定量计算对企业未来的销售量及销售单价进行预测，得到营业收入的预测值。

（4）根据预测销售额及其与报表各变动性项目之间的比例关系，对报表上与营业收入存在依存关系的项目数额进行预测。

（5）采用其他方法对报表上与营业收入不存在固定比例关系的其他项目进行预测。

（6）根据以上数据，编制预测资产负债表和利润表，并根据表中各项目的内在联系与平衡关系，确定企业资金的余缺量，即确定企业应对外筹集或投放的资金量。

下面我们以 A 公司为例，介绍如何使用销售百分比法法进行财务预测。该公司2008 年的资产负债表和利润表见表 9-4 和表 9-5。

表 9-4 资产负债表

编制单位：A 公司　　　　　　　　　2008 年 12 月 31 日　　　　　　　　　单位：万元

资产	金额	负债与所有者权益	金额
流动资产		**流动负债**	
货币资金	20	应付票据	20
应收账款	170	应付账款	80
存货	200	应付职工薪酬	50
流动资产合计	390	**流动负债合计**	150
固定资产	300	**非流动负债**	144
		负债合计	294
		所有者权益	
		普通股	300
		保留盈余	96
		所有者权益合计	396
资产总额总计	690	**负债与所有者权益总计**	690

表 9-5 利润表

编制单位：A 公司　　　　　　　　　2008 年　　　　　　　　　单位：万元

项目	金额
营业收入	1 000
减：营业成本	800
销售费用	104
财务费用	16
利润总额	80
减：所得税费用（税率为 40%）	32
净利润	48
减：红利（收益的 33%）	16
保留盈余增加	32

下面按销售百分比法的操作程序来预测该公司 2009 年财务报表的各项数据：①在表 9-6 和表 9-7 中，第二栏是以 2008 年为基数，用百分比标出各项目与营业收入之间的比例关系；②A 公司预测 2009 年营业收入将增长至 2 000 万元，用该值乘上表中第二栏的百分比，得到 2009 年财务报表的各项预测数据；③对于与营业收入不相关的项目，采用适当的分析方法加以调整；④通过上面的方法计算得到的资产负债表的资产和负债及所有者权益之差，就是公司对外筹资需求额。

表 9-6 预计资产负债表

项目	2008 年销售百分比（%）	2009 年预计值（万元）
资产		
货币资金	2	40
应收账款	17	340
存货	20	400
流动资产合计	39	780
固定资产	30	600
资产合计	69	1 380
负债		
应付票据	—	20
应付账款	8	160
应付职工薪酬	5	100
流动负债合计	—	280
非流动负债合计	—	204
负债合计	—	484
所有者权益		
普通股	—	300
保留盈余	—	164 （164＝96＋68，其中 68 为 2008 年预计保留盈余增量）
负债与所有者权益总计		948

表 9-6 中，资产与负债及所有者权益的差额就表示该公司需向外筹资 432（1 380－948）万元。

表 9-7 预计利润表

项目	2008 年销售百分比（%）	2009 年预计值（万元）
主营业务收入	100	2 000
减：主营业务成本	80	1 600
营业费用	10.4	208
财务费用	—	24
税前利润	—	168
减：所得税	—	67
净利润		101
减：红利	—	33
保留盈余增加	—	68

（二）线性回归分析法

线性回归分析法是利用数理统计中最小平方原理，通过确定一条能够反映自变量与因变量之间差距平方和最小的回归直线 $y=a+bx$，并根据自变量 x 的变动，预测因变量 y 变动趋势的一种方法。回归直线的确定，尤其是其中 a、b 的确定，是此方法应用的关键。在用线性回归分析法进行财务预测时，首先应根据过去一段时期的历史资料判断资产负债表项目与营业收入之间是否存在线性相关关系。只有在存在线性相关关系的条件下，才可以建立回归直线方程，确定其中 a、b 的具体值，然后据此为基础，根据营业收入（x）的预测值，预测资产、负债项目（y）的未来金额及未来资金的筹集、运用情况。

从理论上说，线性回归分析法是一种计算结果最为精确的方法，但运用回归直线法必须注意以下问题：第一，资金需要量与产销业务量之间线性关系的假定应符合实际情况；第二，确定 a、b 数值，应利用预测年度前连续若干年的历史资料，一般至少要有3年以上的资料；第三，还要考虑价格等因素的变动情况。

（三）财务预算法

财务预算法是通过编制财务预算来完成财务预测的财务报表预测分析方法。财务预算的具体成果以一套预计财务报表的形式体现出来，包括预计现金流量表（现金预算）、预计利润表和预计资产负债表等内容。全面预算包括日常业务预算、特种决策预算和财务预算三大类内容，因此财务预算是企业全面预算的一部分，它和其他的预算是联系在一起的。它是全面预算体系中的最后环节，是对企业包括日常业务预算和特种决策预算等整个全面预算的价值总结，从价值方面总括地反映了全面预算的结果，也称为总预算。对已经有完整生产经营计划的企业而言，预测未来的财务报表，只要就地取材稍作加工就可以了。但对没有完整计划资料的企业来说，预测起来就显得比销售百分比法费时、费力、复杂得多。其具体的操作程序如下。

1. 分析经营环境

财务预算要求分析人员在进行报表预测之前，首先应对企业所处的内外环境作出认真、综合的研究与分析，包括宏观政治经济形势分析、同行业竞争趋势分析、市场价格变动趋势分析、金融政策趋势分析等。通过环境分析，结合企业的生产能力拟定企业的预算方案。

2. 拟定预算方案

预算的总方案是指企业未来的经营方针、各项政策及企业的总目标和分目标。例如，为销售部门制定销售目标，具体包括预算期产品的销售数量、销售价格、销售地区、销售战略和战术等。通过拟定预算总方案使企业各部门编制预算有了依据和标准。

3. 编制具体预算

组织各部门按照具体的目标要求编制本部门的预算草案，包括销售预算、生产预算、成本预算、费用预算等日常业务预算和资本支出预算等特种决策预算。日常业务预算和特种决策预算是编制财务预算的基础。

4.编制预计财务报表（财务预算）

在上述经营预算的基础上，编制预算期的资产负债表、利润表和现金流量表（现金预算），即财务预算。

综上所述，预计财务报表（财务预算）编制程序如图9-3所示。

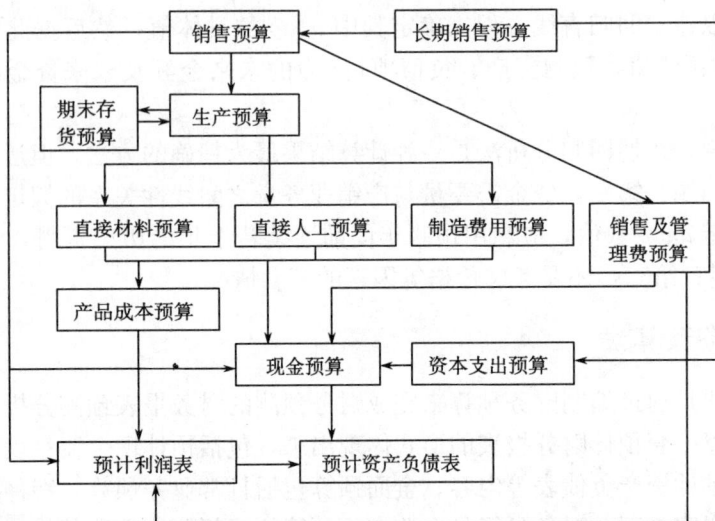

图 9-3 财务预算（预计财务报表）编制过程示意图

三、利润表预测

利润表预测是指通过对利润表内各项目的未来发生额进行预计测算，估算出公司未来某一会计期间收入、成本费用、利润等项目的金额。作为反映公司未来收益情况的会计报表，预测利润表常被用于评价企业未来的经营业绩，评估公司价值。利润表预测是整个财务预测的起点，也是财务预测的关键。

开展利润表预测依据的数据资料主要有销售预测、成本预测、费用预测、税收政策及收入与费用的历史资料等。进行利润表预测的方法主要有销售百分比法、财务预算法。

下面我们以 AA 公司为例，采用销售百分比法对 AA 公司 2009 年利润表进行预测。

表 9-8 显示了 AA 公司 2009 年利润表预测，具体分析如下：

（1）表中第二栏列示的是 2008 年的基数，第三栏是利润表中各项目与销售额的比例关系。

（2）根据销售预测估计该公司 2009 年的销售额将比上年增长 30%，其主要原因是：①公司面对激烈的市场竞争，继续加大销售力度，以产品质量为保证，增加销售渠道，加强内部管理；②公司针对产品市场广阔，但市场竞争激烈的行业特点，改变经营战略，加快提高技术档次，开发更高水平的产品，增加更多的新用户；③公司研制开发的新产品估计可使产量提高 20%～30%。

（3）根据费用方面的预测来看，营业成本、销售费用和营业税金都与营业收入密切相关，并随预计销售额的增长而相应提高，只要将其预测的销售额乘以销售百分比即可得到预测数。

（4）对于不是直接由销售引起的费用项目，根据相关资料分析预测。例如，财务费用是预计 AA 公司 2009 年的投资项目筹集资金而增加的利息支出；税收费用的预计是假定公司所适用的税率和享受的税收优惠同上年相同。

（5）公司的投资收益预计比上年有较大的提高，这是由于公司投资控股 80% 的其他公司研制的新产品成功，已成批生产，预计可取得较好的业绩。

表 9-8　AA 公司 2009 年利润表预测

项目	2008 年实际结果		2009 年预测数
	金额（万元）	占营业收入（%）	（万元）
一、营业收入	218 018	100	283 423
减：营业成本	175 128	80.33	227 674
营业税金及附加	927	0.43	1 219
销售费用	8 245	3.78	10 713
管理费用	18 930	—	24 601
财务费用	5 876	—	7 652
资产减值损失	3 334	—	0
加：公允价值变动收益（损失以"－"号填列）	0	—	－201
投资收益（损失以"－"号填列）	－213	—	153
二、营业利润（损失以"－"号填列）	5 365	—	11 516
加：营业外收入	10 720	—	8 032
减：营业外支出	316	—	152
其中：非流动资产处置净损失	0	—	0
三、利润总额（损失以"－"号填列）	15 769	—	19 396
减：所得税费用	4 740	—	5 819
四、净利润（损失以"－"号填列）	11 029	—	13 577
五、每股收益			
（一）基本每股收益（元）	0.38	—	0.47
（二）稀释每股收益			

表 9-9 显示了 AA 公司在 2009 年基础上的未来 5 年的利润表预测（只包括主要项目）。

表 9-9　2010～2014 年预测利润表　　　　　　　　　　单位：万元

项目	2010 年	2011 年	2012 年	2013 年	2014 年	预测方法
一、营业收入	340 108	408 130	489 756	587 707	705 248	预测每年营业收入比上一年提高 20%
减：营业成本	273 209	327 851	393 421	472 105	566 526	按销售的历史比例（80.33%）
销售费用	12 856	15 427	18 513	22 215	26 658	按销售的历史比例（3.78%）
管理费用	24 704	27 554	29 225	32 220	35 225	与最近年份相近
财务费用	8 312	8 465	8 724	7 956	7 523	公司筹资计划
二、营业利润	21 027	28 833	39 873	53 211	69 316	计算得出
加：营业外收入	8 210	8 462	8 596	8 685	8 812	估计得出
减：营业外成本	202	256	279	289	321	估计得出
三、利润总额	29 035	37 039	48 190	61 607	77 807	计算得出
减：所得税费用	8 711	11 112	14 457	18 482	23 342	同最近年份的所得税税率相同
四、净利润	20 324	25 927	33 733	43 125	54 465	计算得出

四、资产负债表预测

资产负债表是反映企业在某一特定日期资产、负债、所有者权益及其相互关系的报表。作为分析人员，仅了解某一时点的资产负债所有者权益等财务状况是不够的，还要把握企业财务状况的发展趋势，对资产负债表进行预测分析。

资产负债表预测是对企业未来年份期末的资产、负债和所有者权益的预测，因为不同的资产负债表项目有不同的"驱动因素"影响，所以对资产负债表的预测通常是对表中各项目金额的预测。资产项目中的营运资金项目在资产周转率不变的情况下将随销售额的增加而增加，负债项目中的应付项目及所有者权益项目中的保留盈余也会随销售的增加而增加，这些项目可采用销售百分比法来预测。另外，与销售额不直接相关的项目要通过其他方法来预测。

进行资产负债表预测所需要的数据资料主要有日常业务预算、投资计划、筹资计划、预计的利润表、股利分配政策等。预测方法主要采用销售百分比法、线性回归法和财务预算法。

五、现金流量表预测

现金流量表预测是进行企业价值评估和加强日常现金流量管理的关键，它的预测依赖于前几个步骤所预测出的利润表和资产负债表。其实在许多情况下，管理人员或分析人员最终感兴趣的是对现金流量的预测而非利润本身。这是因为现金流量预测不但是进行企业价值评估的首要环节，同时进行现金流量预测还有利于企业合理规划现金收支，协调现金收支与经营、投资、融资活动的关系，保持企业现金收支平衡和债务偿付能力。

完成对利润表和资产负债表的预测后，现金流量表预测的大部分项目就可完成。通过对预测利润表中的净利润进行非现金项目的调整可以得出预测的经营活动现金流量水平，再根据企业未来的资本支出计划和财务融资计划确定投资活动和筹资活动的现金流量水平。

进行现金流量表预测所需的数据资料主要有日常业务预算、资本预算、预测的利润表、预测的资产负债表、筹资计划及现金收支的历史资料等。预测方法主要采用财务预算法和净收益调整法。净收益调整法就是以预测利润表中的净利润为起点，调整不涉及现金的收入、费用、营业外收支及有关项目的增减变动，据此计算出经营活动现金流量，然后根据公司的资本支出计划和财务融资计划来确定投资活动和筹资活动的现金流量。

六、财务危机预警分析

（一）财务危机的概念

企业在生产经营过程中，几乎不可避免地要与金融机构或其他主体发生债权债务关系。当企业的经营过程无法产生足够的现金以偿付到期债务（包括债务本息、应付账款、应交税金等），企业财务状况就会面临这样一种困境：一方面要借入新债以偿还到期债务；另一方面又要周转资金用于继续生产经营，并努力赚取利润、回笼资金来偿还新的债务。一个已经在资金上捉襟见肘的企业是很难让人相信其偿还债务能力的，这样的企业很难再借入资金。没有了新的资金来源，债权人就可能采取行动迫使借款人履行还债义务，也有可能向法院提出诉讼，申请该企业破产。所谓财务危机，就是指一个企业处于经营性现金流量不足以抵偿现有到期债务而面临破产的危险状况。当然这种"不足抵偿"是指长期的、连续的不能抵偿，而不是暂时性的不能偿还。

当然，处于财务危机之中的企业并不一定会破产。当企业经营现金流量不足以补偿现有债务时，反映出企业资金流动能力相对低下或流动资产与流动负债不匹配。这时企业可以通过出售主要资产，与其他企业合并，减少资本支出，进行资产重组，或采用发行新股、与债权人协商谈判、债权换股权等债务重组方式使企业免于破产。当这些举措无效时，企业才进入破产程序。

（二）财务危机预警分析的意义

所谓财务危机预警分析，就是通过对企业的财务报表、经营计划及其他相关经营资料的分析，设置并观测一些敏感性财务指标的变化，随时观察企业发生财务危机的早期特征，对企业可能或者将要面临的财务危机进行实时监控和预测警报的过程。

企业能否建立健全财务危机预警机制是企业各利益相关者关注的焦点问题。利用财务预警分析的结果，经营者能够在财务危机出现萌芽的阶段及时采取有效措施改善企业经营理财，阻止企业财务状况进一步恶化；投资者在发现企业财务危机萌芽后能够及时处理现有投资，减少损失；银行等金融机构可以利用这种预测，正确做出贷款决策并进行贷款控制，降低信贷风险；相关企业可以在预警信号的帮助下做出有效的信用决策并对应收账款进行有效管理；审计机构和注册会计师可以利用这种预警信号合理确定其审计程序，准确判断企业的前景，发表恰当的审计意见，规避审计风险。

　　总之，企业财务预警分析应该是企业预警系统的一部分，它除了能预先告知经营者、投资者企业组织内财务营运体系隐藏的问题，还能清晰地告知企业经营者应朝什么方向努力，以便有效地解决问题，让企业把有限的财务资源用于最能够产生经营成果的地方。

（三）财务危机预警分析方法

　　财务危机预警分析方法有定性分析法和定量分析法，这里主要从定量分析的角度分析财务危机的预警方法。财务比率分析是常见的企业财务危机预警定量分析技术。在进行财务危机预警分析时不可能也不必要同时进行计算和运用所有的财务比率指标，相反，应当选择少数最有代表性的与财务危机敏感相关的财务指标，建立并运用一定的数学模型进行分析判断。按照建模时所用财务比率是单一的（单变量）还是多样的（多变量）来区分，财务危机预警的定量分析方法又分为单变量预警分析方法和多变量预警分析方法。

1. 单变量预警分析方法

　　单变量预警分析方法是指运用单一变量，用个别财务比率来分析预测财务危机的方法。当企业财务危机预警模式所涉及的个别财务比率趋向于恶化达到一定标准时，即可认为是该企业发生财务危机的先兆或已经发生了财务危机。

　　单变量预警模型创始人是美国芝加哥大学的威廉·比弗（William Beaver）教授。1968年10月，Beaver教授在美国《会计研究》上发表的一篇论文中提出了单一变量模型。该文以美国79对行业相同、资产规模相近的破产企业和正常企业作为样本，通过对30多个财务比率进行逐个检验，首次提出可以运用财务比率来预测企业财务危机的单变量分析法。他对财务失败判定并不仅仅局限于破产，还包括债券拖欠不履行、不能支付优先股利等情况。该文认为"现金流量净额与负债总额之比"这个比率能够较准确地判定公司的财务状况，"净利润与资产总额之比"也能在一定程度上反映企业财务状况，但效果比前者次之。在实务操作中，企业还可根据所处的阶段和所属行业的不同，选择使用企业安全率、资产利润率、资产负债率等预警指标。

　　如用"企业安全率"进行预警分析时，因为企业安全率由两个因素交集而成：一是经营安全率，一般可以用安全边际率表示，代表企业销售能力、经营能力；二是资金安全率，代表企业财务状况。所以，在企业具体的预警分析中，可将资金安全率和安全边际率结合起来，以判断企业的经营情况和财务状况是否良好。

　　　　安全边际率＝安全边际额÷现有或预计的销售额

　　　　　　　　＝（现有或预计的销售额－保本销售额）÷现有或预计销售额

　　　　资金安全率＝资产变现率－资产负债率

　　因为，资产变现率＝资产变现金额÷资产账面金额，所以，资金安全率＝（资产变现金额－负债）÷资产账面总额。资产变现金额是指企业立即处置其所有资产后可以变成现金的总数。计算时要以资产负债表所列的各项资产一一加以估算加总而得。

　　进行实际预警分析时，可以用安全边际率和资金安全率画出一个象限图，横轴代表安全边际率，纵轴代表资金安全率，这样构成四个象限。当两个指标共同确定的企业安全率落在第Ⅰ象限，即两个安全率指标均大于0时，表明企业经营状况和财务状况都良好，可以适当采取扩张策略；企业安全率落在第Ⅱ象限，即资金安全率为正，安全边际率为负时，表明企业财务状况尚好，但市场销售能力不足，此时企业应加强营销管理，增强创造利润的能力；企业安全率落在第Ⅲ象限，即两个安全率均小于0时，表示企业已陷入经营和财务状况都不善的境地，随时都有爆发财务危机和关门的可能，经营者应下定决心立即采取措施，进行有效的企业重整；企业安全率落在第Ⅳ象限，即安全边际率为正、资金安全率为负时，表明企业财务状况已露出险兆，经营者应将改善财务资本结构作为首要任务，提高自有资金比例，重视现金流量的观念，积极开源节流，此时对市场营销应采取适度的成长策略，并要求营销部门提高对客户的信用标准，防止坏账损失，加强账款回收力度。

单变量分析法简明有效，但其局限性也很明显，主要表现在以下几个方面：一是单变量比率可以判别公司是否处于财务危机之中，但不能判别企业是否可能破产以及何时破产；二是单变量比率分析结论可能会受到通货膨胀的影响；三是当企业面临财务困难时，管理当局往往会采取粉饰财务报表的方法来掩盖公司的真实财务状况，使财务危机预警无法准确实施因而失去作用。

2. 多变量预警分析方法

多变量预警分析方法就是运用多个财务指标来建立预警模型，并据此综合反映企业财务状况、预测和判别财务危机的方法。这里主要介绍"Z-Score"预测模型。

1968年，美国纽约大学阿尔特曼（Altman）教授发展了预测破产的多种变量模型。他的模型运用了五种财务比率，为了使该模型的预测能力达到最大限度，五种比率均进行加权平均。该模型产生了一个总的判断分（称为Z值）来预测企业是否处于财务危机。因此，该模型也被称为Z-Score模型。该模型为

$$Z = 1.2X_1 + 1.4X_2 + 3.3X_3 + 0.6X_4 + 0.999X_5$$

其中，Z＝判断分，X_1＝营运资金/资产总额，X_2＝留存收益/资产总额，X_3＝息税前利润/资产总额，X_4＝普通股和优先股总市值/负债账面价值总额，X_5＝销售额/资产总额。因此，该模式实际上是通过五个变量（五种财务比率），将反映企业偿债能力的指标（X_1、X_4）、盈利能力指标（X_2、X_3）和资金营运能力指标（X_5）有机联系起来，综合分析预测企业财务失败或破产的可能性。

X_1反映了企业资产的变现能力和规模特征，该指标越大，说明企业资产的流动性越强，财务状况越理想。一般来说，对于经历长期经营亏损的企业，其营运资本相对于总资产将有所缩减，因此该指标是企业是否面临停止运营的有效指示器之一。

X_2衡量的是企业累计获利水平，也反映企业在一定时期内留存进行再投资的比例。指标值越大，说明企业筹资和再投资功能越强。

X_3衡量的是企业资产的盈利能力，该比率剔除了税收和杠杆因素的影响，是预测企业财务危机的重要依据之一。

X_4反映一家公司的财务结构，表明所有者权益和债权人权益的相对关系，也能衡

量企业在负债超过资产、企业失去偿债能力之前其资产可能跌价的程度。该指标主要反映投资者对公司前景的判断，指标值越大，说明企业越有投资价值。在成熟的资本市场中，该指标尤其具有说服力。

X_5 反映企业资产周转情况，用来衡量企业资产利用的效率，并可推测企业在竞争条件下有效经营的能力。

阿尔特曼依据这一模型，运用经验数据提出了判断企业破产的临界值为 2.675。也就是说，在 $Z=2.675$ 时，企业破产与不破产的概率各为 50%；如果 $Z \geqslant 2.99$，则企业破产的概率很低；如果 $Z \leqslant 1.81$，则企业发生破产的可能性就较大了。Z 值介于 1.81～2.99 之间，则属于未知区域（灰色地带），较难估计企业破产的可能性。一般情况下，Z 分数值越高，企业破产的概率就越低；反之，Z 分数值越低，企业破产的可能性就越大。因此，企业可以通过 Z 值的计算来判断自己处于何种状态，一旦发现处于警戒状态，就应当及时采取措施，调整经营战略和财务策略，以降低可能出现的破产概率。

运用"Z-Score"模型可以比较准确地预测企业未来一定时期内财务失败的可能性。在评价企业经营风险和财务风险方面有重要的参考价值，它可以帮助企业经营者及早发现潜在的财务危机，以便在财务危机出现的萌芽阶段采取有效措施，从而控制风险。

应该注意，在运用该方法求得 Z 值评估企业财务危机时，一定要考虑到企业之间的差别，即不同国家、不同行业、不同规模及处于不同发展阶段的企业是不可以用相同的 Z 值标准评判的。实务中，最好先找到同行业中最安全企业的 Z 值，以此为参考标准，评估同行业中其他企业的财务危机程度才是更合理的做法。

在运用"Z-Score"模型进行财务预警分析时，还必须注意它的时效性，即运用该模型得出的预测结果表明的只是短期财务状况，而非长期和永久的财务状况。此外，企业财务报表的真实性和客观性将对 Z 值的判别结果产生决定性的影响，分析者在运用该方法时一定要注意这个因素。

第三节　企业财务战略分析

一、财务战略

财务战略是指公司在总体战略统筹下，以促进财务资源长期均衡有效流转与配置为衡量标准，以资金筹划与使用为重点，以维持提升公司长期盈利能力、实现价值增值为目的的战略思维方式与决策活动。财务战略关注的焦点是通过公司资金的有效流动维持公司的长期盈利能力与核心竞争力。

财务报表反映了企业财务战略的执行结果。利用财务报表进行财务战略分析，可以使信息使用者从多个角度深入了解公司财务战略的制定、实施及其绩效，为下一步决策提供有用信息。

利用公司财务年报分析其财务战略，可采用定性分析和定量分析相结合的方法。通过对比公司近几期年报披露的信息，利用水平分析法和垂直分析法等分析方法把握公司投资策略、筹资策略、股利策略及经营方向、财务风险的变化，进而全面评价公司财务战略。

二、财务战略选择

现代企业财务战略有三种类型。

1. 扩张型财务战略

扩张型财务战略是以实现企业资产规模的快速扩张为目的的一种财务战略。为了实施这种财务战略，企业往往需要在将绝大部分乃至全部利润留存的同时，大量地进行外部筹资，更多地利用负债。大量筹措外部资金是为了弥补内部积累相对于企业扩张需要的不足。更多地利用负债而不是股权筹资，是因为负债筹资既能为企业带来财务杠杆效应，又能防止净资产收益率和每股收益的稀释。扩张型财务战略一般会表现出"高负债、高收益、少分配"的特征。

2. 稳健型财务战略

稳健型财务战略是以实现企业财务绩效的稳定增长和资产规模的平稳扩张为目的的一种财务战略。实施稳健型财务战略的企业，一般将尽可能优化现有资源的配置和提高现有资源的使用效率及效益作为首要任务，将利润积累作为实现企业资产规模扩张的基本资金来源。为了防止过重的利息负担，这类企业对利用负债实现企业资产规模和经营规模的扩张往往持十分谨慎的态度。因此，实施稳健型财务战略企业的一般财务特征是"适度负债、中收益、适度分配"。

3. 防御收缩型财务战略

防御收缩型财务战略是以预防出现财务危机和求得生存及新的发展为目的的一种财务战略。实施防御收缩型财务战略，一般将尽可能减少现金流出和尽可能增加现金流入作为首要任务，通过采取削减分部和精简机构等措施，盘活存量资产，节约成本支出，以增强企业主导业务的市场竞争力。因为这类企业多在以往的发展过程中曾经遭遇过挫折，也很可能曾经实施过扩张的财务战略，所以历史上所形成的负债包袱和当前经营上所面临的困难就成为迫使其采取防御收缩型财务战略的两个重要原因。"低负债、低收益、高分配"是实施这种财务战略企业的基本财务特征。

企业财务战略的选择决定着企业资源配置的取向和模式，也由此决定了企业经营战略的实现与管理效率。因此企业在考虑财务战略时，必须从企业和市场的实际情况出发，选择与企业经济增长方式相适应的财务战略。

三、财务战略分析

下面主要以贵州茅台股份有限公司（以下简称茅台股份）为例，利用其公开披露的2003～2006年财务年报信息分析其融资策略、投资策略和股利分配策略，进而探究该公司的财务战略，为投资者提供决策信息。

贵州茅台股份有限公司于2001年7月31日在上海证券交易所上市，股本总额达到25 000万股。到2007年第一季度末，公司股本总额增至94 380万股，每股净资产值6.17元，主营业务利润率达72.96%，成为行业龙头企业之一。

（一）融资策略分析

公司融资战略分析实质上是对公司在融资过程中形成的财务风险进行分析，分析的主要对象是资产负债表中的负债及所有者权益配置，具体包括融资规模分析和融资结构分析。其中，融资规模分析是利用近几年资产负债表中的相关数据，采用水平分析法揭示公司资金占用规模变动规律；融资结构分析则是采用垂直分析法，利用资产负债表中的有关结构比率揭示公司的财务风险以及风险与收益的均衡性。

1. 融资规模分析

表 9-10 反映了茅台股份 2003～2006 年资金占用规模变动情况。

表 9-10　茅台股份融资规模分析

年份	总资产		负债		资产负债率（%）	主营业务收入	
	金额（万元）	变动率（%）	金额（万元）	变动率（%）		金额（万元）	变动率（%）
2006	938 891.50	16.52	339 138.42	17.14	36.12	489 618.69	24.57
2005	805 759.65	26.42	289 520.14	34.23	35.93	393 051.52	30.59
2004	637 365.30	28.60	215 694.52	45.17	33.84	300 979.35	25.35
2003	495 636.58	—	148 584.17	—	29.98	240 101.79	—

从表 9-10 可知，茅台股份近 4 年来资金占用规模逐年递增，2006 年的总资产增长率为 16.52%。随着业务规模的扩大，资金投入量也在不断增长。从融资来源看，该公司既有外源融资，也有内源融资。因为债务资金是公司财务风险产生的根源，所以选择资产负债率指标观测其财务风险。从表 9-10 可知，该公司资产负债率逐年提高，从 2003 年的 29.98% 增长到 2006 年的 36.12%。这表明随着公司总资产的增加，其债务规模也逐步增加，并且增长幅度超过总资产增长幅度，财务风险在逐步加大。

2. 融资结构分析

茅台股份 2004～2006 年资产负债表中有关融资结构的数据列示于表 9-11。

表 9-11　茅台股份融资结构分析　　　　　　　　　　　　　单位：%

项目	2006 年	2005 年	2004 年
资产负债率	36.12	35.93	33.84
流动负债占总负债的比率	100.00	99.99	99.98
其中：预收账款占流动负债比例	53.30	48.08	50.17
长期负债占总负债的比率	0	0.01	0.02

从表 9-11 可知，2004～2006 年，茅台股份的资产负债率较低，长期负债则几乎没有，公司债务的绝大部分是流动负债，而预收账款约占流动负债的一半。预收账款在流动负债中的高比例说明公司产品供不应求，现金流比较充裕。该公司采取的是稳健型融

资策略，资本结构以权益资本为主，很少利用财务杠杆。

稳健型融资策略可以降低公司财务风险，但资金成本较高；长期债务资金有放大权益资金利润率的作用，即杠杆效应。该公司采取的稳健型融资策略表面上有利于防范财务风险，但从公司长期战略发展来看，公司缺乏对资本扩张与利润增长的协调考虑。茅台股份近几年经营业绩不断提高，经营风险并不高，完全可以逐步提高长期债务规模，更大限度地利用财务杠杆降低资金成本，提高权益资本收益率，进而提高公司市场价值。

（二）投资策略分析

公司通过制定与实施投资战略，将各种资源按照经营战略的需要合理配置到生产经营的各个环节。因此，投资战略分析主要是对资产负债表中的资产项目和利润表中的有关项目进行分析，重点包括投资方向分析和投资效率分析。

1. 投资方向包括对内投资和对外投资

对内投资可以使公司经营规模扩大、生产能力提高；对外投资则往往是为了实现公司的某种战略目标，公司应根据其经营战略选择投资方式和投资项目。茅台股份长期对外投资占总资产的比重均较低，2007 年第一季度仅为 0.65%，这表明该公司投资专注于与主营业务有关的对内投资。深入分析茅台股份 2006 年财务报表附注中的投资信息可知，茅台股份当年度累计进行 20 项长期投资，重点集中于传统生产工艺的技术改造、营销网络的完善、生产规模和生产能力的提高等对内投资上。该公司 2006 年投资规模最大的项目是"十一五"期间万吨茅台酒工程。

2. 投资效率分析包括资产规模与经营规模的协调性和资产收益情况

茅台股份 2006 年平均总资产比 2005 年增长 20.89%，主营业务收入增长 24.57%，明显高于平均总资产增长速度。同时，该公司净利润、平均总资产利润率及平均总资产周转率都呈上升趋势，且增长率高于行业平均增长水平，表明茅台股份资产规模较合理，与经营规模相协调，且投资收益率较高。如表 9-12 所示。

表 9-12　期末资产规模合理性分析

项目	2005 年	2006 年	差异	差异率
净利润（万元）	111 854.16	150 411.68	38 557.52	34.47%
主营业务收入（万元）	393 051.52	489 618.69	96 567.17	24.57%
平均总资产（万元）	721 562.48	872 325.58	150 763.10	20.89%
平均总资产利润率	15.50%	17.24%	1.74%	11.23%
平均总资产周转率	0.535	0.550	0.015	2.80%

上述分析表明，茅台股份投资项目集中于公司内部，以长期稳定的收益性项目为主，较重视前瞻性项目投资，能较好地实施公司长期发展战略。

（三）股利分配政策分析

股利分配策略分析主要研究公司可分配利润在股东与公司之间的分配，下面通过股利支付方式和股利支付率两项指标分析公司股利分配策略。公司通常采用的股利支付方式有现金股利、股票股利和现金加股票股利三种。茅台股份 2003～2006 年均采取现金股利支付方式，具体见表 9-13。随着经营业绩的不断提高，该公司派发现金股利的金额也越来越高，2006 年达每 10 股 7 元，是当年派现比率较高的上市公司之一。

表 9-13　股利支付方式分析

指标	2003 年	2004 年	2005 年	2006 年
每股收益（元）	1.94	2.09	2.37	1.59
现金股利（元/10 股，含税）	3.00	5.00	3.00	7.00
每股经营净现金流量（元）	3.11	2.48	3.59	2.23

　　茅台股份采取积极股利分配策略的可能原因是获利水平较高、现金流稳定、短期内没有其他高回报的投资项目；留存利润过多会稀释公司的净资产收益率，影响公司市场形象和再融资能力。茅台股份向股东支付现金股利既可以给股东实实在在的投资回报，表明公司有较强的盈利能力，现金流充裕，有利于维护公司在资本市场上优质蓝筹股的形象，稳定股价和投资者信心；又可以降低留存利润，提高公司的净资产收益率，进而吸引更多的潜在投资者，为公司未来融资做准备。

　　从茅台股份的融资、投资、股利分配策略可以看出，茅台股份采取的财务战略属于稳健发展型财务战略，包括稳健的融资策略、投资策略和积极的股利分配策略。该公司注重公司自身发展壮大，在保持较低财务风险和经营风险的同时，尽可能优化现有资源配置，提高资源使用效率，以实现财务绩效的稳定增长和资产规模平稳扩张。但稳健发展型财务战略过于强调经营的稳健性，不能充分利用杠杆效应，有可能导致公司失去进一步提高收益能力和股东财富的机会。

第四节　企业价值分析

一、企业价值分析

　　企业价值分析是以财务报表数据为依据，综合分析企业历史财务情况及未来影响财务情况变动的各项因素，利用专门方法估计企业价值的过程，也被称为企业价值评估。企业价值分析的主要目的是向投资人和管理者等各方决策者提供企业价值方面的信息，以帮助决策者改善决策。

　　通常情况下，企业价值分析主要用于以下几个方面。

1. 投资分析

　　人们认为所谓"正确的投资"是指投资者支付的资产价格不超过资产的价值。资产价值是由资产预期的现金流量决定的，未来现金流量与财务数据之间的关系是可以量化的，在一定时间内，这种关系是稳定的，未来现金流量是可以预测的。通过价值评估，可以寻找被市场低估的资产，如企业、证券等，以获得高于市场平均收益率的收益。

2. 企业战略分析

企业战略管理包括战略分析、战略选择、战略实施和战略评估与控制。战略分析通常包括环境分析、产业分析和公司内部分析，其核心内容是运用定价模型制订和说明战略方案，战略分析的过程实际上是评价当前与今后为股东创造财富的关键因素，分析时常常使用价值评估方法。例如，在处理是否购买目标企业这类战略问题时，需要估算目标企业的合理价格。通过价值分析，可以为企业的战略决策提供依据。

3. 企业价值管理

依据现代企业理论，企业财务管理的目标是股东财富最大化或企业价值最大化，企业一切决策都必须紧紧围绕这一目标。企业价值分析将企业战略、财务决策和公司价值紧密结合，成为改善决策的重要手段。通过价值分析，并实施以价值为基础的日常管理，可以实现企业价值最大化目标。

二、企业价值评估方法

企业价值评估方法的估值基础有五大类，即以资产负债表为基础，以利润表为基础，以现金流量为基础，以价值创造动因为基础，以期权为基础，如表 9-14 所示。其中，自由现金流量估价法和经济利润法应用最为普遍。

表 9-14 公司价值评估方法

资产负债表	利润表	现金流量	价值创造动因	期权
账面价值	价格乘数	股利现金流量	经济增加值（EVA）	B/S 期权定价模型
清算价值	销售收入乘数	股权自由现金流量	经济利润（EP）	实物期权估价模型
重置价值	EBITDA 乘数	公司自由现金流量	现金增加值（CVA）	
⋮	⋮	⋮		

三、现金流量折现法（DCF）

企业价值应该与企业未来投资收益的现值相等，企业未来投资收益可用股利、净利润和净现金流量等表示。不同的表示方法，反映的企业价值内涵不同。利用净现金流量作为投资收益进行折现，被认为是较理想的价值评估方法。因为净现金流量与以权责发生制为基础计算的利润指标相比更能全面、准确地反映企业价值因素。

（一）公司股权价值与公司价值评估模型

如果将公司未来现金流量定义为公司所有者的现金流量，则现金流量的现值实际上反映的是公司股权价值。将公司股权价值加上公司债务价值，可得到公司价值。如果将公司未来现金流量定义为公司所有资本提供者（包括所有者和债权人）的现金流量，则现金流量现值反映的是公司价值，从公司价值中减去债务价值才能得到公司股权价值。其中债务价值是指债务的公允市场价值，也就是债权人现金流量的现值。

1. 公司股权价值模型

$$股权价值 = \sum_{t=1}^{\infty} 股权现金流量_t / (1 + 权益资本成本)^t$$

式中，股权现金流量是指公司在一定期间能够提供给投资者的现金流量。权益资本成本是指投资者由于冒风险投资所要求的必要报酬率，也可以称之为与股权现金流量等风险投资的机会成本。t 指股权带来的现金流量的年度。

2. 公司价值模型

$$公司价值 = \sum_{t=1}^{\infty} 公司现金流量_t / (1 + 加权平均资本成本)^t$$

式中，公司现金流量是指公司在一定期间全部现金流入减去付现成本及必要资本支出后的剩余部分，是公司可以提供给所有投资者，即股权投资者和债权投资者的现金流量。加权平均资本成本是指按公司资本结构与个别资本成本加权平均得出的资本成本，代表了与公司现金流量匹配的等风险投资的必要报酬率。t 指现金流量年度。

（二）自由现金流量的估计

运用现金流量折现法估计公司价值时，要使用公司自由现金流量与股权自由现金流量的概念。公司自由现金流量是指归属于公司全部股东和债权人的可自由支配的现金流量总和。股权自由现金流量是指归属于全部股东的可自由支配现金流量。无论是公司自由现金流量还是股权自由现金流量，都是扣除一切必须支出后剩余的现金流量，因此称之为可自由支配的现金流量。

1. 公司自由现金流量的计算

（1）公司自由现金流量可以根据以下公式计算。

$$公司自由现金流量 = 经营现金净流量 - 资本支出$$
$$= （息前税后利润 + 折旧与摊销等非付现成本$$
$$- 营运资本净增加额） - 资本支出$$

式中，经营现金净流量是指息前税后利润加折旧与摊销等非付现成本，再减去营运资本净增加额后的余额。需要特别注意的是，公式中的经营现金净流量只扣除息税前利润产生的所得税，不考虑利息的所得税影响。因为负债筹资利息不属于经营活动，应把利息支出作为债权人现金流量，与现金流量表中的经营活动产生的现金流量净额不同。

资本支出是指用于购置各项长期资产的支出减去无息长期负债的差额，实际上是净投资的概念。资本支出是维持公司可持续增长及竞争优势所必需的。

息前税后利润是指已扣除所得税，但未扣除利息的利润。使用息前税后利润是因为在公司价值分析的现金流量现值模型中使用的折现率是税后资本成本，为了使现金流量与折现率一致，也要使用税后现金流量。

（2）股权自由现金流量的计算。股权自由现金流量与公司自由现金流量的区别在于需要扣除属于债权人的现金流量，公式如下：

股权自由现金流量 ＝ 公司自由现金流量 － 债权人现金流量

债权人现金流量＝ 利息支出 － 利息所得税 ＋ 偿还债务本金 － 新借债务本金

　　　　　　　＝ 税后利息支出 － 有息债务净增额

股权自由现金流量 ＝ 公司自由现金流量 － 税后利息支出 ＋ 有息债务净增额

2. 自由现金流量预测分析

自由现金流量预测方法有很多，最基础的方法是编制预计财务报表，包括预测利润表、预测资产负债表和预测现金流量表。确定有明确预测期的现金净流量现值是公司价值评估的最重要内容。要预测现金净流量现值，需要明确预测期，从预测的准确性、必要性角度考虑，通常预测期应为 5～10 年。

（三）折现率的确定

折现率高低主要取决于公司资本成本的水平。为了与现金流量定义相一致，计算股权价值的折现率应使用权益资本成本，计算公司整体价值应使用加权平均资本成本。因为个别资本成本的高低取决于投资者从其他同等风险投资中可能得到的报酬率，所以折现率的高低必须能准确反映现金流量的风险程度。只有折现率准确反映现金净流量的风险，价值评估结果才准确。否则，不正确的折现率会使价值评估结果偏高或偏低。

（四）现金流量折现法的具体应用

根据现金流量期限长短与变化特征，现金流量折现法包括永续增长模型、两阶段增长模型与三阶段增长模型。使用哪个模型取决于分析人员对未来现金流量的估计。

1. 应用现金流量折现法计算股权价值

（1）永续增长模型。永续增长模型假设公司未来永久保持一个固定的自由现金流量增长率，永续增长模型如下：

股权价值＝下期股权现金流量/（股权资本成本－现金流量永续增长率）

永续增长模型的特例是永续增长率等于零，即零增长模型。

永续增长模型的使用条件是：影响现金流量的各种财务比率保持不变，即销售净利润率、总资产周转率、权益乘数和股利发放率不变。当增长率接近折现率时，股票价值趋于无限大。因此，对于增长率和股权成本的预测质量要求很高。

【例 9-1】　某公司 2009 年每股息前税后利润 10 元，每股折旧与长期资产摊销 30 元，每股资本支出 35 元，该年比上年营运资本每股增加 2 元，每股债权人现金流量 2 元。预计公司在未来将持续保持在 5％的自由现金流量增长率。该公司的股权资本成本为 10％。若当期股票市价为每股 18 元，是否值得购买该股票？

每股股权自由现金流量＝每股息前税后利润＋每股折旧摊销－每股资本支出

　　　　　　　　　　－每股营运资本净增加额－每股债权人现金流量

　　　　　　＝10＋30－2－35－2＝1(元)

每股价值＝1×(1＋5％)/(10％－5％)＝21(元)

显然，该股票被市场低估，应该买入。

（2）两阶段增长模型。两阶段增长模型假设自由现金流量增长分两个阶段：第一个阶段增长较快，称为预测期；第二个阶段增长较慢，且增长率不变，称之为后续期。两阶段增长模型如下：

$$股权价值 = 预测期股权现金流量现值 + 后续期股权现金流量现值$$

假设预测期为 n，则

$$股权价值 = \sum_{t=1}^{n} \frac{股权现金流量_t}{(1+股权资本成本)^t} + \frac{\dfrac{股权现金流量_{n+1}}{股权资本成本 - 永续增长率}}{(1+股权资本成本)^n}$$

（3）三阶段增长模型。三阶段增长模型假设自由现金流量的增长分三个阶段，分别为高速增长阶段、增长率递减阶段和永续增长阶段。三阶段增长模型如下：

假设预测期为 n，增产递减期为 m，则

$$股权价值 = 高速增长期现金流量现值 + 增长递减期现金流量现值$$
$$+ 后续期现金流量现值 = \sum_{t=1}^{n} \frac{高速增长期现金流量_t}{(1+股权资本成本)^t}$$
$$+ \sum_{t=n+1}^{n+m} \frac{增长递减期现金流量_t}{(1+股权资本成本)^t} + \frac{\dfrac{后续期现金流量_{n+m+1}}{股权资本成本 - 永续增长率}}{(1+股权资本成本)^{n+m}}$$

2. 应用现金流量折现法计算公司价值

现金流量折现模型在计算公司价值时可以分为三种类型。

（1）永续增长模型。

$$公司价值 = 下期公司现金流量 / (加权平均资本成本 - 永续增长率)$$

（2）两阶段模型。

$$公司价值 = 预测期现金流量现值 + 后续期现金流量现值$$

假设预测期为 n，则

$$公司价值 = \sum_{t=1}^{n} \frac{公司现金流量_t}{(1+加权平均资本成本)^t} + \frac{\dfrac{公司现金流量_{n+1}}{加权平均资本成本 - 永续增长率}}{(1+加权平均资本成本)^n}$$

（3）三阶段模型。

$$公司价值 = 高速增长期现金流量现值 + 增长递减期现金流量现值$$
$$+ 后续期现金流量现值$$

假设预测期为 n，增长递减期为 m，则

$$公司价值 = \sum_{t=1}^{n} \frac{高速增长期现金流量_t}{(1+加权平均资本成本)^t} + \sum_{t=n+1}^{n+m} \frac{增长递减期现金流量_t}{(1+加权平均资本成本)^t}$$
$$+ \frac{\dfrac{后续期现金流量_{n+m+1}}{加权平均资本成本 - 永续增长率}}{(1+加权平均资本成本)^{n+m}}$$

计算公司价值使用的现金流量折现模型与计算股权价值使用的现金流量折现模型一样，只是选取参数的不同。计算公司价值时，分别使用公司现金流量和加权平均资本成本。由于公司自由现金流量包括股权自由现金流量和债权人现金流量，折现率应选择与现金流量对应得到加权平均资本成本。另外，公司自由现金流量的增长率与股权现金流量的增长率也不同，前者不受财务杠杆等因素的影响。

【例9-2】 已知华星公司预测权益资本成本为10%，债务资本成本5.5%，预测期资本结构为权益资本占55%，债务资本45%，后续期权益资本成本为9.4166%，债务资本成本不变，后续期平均资本结构为权益资本68%，债务资本32%，该公司从第11年开始进入稳定期，增长率为3%，计算过程显示在表9-15中。

表9-15 华星公司的公司价值计算表 单位：万元

项目 \ 年度	5（现在）	6	7	8	9	10	11
公司自由现金流量	107.1	110.06	121.05	133.19	146.47	161.14	178.84
折现系数（8%）		0.925 9	0.857 3	0.793 8	0.735	0.680 6	
加权平均资本成本（%）		8	8	8	8	8	8.16
每期现金流量现值		101.9	103.78	105.73	107.66	109.67	
预测期公司价值	528.74						
后续期公司价值	5 260.67						
公司价值合计	5 789.41						

表9-15中数据计算说明如下：

预测期使用的折现率（加权平均资本成本）＝10%×55%＋5.5%×45%＝8%

后续期使用的折现率（加权平均资本成本）＝9.416 6%×68%＋5.5%×32%＝8.16%

后续期现金流量现值＝后续期第一年自由现金流量÷（加权平均资本成本－永续增长率）×折现率为8%的复利现值系数＝178.84÷（8.16%－3%）×0.680 6＝2 358.88（万元）

公司价值＝528.74＋2 358.88＝2 887.62（万元）

四、经济利润法

（一）经济利润

只有当公司投入回报超过公司资本成本时，才会创造价值。公司价值应等于投资资本额加上相当于未来每年创造价值的现值。这里未来每年创造价值的现值就是经济利润的现值。经济利润与公司价值的计算公式如下：

经济利润＝息前税后利润－资本费用（包括债务成本与股权成本）

＝息前税后利润－投资资本×加权平均资本成本

＝投资资本×（投资资本报酬率－加权平均资本成本）

式中，投资资本是指公司在经营中投入的资本额，计算公式如下：

$$投资资本 = 权益资本投入额 + 债务资本投入额$$
$$= 股东权益 + 全部付息债务$$
$$= 营运资本 + 长期资产净值 - 无息长期负债$$
$$公司价值 = 投资资本 + 预计经济利润的现值$$

从经济利润模型中可以看出，公司价值的直接驱动因素包括投资资本规模、息前税后利润和资本成本水平，价值分析时应重点关注这些因素的变动及其原因。

（二）经济利润法的分析程序

经济利润法分析程序与现金流量折现法基本相同，但需要注意以下几方面的问题。

（1）确定预测期。经济利润折现期也必须有具体的时限，因此这种评估方法通常也要将整个时期分为预测期和后续期两个阶段。

假设预测期为 n，则

$$后续期经济利润现值 = \frac{\dfrac{经济利润_{n+1}}{加权平均资本成本 - 永续增长率}}{(1 + 加权平均资本成本)^n}$$

此时，

$$公司价值 = 投资成本 + 预测期经济利润现值 + 后续期经济利润现值$$

（2）确定折现率。不同的投资资本有不同的资本收益要求，因此折现率的选择要与经济利润的内涵保持一致。

（3）确定投资资本。这里的投资资本是指预测期初的投资成本。由于投资资本于预测期初发生，投资资本本身价值或账面价值与其现值相同，通常可用投资资本的账面价值直接作为公司价值的组成部分。

（4）计算经济利润与公司价值。

【例 9-3】 下面以华天公司为例说明经济利润法的应用（表 9-16）。

表 9-16 使用经济利润法计算华天公司的公司价值　　　　单位：万元

	5（现在）	6	7	8	9	10	11
息前税后利润	284.4	337.26	370.97	408.09	448.89	493.79	508.6
加权资本成本（%）		8	8	8	8	8	8.16
投资资本	2 272	2 499.2	2 749.12	3 024.02	3 326.44	3 659.09	3 768.85
资本成本额		199.94	219.93	242.92	266.12	292.72	307.54
经济利润		137.32	151.04	166.17	182.77	201.07	201.06
折现系数			0.857 3	0.793 8	0.735	0.680 6	
预测期经济利润现值	659.73	127.14	129.49	131.91	134.34	136.85	
后续期经济利润现值	2 651.97					3 896.51	
公司价值	5 583.7						

表 9-16 中有关项目的计算如下：

以第 6 年为例，

投资资本＝股东权益＋短期借款＋长期有息负债＝2 499.2（万元）

资本成本额＝2 499.2×8%＝199.94（万元）

经济利润＝337.26－199.94＝137.32（万元）

后续经济利润现值＝201.06÷（8.16%－3%）×0.680 6＝2 651.97（万元）

公司价值＝投资成本＋预测期经济利润现值＋后续期经济利润现值

　　　＝2 272＋659.73＋2 651.97＝5 583.7（万元）

第五节　企业社会责任分析

一、企业社会责任

认真履行社会责任是目前世界上企业发展的崭新潮流，也是企业经营的重要目标。一个企业如果不履行社会责任，从长远看是不可能获得持续发展的。所谓企业社会责任是指企业通过制度和行为所体现的对员工、商务伙伴、客户（消费者）、社区、国家履行的各种积极义务和责任，是企业对市场和相关利益群体关系的一种良好反应，是反映企业经营目标的综合指标，它既包括法律、行政等方面的强制义务，也有道德方面的自愿行为。

企业社会责任具体包括：①企业的经济责任。这是企业传统的、基本的责任。②企业的法律责任。企业按照有关法律法规的规定，照章纳税和承担政府规定的其他责任义务。企业对本企业职工的福利、安全、教育等方面承担的义务；企业对消费者在产品质量或服务质量方面的承诺等。③企业的生态责任。企业的生态责任要求企业一方面按照有关法律的规定合理利用资源、减少对环境的污染程度；另一方面企业要承担治理由企业所造成的资源浪费和环境污染的相关费用。④企业的伦理责任。企业的伦理责任是企业对社会慈善事业和其他公益事业的社会责任。⑤企业的文化责任。这主要是指企业要搞好职工业务培训和业余文化体育活动的责任等。

目前我国正处于经济转轨时期，许多企业的社会责任观念尚未完全树立，主要表现为环境污染问题、劳动合同问题、劳资纠纷问题、生产安全与职业健康问题、工时和加班问题、社会保险问题等。现阶段我国企业需要加强社会责任教育与规范，引导企业良性市场行为，走持续发展之路。为倡导企业社会责任意识，正确评判企业社会责任表现，增强企业经营决策的科学性，有必要从财务的角度建立一套有别于传统的单纯经济指标分析企业经济责任的"企业社会责任财务指标体系"，促进企业在履行经济责任的同时，承担起必要的法律责任、生态责任、伦理责任。

二、企业综合社会责任财务指标

企业综合社会责任财务指标主要是指评价企业对国家和社会承担的社会责任的财务指标。在各类评价指标体系中出现最多的是以下六项财务指标：社会贡献率、社会积累率、纳税贡献率、就业贡献率、全员劳动生产率和技术投入比率。

（一）社会贡献率

社会贡献率是企业社会贡献总额与平均资产总额的比值，它反映了企业占用社会经济资源所产生的社会经济效益的大小，用于评价企业运用全部资产为国家或社会创造价值的能力，在一定程度上表明了企业的社会责任。其计算公式为

$$社会贡献率 = \frac{企业社会贡献总额}{平均资产总额} \times 100\%$$

其中，企业社会贡献总额包括工资（含奖金、津贴等工资性收入）、劳动退休统筹及其他社会福利支出，利息支出净额，应缴或已缴的各项税款、附加和产生的净利润等。这些数据资料都可以从企业的财务报告中得知。社会贡献率指标越高，说明企业对社会的贡献越大。这个指标数值的大小，反映了企业社会贡献的大小，是社会和市场进行资金资源有效配置的重要依据。

（二）社会积累率

社会积累率是企业上缴的各项财政收入（主要是税收）与企业社会贡献总额的比值，用于衡量企业社会贡献总额中多少用于上缴国家财政，从而反映企业对国家承担的责任。其计算公式为

$$社会积累率 = \frac{企业上缴国家财政总额}{企业社会贡献总额} \times 100\%$$

其中，上缴国家财政总额包括企业依法向财政缴纳的各项税款，如增值税、营业税、消费税、城建税、教育费附加等反映在企业"产品销售税金及附加"中的流转税税金、所得税和其他税款等。企业的社会积累率指标越高，表明企业支持国家财政的贡献越大。

（三）纳税贡献率

纳税贡献率是企业会计年度内的纳税总额与企业平均净资产的比值，该指标可以用来衡量企业运用全部净资产为国家和社会创造价值的能力。计算公式为

$$纳税贡献率 = \frac{企业支付的各项税款}{平均净资产} \times 100\%$$

纳税贡献率指标越高，表明企业运用自有资产为国家作出的贡献越大。

（四）就业贡献率

就业贡献率是指企业支付给职工和为职工支付的现金与企业平均净资产的比值，该指标用来衡量企业运用全部净资产为社会公众提供就业的能力。计算公式为

$$就业贡献率 = \frac{企业支付给职工的各项现金支出}{企业平均净资产} \times 100\%$$

一般来讲，就业贡献率指标越高，说明企业为社会提供的就业能力越强；反之，则

说明企业为社会提供的就业能力越弱。

（五）全员劳动生产率

全员劳动生产率是企业的工业增加值与同一时期全部职工的平均人数的比值，反映企业对社会劳动资源的利用水平和企业劳动者素质的高低，是企业生产技术水平、经营管理水平、职工技术熟练程度和劳动积极性的综合表现，间接反映企业劳动者为国家创造财富的社会责任。其计算公式为

$$全员劳动生产率 = \frac{工业增加值}{全部职工平均人数} \times 100\%$$

（六）技术投入比率

技术投入比率是指企业当年技术转让费支出和研发费支出与年收入总额的比值，其计算公式为

$$技术投入比率 = \frac{企业技术转让费支出 + 研发费支出}{企业年收入总额} \times 100\%$$

技术投入比率指标反映了企业对社会技术进步的责任，该比率指标越高，表明企业的开发和技术投入力度越大，为社会和国家进步承担的社会责任越多。

三、企业法律责任分析

企业的法律责任是企业按照有关法律法规的规定承担的责任义务。例如，企业对职工的福利、安全、教育等方面承担的义务及照章纳税的义务等。企业的法律社会责任财务指标主要评价企业履行法律责任的情况，常见的指标有工资支付率、法定福利支付率、社保提取率、社保支付率、税款上缴率等。

（一）工资支付率

工资支付率是企业已付工资总额与应付工资总额的比值，反映企业对国家相关劳动法规的遵守情况，该比值最好为100%。其计算公式为

$$工资支付率 = \frac{已付工资总额}{应付工资总额} \times 100\%$$

（二）法定福利支付率

法定福利支付率是按相关法律政策规定职工享有的医疗卫生、困难补助等方面的福利。例如，根据国家规定，法定福利按职工工资总额14%比例计提。该指标用来反映企业对国家相关社会保障法律法规的执行情况，指标值最好为100%。其计算公式为

$$法定福利支付率 = \frac{已提法定福利}{职工工资总额的14\%} \times 100\%$$

（三）社保提取率

国家对企业职工的社会保障有相关的法律规定，社保提取率为企业已提取的社会保障基金与按相关法律规定的应提取的社保基金的比值。该指标用来反映企业对国家相关

社会保障法律法规的执行情况，指标值最好为 100%。其计算公式为

$$社保提取率 = \frac{已提取社会保障基金}{应提取社会保障基金} \times 100\%$$

（四）社保支付率

社保支付率为企业已向社会保障机构支付的社保基金与应交社会保障基金之比。该指标反映企业是否有挤占挪用社保基金的违法行为。该指标值越大，说明企业执行社保法规责任越好。其计算公式为

$$社保支付率 = \frac{已付社保基金}{应付社保基金} \times 100\%$$

（五）税款上缴率

税款上缴率是企业已缴纳税款与应缴纳税款的比值，该指标用来分析企业是否有挤占挪用国家税款的违法行为。该比值越大，表明企业的税收法律责任履行的越好。其计算公式为

$$税款上缴率 = \frac{已缴纳税款}{应缴纳税款} \times 100\%$$

四、企业生态责任分析

企业的生态责任要求企业一方面按照有关法律的规定合理利用资源，减少对环境的污染程度，另一方面需要企业承担治理其所造成的资源浪费和环境污染的相关费用。依据可持续发展观的要求，设置的反映企业生态责任指标包括单位收入材料消耗量、单位收入耗能量、单位收入耗水量、单位收入不可再生资源消耗量、环保投资率等。

（一）单位收入材料消耗量

单位收入材料消耗量为企业主要材料消耗量与企业收入总额的比值，该指标反映企业生产对材料的消耗程度。该指标值越小，表明企业对材料节约；反之，则表明企业对材料浪费。其计算公式为

$$单位收入材料消耗量 = \frac{主要材料消耗量}{企业收入总额}$$

（二）单位收入耗能量

单位收入耗能量是企业能源消耗量与企业收入总额的比值，该指标反映企业生产对能源的消耗程度，该指标值越小越好。值得注意的是，为了加强单位收入能耗的可比性，应将耗能量统一换算为热能值。其计算公式为

$$单位收入耗能量 = \frac{企业能源消耗量}{企业收入总额}$$

（三）单位收入耗水量

单位收入耗水量为企业水资源消耗量与企业收入总额的比值，该指标反映企业生产

对水资源的消耗强度，该指标值越小越好。其计算公式为

$$单位收入耗水量＝\frac{企业水资源消耗量}{企业收入总额}$$

（四）单位收入不可再生资源消耗量

单位收入不可再生资源消耗量是企业消耗不可再生资源量与企业收入总额的比值，该指标反映企业生产对不可再生资源的消耗强度，该指标值越小越好。其计算公式为

$$单位收入不可再生资源消耗量＝\frac{不可再生资源消耗量}{企业收入总额}$$

（五）环保投资率

环保投资率是企业环保设备净值与固定资产净值的比值，一定程度上反映企业对人类生产环境的责任感。从分析结论的有用出发，该指标需辅以环保设备开工率指标进行分析。计算公式为

$$环保投资率＝\frac{环保设备净值}{固定资产净值}\times100\%$$

五、企业伦理责任分析

企业伦理责任是企业对社会慈善事业和其他公益事业的社会责任。评价企业伦理责任的主要指标包括员工人均年教育经费、单位员工利润、单位员工利润增长率、员工工资增长率、就业贡献率、捐赠收入比率等。

（一）捐赠收入比率

捐赠收入比率是企业为社区建设、希望工程和困难人群发生的慈善与公益捐赠与企业收入总额的比值，该指标可以反映企业的社会伦理责任，指标值越大越好。其计算公式为

$$捐赠收入比率＝\frac{慈善与公益捐赠}{企业收入总额}\times100\%$$

（二）员工人均年教育经费

员工人均年教育经费为企业的员工教育经费总额与员工人数的比值，该指标反映企业对员工素质的提升和未来发展所承担的社会伦理责任，该指标值越大越好。其计算公式为

$$员工人均年教育经费＝\frac{员工教育经费总额}{员工人数}$$

（三）员工工资增长率

员工工资增长率是企业本年度员工工资增长额与上年度员工工资总额的比值，反映企业员工对企业增长利润的分享程度。该指标值以高出行业平均水平和物价上涨率为好，同时与单位员工利润增长率进行比较，看二者的增长幅度是否一致，以反映企业的伦理责任。其计算公式为

$$员工工资增长率=\frac{当年员工工资增长额}{上年员工工资总额}\times100\%$$

第六节　企业绩效评价

一、企业绩效评价

（一）企业绩效评价的概念

企业绩效是指企业一定时期内的经营效益和经营者业绩。企业经营效益水平主要表现在盈利能力、资产营运能力、偿债能力和后续发展能力等方面。经营者业绩主要通过经营者在经营管理企业的过程中对企业经营、成长所取得的成果和贡献来体现。企业绩效评价就是运用数理统计和运筹学等方法，采用特定的指标体系，对照统一的评价标准，按照一定的程序，通过定量定性对比分析，对企业一定经营期间的经营效益作出客观、公正和准确的综合评判。

企业绩效评价的基本特征是以企业法人作为具体评价对象，评价内容重点在盈利能力、资产营运能力、偿债能力和后续发展能力等方面，以能准确反映上述内容的各项定量和定性指标作为主要评价依据，并将各项指标与全国同行业和规模的平均水平对比，以求得对某一企业公正、客观的评价结果。企业绩效评价时主要应综合运用财务报表分析的有关指标。

（二）企业绩效评价的意义

企业业绩评价不仅为学术界所关注，政府部门、投资者及经营者等企业所有的利益相关者都会关注企业的绩效。企业绩效评价的目的是科学地评判企业经营成果，正确引导企业经营行为，促进企业加强经营管理，提高经济效益。它是牵引企业经营战略实现和检验企业战略目标落实程度的有效工具。

第一，科学合理评价企业绩效，可以为出资者行使经营者选择权提供重要依据。合理的绩效评价，为出资者考察经营者履行受托责任和任免经营者提供决策依据，避免主观随意性。

第二，科学合理评价企业绩效，既可以加强对经营者的监督，又可以促进企业合理地激励经营者，起到"奖优惩劣"的效果，形成对经营者的合理的激励约束机制。

第三，科学合理评价企业绩效，可以促进企业经营观念的转变，并促使企业管理者站在战略管理层面上考虑和加强企业绩效管理。

二、企业绩效评价指标体系

企业绩效评价指标体系是为实现评价目的构建的由一系列反映经营业务各个侧面相关因素指标集合而成的指标体系。

我国评价国有企业绩效的指标体系主要以财政部等四部委于 1999 年 6 月 1 日发布的

《国有资本金效绩评价规则》和 2002 年 2 月 22 日财政部等发布的《企业效绩评价操作细则（修订）》为基础，采取了多因素分析和多层次评价指标递进修正的方法设计，由反映四部分评价内容的基本指标、修正指标、评议指标构成。具体指标体系见表 9-17。

表 9-17　企业绩效评价指标体系与指标权数

评价内容	权数 100	基本指标	权数 100	修正指标	权数 100	评议指标	权数 100
一、财务效益状况	38	净资产收益率 总资产报酬率	25 13	资本保值增值率 主营业务利润率 盈余现金保障倍数 成本费用利润率	12 8 8 10	1. 经营者基本素质 2. 产品市场占有能力（服务满意度）	18 16
二、资产营运状况	18	总资产周转率 流动资产周转率	9 9	存货周转率 应收账款周转率 不良资产比率	5 5 8	3. 基础管理水平 4. 发展创新能力 5. 经营发展战略	12 14 12
三、偿债能力状况	20	资产负债率 已获利息倍数	12 8	现金流动负债比率 速动比率	10 10	6. 在岗员工素质 7. 技术装备更新水平（服务硬环境）	10 10
四、发展能力状况	24	销售（营业）增长率 资本积累率	12 12	三年资本平均增长率 三年销售平均增长率 技术投入比率	9 8 7	8. 综合社会贡献	8
合计	100	定量指标 80%				定性指标 20%	

表 9-17 说明如下：

（1）基本指标。八项基本指标是绩效评价指标体系的第一层次，从企业的财务效益状况、资产营运状况、偿债能力状况、发展能力状况四个方面反映企业的总体绩效状况。

（2）修正指标。十二项修正指标是用以对基本指标进行校正的辅助指标，它依附于基本指标发挥作用，是绩效评价指标体系的第二层次。基本指标虽然能够对企业的总体绩效情况进行高度概括，但仍难以实现对企业绩效情况进行全面分析，因此需要利用修正指标对基本指标进行修正。

（3）评议指标。八项评议指标是企业绩效评价中实施定性评价的指标，是绩效评价指标体系中的第三层次。非定量因素对企业绩效影响越来越大，需要设计评议指标进一步补充和修正定量指标。

三、企业绩效评价的程序

企业绩效评价的过程可分为以下五个步骤。

1. 基本指标的评价

基本指标反映企业的基本情况，是对企业绩效的初步评价。基本指标评价的参照水平即标准值由财政部定期颁布，分为五档。不同行业、不同规模的企业有不同的标准值。例如，大型家用电器制造业的标准值如表 9-18 所示。

表 9-18 大型家用电器制造业绩效评价指标的标准值

档次（标准系数） 基本指标	优秀值 (1)	良好值 (0.8)	平均值 (0.6)	较低值 (0.4)	较差值 (0.2)
净资产收益率＝（净利润÷平均净资产）×100%	9.5	4.8	0.2	−4.3	−13.9
总资产报酬率＝（息税前利润总额÷平均资产总额）×100%	7.1	4.6	2.1	−1.9	−5.9
总资产周转率＝主营业务收入净额÷平均资产总额	1.0	0.9	0.6	0.3	0.1
流动资产周转率＝主营业务收入净额÷平均流动资产总额	1.5	1.2	1.0	0.6	0.2
资产负债率＝（负债总额÷资产总额）×100%	47.1	53.2	65.2	79.0	93.0
已获利息倍数＝息税前利润总额÷利息支出	6.5	4.0	1.0	−2.6	−6.9
销售增长率＝（本年主营业务收入增长额÷上年主营业务收入总额）×100%	20.8	11.6	2.0	−8.9	−21.3
资本积累率＝（本年所有者权益增长额÷年初所有者权益）×100%	8.5	2.8	−4.9	−16.3	−25.6

（1）单项指标得分的计算。

单项指标得分＝本档基础分＋本档调整分

其中：本档基础分＝指标权数×本档标准系数

$$本档调整分＝\frac{指标实际值－本档标准值}{上档标准值－本档标准值}×（上档基础分－本档基础分）$$

上档基础分＝指标权数×上档标准系数

其中，标准系数是指标各档评价标准所对应的水平系数。规定优秀值（含）以上为 1.0，良好值（含）以上为 0.8，平均值（含）以上为 0.6，较低值（含）以上为 0.4，较差值（含）以上为 0.2，较差值以下为 0。

【例 9-4】 A 公司是一大型家用电器制造企业，2007 年平均净资产 100 000 万元，当年净利润 6 000 万元，净资产收益率为 6%。已达到"良好值"（4.8%）水平，可以得到基础分；它处于"优秀档"（9.5%）和"良好档"（4.8%）之间，需要调整。

本档基础分＝指标权数×本档标准系数＝25×0.8＝20 分

$$本档调整分＝\frac{（6\%－4.8\%）}{（9.5\%－4.8\%）}×（25×1.0－25×0.8）$$

$$＝1.28 分$$

净资产收益率指标得分＝20＋1.28＝21.28 分

（2）计算基本指标总得分。

$$某部分基本指标得分＝\sum 该部分各项基本指标得分$$

$$基本指标总得分＝\sum 某部分基本指标得分$$

2. 修正系数的计算

基本指标有较强的概括性，但是不够全面。为了更全面地评价企业绩效，另外设置了 4 类 12 项修正指标，根据修正指标的高低计算修正系数，用得出的系数去修正基本指标得分。计算修正系数的"修正指标的标准值区段等级表"（表 9-19）由财政部定期发布。

表 9-19　修正指标的标准值

修正指标 ＼ 区段（基本分）	5 80～100分	4 60～80分	3 40～60分	2 20～40分	1 20分以下
一、财务效益状况					
资本保值增值率＝（扣除客观因素后的年末所有者权益÷年初所有者权益）×100%	107.8	104.4	100.0	93.2	85.1
主营业务利润率＝（主营业务利润÷主营业务收入净额）×100%	18.2	14.3	10.8	3.4	−7.0
盈余现金保障倍数＝经营现金净流量÷净利润	2.3	1.6	0.5	−0.1	−0.4
成本费用率＝（利润总额÷成本费用总额）×100%	19.1	7.5	1.1	−9.2	−20.5
二、资产营运状况					
存货周转率＝主营业务成本÷存货平均余额	4.5	4.1	3.2	2.0	1.0
应收账款周转率＝主营业务收入净额÷应收账款平均余额	11.3	5.1	3.1	2.0	1.0
不良资产比率＝（年末不良资产总额÷年末资产总额）×100%	0.0	0.5	5.3	13.9	28.1
三、偿债能力状况					
速动比率＝速度资产÷流动负债	114.4	106.8	91.7	48.2	22.3
现金流动负债比率＝（年经营现金净流入÷年末流动负债）×100%	11.3	8.9	1.2	−3.5	−11.0
四、发展能力状况					
三年资本平均增长率＝[（年末所有者权益总额÷三年前年末所有者权益总额)^{1/3}−1]×100%	19.6	9.1	3.9	−5.8	−15.2
三年销售平均增长率＝[（年末主营业务收入÷三年前主营业务收入净额)^{1/3}−1]×100%	22.0	17.0	10.1	−8.8	−16.6
技术投入比率＝（当年技术转让费支出与研发投入÷当年主营业务收入净额）×100%	1.5	0.7	0.4	0.3	0.2

对基本指标得分的修正，是按指标类别得分进行的，需要计算"分类的综合指标修正系数"。分类的综合指标修正系数由"单项指标的修正系数"加权平均求得，而单项指标的修正系数由"基本修正系数"和"调整修正系数"组成。

（1）基本修正系数的计算。

　　基本修正系数 ＝ 1＋（指标实际值所处的区段 － 指标应处的区段）×0.3

指标所处区段是指基本指标的初步评价总分数，参照"修正指标的标准值区段等级表"修正指标的应处区段。实际值所处区段是指修正指标参照指标实际计算结果，参照"修正指标的标准值区段等级表"各实际值对应的区段。

（2）调整修正系数的计算。

由于实际值高于第一段的标准值，需进行调整。

$$调整修正系数 = \frac{指标实际值 - 本档标准值}{上档标准值 - 本档标准值} \times 0.1$$

（3）单项修正系数的计算。

$$调整后修正系数 = 基本修正系数 + 调整修正系数$$

（4）单项指标综合修正系数的计算。

$$单项指标综合修正系数 = 单项指标修正系数 \times 该项指标在本类指标中的权数$$

（5）分类综合修正系数的计算。

$$分类综合修正系数 = \sum 各类单项指标的综合修正系数$$

3. 修正后的得分计算

$$修正后总分 = \sum (分类综合修正系数 \times 分类基本指标得分)$$

4. 定性指标的计算

考核定性指标时一般将所有定性指标视为独立的多个因子，每个因子都有一定的属性，通过评价人员秉着独立、客观、公正的原则，利用评价人员已有的知识、经验和分析判断能力，对评价对象的多个因子进行分析判断，形成对被评价对象整体的综合分析和结论。

定性指标计分首先由评价人员根据企业的实际情况对照定性指标评价参考标准，为每项指标赋予一定的等级 A、B、C、D、E，再根据每个指标的等级参数和指标权数，计算出指标的评价分数。然后将每位评价人员对定性指标的评价打分进行加总、平均，计算出定性指标的最后得分。计分公式如下：

$$单项指标得分 = \frac{\sum (指标权数 \times 每个评价人员选定的等级系数)}{n}$$

$$定性指标总得分 = \sum 单项指标得分$$

其中，等级系数是评价人员选定的评价等级对应得标准系数，一般某位评价人员对某项指标为 A，则等级系数为 1.0；相应地，B 为 0.8、C 为 0.6、D 为 0.4、E 为 0.2。n 为参与评议打分的人数（一般 ≥5 人）。

5. 综合评价的计分方法和最终评价结果的分段

1）综合评价的计分方法

根据财政部颁发的《企业效绩评价操作细则》，将评价指标和评议指标按照 80：20 的权重划分，综合计算对各子公司效绩评价的总得分。其计分公式为

$$综合评价得分 = 定量指标得分 \times 80\% + 定性指标得分 \times 20\%$$

2) 综合评价结果分段

综合评价的结果，用 5 等 10 级表达，如表 9-20 所示。

表 9-20 企业绩效评级表

等别	级别	分数
A	A^{++}	95～100
	A$^+$	90～94
	A	85～89
B	B$^+$	80～84
	B	75～79
	B$^-$	70～74
C	C	60～69
	C$^-$	50～59
D	D	40～49
E	E	39 分以下

四、企业绩效评价方法的发展

我国目前试行的企业绩效评价体系是以工商类竞争性企业为评价对象设计的。企业经营绩效评价体系是建立在会计收益基础上的以净利润评价指标为主的评价系统，该评价体系忽视了对股权资本成本的确认与计量，并且按照现行会计制度计算出的净利润及相关指标存在某种程度的失真。除国有资本金绩效评价体系外，目前一些企业正在积极引进和采用国外专家和实务界提出的"杜邦财务分析体系"、"平衡计分卡"和"经济增加值"等评价方法。

（一）经济增加值

国务院国资委发布了《中央企业负责人经营业绩考核暂行办法》，从 2010 年 1 月 1 日起施行，经济增加值（EVA）将取代原有的净资产收益率成为业绩考核的核心指标，占到 40％的考核权重。在"暂行办法"的第一个附件里，文件详细介绍了 EVA 的定义、公式与资本成本率的确定。其中，国资委把经济增加值界定为企业税后净营业利润减去资本成本后的余额。具体计算公式为

$$经济增加值 = 税后净营业利润 - 资本成本$$
$$= 税后净营业利润 - 调整后资本 \times 平均资本成本率$$
$$税后净营业利润 = 净利润 + (利息支出 + 研究开发费用调整项$$
$$- 非经常性收益调整项 \times 50％) \times (1 - 25％)$$
$$调整后资本 = 平均所有者权益 + 平均负债合计 - 平均无息流动负债$$
$$- 平均在建工程$$

资本成本率的确定采取以下原则：①中央企业资本成本率原则上定为 5.5%。②承担国家政策性任务较重且资产通用性较差的企业，资本成本率定为 4.1%。③资产负债率在 75% 以上的工业企业和 80% 以上的非工业企业，资本成本率上浮 0.5 个百分点。④资本成本率确定后，三年保持不变。

调整项目说明：①利息支出是指企业财务报表中"财务费用"项下的"利息支出"；②研究开发费用调整项是指企业财务报表中"管理费用"项下的"研究与开发费"和当期确认为无形资产的研究开发支出；③非经常性收益调整项包括变卖主业优质资产收益、主业优质资产以外的非流动资产转让收益及其他非经常性收益；④无息流动负债是指企业财务报表中的"应付票据"、"应付账款"、"预收款项"、"应交税费"、"应付利息"、"其他应付款"和"其他流动负债"；⑤在建工程是指企业财务报表中的符合主业规定的"在建工程"。

国资委颁布的新"暂行办法"对所有中央企业实施经济增加值考核，突出了企业价值创造，不断提升股东回报和投资效益，确保国有资产保值增值；加强对企业自主创新、做强主业和控制风险的考核，引导企业关注长期、稳定和可持续发展；推动企业建立健全全员业绩考核体系，增强企业管控力和执行力，确保国有资产保值增值责任层层落实；强化考核结果运用，完善激励约束机制。

（二）平衡计分卡

平衡计分卡（the balanced scorecard）是由美国哈佛商学院教授罗伯特·S. 卡普兰（Robert S. Kaplan）和大卫·P. 诺顿（David P. Norton）于 1992 年创建的。平衡计分卡是一个综合性的业绩评价系统，是一套能使高层经理快速而全面地考察企业的测评指标。平衡计分卡既包含了财务衡量指标，说明企业已采取的行动所产生的结果，也包含了非财务指标。平衡计分卡把对企业业绩的评价围绕远景和战略划分为四个部分：财务方面、顾客方面、内部流程方面、学习与成长方面。平衡计分卡的框架和内容构成如图 9-4 和图 9-5 所示。

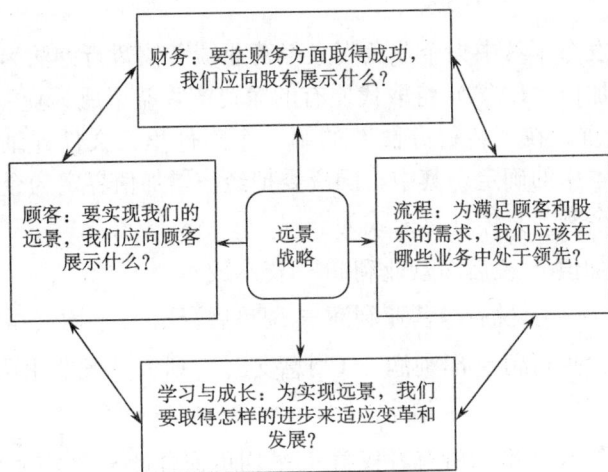

图 9-4 平衡计分卡的框架

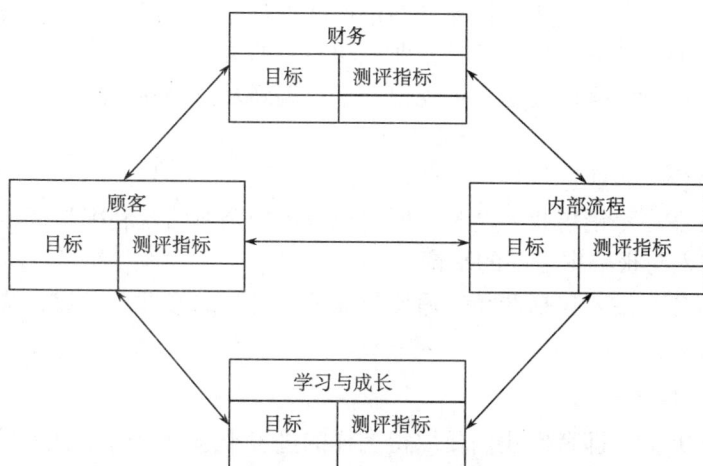

图 9-5　平衡计分卡的构成内容

1. 财务方面

财务方面，即考虑我们怎样满足股东？财务绩效评价体系显示了企业总体战略计划，以及企业实施与执行是否达到预期目标，是否增加企业利润直至最终是否实现企业价值最大化。而对企业价值最大化的计量是离不开相关财务指标的，如经营利润、净资产收益率、现金流量和经济附加值等。对财务评价指标体系的设计不单纯是一个财务问题，更重要的是财务绩效评价成功与否，对企业经营绩效的改善具有重大影响。因此，财务评价指标体系应考虑以下问题：向信息使用者提供哪些有用信息？财务评价指标应如何确定？应采取什么行动才能满足所有者的要求？

2. 顾客方面

顾客方面，即考虑顾客怎样看待我们？我们应向顾客展示什么？市场经济条件下，一个企业要想获得生存并有所发展，必须服务好顾客，一心为顾客提供服务。因此，企业如何从顾客角度去运作企业，已经成为管理层首先要考虑的问题之一。平衡计分卡要求企业决策层把它们为顾客服务的声明转化为具体可行的测评指标，这些测评指标要能真正反映与顾客相关的各种因素。一般顾客对企业所关心的要素主要包括时间、质量、性能与服务、成本等。时间是指企业能否按顾客要求及时满足其所需；质量是指顾客衡量所得到的产品水平或享受的服务好坏；性能与服务可以衡量企业的产品或服务在为顾客提供价值方面能起什么作用；成本是指企业在一定时期内投入要素的多少。因此，针对顾客所需，顾客对企业评价的核心指标包括客户满意程度、客户保持程度、新客户的获得、客户盈利能力及在目标范围内的市场份额等。

3. 内部流程方面

内部流程方面，即考虑我们必须擅长什么？我们应该在哪些业务中处于领先？这些企业内部营运与技术指标用来反映企业组织是否较好地完成了其核心工作，同时使股东获得预期的财务收益。具体可分为以下三个方面。

（1）创新阶段。要求企业进行充分的市场调查，寻找客户所要求的潜在需要，从而挖掘新的客户，创立新的市场。这是企业成功与否的关键一环。该阶段又可细分为两个阶段：一是进行市场调查以确定市场规模、客户偏好及对目标产品的调查；二是设计开发新产品。

（2）经营过程。企业进行生产经营提供产品和服务，并将产品及时支付给客户。企业内部经营流程在注重销售收入增长的同时也应考虑企业的盈利率与资金管理效率（如ROI）以求得收入与报酬率之间的平衡。

（3）售后服务。主要包括产品售后质量保证、产品的修理、退货、调换以及机器设备使用的培训等。

4. 学习与成长方面

学习与成长方面，即考虑我们要取得怎样的进步来适应变革和发展？我们能否继续提高并创造企业价值？该类指标用来反映企业改进与创新能力。企业应在生产和改进现有产品的同时，开发并创造适应市场需要的新产品。企业还应注重对员工的生产技术水平、劳动积极性及培训方面评价，以提高企业的经营业绩。具体指标有开发新型产品所需时间、产品成熟过程所需时间、新产品上市时间、员工满意程度、员工流动性、员工培训次数、员工建议数量等。

综上所述，平衡计分卡在保留了传统的财务指标体系的基础上，引进能对未来财务业绩进行考评的非财务动因（包括客户、经营过程、学习与成长等）。利用平衡计分卡，企业经营管理者可以计量他们的有关经营单位是如何为现在和未来的客户创造价值，如何建立和提高内部生产力，以及如何为提高未来经营而对人员、系统和程序进行投资。当然，平衡计分卡也存在一些缺陷：①平衡计分卡中非财务指标难以用货币来衡量。非财务计量指标上的改进与利润增长的关系较为模糊，很难辨认出非财务指标上的改进到底引起了利润多大的变化，尤其在短期内利润指标几乎不受影响。②非财务指标之间的关系错综复杂。有些联系得很紧密，不易分别确定其重要程度；有些则可能是相互矛盾的，一个指标需要其他指标作出牺牲才得以改善，容易引起各部门之间的冲突。

本 章 小 结

本章讨论财务报告分析方法的综合应用，着重从企业经营理财综合分析、企业财务预测分析、企业财务战略分析、企业价值分析、企业社会责任分析和企业绩效评价分析等方面讲述了财务报告分析的综合应用及其所能实现的功能。其中，企业经营理财综合分析介绍了杜邦财务分析体系、帕里普财务分析体系和沃尔比重评分法三种方法；企业财务预测体系则介绍了预测报表和财务危机预警的方法；企业财务战略分析则通过财务报告分析了企业财务战略的选择与分析过程；企业价值评估分析介绍了以财务报告为基础的价值评估方法；企业社会责任分析说明了衡量社会责任的指标体系；企业绩效评价阐述了国资委效绩评价指标体系和以 EVA 为基础的业绩评价方法，以及以平衡计分卡为基础的企业业绩评价体系。这些内容也是财务报告分析的重要组成部分，掌握熟悉和了解这些内容和方法对提高学生的财务综合分析能力大有裨益。本章的重点是杜邦财务分析体系等企业经营理财综合分析的基本方法、企业价值评估分析和企业绩效评价的基本方法及财务危机预警分析的基本方法。

【进一步学习指南】

企业财务报告的主要目标是决策有用性。本章讲述的企业经营理财综合分析、企业财务预测分析、企业财务战略分析、企业价值分析、企业社会责任分析和企业绩效评价这六个问题对企业不同的利益相关者的决策和控制都具有重要现实意义。因此，这些问题也是财务报告分析的重要构成内容。但限于篇幅，本书只能介绍一些相关的基本知识和分析原理，如果读者想对这些问题作更深入的了解，如果感兴趣的读者想比较一下各种教材对这些问题的不同阐述，可以参考其他一些教材、文献和法规。

【进一步阅读书目及法规】

杜胜利. 1999. 企业经营业绩评价. 北京：经济科学出版社

郭泽光. 2007. 财务报告分析. 北京：高等教育出版社

国务院国资委. 2009. 中央企业负责人经营业绩考核暂行办法

李忠波. 2005. 企业财务报告分析. 北京：科学出版社

刘文国. 2009. 财务报告分析. 上海：上海财经大学出版社

王德发. 2007. 财务报表分析. 北京：中国人民大学出版社

徐微. 2009. 企业财务预测手册. 上海：立信会计出版社

颜剩勇. 2009. 企业社会责任财务分析评价研究. 成都：西南财经大学出版社

袁卫华，李芳雪. 2010. 现代企业财务战略分析. 现代农村科技，（8）

岳虹. 2009. 财务报表分析. 北京：中国人民大学出版社

张玲. 2001. 财务危机预警分析判别模型及其应用，预测，（6）

张先治. 2008. 财务分析. 大连：东北财经大学出版社

中国法制出版社. 2005. 中华人民共和国公司法. 北京：中国法制出版社

中华人民共和国财政部等. 2002. 企业效绩评价操作细则（修订）

周炜. 2008. 企业价值分析. 北京：中国人民大学出版社

【思考和练习题】

（一）思考题

1. 简述杜邦财务分析体系的优点和局限性，并说明杜邦分析体系的分析要点。

2. 简述帕利普分析体系中主要财务指标之间的相互关系。

3. 财务报表预测分析的方法主要有哪些？简述各种财务预测分析方法的对比分析。

4. 财务危机预警分析中单变量模式与多变量模式的差异表现在哪些方面？

5. 简述企业价值评估与业绩评价的比较。

6. 如何分析企业的社会责任？应运用哪些指标进行分析？

7. 简述如何运用平衡计分卡评价企业绩效，并评价平衡计分卡的优缺点。

（二）练习题

1. 练习杜邦分析法的运用。

资料：某公司 2009 年的销售额为 500 万元，比上年提高 28%，有关财务比率如表 9-21 所示。

表 9-21　某公司有关财务比率

财务比率	2008 年同业平均	2008 年本公司	2009 年本公司
应收账款回收期（天）	35	36	36
存货周转率	2.5	2.59	2.11
销售毛利率（%）	38	40	40
销售利润率（息税前）（%）	10	9.60	10.63
销售利息率（%）	3.73	2.40	3.82
销售净利率（%）	6.27	7.20	6.81
总资产周转率（%）	1.14	1.11	1.07
固定资产周转率（%）	1.40	2.02	1.82
资产负债率（%）	58	50	61.30
利息保障倍数（%）	2.68	4.00	2.78

备注：该公司处于免税期。

要求：

(1) 运用杜邦分析法，比较 2008 年公司与同业平均的净资产收益率，定性分析其差异的原因。

(2) 运用杜邦分析法，比较公司 2009 年与 2008 年的净资产收益率，定性分析其差异的原因。

2. 运用现金流量贴现法进行价值评估。

相关资料如下：

(1) 表 9-22 显示了发展公司未来 5 年的经营现金流量预测。

表 9-22　经营现金流量预测表　　　　　　　　　单位：万元

项目	2007 年	2008 年	2009 年	2010 年	2011 年
净利润	6 945	8 934	8 561	9 462	10 469
加：固定资产折旧	4 647	5 409	5 813	4 326	5 890
财务费用	488	479	501	523	545
存货的减少	−2 689	−4 615	−4 989	−5 211	−5 214
经营性应收项目减少（减：增加）	−2 589	−5 874	−5 773	−6 544	−6 209
经营性应付项目增加（减：减少）	5 256	2 121	2 952	2 689	3 245
经营活动产生的现金流量净额	12 058	6 454	7 065	5 245	8 726

(2) 假设公司从 2012 年开始，每年现金净流量比上年增长 5%。

(3) 企业加权平均资本成本为 8%；非经营投资价值为 5 188 万元；债务价值为 59 233 万元。

要求：应用现金流量贴现法的价值评估方法评估发展公司的股东价值与企业价值。

第十章

上市公司财务报告分析

【本章学习目标】

- 掌握上市公司财务会计信息的特点
- 熟悉上市公司财务报告的种类及其具体内容
- 理解上市公司财务报告综合分析的目的和内容
- 掌握上市公司的主要财务指标及其分析方法
- 了解上市公司盈利预测和发展情况预测分析的方法

上市公司是现代企业的最高形式。在股票市场上买一家上市公司的股票，实际上就是买这家上市公司，该上市公司的经营业绩和未来的现金流量就是股票真正的价码。而这方面最有价值的信息来源就是会计信息，即公司定期、不定期发布的财务报告。"股神"巴菲特就是一个典型的注重基本面分析的积极投资者，他把自己的日常工作概括为"阅读"，而他阅读得最多的就是财务报告。有人对巴菲特 1965～2006 年的投资业绩进行过统计，发现在此期间巴菲特的财富增长幅度是 3 600 多倍，是同期美国股市涨幅的 55 倍。巴菲特的投资理念其实很简单，那就是价值投资。价值投资是一种积极的、理性的投资行为。在价值投资理念的指导下，财务报告的作用就显得尤为重要。巴菲特几乎不用电脑，在他的办公室里最多的就是上市公司的年报（他保存着几乎美国所有上市公司的年报）。曾经有记者问巴菲特："我应该怎么学习股票投资呢？"巴菲特回答说："看上市公司的年报。"记者又问："但美国有那么多家上市公司，上市公司的年报岂不是太多了？"巴菲特就淡淡地告诉他："很简单，按照字母顺序，从第一家公司的年报开始看起。"这也许有些夸张，对于常人来说几乎匪夷所思。但巴菲特的确是把他的大部分时间都用来阅读上市公司年报、行业资料等这些基本面的分析上。在他进行投资前，他就已经对目标公司的财务报告进行了非常缜密的分析，通过透视财务报告，对公司的内在价值进行评估，并据以指导投资决策。正是因为能透视财务报告，才有巴菲特在股票投资上的巨大成功。

中国的上市公司是自 20 世纪 80 年代以来伴随着国有企业的股份制改革发展起来

的。随着我国经济体制改革、市场经济建设和对外开放的进程，从无到有、从少到多、从弱到强，迅速地成长和壮大，目前已经成为我国市场经济中最为活跃、现代企业制度较为完善、管理水平较为先进、对各地经济社会发展影响较大的经济组织形式。2009年10月，创业板市场正式启动，标志着我国境内多层次的资本市场初步形成。截至2009年年末，我国沪深两地的上市公司已达1 718家，总市值达24.46万亿元（2007年最高时曾达到30多万亿元），境外上市超过500家。上市公司作为资本市场的基石，其组织形式、社会资源配置、资本运作的特殊性决定了上市公司财务报告的特殊性。由于上市公司投资者众多、政府和市场对其信息披露的监管比一般企业更为严格，上市公司的财务报告分析备受其广大信息使用者关注，上市公司财务报告分析也成为财务报告分析者必须掌握的技能。

第一节　上市公司财务报告概述

一、上市公司财务会计信息的特点

（一）上市公司财务信息提供的内容与方式有专门制度和法规规定

会计制度体系是制约企业财务报告编制的法规体系，上市公司的信息披露则有其专门的法规体系。会计制度体系主要由《会计法》、《企业会计准则》、《企业会计制度》构成。涉及上市公司的信息披露主要有《公司法》、《上市公司信息披露管理办法》、《公开发行证券的公司信息披露编报规则》之《第15号财务报告的一般规定》（2010年修订）、《第13号季度报告内容与格式特别规定》（2007年修订）、《公开发行证券的公司信息披露内容与格式准则》之《第3号半年度报告的内容与格式》（2007年修订）、《第2号年度报告的内容与格式（2007年修订）》、《第1号招股说明书》（2006年修订）、《第7号股票上市公告书》等，这一系列的法律法规对上市公司财务信息提供的内容与方式作出专门的规定并逐渐形成了一套规范上市公司信息披露的制度体系。公司上市之后，必须依法履行信息披露义务，对广大股东负责。通过以上一系列与信息披露有关的法规的实施，规范了我国上市公司的信息披露的内容与范围，也使得上市公司的财务报告分析具有系统性与可比性。

（二）上市公司的财务信息更详细、更公开、更公平、更强调时效性

财务报告的主要功能在于对内、对外交流和提供财务信息，用于改进和加强管理及满足使用者的需要。这里所指的财务报告使用者，是与上市公司有利害关系者，如投资者、债权人、各级管理部门，还有上市公司内部控制和管理部门等。因为是上市公司，所以股东多而且分散，所涉及的信息使用者分布广泛，许多股东除了上市公司提供的财务报告之外几乎没有其他的渠道了解自己所投资的公司了。因此，他们对上市公司提供的有关公司经营理财各方面的财务信息要求更详细，甚至要求提供很多非财务信息。根据我国证监会颁布的《上市公司信息披露管理办法》规定，上市公司信息披露文件主要

包括招股说明书、募集说明书、上市公告书、定期报告和临时报告等，这些报告不仅包含了大量的财务信息还有囊括了许多重要的非财务信息，但大部分信息具有财务性质或与财务有关，因此具有财务报告的性质，我们统称之为上市公司财务报告。信息披露义务人应当同时向所有投资者公开披露信息，在提交信息的时间上也有严格的要求：年度报告应当在每个会计年度结束之日起 4 个月内，半年度报告应当在每个会计年度的上半年结束之日起 2 个月内，季度报告应当在每个会计年度第 3 个月、第 9 个月结束后的 1 个月内编制完成并在证监会指定的媒体披露。

（三）上市公司的财务会计处理手段与方法要比一般企业更规范、更稳健

上市公司作为信息披露义务人，应当真实、准确、完整、及时地披露信息，不得有虚假记载、误导性陈述或者重大遗漏。根据现行会计制度，上市公司不能高估利润、资产，而要充分估计可能存在的损失、负债和风险；否则，一旦信息公开，被查出造假或歪曲，将受到经济处罚或负刑事责任。

（四）上市公司的财务信息必须经注册会计师审计

财务报告信息涉及公司内部及其公司外部众多集团、个人利益，而两权分离又导致财务报告编制者与使用者的分离，因此为增强公司外部财务报告使用者对其真实性、公允性的信赖，证监会规定上市公司必须利用外部独立的注册会计师对其所提供的财务报告的公正性、真实性、全面性、合法性进行审计。

二、上市公司财务报告的种类与内容

（一）上市公司财务报告的种类

按照《上市公司信息披露管理办法》的规定，上市公司公开发行股票、将其股票在证券交易场所交易，必须公开披露的信息包括：①招股说明书与上市公告书；②定期报告，包括年度报告、半年度报告、季度报告和月度报告；③临时报告，包括重大事件公告和收购与合并公告。

（二）上市公司财务报告及披露的有关信息资料的具体内容

1. 招股说明书与上市公告书

（1）招股说明书是公开发行股票的公司在发行股票时向社会公众披露有关公司的基本情况及与本次股票发行相关的股本结构、资金运用、盈利水平、财务状况的书面报告。招股说明书是面向一级市场的，即面向股票发行市场。

《公开发行证券的公司信息披露内容与格式准则第 1 号》中规定招股说明书的内容与格式包括封面、书脊、扉页、目录、释义、正文和备查文件。其中，正文、备查文件应包含如下内容：①正文内容包括概览、本次发行概况、风险因素、发行人基本情况、业务和技术、同业竞争与关联交易、董事、高级管理人员与核心技术人员、公司治理、财务会计信息、管理层讨论与分析、业务发展目标、募集资金运用、股利分配政策、其

他重要事项、董事监事高级管理人员及有关中介机构声明；②备查文件包括发行保荐书、财务报表及审计报告、盈利预测报告及审核报告（如有）、内部控制鉴证报告、经注册会计师核验的非经常性损益明细表、法律意见书及律师工作报告、公司章程（草案）、中国证监会核准本次发行的文件、其他与本次发行有关的重要文件。

（2）上市公告书是股份有限公司将其公开发行的股票在证券交易所挂牌交易时披露信息的文本。《公开发行证券的公司信息披露内容与格式准则第 7 号》中规定了上市公告书的格式与内容，与招股说明书相比，增加了董事会上市承诺、上市推荐人及其意见两个部分。

招股说明书和上市公告的许多内容是雷同的，它们的区别在于：招股说明书是发行股票时的信息披露方式，上市公告是公开发行的股票上市交易之时的信息披露方式。但实际上，两者的内容有很大的重叠，其主要目的也相似，都是帮助投资者了解新股的价值和前景。

2. 定期报告

1）月度报告

2）季度报告

按《公开发行证券的公司信息披露编报规则第 13 号——季度报告内容与格式特别规定》，季度报告包括正文和附录两个部分。

正文包括以下内容：重要提示、公司基本情况及重要事项。附录包括以下内容：资产负债表、利润表、现金流量表、审计报告正文（若有的话）。

季度报告要在会计年度前 3 个月、9 个月结束后的 1 个月内编制，第一季度的季度报告的披露时间不得早于上一年度的年度报告。

3）半年度报告

按《公开发行股票公司信息披露的内容与格式准则第 3 号——半年度报告的内容与格式》的规定，半年度报告包括正文和备查两部分。

半年度报告正文主要包括以下内容：重要提示、释义及目录、公司基本情况、股本变动和主要股东持股情况、董事、监事、高级管理人员情况、董事会报告、重要事项、财务报告。

半年度报告备查文件主要包括以下内容：

（1）载有法定代表人签名的半年度报告文本；

（2）载有单位负责人、主管会计工作的负责人、会计机构负责人签名并盖章的财务报告文本；

（3）载有会计师事务所盖章、注册会计师签名并盖章的审计报告文本（如有）；

（4）报告期内在中国证监会指定报刊上公开披露过的所有文件的正本及公告的原稿；

（5）在其他证券市场披露的半年度报告文本；

（6）其他有关资料。

半年度报告应在每个会计年度的前六个月结束后的 60 天内提交，即中报应在每年的 7、8 两个月公布。

半年度、季度和月度及年初至本中期末（如 1 月 1 日～9 月 30 日）的财务会计报告统称为中期财务会计报告。

4）年度报告

《股票发行与交易管理暂行条例》中规定上市公司应在每个会计年度结束后 120 日内提交年度报告，而且年报中的年度会计报表需经注册会计师审计。

年度报告是上市公司在股票发行和上市后最重要的信息报告，备受广大投资者和市场人士的重视。按《公开发行股票公司信息披露的内容与格式准则第 2 号——年度报告的内容与格式》的规定，年报包括正文和备查文件两部分。

年度报告正文包括以下内容：重要提示及目录、公司基本情况简介、会计数据和业务数据摘要、股本变动及股东情况、董事、监事、高级管理人员和员工情况、公司治理结构、股东大会情况简介、董事会报告、监事会报告、重要事项、财务报告。

年度报告备查文件包括以下列内容：

（1）载有法定代表人、主管会计工作负责人、会计机构负责人签名并盖章的财务报表。

（2）载有会计师事务所盖章、注册会计师签名并盖章的审计报告原件。

（3）报告期内在中国证监会指定报纸上公开披露过的所有公司文件的正本及公告的原稿。

（4）在其他证券市场公布的年度报告。

3. 临时报告

依据《上市公司信息披露管理办法》规定，当发生可能对上市公司证券及其衍生品种交易价格产生较大影响的重大事件，且投资者尚未得知时，上市公司应当立即披露，发布临时报告说明事件的起因、目前的状态和可能产生的影响。

所谓"重大"事件，是说这些事件的发生对上市公司原有的财务状况和经营成果已经或将要产生较大影响，并影响到上市公司的股票市价。重大事件的内容《上市公司信息披露管理办法》规定了 21 项：

（1）公司的经营方针和经营范围的重大变化。

（2）公司的重大投资行为和重大的购置财产决定。

（3）公司订立重要合同，而该合同可能对公司资产、负债、权益和经营成果产生重要影响。

（4）公司发生重大债务和未能清偿到期重大债务的违约情况，或者发生大额赔偿责任。

（5）公司发生重大亏损或者重大损失。

（6）公司生产经营的外部条件发生的重大变化。

（7）公司的董事、1/3 以上监事或者经理发生变动，董事长或者经理无法履行职责。

（8）持有公司 5％以上股份的股东或者实际控制人，其持有股份或者控制公司的情况发生较大变化。

（9）公司减资、合并、分立、解散及申请破产的决定，或者依法进入破产程序、被责令关闭。

（10）涉及公司的重大诉讼、仲裁，股东大会、董事会决议被依法撤销或者宣告无效。

（11）公司涉嫌违法违规被有权机关调查，或者受到刑事处罚、重大行政处罚；公司董事、监事、高级管理人员涉嫌违法违纪被有权机关调查或者采取强制措施。

（12）新公布的法律、法规、规章、行业政策可能对公司产生重大影响。

（13）董事会就发行新股或者其他再融资方案、股权激励方案形成相关决议。

（14）法院裁决禁止控股股东转让其所持股份，任一股东所持公司 5％以上股份被质押、冻结、司法拍卖、托管、设定信托或者被依法限制表决权。

（15）主要资产被查封、扣押、冻结或者被抵押、质押。

（16）主要或者全部业务陷入停顿。

（17）对外提供重大担保。

（18）获得大额政府补贴等可能对公司资产、负债、权益或者经营成果产生重大影响的额外收益。

（19）变更会计政策、会计估计。

（20）因前期已披露的信息存在差错、未按规定披露或者虚假记载，被有关机关责令改正或者经董事会决定进行更正。

（21）中国证监会规定的其他情形。

上市公司应当在最先发生的以下任一时点，及时履行重大事件的信息披露义务：

（1）董事会或者监事会就该重大事件形成决议时。

（2）有关各方就该重大事件签署意向书或者协议时。

（3）董事、监事或者高级管理人员知悉该重大事件发生并报告时。

在上述规定的时点之前出现下列情形之一的，上市公司应当及时披露相关事项的现状、可能影响事件进展的风险因素：

（1）该重大事件难以保密。

（2）该重大事件已经泄露或者市场出现传闻。

（3）公司证券及其衍生品种出现异常交易情况。

临时报告是上市公司持续信息披露义务的重要组成部分。除以上规定的重大事项外，涉及上市公司的收购、合并、分立、发行股份、回购股份等行为导致上市公司股本总额、股东、实际控制人等发生重大变化的，信息披露义务人应当依法履行报告、公告义务，披露权益变动情况。

第二节　上市公司财务报告综合分析

一、上市公司财务报告综合分析的目的

总体来说，进行财务报告分析的目的是通过评价企业财务状况和经营成果、预测企业未来的报酬和风险、检查企业预算完成情况以作出正确的决策和实施有效的控

制。不同的报告使用者对财务报告分析有不同的目的。但是任何一个慎重的投资者，在决定投资于某一上市公司的股票之前，都应该对该公司公开的一系列资料加以收集和分析。对广泛地分散在各地的投资者来说，上市公司必须公开披露的财务报告是唯一的重要的信息来源。只有通过对上市公司的财务资料、业务资料、投资项目、市场状况资料等进行全面综合分析，投资者才能对企业的资产运用效率、盈利状况与能力、经营者业绩、公司股利分配政策、股价变动和发展前景、财务风险与筹资状况、破产风险和竞争潜力等方面有比较清晰的了解，才能对是否投资或增加投资、是否转让所拥有的股份做出准确的决策。上市公司财务报告综合分析的目的具体可以分为以下几点。

（一）评价上市公司的财务状况，以衡量投资风险与股价变动

通过对上市公司的财务报告与相关信息资料进行分析，可以了解上市公司资产的流动性、负债水平及偿债的能力，以评价企业的财务状况和财务风险。

（二）评价上市公司的资产管理水平

公司的生产经营过程就是利用资产取得收益的过程，资产是企业生产经营活动的经济资源，资产的管理水平直接影响到企业的收益，它体现了企业的整体素质。进行上市公司财务报告分析，可以了解到上市公司对资产的管理水平、使用效率情况及资金周转状况，以评价上市公司的经营管理水平。

（三）评价上市公司的盈利能力

获取利润是企业的主要经营目标，它反映了企业的综合素质。企业要生存和发展，必须争取获得较高的利润，这样才能在竞争中立于不败之地。投资者对上市公司盈利能力的分析不能仅看到其获取利润的绝对数，还应分析其相对数，不仅要看到已实现的，还要结合未来各种内外因素变化来分析未来盈利能力变化趋势。

（四）评价上市公司的成长能力与发展趋势

企业的发展趋势，关系到投资者的自身利益。通过对上市公司的财务报告分析，可以判断上市公司的成长能力与发展趋势，预测公司的经营前景，避免盲目投资带来的损失。

二、上市公司财务报告分析的内容

股票市场风云变幻，入市有风险，投资需谨慎。对于投资者来说，重要的一点是加强对上市公司公布的财务报告进行综合全面分析，以对公司的现状和发展得出客观评价，从而避免因盲目投资造成的不必要损失。

上市公司财务报告是根据统一规范编制的反映公司财务状况、经营成果及现金流量的会计报告，内容包括资产负债表、利润表、现金流量表、附表和附注、文字说明等。财务报表是一组描述企业在市场经济活动中运行情况的画面，其不同部分反映不同的活

动，各个部分又相互联系、互相补充。对上市公司财务报告的分析可以从以下几个方面进行。

（一）经营业绩分析

上市公司财务报告的使用者对公司的经营情况和业绩十分关注，如收入、利润等指标完成情况如何，同以前年度同期相比有何变化等。具体分析，可从以下几个方面着手。

1. 分析上市公司收入的构成情况

上市公司的收入主要包括主营业务收入、其他业务收入。其中，主营业务收入是上市公司最重要的收入指标，对该指标的分析，可采用本期收入和以前年度同期相比较，一般使用最近 3～5 年的数据为好。在主营业务收入分析过程中还要注意各收入项目在收入总量中所占的比重，以便了解上市公司主营业务在同行业中的地位和发展前景。主营业务收入应占总收入的绝对份额，否则，该公司会被认为是处于非正常经营状态或主营业务不突出。

2. 分析上市公司的盈利能力

各项利润和利润率指标是上市公司最重要的经济效益评价指标之一。通过对该类指标的分析，可以了解公司的盈利水平和发展前景。通过观察营业利润、投资收益、补贴收入及营业外收支净额在公司利润总额中所占的份额，还可以评价公司利润来源的稳定性如何。

3. 分析成本费用对上市公司利润的影响

成本费用是影响上市公司经营利润的重要因素。在收入一定的条件下，成本费用越低，公司的利润就越大；反之，成本费用越高，公司利润就越小。这可通过销售利润率或成本费用利润率来分析验证。同时需要对成本费用作进一步的分解，以便了解各成本费用项目所占的比重，从而使公司管理当局可以有的放矢地压缩有关开支，达到以最小的投入取得最大的产出的目的。

（二）资产管理效率分析

对于上市公司来说，各项资产营运能力的强弱体现了管理者对现有资产的管理水平和使用效率。资产使用效率越高，周转速度越快，反映了资产的流动性越好，偿还债务的能力越强，公司的资产得到了充分的利用。对资产管理效率的分析，主要是通过以下指标来进行：应收账款周转率、存货周转率、流动资产周转率、固定资产周转率和总资产周转率。

对应收账款周转率，通常可采用账龄分析法，重点分析应收账款的质量状况，评价坏账损失核算方法的合理性，对于呆账和坏账，还要具体分析其产生的原因。

对存货周转率的分析，主要是将这一指标与同行业和公司以前年度同期进行比较，同时还要对影响存货周转速度的个别因素进行进一步的分析，如原材料、半成品、产成品等存货周转情况，以找出影响存货周转率水平的根本原因。

对流动资产、固定资产和总资产周转率的分析，主要是看公司对资产的使用效率及是否存在不良资产。

（三）偿债能力分析

偿债能力是公司偿还到期债务的能力，包括偿还短期和中长期债务的能力。偿债能力是债权人最关心的，出于对投资安全性的考虑，股东也会关注所投资公司的偿债能力。上市公司的偿债能力主要通过流动比率、速动比率、资产负债率、股东权益比率和利息保障倍数来进行分析。

1. 流动比率

一般情况下，流动比率为2时比较理想。但对不同行业有不同的要求，如非生产性公司，由于存货较少，流动性资产主要是现金和变现能力较强的应收账款。其流动比率较低也是合理的。

2. 速动比率

一般而言，速动比率为1比较适合。但由于流动资产中有可能存在账龄较长的应收账款，公司的实际偿债能力会受到影响。为弥补该比率的局限性，以较客观的评价公司的偿债能力，还可以用超速动比率来进行评价。该指标是用公司的速动资产，即用货币资金、短期证券投资、应收票据和信誉好的客户的应收账款来反映和衡量企业的变现能力及短期偿债能力的大小。该指标因为剔除了与现金流量无关的因素和影响速动比率可信性的因素，如信誉不高客户的应收账款，所以能更客观地评价公司的变现能力和短期偿债能力。

3. 资产负债率

一般来说，资产负债率为50%左右较适宜。比率过低，说明公司负债经营的意识不强；比率过高，公司的财务风险太大。

4. 股东权益比率

股东权益比率也叫净资产比率。该指标值越小，说明公司的资本结构风险越大，债权人利益的保障程度较低；而该指标的值小，公司资本结构是低风险的。

5. 利息保障倍数

该指标说明的是用公司利润偿还借款利息以后还有多大盈余。该指标值越大，公司的财务风险越小，偿还债务利息的能力就越强。

（四）现金流量分析

现金流量表是用来反映公司创造净现金流量的能力的报表。对现金流量表的分析，有助于报表使用者了解公司在一定时期内现金流入、流出的信息及变动的原因，预测未来期间的现金流量，评价公司的财务结构和偿还债务的能力，判断公司适应外部环境变化对现金收支进行调节的余地，揭示公司的盈利水平与现金流量关系。由于现金流量的客观性及其与其他指标的相关性，对现金流量的分析，可以对其他指标的分析起到很好的补充作用。

1. 经营现金流量与销售收入比

该比率说明了每实现一元销售收入所获得的经营现金流量。比率越高，说明公司通过经营活动产生现金流量的效果越好，支付能力越强。

2. 经营现金流量与营业利润比

该比率说明了每实现一元营业利润所获得的经营现金流量。比率越高，表明公司账面利润中实现流入的经营现金流量越多，公司的营业利润质量越高。

3. 经营现金净流量与净利润比

该比率说明了每实现一元净利润中所获得的经营活动现金净流入的数量，反映公司净利润的收现水平及公司分红派息的能力。

4. 资产的现金净流量回报率

该比率反映了每一元资产投入所获得的净现金流量。比率越高，说明公司资产的利用效率越高。

5. 经营现金流量流动负债比率

该比率是经营活动产生的现金流量净额与平均流动负债的比率。因为有利润的年份不一定有足够的现金来偿还债务，所以利用收付实现制为基础的现金流量负债比率指标，能充分体现经营活动所产生的现金净流入可以在多大程度上保证偿还当期流动负债。

(五) 对财务报表附注的分析

由于财务报表中所规定的内容具有一定的固定性和规定性，只能提供定量的财务信息。而财务报表附注作为财务报表的重要补充，主要是对财务报表不能包括的内容或者披露不详尽的内容作进一步的解释与说明。对这些重要事项的分析是非常必要的。它可以帮助报告使用者进一步了解公司的财务情况和动态，从这些附注中找出公司目前存在的问题和发展潜力，从而做出投资决策。这些附注项目对财务报告使用者来说最有价值的主要包括或有事项、资产负债表日后事项和关联性交易。

1. 对或有事项的分析

公司的或有事项是指可能导致公司发生损益的不确定状态或情形。因为或有事项的后果尚需待未来该事项的发生或不发生才能予以证实，所以公司一般不应确认或有负债和或有资产，但必须在报表附注中披露。这些常见的或有事项有已贴现商业承兑汇票形成的或有负债、未决诉讼或仲裁形成的或有负债、为其他单位提供债务担保形成的或有负债等。这些事项可能导致公司资金的损失，是公司潜在的财务风险。

2. 资产负债表日后事项

资产负债表日后事项是指自年度资产负债表日至财务报告批准报出日之间发生的需要调整或说明的事项。这些事项对公司来说有有利的和不利的方面，财务报告使用者通过对日后事项的分析，可以快速判断这些重要事项将给公司带来一定的经济效益还是致使公司遭受重大的经济损失。

3. 关联性交易

关联性交易是关联企业之间为达到某种目的而进行的交易。对这些交易，我们应着重了解其交易的实质，了解上市公司被交换出去的资产是否是公司的非重要性资产，而被交易进来的资产是否能在未来给公司带来一定的经济效益。

总之，上市公司财务报告分析是一项非常重要和细致的工作，目的是通过分析，找出上市公司在经营理财过程中存在的问题，以评判当前上市公司的财务情况，预测未来的发展趋势。公司经营者、债权人、股东和潜在的投资者，通过分析上市公司公开披露的财务报告，可从不同的角度及时了解上市公司的信息，从而为各自的目的对该公司做出一系列的决策。

三、上市公司财务报告分析的步骤

（一）确定分析目的，制定分析方案

不同的财务信息使用者对财务报告所提供信息的需求不同，财务报告分析的目的也不尽相同。因此，分析前首先要确定分析目的，并根据不同的分析目的制定不同的分析方案。

（二）收集资料

分析方案确定后，可以收集被分析问题的有关资料，主要是财务报表的有关数据，还要收集财务报告以外的相关资料。例如，宏观经济形势信息、行业信息（尤其是主要竞争对手的信息）及企业内部相关资料。收集资料可通过查阅资料、专题调研、相关会议等多方收集。

（三）审定并整理资料

首先应审定所收集的资料是否真实完整、相关资料间是否有出入，然后对收集来的资料和数据进行加工整理，以便获得隐含在这些资料和数据中的重要关系和其他一些能够说明问题的信息。

（四）分析资料，写出分析报告

根据分析的目的分析评价所收集整理的数据信息，寻找数据信息间的因果关系，联系公司的客观环境，解释形成现状的原因，揭示成绩与失误，暴露存在的问题，提出分析意见，探讨改进办法与途径，最后归纳整理成一份论据充分、叙述清楚、分析透彻的分析报告。

四、上市公司财务报告分析的方法

虽然对于不同的分析主体，分析财务报告侧重的目的有所不同，但作为分析者主要关心的是公司当时的财务状况、资产管理效率、盈利水平及未来的发展潜力等信息，由于不同的分析者采用的分析方法不一样，得到的分析结果可能也大相径庭。因此，通过

对上市公司财务报告的研读，在掌握具体的财务数据信息的同时，必须用一定科学有效的分析方法分析判断各种财务数据之间存在的相互关系，以确定和把握公司的经营业绩和财务状况。

（一）静态比较法

静态比较法就是将各种财务数据转化成以"股"为单位所代表的"量价"值进行分析比较。也就是将各项主要财务数据的总数分别除以发行在外的普通股的股数，如每股净收益、每股经营现金流量、每股净资产等。用本期指标与前期指标相比较，也可用本期指标与未来可能实现的目标相比较。通过与各期相应的数据对比可以直观、明显地看出公司的经营情况和股份权益。但这种方法也有缺陷，它只是从表面上看到公司的经营理财情况，并没有把引起这些指标变动的条件和因素反映出来，不能真正反映出公司的实际经营和主营业务状况。所以使用静态比较分析法往往应结合其他分析方法进行。

（二）纵向分析法（结构分析）

纵向比较法就是分析同一会计年度报表中各项目之间的比例关系，从而揭示各个财务项目的数据在公司财务总额中所占的比重大小，它使同一行业中规模不同公司的财务情况有了可比性。在运用结构分析法时，对资产负债表来说，就是以同一会计年度资产负债表中的"资产总额"、"负债和股东权益总额"为基数，将表中全部资产类项目的余额化作"资产总额"的百分比，将属于负债和股东权益的各项目化作"负债和股东权益总额"的百分比，然后进行分析，这样可反映企业的资产占用构成情况、投资规模、资金来源、股东权益的增减，进而可以分析这样的资产构成、负债和权益构成是否合理，存在什么问题等。在利润表中，则将"销售收入"数据作为基数100%，再列计各项成本、费用、所得税及利润项目与销售收入的百分比，这样可以清楚地反映公司的各项成本费用和利润项目的占比等情况。如果再进一步分析的话，还可以分析同一年度财务报表中某一小项目的结构情况。例如，流动资产项目下"货币资金"、"应收账款"、"应收票据"、"存货"等项目各占多少比例，可以进一步了解其流动资产结构及流动性程度等。

（三）横向分析法

横向分析法就是在分析公司的"资产负债表"、"利润表"、"现金流量表"基础上，从时间、空间和行业的角度对各项财务指标进行互相对比的分析方法。通过横向分析，可以掌握公司在本行业所处的地位、增长速度、竞争能力、是否具有发展潜力等。例如，某上市公司的各项经济指标本年度完成较好，但与同行业另一公司相比差距较大，这说明公司在经营管理方面还有问题。再如，某上市公司经营业绩相对稳定，而同行业中其他公司的业绩都出现大幅增长，则说明该公司经营和财务运作保守，没有抓住机遇进行开拓，相应地对投资者来说该公司不是最好的选择。

（四）趋势分析法

趋势分析法就是将同一公司连续多年的财务报表中的重要项目，如流动资产、流动负债、销售收入、成本费用、营业利润、税后净利、经营活动产生的现金流量等集中在一起用同比增长或减少的方法进行计算分析，即用计算年度的数值减去上一年度相应的数值再除以上一年度的数值再乘以100%，并按年度顺序排列，这样就可直观地反映出公司的资产、负债、所有者权益及收入、成本费用、利润、现金流量等项目在本年度的增减情况及每年的变动幅度，据此可推测公司经营情况和财务状况未来变化趋势。趋势分析是一种重要的分析方法，因为在证券市场上，公司当期的经营业绩只是未来投资的参考和研判的基础，实际上，买股票就是买公司的未来。

五、上市公司财务报告分析的主要财务指标

对于上市公司来说，最重要的财务指标是每股收益、每股净资产和净资产收益率。证券信息机构通常定期公布按照这三项指标的高低排序的上市公司排行榜，从而可见其重要性。不过，除了这三项指标外，还有一些其他指标诸如市盈率等也经常用到。它们共同构成了上市公司特有的财务比率体系。计算出财务比率，从财务比率进行分析，可以判断上市公司的盈利能力、经营能力、偿债能力、资金管理能力、发展能力等。

（一）每股收益

1. 每股收益的概念

每股收益是我国当今证券市场上常见的指标之一，通常和净资产收益率共同表达上市公司的盈利能力和水平，并且是评价股票好坏及估算股票市价的一个相当重要的因素。上市公司每股收益越高，其可供股东分配的利润就越多，其市价通常也会越高。因此，每股收益这一指标不仅是用于评价公司盈利能力的指标，而且往往是决定股票投资价值大小的重要标志。

2. 每股收益的计算

2006年财政部颁布的新《会计准则》，对每股收益的计算进行了详细规定。新《会计准则》要求：在计算每股收益时，需充分考虑股份变动的时间影响因素后加权计算得出基本每股收益；另外，为了与国际准则相接轨，还要考虑潜在的稀释性股权计算稀释每股收益。2007年，证监会相应对《公开发行证券公司信息披露编报规则第9号——净资产收益率和每股收益的计算及披露》进行了修订，要求上市公司在定期报告中应同时披露基本每股收益和稀释每股收益。

1) 基本每股收益

基本每股收益的计算，按照归属于普通股股东的当期净利润除以当期实际发行在外普通股的加权平均数计算确定，考虑的是当期实际发行在外的普通股股份，反映目前的股本结构下的盈利水平。以公式来表示，基本每股收益＝$P \div S$，即按照归属于普通股股东的当期净利润（P），除以发行在外普通股的加权平均数（S）。

就上述公式而言，归属于普通股股东的当期净利润的计算较为简单，但发行在外

普通股的加权平均数计算比较复杂。在报告期内，如果因增资、回购等原因造成股本发生变化时，要按照当年实际增加的时间进行加权计算。需要注意的是，并不是所有的股本变动都要按照当年实际增加的时间进行加权计算。例如，当期发生利润分配而引起的股本变动，由于并不影响所有者权益总金额，也不改变公司的盈利能力，在计算发行在外普通股的加权平均数时无需考虑该新增股份的时间因素。具体加权考虑因素详见表 10-1。

表 10-1　基本每股收益计算时的时间加权因素

报告期内股本变动的情形		是否需要考虑时间加权因素
股本增加	发行新股	是
	债转股	
	公积金转增股本	否
	股票股利分配	
股本减少	回购股份	是
	缩股	否

【例 10-1】　以某公司 2007 年度的基本每股收益计算为例。

该公司 2007 年度归属于普通股股东的净利润为 25 000 万元。2006 年年末的股本为 8 000 万股，2007 年 2 月 8 日，经公司 2006 年度股东大会决议，以截至 2006 年年末公司总股本为基础，向全体股东每 10 股送红股 10 股，工商注册登记变更完成后本公司总股本变为 16 000 万股。2007 年 11 月 29 日发行新股 6 000 万股。

按照新会计准则计算该公司 2007 年度基本每股收益：

基本每股收益 = 25 000 ÷ (8 000 + 8 000 + 6 000 × 1/12) = 1.52 元 / 股

在上例的计算中，公司 2006 年度分配 10 送 10 导致股本增加 8 000 万股，因为送红股是将公司以前年度的未分配利润对投资者进行分配，并不影响公司的所有者权益，所以新增的这 8 000 万股不需要按照实际增加的月份加权计算，直接计入分母；而公司发行新股 6 000 万股，这部分股份由于在 11 月底增加，对全年的利润贡献只有 1 个月，因此应该按照 1/12 的权数进行加权计算（注：该部分股份也可按照实际增加的天数进行加权计算）。

2）稀释每股收益

实践中上市公司常常存在一些潜在的可能转化成上市公司股权的工具，如可转债、认股期权或股票期权等，这些工具有可能在将来的某一时点转化成普通股，从而减少上市公司的每股收益。

稀释每股收益，即假设公司存在的上述可能转化为上市公司股权的工具都在当期全部转换为普通股股份后计算的每股收益。相对于基本每股收益，稀释每股收益充分考虑了潜在普通股对每股收益的稀释作用，以反映公司在未来股本结构下的资本盈利水平。

稀释每股收益的计算需要在基本每股收益的基础上，假设公司所有发行在外的稀释性潜在普通股在当期均已转换为普通股，从而分别调整归属于普通股股东的当期净利润（分子）以及发行在外普通股的加权平均数（分母）计算而得的每股收益。

【例10-2】　以1家发行有1亿元可转债的上市公司为例。假设转股价为5元，公司现有股本为1亿股，净利润为1.2亿元，那么，如果可转债全部转股，公司股本将增加2 000万股。此时，其基本每股收益为1.2亿元÷1亿股＝1.2（元/股），而其稀释每股收益为1.2亿元÷1.2亿股＝1（元/股）。

3. 使用每股收益指标进行财务报告分析应注意的问题

每股收益指标在资本市场上具有很强的代表性，但是每股收益指标的局限性也不容忽视。实际上每股收益指标并不能完全反映上市公司的财务状况、经营成果及现金流量。仅仅依赖每股收益指标进行投资，片面、孤立地看待每股收益的变动，可能会对公司的盈利能力及成长性的判断产生偏差。

因此，不能简单地仅从每股收益的大小去分辨公司的孰优孰劣，并据此来选取股票。股票只不过是一个份额的概念，不同股票的每股资金含量并不一定相同，这在不同公司以及同一公司的不同时期普遍存在。每股含有的净资产和市价都可能不同，即每股收益仅仅代表的是某年每股的收益情况，基本上不具备延续性，因此不能够将它单独作为判断公司成长性的指标。当上市公司分配股票股利或是为了融资选择增发和配股或者发行可转换公司债券时，总股本会发生变化。由前面提到的每股收益的计算公式可以看出，如果总股本发生变化，每股收益也会发生相反的变化。因此，这个时候再纵向比较每股收益的增长率，会发现，很多公司没有很高的增长率，甚至是负增长。此外，每股收益并不反映股票内含的风险，特别是在不同行业之间，公司经营风险可能相差很大，这也进一步限制了每股收益在公司之间的比较。

因此，在使用该指标时，一定要结合其他财务信息、非财务信息等相关要素，如公司的净利润增长率、净资产收益率、销售利润率、资产周转率等指标的变化及公司所处行业的生命周期阶段、行业地位、宏观环境变化等因素的变化，进行综合分析后进行理性投资。

（二）每股净资产

1. 每股净资产的概念

每股净资产反映了每股股票代表的公司净资产价值，也称为每股账面价值或每股权益，是支撑股票市场价格的重要基础。从理论上讲，每股净资产反映了公司中属于股东的资产的价值，故有人把它视为股票的含金量。每股净资产值越大，表明公司每股股票代表的财富越雄厚，通常创造利润的能力和抵御外来因素影响的能力越强。

2. 每股净资产的计算

《公开发行证券的公司信息披露内容与格式准则第2号——年度报告的内容与格式》（2007年修订）规定：

$$归属于上市公司股东的每股净资产=\frac{年度末归属于上市公司股东的所有者权益}{年度末普通股股份总数}$$

【例 10-3】　某上市公司 2008 年年初发行在外的普通股股数为 100 万股，2008 年 4 月 1 日增发 15 万股，9 月 1 日回购 12 万股。2008 年年末股东权益为 1 232 万元，则

　　年末普通股股数＝100＋15－12＝103（万股）

　　每股净资产＝1 232÷103＝11.96（元/股）

　　看每股净资产，不能光看其绝对值的大小，还要看资产的质量，这就需要引进一个新的指标——调整后每股净资产。值得注意的是，1998 年年初，我国证监会就要求所有上市公司必须对每股净资产进行调整，调整后每股净资产计算公式如下：

$$调整后每股净资产＝\frac{（报告期末股东权益－三年以上应收款项－待摊费用－待处理资产净损失－开办费－长期待摊费用）}{报告期末普通股股份总数}$$

　　证监会之所以要求对每股净资产进行调整，主要是因为部分上市公司的净资产中含有较大的水分。一些公司由于资产总额中应收账款、待摊费用、递延资产金额较大，使总资产规模扩大，在负债一定的情况下，净资产的数额应随之扩大。账龄较长的应收账款、待摊费用、递延资产的流动性、变现能力都不强，因此，这些公司虽然有较高的每股净资产，却不能说明财务状况较好。将报告期末股东权益剔除三年以上应收账款、待摊费用、待处理财产净损失和递延资产后再计算每股净资产，能挤掉不实资产，使净资产变得更"净"，不但有利于提高资产的盈利能力，而且夯实了股东权益，更真实地反映了股东拥有资产的价值。而且应注意，当一家公司净资产值与经调整后净资产值相差较大，其资产质量和潜在的亏损状况将令人担忧。

3. 使用每股净资产指标进行财务报告分析应注意的问题

对于投资者来说，每股净资产是进行投资决策的重要参考依据。利用该指标进行横向和纵向对比，可以衡量公司的发展状况的好坏和发展潜力的大小，估计其上市股票或拟上市股票的合理市价，判断股票投资风险的大小。例如，在公司性质相同、股票市价相近的条件下，某一公司股票的每股净资产越高，则公司发展潜力与其股票的投资价值越大，投资者所承担的投资风险越小。但是，也不能一概而论，在市场投机气氛较浓的情况下，每股净资产指标往往不太受重视，投资者，特别是短期投资者更注重股票市价的变动，有的公司的股票市价低于其账面价值，投资者会认为这个企业没有前景，从而失去对该公司股票的兴趣；如果市价高于其账面价值，而且差距较大，投资者会认为企业前景良好，有潜力，因而甘愿承担较大的风险购进该公司股票。

（三）净资产收益率

1. 净资产收益率的概念

净资产收益率也称为净值报酬率，是反映股东投资收益的一个指标，具有很强的综合性。净资产收益率是企业净利润与平均净资产的比率，用以反映净资产的获利水平，即股东权益的回报率。

净资产收益率可衡量公司对股东投入资本的利用效率。它弥补了每股税后利润（每股收益）指标的不足。例如，在公司对原有股东送红股后，每股收益将会下降，从而在

投资者中造成错觉，以为公司的盈利能力下降了，而事实上，公司的盈利能力并没有发生变化，所以用净资产收益率来分析公司盈利能力就比较适宜。

2. 净资产收益率的计算

上市公司的净资产收益率是净利润与报告期末股东权益的百分比，即

$$净资产收益率＝\frac{净利润}{报告期末股东权益}×100\%$$

一般企业该指标的分母用的是"平均净资产"，即期初净资产与期末净资产的平均数，但中国证监会在《公开发行证券公司信息披露编报规则第 9 号——净资产收益率和每股收益的计算及披露》中规定上市公司的净资产收益率计算公式中的分母是"报告期末股东权益"，即期末净资产。这是基于上市公司的特殊性，即在增加股份时新股东要超面值缴入资本并获得同股同权的地位，期末的股东对本年利润拥有同等权利。此外，这样计算也可以和每股净资产等按"报告期末股份数"的计算口径一致。

【例 10-4】　A 上市公司 2007 年实现净利润 2 500 万元，2008 年实现净利润 3 675 万元，其股东权益总额分别为：2006 年年末 17 000 万元，2007 年年末 20 000 万元，2008 年年末 21 000 万元。计算公司近两年的净资产收益率：

净资产收益率(2007) ＝ 2 500 ÷ 20 000 × 100% ＝ 12.5%

净资产收益率(2008) ＝ 3 675 ÷ 21 000 × 100% ＝ 17.5%

计算表明，2008 年 A 公司净资产收益率比 2007 年提高了 5 个百分点，表明公司盈利能力在增强。具体分析时，投资者可以分析连续几年的净资产收益率，以便观察本公司盈利能力的增减趋势，也可以通过比较不同公司的净资产收益率以对本公司的盈利能力做出具体评价。

3. 使用净资产收益率进行财务报告分析应注意的问题

净资产收益率反映了上市公司股东权益的投资报酬率，是所有比率中综合性最强、最具代表性的一个指标。对它的分析，可以利用第九章提到的"杜邦财务分析体系"完成。在杜邦财务分析体系中可以看出，决定净资产收益率高低的因素有三个方面：销售净利率、总资产周转率和权益乘数。这样分解后，可以把净资产收益率这一综合性指标发生增减变化的原因具体化。

净资产收益率可用来分析上市公司的盈利能力。一般来讲，业绩较好的上市公司会将净资产收益率保持在配股水平，即连续 3 年平均净资产收益率在 10% 以上，每年净资产收益率不得低于 6%。净资产收益率越高，表示公司盈利能力越强，同时要与往年的指标对比，看盈利能力是否呈增长势头，但有时候公司会因为较大比例派送或配股，短期内造成股本扩张使该指标下降，需要区别对待。

使用净资产收益率进行财务分析还应注意以下一些问题：①净资产收益率可以反映公司净资产（股权资金）的收益水平，但并不能全面反映一个公司的资金运用能力。②由于各个上市公司的净资产规模不相等，不能以各公司的收益绝对值指标来考核其效益和管理水平。③以净资产收益率作为考核指标对公司进行横向比较时具有局限性。由

于公司负债率的差别，如某些公司负债奇高，导致某些微利公司净资产收益率却偏高，甚至达到了配股要求，而有些公司尽管效益不错，但由于财务结构合理，负债较低，净资产收益率却较低，并且有可能达不到配股要求。④以净资产收益率作为考核指标对公司进行纵向比较分析时存在局限性。公司可通过诸如以负债回购股权的方式来提高每股收益和净资产收益率，而实际上，该公司经济效益和资金利用效果并未提高。以2000年度实施国有股回购的上市公司"云天化"为例，该公司2000年的利润总额和净利润分别比1999年下降了33.66%和36.58%，但由于当年回购国有股2亿股，每股收益和净资产收益率分别只下降了0.01元和2.33%，下降幅度分别只是2%和13%。这种考核结果无疑会对投资者的决策产生不良影响。

（四）与股票市价、盈余相关的其他比率

1. 股本收益率

股本收益率是公司净利润与普通股股本总额之间的比率，用以反映发行在外的普通股股本的盈利能力。计算公式为

$$股本收益率 = \frac{净利润}{发行在外普通股股本}$$

与净资产收益率相比，股本收益率反映的是股东原始投资额的盈利能力，而净资产收益率反映的是股东在公司中拥有的全部投资额的盈利能力，即包括原始投资产生的盈余留在公司中的那部分投资额。相比较而言，净资产收益率表达盈利能力更全面些，因为股东对公司的投资完整地讲，不仅包括原始投资，而且包括盈余留在公司中的那部分相当于再投资的数额。在分析应用中，较好的方法是结合总资产收益率、净资产收益率指标分析股本收益率，而且将不同时期的指标进行比较后了解其盈利能力的趋势，不过这种趋势有时会受到股本变动的影响。另还需要进行同行业之间的横向比较，以确定其指标的高低。

2. 每股红利

每股红利是指上市公司实际发放的普通股股利与普通股股份总额的比例，反映股东从公司获利中实际分得的那部分投资收益。计算公式为

$$每股红利 = \frac{支付的普通股股息总额}{发行在外的普通股股份}$$

【例10-5】　B公司发行在外的普通股股份为2 000万股，2008年共获得净利润2 000万元，经董事会决定用其中的1 000万元发放股利，则

每股收益＝2 000÷2 000＝1（元）

每股红利＝1 000÷2 000＝0.5（元）

上市公司为达到扩大经营或防范风险等目的，对实现的净利润通常不会全部分派给股东，甚至有时即使获利非常丰厚却出于特殊原因而不进行分配。这样对于那些为了获取股利收入的股东而言，无疑是不利的。反之，有时公司当年获利不多，甚至亏损，但是公司却用滚存利润或用盈余公积金补亏后支付一定的股利。由此可见，每股收益与每股红利虽然都是表达盈利能力的指标，但每股收益是指当期实现的那部分利润分摊到每股的平均

额，而每股红利则是当年实际分派给股东的那部分利润，并且其来源不仅限于当年实现的利润，还包括以前年度滚存的利润，甚至在公司亏损的情况下，在用盈余公积补亏后，可按不超过 6% 的比例支付红利。对于短期投资者而言，希望每股红利越高越好，因为每股红利越高，这部分投资者获利就会越多。而对于长期投资者来说，则可能既希望公司支付一定的红利，又不希望支付太多的股利，以免影响上市公司长远发展。

另外，对于投资者来说，在具体评价一个公司的每股红利时，还应结合每股收益、利润留存率等指标进行综合分析。如果每股收益、利润留存率低，而每股红利较高，则说明公司将大部分利润用于发放股利，可能意味着公司要在下一年度进行再融资；如果每股收益、利润留存率较高，而每股红利也较高，则说明公司当年经营状况好，盈利能力较大，发展前景看好。

3. 市盈率

市盈率也称价格与收益比率，是指普通股股票的市场价格与每股收益水平之间的比率。计算公式为

$$市盈率 = \frac{普通股每股市价}{普通股每股收益}$$

市盈率是人们普遍关注的指标，它反映另外投资者对每元净利润所愿意支付的价格，可以用来估计股票的投资报酬和风险。这是市场对公司的共同期望指标，市盈率越高，表明市场对公司的未来越看好。在市价确定的情况下，每股收益越高，市盈率越低，投资风险越小；反之亦然。在每股收益确定的情况下，市价越高，市盈率越高，风险越大；反之亦然。仅从市盈率高低的横向比较看，高市盈率说明公司能够获得社会信赖，具有良好的前景。

在分析市盈率时，应注意以下几点：①该指标不能用于经营业务范围不同的公司的比较；②当每股收益很小或亏损时，市价不会降低至零，很高的市盈率往往也不能说明任何问题；③市盈率高低受净利润的影响，而净利润受可选择的会计政策的影响，从而使得上市公司间的比较受到限制；④市盈率高低直接受市价影响，市价变动的影响因素很多，短期内投机炒作会使市价上下波动，有时甚至是巨幅变动，因此观察市盈率的长期趋势很重要。

4. 市净率

市净率是指上市公司每股股票市价与每股净资产的比值，它是衡量上市公司资产质量状况的指标。计算公式为

$$市净率 = \frac{股票市价}{每股净资产}$$

市净率可用于投资分析，而且从长期来看，市净率是决定股票市场价格走向的主要依据。通常而言，上市公司每股内含净资产值高而每股市价不高的股票，即市净率越低的股票，其投资价值越高；相反，其投资价值越小。每股净资产是股票的账面价值，它是用成本计量的，而每股市价则是指股权资产的现在价值，它是证券市场交易的结果。市价高于账面价值时，说明企业资产的质量较好，有发展潜力；反之则资产质量差，没

有发展前景。优质股票的市价都超出每股净资产许多，一般说来市净率达到 3 就可以树立较好的公司形象。市价低于每股净资产的股票，就像售价低于成本的商品一样，属于"亏损"产品，其价值只能看公司今后是否还有转机，或者经过资产重组能否提高盈利能力，否则投资者将处于很大的投资风险当中。

5. 股利支付率

股利支付率是指净收益中股利所占的比重，它反映公司的股利分配政策和支付股利的能力，即

$$股利支付率 = \frac{每股股利}{每股净收益} \times 100\%$$

该比率一般很容易取得，可以从上市公司公告的利润分配方案中获得。在实际中，很多投资者常常忽视该指标，而把重点放在对股价变动的分析上，把赚取股票差价作为投资的主要回报。其实对一个成熟的企业来说，并不希望股价波动较大，股价的波动很容易引起他人的炒作。对股价波动不大的公司进行投资，其投资报酬主要来自于股利的获得。

【例 10-6】 你用 10 元购入的股票，每年都可以获得 1 元的股利，就相当于本钱是 10 元，每年获得 1 元的利息，投资报酬率＝1÷10×100％＝10％。假设 1 年后，你将该股票售出，取得 11 元。表面上差价为 1 元，但 1 年后的 10 元和现在手中的 10 元是不等值的，因为货币具有时间价值。如果 1 年期存款利率为 5％，1 年后的 10 元应为 10.5 元，真正的差价为 0.5 元，由于股票增值取得的投资报酬率＝0.5÷10×100％＝5％。从这个例子可以看出，能否获得股利，对投资报酬有很大影响。

在使用股利支付率这个指标时，需要综合考虑一些相关因素。一般而言，股利支付率越高，发放的股利就相对越多，对于股东和潜在投资者的吸引力越大，也就越有利于建立良好的公司信誉。如此便形成良好的信号效应，吸引更多的投资者，刺激股价上升，并方便了公司的再融资。而另一方面，公司的收益并不等于公司的现金流量，有的公司每股收益很高，但却没有足够的现金流去满足较高的股利分配需求。因此，公司要维持高股利分配政策而可能不得不对外举债，进而增加资金成本，最终会影响公司的未来收益和股东权益；而且高股利支付伴随着公司的低积累，也可能会引起那些真正的价值投资者对公司可持续发展的担忧。概而言之，股利支付率作为公司股利政策的核心，上市公司确定股利支付率，应当结合公司自身战略发展的需要，并权衡由此带来的利弊得失，以便做出对公司最有利的股利分配政策。同样地，站在投资者的立场上，在分析股利支付率这个指标时应该结合其他指标，并深入了解上市公司的股利分配政策及其可能后果，透过股利分配的表象看问题，在此基础上作出更加明智的判断和抉择。

6. 股利保障倍数

股利保障倍数是一种安全性指标，可以通过该指标看出净利润减少到什么程度公司仍能按目前水平支付股利。股利保障倍数是股利支付率的倒数。计算公式为

$$股利保障倍数 = \frac{普通股每股收益}{普通股每股股利}$$

7. 留存盈利比率

留存盈利比率是企业留存盈利（税后净利润减去全部股利的余额）与公司净利润的比率。计算公式为

$$留存盈利比率 = \frac{(净利润 - 全部股利)}{净利润} \times 100\%$$

式中，留存盈利是指公司的税后留利，包括法定盈余公积金、任意盈余公积金和未分配利润等；它不是指每年累计下来的盈利，而是指当年利润中留下的部分。全部股利则包括发放的优先股股利和普通股股利。

留存盈利比率用于衡量当期净利润总额中有多大的比例留存在公司用于发展，它体现了公司的经营方针。从长远利益考虑，为积累资金扩大经营规模，留存盈利比率应该大些。如果认为可以通过其他方式筹集资金，那么为了不影响投资者的当前收益，留存盈利比率应该小些。

下面通过案例来具体分析。

在资本市场上"做大"为何不等于"做强"？

作为全世界最大的三家汽车公司（以销售收入作为衡量指标），通用（GM）、福特（Ford）和戴姆勒·克莱斯勒（Daimler Chrysler）三大汽车公司 2005 年合计的销售收入高达 5 470.58 亿美元，是微软（Microsoft）的 14 倍。但截至 2005 年年末，三大汽车公司的股票市值只有 776 亿美元，仅相当于微软公司 2 660 亿美元股票市值的 29％！堂堂三大汽车巨头，为何敌不过一个软件大王？在资本市场上"做大"为何不等于"做强"？

一、行业层面的解释

从技术上看，股票价格的高低是由市盈率（price-earning ratio）所决定的。剔除投机因素，市盈率的高低受到公司盈利前景的显著影响。而盈利前景既受到特定公司核心竞争力的影响，也受到该公司所在行业发展前景的影响。不同企业处于不同的行业生命周期，因而其发展前景也大不一样。

三大汽车公司属于传统的制造行业，目前处于成熟阶段。在这一阶段，竞争异常激烈，销售收入和经营利润的成长性很低，经营风险很高，因而其市盈率和股票市值一般也很低。

微软属于高新技术行业，是"新经济"的典型代表，目前处于成长阶段。在这一阶段，竞争虽然日趋激烈，但销售收入和经营利润仍然高速成长，经营风险相对较低，其市盈率和股票市值通常也较高。

过去五年，微软的市盈率介于 22～52 倍，而三大汽车公司的市盈率（剔除微利和亏损年度的影响）只有 7～20 倍，表明投资者愿意为高速成长的微软支付更高的价格。

二、财务角度的解释

（一）盈利水平的比较

2001～2005 年，微软公司共计实现了近 459 亿美元的净利润，而三大汽车公司实现的净利润不足 100 亿美元，不到微软的 1/4。

以 2004 年为例，尽管三大汽车公司当年合计净利润 99 亿美元，比微软公司 90 亿美

元多了9亿元，但这并不等于说三大汽车公司的盈利能力（这里用投入产出比来衡量）高于微软公司。因为三大汽车公司当年投入的人力资源（雇员人数）是微软的17倍，投入的财务资源（资产总额）是微软的12倍，但其为股东创造的产出（净利润）只比微软多出约18%。换言之，微软公司的人均净利润（人力资源投入产出比）高达158 895美元，是三大汽车公司人均净利润（9 312美元）的17倍；微软的总资产回报率（财务资源投入产出比）为9.54%，是三大汽车公司总资产回报率（0.94%）的10倍。正因为三大汽车公司的盈利能力远不如微软公司，其股票市值理所当然低于微软公司。

（二）财务风险的比较

传统上，净资产占总资产的比率（净资产率）经常用于量度企业的财务风险。2001～2005会计年度末，三大汽车公司的净资产均高于微软公司，其中2005会计年度末，三大汽车公司的净资产合计为706.32亿美元，比微软的481.15亿美元多了225.17亿美元。这能否说明三大汽车公司的财务实力强于微软？答案显然是否定的。

以2005年为例，尽管微软净资产只有481.15亿美元，但这一净资产支撑的资产总额只有708.15亿美元，净资产率高达67.9%（负债率仅为32.1%）。而三大汽车公司虽然持有706.32亿美元的净资产，但其资产总额却高达9 907.90亿美元，净资产率仅为7.1%（负债率高达92.9%）。可见，三大汽车公司的财务实力根本不能与微软相媲美。可见，财务风险的重大差别，也是导致三大汽车公司与微软公司的股票价值产生重大差异的一个原因。

（三）盈利质量、资产质量和现金流量的分析

从盈利水平和财务风险的角度进行比较是一种比较直观的财务报告分析方法。另一种比较科学、有效的财务报告分析方法是，在从盈利质量、资产质量和现金流量的角度，对目标公司的财务报告进行全面和系统地分析。

1. 盈利质量分析

盈利质量可以从收入质量、利润质量和毛利率三个角度进行分析。

（1）收入质量的分析。

企业靠现金流生存，而收入是企业最稳定、最可靠的现金流来源。通过分析收入质量，报表使用者就可评估企业依靠具有核心竞争力的主营业务创造现金流的能力，进而对企业能否持续经营做出基本判断。此外，将企业收入与行业数据结合在一起，报表使用者还可以计算出企业的市场占有率，而市场占有率是评价一个企业是否具有核心竞争力的最重要硬指标之一。

收入质量分析侧重于观察企业收入的成长性和波动性。成长性越高，收入质量越好，说明企业通过主营业务创造现金流的能力越强。波动性越大，收入质量越差，说明企业现金流创造能力和核心竞争力越不稳定。

从表10-2可以看出，过去的6年中，微软公司的销售收入比1999年增加了一倍，每年均以两位数增长，高速成长的特征显而易见。相比之下，三大汽车公司的销售收入仍围绕着1999年的水平徘徊不前，充分体现了成熟市场的基本特征。

表 10-2 微软与三大汽车公司销售收入趋势报表

公司	项目	1999 年	2000 年	2001 年	2002 年	2003 年	2004 年	2005 年
微软公司	金额（亿美元）	197	230	253	284	322	368	398
	趋势比（%）	100	117	128	144	163	187	202
通用汽车	金额（亿美元）	1 690	1 739	1 691	1 779	1 858	1 935	1 926
	趋势比（%）	100	103	100	105	110	114	114
福特汽车	金额（亿美元）	1 601	1 689	1 605	1 623	1 643	1 716	1 771
	趋势比（%）	100	105	100	101	103	107	111
戴克汽车	金额（亿欧元）	1 482	1 603	1 504	1 474	1 364	1 421	1 498
	趋势比（%）	100	108	102	99	92	96	101

分析波动性时，将特定公司的销售收入与宏观经济周期的波动结合在一起考察，还可判断该公司抵御宏观经济周期波动的能力。以 2001 年为例，美国 20 世纪 90 年代经历了一段被当时的美联储主席格林斯潘称为"非理性繁荣"的时期。2000 年 3 月，以网络和电信概念股为代表的高科技泡沫开始破裂，其对宏观经济的负面影响在 2001 年体现得淋漓尽致。再加上当年的"9·11"恐怖事件的影响，2001 年美国的经济陷入了低谷。面对如此不利的宏观经济环境，微软公司的销售收入仍然比 1999 年和 2000 年分别增长了 28% 和 10%，这说明微软公司具有超强的抗击宏观经济周期波动的能力。而三大汽车公司在遭遇逆境的 2001 年，销售收入迅速滑落（通用汽车、福特汽车和戴克汽车的销售收入分别比 2000 年下降了 3%，5% 和 6%），表明三大汽车抵御宏观经济风险的能力十分脆弱。

（2）利润质量的分析。

利润是企业为其股东创造价值的最主要来源，是衡量企业经营绩效的最重要指标之一。与收入质量的分析方法一样，利润质量的分析也侧重于成长性和波动性。

表 10-3 微软与三大汽车公司净利润趋势报表

公司	项目	1999 年	2000 年	2001 年	2002 年	2003 年	2004 年	2005 年
微软公司	金额（亿美元）	79	94	73	78	95	90	123
	趋势比（%）	100	119	92	99	120	114	156
通用汽车	金额（亿美元）	60	45	6	16	39	28	−106
	趋势比（%）	100	75	10	27	65	47	−177
福特汽车	金额（亿美元）	72	35	−55	−10	5	35	25
	趋势比（%）	100	49	−76	−14	7	49	35
戴克汽车	金额（亿欧元）	57	79	−7	47	4	25	28
	趋势比（%）	100	139	−12	82	7	44	49

从表 10-3 可以看出，就净利润的成长性而言，三大汽车公司与微软公司相比，显得黯然失色。福特汽车 2005 年的净利润比 1999 年下降了 65%；戴克汽车比 1999 年下

降了 51％，通用汽车更是惨不忍睹，在 2005 年发生了近 106 亿美元的巨额亏损。与此形成明显对照的是，微软公司 2005 年的净利润比 1999 年增长了 56％。

另一方面，三大汽车公司净利润的波动性明显大于微软公司。除了 2001 年比 2000年下降了 22％外，微软公司的净利润在其他年度没有出现显著的波动，表明其经营风险较低。

值得关注的是，在 2000 年销售收入比 1999 年增长 10％的情况下，为何微软当年的净利润反而比 1999 年下降了 22％？只要对这两个会计年度的利润表稍加分析就可以发现，微软 2001 年的销售毛利高达 218.41 亿元，比 2000 年增加了 18.87 亿元，增幅为 8.6％。2001 年微软的净利润比 2000 年之所以减少 21 亿美元，主要有两个方面的原因：一是微软公司在 2001 年度确认了 48.04 亿美元的投资减值损失，二是 2001 年的研究开发和广告促销费用比 2000 年增加了 13.66 亿美元。投资减值损失属于非经常性损失，与微软公司的主营业务没有任何关联性；而研究开发和广告促销费用则属于自主性支出（discretionary expenditure）。这很可能表明微软公司通过加大研究开发和广告促销费用，人为压低 2001 年的净利润。考虑到微软公司 1998～2002 年备受反垄断诉讼官司的困扰，这种"洗大澡"式的盈余管理，目的可能是降低潜在的政治成本。

（3）毛利率的分析

毛利率的高低不仅直接影响了销售收入的利润含量，而且决定了企业在研究开发和广告促销方面的投入空间。后者则对企业的产品质量和品牌有重大影响，是培育利润增长点的动力。由表 10-4 可以看出，微软高达 80％以上的毛利率是通用汽车和福特汽车的 10 倍。正是由于毛利率居高不下，微软公司在研究开发方面的投入令三大汽车公司相形见绌。

表 10-4　微软与三大汽车公司毛利率的比较

会计年度	通用汽车（％）	福特汽车（％）	戴克汽车（％）	微软公司（％）
2001	9.2	1.8	16.1	86.3
2002	7.8	6.8	18.8	81.6
2003	8.0	6.2	19.4	81.2
2004	7.0	7.8	19.4	81.8
2005	−2.5	5.6	17.9	84.4

2. 资产质量分析

（1）资产结构的分析。

分析资产结构，有助于评估企业的退出壁垒和经营风险。一般而言，固定资产和无形资产占资产总额的比例较高，企业的退出壁垒就越高，企业自由选择权就越小。三大汽车公司的固定资产占资产总额的比例较高，属于典型的资本密集型行业，而微软公司的固定资产所占比重微不足道，属于典型的以知识为基础的行业。以 2005 年为例，通用汽车、福特汽车和戴克汽车固定资产占资产总额（不含金融资产）的比例分别为37％、39％和50％，是微软公司（3.2％）的10倍。这说明三大汽车公司的退出门槛显著高于微软公司，自由选择权小于微软公司。

（2）现金含量的分析。

首先，资产的现金含量越高，企业的财务弹性越大。对于拥有充裕现金储备的企业而言，一旦市场出现良好的投资机会，它们就可以迅速加以利用；而对于出现的市场逆境，它们也可坦然应对。2001～2005年间微软公司资产总额中的现金含量介于53％～63％，表明其具有无与伦比的财务弹性。而三大汽车公司资产总额的现金含量很少超过10％，财务弹性极低。

其次，资产的现金含量越大，企业发生潜在损失的风险就越低。如果企业的大部分资产由非现金资产（如应收账款、存货、长期股权投资、固定资产和无形资产）所组成，那么该企业发生坏账损失、跌价损失和减值损失的概率就越大。三大汽车公司的应收账款金额巨大，不仅占用了大量的营运资本，而且发生坏账损失的风险也不容忽视。相比之下，微软公司资产的现金含量很可能是世界最高的。2001～2004年微软公司资产的现金含量接近60％，表明其资产质量是无与伦比的，发生潜在损失的风险微乎其微。2005年现金含量下降至68.7％，主要原因是微软公司在2005会计年度向其股东派发了361.12亿美元的现金股利。

3. 现金流量分析

（1）经营性现金流量的分析。

经营活动产生的现金流量相当于企业的"造血功能"，企业的"造血功能"越强，则对股东和银行的依赖性较低。由表10-5可以看出，微软公司销售收入的质量显然优于三大汽车公司，因为销售收入的经营性现金含量大大高于三大汽车公司。

表10-5　微软与三大汽车公司经营性现金流量占销售收入比例

会计年度	通用汽车（％）	福特汽车（％）	戴克汽车（％）	微软公司（％）
2001	7.20	13.63	10.30	53.06
2002	4.71	10.95	12.23	51.15
2003	−1.25	11.74	12.09	49.08
2004	4.86	13.31	7.79	37.76
2005	−8.75	8.78	7.51	41.73

（2）自由现金流量。

自由现金流量是指企业在维持现有经营规模的前提下，能够自由处置（包括还本付息和支付股利）的经营性现金净流量，它是衡量企业还本付息和支付股利能力的最重要指标。从定量的角度看，自由现金流量等于经营活动产生的现金流量减去维持现有经营规模所必需的资本性支出。

从表10-6可以看出，微软公司的负债总额中没有任何银行借款，不存在付息问题，而三大汽车公司的自由现金流量相对于其利息支出和负债总额，可谓是杯水车薪。尤其是通用汽车，每年创造的自由现金流量连支付利息费用都不够，更不用说偿还巨额的负债。因此，就现金流而言，微软公司则是名副其实的"现金奶牛"（cash cow），而三大汽车公司是不折不扣的"现金瘦狗"（cash dog）。

表10-6　微软和三大汽车公司自由现金流量与还本付息的比较

会计年度	项目名称	通用汽车（亿美元）	福特汽车（亿美元）	戴克汽车（亿欧元）	微软公司（亿美元）
2001	自由现金流量	43.48	154.79	65.88	123.19
	利息费用	83.17	108.16	13.17	—
	负债总额	3 027.05	2 687.57	1 684.06	115.41
2002	自由现金流量	16.11	110.01	108.71	137.39
	利息费用	75.03	88.01	10.40	—
	负债总额	3 622.39	2 896.32	1 523.23	154.66
2003	自由现金流量	−94.21	119.39	98.82	149.06
	利息费用	94.64	76.43	34.46	—
	负债总额	4 239.16	2 990.72	1 437.87	168.20
2004	自由现金流量	16.03	165.71	46.74	135.17
	利息费用	119.80	70.71	18.33	—
	负债总额	4 525.61	2 861.06	1 493.50	195.43
2005	自由现金流量	−250.35	84.30	57.73	157.93
	利息费用	157.68	76.43	11.12	—
	负债总额	4 614.83	2 630.62	1 651.83	227.00

注：微软公司没有任何银行贷款，故利息支出为零。

资料来源：黄世忠.2007.财务报表分析：理论·框架·方法与案例.北京：中国财政经济出版社

第三节　上市公司发展预测分析

分析一个上市公司的情况不仅要看其现状，更重要的是要关注其发展前景。发展前景好的公司往往将会给股东带来丰厚的回报。投资者往往根据上市公司的盈利预测报告、公司经营所在的环境、经营行为、产品生命周期及经营管理水平等作出评价和决策。

一、上市公司盈利预测

（一）盈利预测的意义

盈利预测是指股份上市公司对其未来经营活动的财务成果进行估价和预报。对于该定义，应注意把握以下几个要点：

（1）盈利预测的主体是股份上市公司。

（2）盈利预测的内容是上市公司最近未来期间的盈利情况。从逻辑上讲，盈利预测报告作为财务报告的一部分，其性质和目的与传统财务报告的目的相同，即为他人提供决策有用的信息。

（3）盈利预测只是对上市公司未来获利情况的一种推算和估计，是其最近一段时间的奋斗目标。盈利预测既不是公司财务报表中实际实现的利润额，也不一定在未来期间确保能实现，且预测也是被限定在一定的时间期限内。显然，它与传统财务报告的另一区别是其准确性和可靠性可能较差。

上市公司利润预测是广大投资者据以做出投资决策的重要参考指标，是社会评价上市公司的重要依据。

盈利预测信息的意义总结起来主要有以下四点：一是帮助投资者对投资收益与风险进行合理判断，做出正确决策。从某种程度上说，投资者更加关注盈利预测的信息，因为一般的财务报告只提供股份公司过去经营理财的情况，而盈利预测则反映了公司管理层对其未来经营前景有依据的展望，也是投资活动的希望所在。二是使所有投资者能够平等地获得公司未来前景的有关预测信息，保证证券市场公正、公开、公平地运作。三是盈利预测结论还明确表明公司对股东、对社会所负的社会责任，其揭示能促进股份公司的管理层踏实地履行其经营责任，保障公司资产的保值与增值，并为预测期终了评价企业管理当局的经营业绩提供评判的重要标准。四是盈利预测对股票发行与上市具有重要的作用。从我国实际情况看，新的上市公司的盈利预测是股票发行定价和上市交易开盘价的重要参考依据，盈利预测的完成情况直接影响公司股价乃至市场的波动。

（二）盈利预测的指标

盈利预测的指标主要包括税后利润总额、每股收益和市盈率。税后利润总额指标是企业在预测年度测算的营业利润数额、投资收益数额和营业外收支净额的总和，减去按法定所得税税率计算的应纳所得税后的净额。每股收益是一个较为重要的相对数指标，表示股东投资每股可得的公司净收益额。市盈率指标倒数的实质是按每股市价计算的收益数。因此，它在股票发行阶段是测算股票发行价格的依据，在股票上市阶段是说明股市变动的依据。这三个指标的具体计算在上节中已经介绍，本节就不作具体展开。

（三）盈利预测的编制

一个公司未来的经营状况取决于许多因素，如经营所需资源的来源和成本、产品销售市场、公司所处行业的竞争状况、同整个经济环境的关系、经营管理方针等，盈利预测报告应该揭示这些重要假设及做出假设的合理依据，对于很可能出现的重大变化从而严重影响未来盈利的假设还应揭示其敏感程度。

盈利预测的编制依据包括以下几个方面：

（1）公司正常发展速度，即在营业环境、市场状况、生产经营条件及财务状况维持现状的基础上的公司的发展速度。

（2）投入项目可产生的收益。市场的变化是公司生产经营活动的导向，公司应适应市场的变化而发展。这就要求公司能够及时调整结构，追加投入、谋求发展，在竞争中占据优势地位。新项目的开发和投入及其使用正是抓住机遇、取得效益的具体反映。因此，公司投入哪些项目、为什么投入这些项目、投入项目开始使用后会带来多少收益等是公司投入项目前必须认真考虑的问题。而公司预测期内投入的项目能否产生效益、产生效益的规模有多大，则是公司在盈利预测中必须说明的内容。

上述两项构成盈利预测的主要编制依据。公司既应按目前条件下的正常发展速度进行盈利预测，又应对预测期内新投入项目可能产生的效益进行预测，一般应视具体情况将两种依据结合使用。但应该注意，前一种依据必须采用准确的历史数据和合理的计算方法，而后一种数据的使用必须有确实可证明投入项目并能产生收益的证据。

此外，为避免承担不合理责任，公司在编报预测财务报告的工作中，应注意以下两个方面：①在发生重大变化时，公司管理当局须向报告使用者作出及时的通知与说明，或修订预测报告；②须对预测财务报告适用的和不适用的对象与范围作出说明。

（四）盈利预测的时间期限

盈利预测是一种短期的关于公司经营情况的测算，其时间期限一般在 1 年左右。按法规要求，若公司在发行股票或上市会计年度前 6 个月作出预测，其预测的期限只在 1 年之内。例如，某公司在 3 月份作出预测，其预测的年限只至年末即可。若公司在发行股票会计年度后 6 个月作出预测，其预测期限即在 1 年左右。例如，某公司在 9 月份编制预测报告，其最长期限则截止到第二年的 12 月 31 日。

二、公司发展情况分析

公司基本情况的内容包括很多方面，如公司在同行业中的竞争地位、公司的技术装备水平、公司的人力资源情况、公司的盈利能力和发展水平、公司的经营管理水平和管理能力等。这些问题的分析将有助于投资者进一步把握公司成长发展的前景，全面判断公司状况及其成长性。

（一）公司竞争能力的判断

公司的竞争能力及其在同行业中的竞争地位是通过多种因素综合反映形成的。同时，公司竞争地位的判断也是投资者对公司基本素质和基本情况分析的首要内容，公司无论是在技术更新方面的发展状况，还是在管理方面显现的优势，都能通过公司在同行业中的竞争地位得以综合体现。一般来讲，一个极具竞争能力的上市公司，其在同行业中的竞争地位是通过具备规模经济优势、较高的产品质量、不断的技术革新、适应产品需求市场等条件而获得的。要进行长期投资，投资者一般选择具有竞争优势的公司以获取较高的投资价值。投资者对拟投资公司在同行中竞争地位强弱的判断，可以通过以下几项财务经济指标加以考察：①年销售额；②销售增长率；③销售稳定性；④销售利润率。

1. 年销售额

通常，年销售额的大小可以反映公司在行业中的竞争地位，该指标是衡量公司竞争能力大小的重要内容之一。对公司年销售额的考察，可以通过与以下几个基数指标进行分析对比：如将该公司的年销售额与该行业的年总销售额对比，计算出该公司销售额占全行业销售额的比重，以反映产品市场份额的大小；还可以将公司年销售额与销售额排名靠前的公司进行比较，研究该公司年销售额的差距或进步程度。一般来说，公司的销售额越大，则盈利水平也越高，在一定程度上也表明公司更有竞争力。

2. 销售增长率

销售增长率的高低可以反映公司自身销售额的增长水平。投资者选择的投资对象不仅是要有相当规模的，其销售额也应是迅速增长的。对投资者来说，公司的增长速度比公司规模更为重要，因为增长的销售额能带来增长的利润额，带来公司价值的不断提高、股息不断增长，使得投资者达到预期的投资目标。

3. 销售稳定性

公司销售的稳定性对长期投资者来说有较大的益处。稳定的销售额能使股东获得稳定的股息和红利。同时，也给投资者发出该公司的经营管理具有稳定、可靠保证的信号。

4. 销售利润率

销售利润率也是反映公司竞争能力的一个重要指标。当公司的销售额较高而销售利润率偏低或接近亏损时，说明公司及其产品已处于竞争极为激烈的行业，投资者应对公司的经营前景多加留意。

综上所述，考察公司的竞争力应结合公司的年销售额、销售增长率、销售利润率、销售额的稳定性等指标综合分析，以判断该公司是否值得投资。

（二）所经营产品的生命周期对企业经营的影响

产品在市场上的销售情况及盈利能力随着时间的推移而变化。这种变化的规律正像人类和其他生物的生命一样，具有不同的生命周期阶段特征，因此产品的市场寿命可以形象地称为产品的生命周期。产品的生命周期一般可以分为介绍期、增长期、成熟期和衰退期四个阶段。上市公司的产品处于不同的生命周期阶段，会对公司的盈利能力产生巨大的影响，投资者因之而采取的投资策略也应是不一样的。

1. 介绍期

当新产品投入市场，即进入了产品的介绍期。此时顾客对产品还不了解，同时公司还需要在技术上对产品进行改进。因此，介绍期内，销售量很低，研究开发费用和营销费用很高，公司的销售额增长速度缓慢，利润额很小，甚至为负。

对处于这一阶段的上市公司只适合作为长期投资的备选对象。在进行投资决策时，应对其资本规模、技术力量、营销能力的现状和发展前景进行分析。

2. 成长期

公司的产品进入成长期后，顾客对产品已经熟悉，公司的销售额迅速上升，利润也迅速增长，但同时竞争者也日趋增加。

处于产品成长期的上市公司往往是投资者关注的对象。投资者可以运用折现现金流量的方法分析上市公司的投资价值，同时还应该考虑公司的相对市场份额和市场总额的增长率。

3. 成熟期

公司产品经过成长期以后，市场需求趋向饱和，潜在顾客已经很少，产品转而进入成熟期。成熟期是取得介绍期和成长期投资报酬的关键时期，这一阶段所有会计期间的现金流入都大于现金流出，累计的现金流量的净现值在这一阶段也会由负转正。

产品成熟期的投资战略重点是尽可能实现财务报酬最大化，因此在这一阶段应该利用利润和投资报酬率等指标评价上市公司，挑选投资对象。同时投资者还应关注公司的边际利润水平。

4. 衰退期

公司产品进入衰退期，意味着产品正在逐渐退出市场，只是退出是一个过程，其长短取决于上市公司实施的战略和外部环境的优劣。

对产品生命周期处于这一阶段的上市公司，投资者应特别重视其现金流量。未来现金流量的预期值是评价上市公司必须掌握的重要信息。同时，对公司的分析一定要以短期盈利能力为核心，且这类公司不适合作为长期投资的对象。

（三）公司经营管理水平的考察

公司经营管理水平的好坏一方面取决于经营管理者的经营管理才能，一方面取决于公司的经营管理体制和机制。然而对投资者来说，考察一个公司的经营管理水平较为困难，目前来看，有效地考察一个公司的经营管理水平可以从以下几个方面着手。

1. 应着重考察公司各级经营管理人员的素质及能力

目前上市公司的经营管理层主要包括决策层、高级管理层、部门负责层及执行层。

决策层是企业最高的权力机构，应有明确的生产经营战略和良好的经营管理素养，应具备较高的经营管理能力和丰富的工作经验，有良好的判断能力等。另外，他们应具有严明的组织纪律性，知人善用，能坚持正确的经营方向。

高级管理层人员应具有与该企业相关的技术和管理知识，通晓现代管理理论，有丰富的实际管理经验、较强的组织指挥能力和扎实的廉政工作作风。

部门负责人，一般指企业职能部门的负责人，如人事部、生产部、质检部、供销部、资产管理部、经营部、采购信息部、财务部、生产车间等部门的负责人。部门负责人的基本管理素质要求是精通本部门业务，有独立领导本部门工作的能力，有较高的工作效率，部门工作成绩显著。

2. 考察企业的经营效率

产品的销售、生产原材料的供给、利润的获得都要靠精干的经营活动部门去实现。对企业的经营活动效率的分析应着重评价经营人员的整体观念、奉献精神，经营人员的开拓能力和应变能力，经营人员的业务精通程度和效益意识，经营人员的工作效率和工作业绩，经营人员的职业道德和进取精神。

3. 对公司内部调控机构效率的分析

投资者可根据公司的具体经济目标，考察公司内部各项规章是否订立，内部控制机制是否健全，这些规章和控制制度是否切实可行和认真落实，各层次员工是否切实遵守，各部门是否都有自己的办事程序，内部分工是否明确，各种责权利的划分是否清晰合理等。

本 章 小 结

本章讨论了上市公司财务会计信息的特点，阐述了上市公司财务报告的种类与内容；在此基础上介绍了基于上市公司财务报告分析目的的特有的上市公司财务指标体系；最后介绍了如何进行上市公司盈利预测和公司发展情况预测分析的方法。本章将有助于读者了解上市公司财务报告与其他企业财务报告的差异性，理解上市公司财务报告分析的主要指标和分析方法。本章的重点是上市公司财务会计信息的特点和上市公司主要财务指标的分析方法。

【进一步学习指南】

上市公司作为资本市场的基石，其组织形式、社会资源配置、资本运作的特殊性决定了上市公司财务报告的特殊性。上市公司投资者众多、政府和市场对其信息披露的监管比一般企业更为严格，因此上市公司的财务报告分析备受其广大信息使用者关注。有关上市公司财务报告分析的内容也成为财务报告分析者和本课程学习者必须掌握的技能。但限于篇幅，本书只能介绍一些有关上市公司财务信息的基本知识和上市公司财务报告分析的主要指标和分析原理，如果读者想对这些问题作更深入的了解和进一步的学习，可以参考其他一些书籍、文献和法规。

【进一步阅读书目及法规】

黄世忠. 2007. 财务报表分析：理论·框架·方法与案例. 北京：中国财政经济出版社

佩普，希利，伯纳德. 2004. 运用财务报表进行企业分析与估价. 孔宁宁，丁志杰译. 上海：中信出版社

佩因曼. 2002. 财务报表分析与证券定价. 刘力，陆正飞译. 北京：中国财政经济出版社

单喆敏. 2005. 上市公司财务报表分析. 上海：复旦大学出版社

张先治. 2004. 财务分析. 北京：中国财政经济出版社

张新民，钱爱民. 2007. 企业上市公司财务报表分析. 北京：清华大学出版社

中国证券监督管理委员会. 2001. 公开发行证券的公司信息披露内容与格式准则第 7 号——股票上市公告书

中国证券监督管理委员会. 2006. 公开发行证券的公司信息披露内容与格式准则第 1 号——招股说明书

中国证券监督管理委员会. 2007. 公开发行证券的公司信息披露编报规则第 13 号——季度报告内容与格式特别规定

中国证券监督管理委员会. 2007. 公开发行证券的公司信息披露内容与格式准则第 2 号——年度报告的内容与格式

中国证券监督管理委员会. 2007. 上市公司信息披露管理办法

中国证券监督管理委员会. 2010. 公开发行证券的公司信息披露编报规则第 15 号——财务报告的一般规定

中国证券监督管理委员会. 2010. 公开发行证券的公司信息披露编报规则第 9 号——净资产收益率和每股收益的计算及披露

中华人民共和国财政部. 2000. 企业会计制度

中华人民共和国财政部. 2006. 企业会计准则

中华人民共和国财政部. 2006. 企业会计准则应用指南

中华人民共和国公司法. 2005

中华人民共和国证券法. 2005

【思考和练习题】

（一）思考题

1. 上市公司财务会计信息与一般企业相比有何特点？

2. 上市公司财务报告分析的特有财务指标有哪些？

3. 简述上市公司财务报告分析中一些主要财务指标的分析方法。

4. 如何分析上市公司的盈利预测信息？

5. 一家知名经纪公司的分析师说道："在我看来，任何一家企业最重要的数据就是经营现金流量。如果企业的现金流量少于收益，那么我认为该企业业绩欠佳，投资前景也不明朗。"你同意这种说法吗？为什么？

6. 下列事项对你预测上市公司未来净收益会产生什么影响？

（1）资产减值。

（2）兼并或收购。

（3）卖掉主要部门。

（4）开始支付股利。

7. 某金融学教授认为："资本市场是有效的。我不明白为什么有人会把时间用于进行个股买卖，以及进行基本层面分析。最好的方法是买入并持有一个很好的分散的股票投资组合。"你同意这种说法吗？请说明理由。

（二）练习题

1. ABC 公司无优先股并且当年股数没有发生增减变动，年末每股净资产为 5 元，权益乘数为 4，资产净利率为 40%（资产按年末数计算），则该公司的每股收益是多少？

2. A 公司 2009 年的财务数据如下：

收入 2 000 万元

净利 180 万元

股利 54 万元

普通股股数 100 万股

年末资产总额 2 000 万元

年末权益乘数 5（负债均为借款，负债平均利率 10%）

2010 年 5 月 6 日某投资者将其持有的 A 公司发行的可转换债券转换为股票，可转换债券的账面价值为 35 万元，面值为 30 万元，转换价格为 20 元。

该公司执行固定股利支付率政策，股利增长率为 5%。

要求：（1）计算 2010 年的每股收益、每股净资产；

（2）计算 2010 年 12 月 31 日该公司股票的市净率、市盈率。

3. 某上市公司年报资料见表 10-7。

表 10-7　某上市公司年报

项目	20×1 年	20×2 年	20×3 年
流动比率	2.8	2.5	2.0
速动比率	0.7	0.9	1.2
应收账款周转率	8.6 次	9.5 次	10.4 次
销售收入	130	118	100
每股股利	2.50	2.50	2.50
股票获利率	5%	4%	3%
股利支付率	60%	50%	40%
总资产报酬率	13.0%	11.8%	10.4%
权益报酬率	16.2%	14.5%	9.0%
经营活动流入流出比	1.2	1.3	1.1
投资活动流入流出比	0.6	0.8	0.7
筹资活动流入流出比	0.7	1.2	0.9
市净率	1.8	2.1	2.3
现金债务总额比	12%	13%	15%
现金股利保障倍数	1.5	1.6	1.8

试分析：

（1）公司股票市价正在上涨还是下跌？

（2）每股盈余正在增加还是减少？

（3）市盈率正在上升还是下跌？

（4）存货在流动资产中占的比例正在上升还是下跌？

（5）负债到期时公司的付款是否越来越困难？

（6）目前顾客清偿账款是否和 20×1 年同样迅速？

（7）该公司目前处于什么状态？

（8）股利支付率降低的主要原因是什么？

（9）公司的资产质量以及发展潜力如何？

（10）该公司承担债务的能力是正在增强还是减弱？

（11）支付现金股利的能力是正在增强还是减弱？

第十一章

特殊主体财务报告分析

【本章学习目标】

- 掌握金融企业资产负债表、利润表和现金流量表的基本分析方法
- 掌握小企业和企业集团财务报告分析的内容与方法
- 熟悉金融企业和小企业财务报告分析的特有财务指标
- 熟悉金融企业与一般企业财务报告的差异，小企业财务报告、企业集团合并财务报告及公共组织财务报告的特点
- 了解公共组织财务报告分析的方法，企业分部报告的财务分析方法

在我们的经济生活中，除了一般的工商服务类企业及上市公司外，还有一些非常见的企业主体和非企业组织。任何会计主体其经营理财行为的最终表现是财务报告，金融企业、小企业、企业集团、公共组织等特殊财务报告主体也不例外。国家对这些企业或组织专门制定了相应的会计制度，让它们借助财务报告向利益相关者提供有用信息。但这些企业或组织的财务报告体系和内容别有其特点，也需要进行财务报告分析。作为一个财务报告分析者，对诸如金融企业、小企业、企业集团、公共组织的财务报告分析内容和方法也必须有一个充分的了解，并注意这些特殊报告主体的财务报告分析与一般企业、上市公司财务报告分析的共性和特殊性。

第一节　金融企业财务报告分析

一、金融企业及其财务报告

金融企业是指专门从事货币信用活动的中介组织。财政部（财金〔2001〕209号）规定国有金融企业，是指国有独资及国有控股的商业银行、政策性银行、保险公司、金融资产管理公司、证券公司和信托投资公司等金融企业。

我国的金融机构，按地位和功能可分为四大类。第一类为中央银行，即中国人民银

行。它是由政府拥有的、用于控制管理银行体系的银行，它是我国的最高金融机构。第二类为银行，包括政策性银行、商业银行。政策性银行，一般是指由政府设立，以贯彻国家产业政策、区域政策为目的，不以盈利为目标的金融机构。我国政策性银行受中国人民银行的指导和监督。1994 年，我国组建了国家开发银行、中国进出口银行和中国农业发展银行三家政策性银行。商业银行，是以经营存贷款、办理转账结算等为主要业务，以盈利为主要经营目标的金融企业，其主要有信用中介、支付中介和信用创造三种职能。第三类为非银行金融企业，主要包括保险公司、信用合作社、证券公司（投资银行）、财务公司、融资租赁公司、基金管理公司、担保公司等。第四类是在境内开办的外资、侨资、中外合资金融机构。以上各类金融机构相互补充，构成了一个完整的金融机构体系。这其中属于金融企业的主要是商业银行和第三、第四类金融机构。

金融企业的财务报告由财务报表、财务报表附注和财务情况说明书组成（不要求编制和提供财务情况说明书的金融企业除外）。因此，金融企业与一般工商服务类企业一样必须对外披露资产负债表、利润表、现金流量表和所有者权益变动表及财务报表附注，另外，金融企业还要向外提供利润分配表、分部报表、信托资产管理会计报表和其他有关附表。其财务报告的作用与一般工商服务类企业相似。金融企业的财务报告也分为年度、半年度、季度和月度财务报告，半年度、季度和月度财务报告也统称为中期财务会计报告（其中季度、月度中期财务报告通常仅只用编制财务报表）。但由于其业务性质特殊，金融企业财务报告的内容和一般企业不一样，财政部 2001 年 11 月发布《金融企业会计制度》，共分十五章，要求上市金融企业在 2002 年 1 月 1 日起开始施行，并鼓励其他股份制金融企业实施。财政部 2006 年颁布的新企业会计准则，对其中涉及商业银行、保险公司和证券公司的专用科目作了特别注明。金融企业不仅财务报告项目内容特殊，财务指标及其含义也比较特殊。

二、金融企业资产负债表及其分析

（一）金融企业资产负债表的特点

金融企业资产负债表与一般企业相似，但具体账户与排列顺序与一般企业有较大区别。金融企业资产负债表与传统的企业资产负债表主要有三个区别：

（1）项目排列顺序。一般企业资产负债表中的资产项目按其流动性大小排列，负债项目按其到期日远近排列；金融企业不须按此顺序排列，资产负债表项目不区分流动性和非流动性账户，但按流动性大小列示能提供可靠且相关信息的，可按流动性顺序列示。

（2）账户设置方向。金融企业有些账户设置方向与一般企业正好相反，如客户存款是金融企业的负债类账户，对客户贷款是其资产类账户等。在以存贷业务为主的商业银行中，各种贷款是其最大的资产；反之，各种客户存款是其最大负债。

（3）金融企业所有者权益除了与一般企业有相似的实收资本或股本、资本公积、盈余公积和未分配利润四个项目外，还包括在利润分配中按规定计提的一般准备。

表 11-1 是金融企业资产负债表的基本格式。

表 11-1　金融企业资产负债表

编报单位：×××　　　　　　　　　　年　月　日　　　　　　　　　　单位：万元

资产	行次	期末余额	期末余额	负债及所有者权益	行次	期末余额	期末余额
资产				**负债**			
现金及存放同业款项				同业存放款项			
存放中央银行款项				向中央银行借款			
贵金属				拆入资金			
拆出资金				交易性金融负债			
交易性金融资产				衍生金融负债			
衍生金融资产				卖出回购金融资产款			
买入返售金融资产				吸收存款			
应收利息				应付职工薪酬			
发放贷款及垫款				应交税费			
代理业务资产				应付利息			
可供出售金融资产				代理业务负债			
持有至到期投资				应付债券			
长期股权投资				递延所得税负债			
固定资产				其他负债			
无形资产				**负债合计**			
递延所得税资产				**所有者权益**			
其他资产				实收资本			
				资本公积			
				盈余公积			
				一般风险准备			
				未分配利润			
				减：库存股			
				所有者权益合计			
资产总计				**负债及所有者权益总计**			

（二）金融企业资产负债表的分析

下面主要以商业银行为例，就金融企业资产负债表的分析进行介绍。

对商业银行来说，资本是非常重要的。银行资本可以为存款人提供安全保障，以赢得自身信誉和市场份额，它还能以此承担和消化对外贷款损失，并可以满足监管部门对保护存款人利益和稳定国家金融体系的要求。银行资本充足，银行防范风险能力就强，但资本过于充分又会降低财务杠杆作用，影响盈利能力。此外，银行资产流动性也很重要，不一定比其他资产质量要求来得低，为防范流动性风险，银行必须具备较高比例的流动资金，以满足支付客户资金的需求。因此，分析银行财务状况，一般需要关注以下三个方面：①资本充足性，是指分析股东投入的维持银行经营的资金的充足性；②贷款资产质量，贷款是银行主要风险资产；③资产流动性。

下面就招商银行 2008 年度报告中披露的信息进行财务分析。

1. 资本充足性

1）资本充足率

资本充足率是资本对风险资产的比率，反映金融企业资本充足程度，是衡量企业承担风险能力的综合指标。商业银行一级资本比率是指商业银行持有的符合银监会关于《商业银行资本充足率管理办法》规定的核心资本与商业银行风险加权资产之间的比率，即

$$资本充足率 = (资本净额 \div 加权风险资产净额) \times 100\%$$
$$一级资本比率 = (核心资本 \div 加权风险资产净额) \times 100\%$$
$$二级资本比率 = (附属资本 \div 加权风险资产净额) \times 100\%$$

一级资本又叫核心资本或产权资本，包括实收资本或普通股本、资本公积、盈余公积、未分配利润和少数股权。二级资本也叫附属资本或补充资本，包括重估储备、一般准备、优先股、可转换债券和长期次级债务。

加权风险资产是根据风险权数（权重）计算出来的资产。根据银监会 2004 年发布的《商业银行资本充足率管理办法》，把商业银行的表内金融资产划分为现金类资产、对中央政府和中央银行的债权、对公用企业的债权、对我国金融机构的债权、对在其他国家或地区注册的金融机构的债权、对企业和个人的债权、其他资产七类，并分别按风险程度设定了各类表内资产的风险权数，如对我国中央政府和人民银行的债权、对我国政策性银行的债权、对我国商业银行的债权、对个人的住房抵押贷款、对企业和个人的其他债权，风险权数分别定为 0%、0%、0%～20%、50% 和 100%，以此来计算商业银行的加权风险资产。

表 11-2 是招商银行资本充足率的计算表。

表 11-2 招商银行资本充足率计算过程

	2006 年 12 月 31 日	2007 年 12 月 31 日	2008 年 12 月 31 日
资本净额（百万元）	62 819	74 646	104 039
其中：核心资本（百万元）	53 125	63 388	71 472
附属资本（百万元）	10 225	11 994	45 616
扣减项（百万元）	531	736	13 049
加权风险资产净额（百万元）	551 503	718 082	917 201
资本充足率（%）	11.39	10.40	11.34
一级资本比率（%）	9.63	8.83	7.79
二级资本比率（%）	1.85	1.67	4.97

巴塞尔资本协议明确规定，商业银行必须对信用风险计提 8％的资本，一级资本比率不得少于 4％，附属资本不得超过核心资本，否则该银行资本不足，应追加资本，以避免可能造成的经营风险而危及银行安全。从表 11-2 可以看出，招商银行近三年保持有较好的资本以应对可能的风险，资本充足率、一级资本比率都维持在规定的指标之上。2008 年，招商银行资本充足率为 11.34％，较 2007 年年末上升 0.94 个百分点，上升的主要原因是该企业发行次级债券补充附属资本。2008 年一级资本比率为 7.79％，较 2007 年年末下降了 1.04 个百分点。招商银行 2008 年财务报告中披露，一级资本比率下降的原因是收购产生的溢价冲减了资本公积。

2）自有资本比例

自有资本比例（也称股东权益比率）是银行股东权益与总资产的相对比率指标，其计算公式为

$$自有资本比例 ＝（股东权益 ÷ 总资产）× 100％$$

对银行来说，保持随时偿债所必需的资金安全余量是其成功经营的必要保证，也是监管部门的法定要求。换言之，银行总资产中必须保持一定数量的自有资产，也就是权益资本。自有资本被视为一种"财务缓冲器"，它可以使银行在亏损期间依靠自有资产，保证必要的补偿损失和支付能力，而不至于使自身陷入破产的绝境。表 11-3 是招商银行 2007～2008 年自有资本比例的计算表。

表 11-3　招商银行 2007～2008 年自有资本比例计算表

项目	2007 年 12 月 31 日	2008 年 12 月 31 日
股东权益（百万元）	67 911	87 507
总资产（百万元）	1 311 110	1 499 442
自有资本比例	5.18％	5.84％

理论上讲，自有资本比例为 10％时被认为银行处于较安全的经营状态。但事实上几乎没有一家银行达到这个水平。实务上，业内人士认为该指标在 5％～8％最为合适。

2. 贷款资产质量

1）贷款损失准备充足率

贷款损失准备充足率，是指计提的贷款损失准备金与贷款总额的相对比率指标。计算公式如下：

$$贷款损失准备充足率 ＝（贷款损失准备金 ÷ 贷款总额）× 100％$$

式中，贷款损失准备金是指银行规定计提的一般准备、专项准备和特种准备等贷款损失准备金的合计数。

该指标反映每 100 元平均贷款中，计提了多少贷款损失准备金。该指标表明贷款收不回时，以贷款损失准备金补偿贷款损失的能力。贷款损失准备充足率的高低，表明银

行对其贷款质量和安全性的认识程度和收回贷款的信心。

2）不良贷款保障率

不良贷款保障率是指贷款损失准备金与不良贷款的相对比率指标。该指标反映了每100元不良贷款中，计提的贷款损失准备金有多少。理论上，贷款损失准备金应足以抵消其不良贷款，因此该指标值应大于1。其计算公式为

$$不良贷款保障率 = （贷款损失准备金 \div 不良贷款）\times 100\%$$

3）不良贷款比率

（1）贷款总额不良贷款率。该指标值反映每100元贷款总额中，不良贷款有多少，表示银行不良贷款占贷款总额的比例。该指标越高，表明银行需要更多的自有资本来维持其贷款业务。其计算公式为

$$贷款总额不良贷款率 = （不良贷款 \div 贷款总额）\times 100\%$$

（2）总资产不良贷款率。总资产不良贷款率是指不良贷款与总资产的相对比率指标。其计算公式为

$$总资产不良贷款率 = （不良贷款 \div 总资产）\times 100\%$$

该指标反映每100元总资产中，不良贷款有多少，表示银行不良贷款占资产总额的比例。该比率值越小，表明银行贷款的资产质量越好。

根据2007～2008年度招商银行公布的财务报告，该银行贷款资产质量分析如表11-4。

表11-4 招商银行贷款资产质量

项目	2007 年	2008 年
贷款总额（百万）	673 167	833 548
贷款损失准备金（百万）	18 750	21 442
不良贷款（百万）	10 394	9 499
总资产（百万）	1 310 964	1 571 797
贷款损失准备充足率（%）	2.79	2.57
贷款总额不良贷款比率（%）	1.54	1.14
总资产不良贷款率（%）	0.79	0.60

从表11-4的分析中可以看出，该金融企业2008年不良贷款较2007年有所降低，贷款总额不良贷款比率、总资产不良贷款率都较上年有所下降。总体来看，招商银行2008年资产质量整体情况比2007年要更好。表11-5是报表中披露的按贷款类别划分的贷款组合分布情况。

表 11-5   招商银行贷款组合分布情况

项目	2007 年 12 月 31 日		2008 年 12 月 31 日	
	金额（百万元）	占总额百分比（%）	金额（百万元）	占总额百分比（%）
正常类贷款	648 431	96.33	810 312	97.21
关注类贷款	14 342	2.13	13 737	1.65
次级类贷款	1 910	0.28	2 626	0.32
可疑类贷款	4 512	0.67	2 970	0.36
损失类贷款	3 972	0.59	3 903	0.46
客户贷款总额	673 167	100.00	833 548	100.00
不良贷款总额	10 394	1.54	9 499	1.14

2008 年招商银行实现了不良贷款总额与不良贷款率持续双降的状态。2008 年年末不良贷款总额为 94.99 亿元，比年初减少 8.95 亿元，降幅 8.61%；不良贷款率 1.14%，比年初下降 0.40 个百分点。与此同时，年末关注类贷款余额及占总额百分比均呈下降。

3. 资产流动性

表 11-6 是招商银行 2008 年披露的连续三年有关资产流动性指标。

根据以上数据，该行 2008 年所有指标都在央行规定的正常范围内。流动性比例较上年有所上升，但与 2006 年相比下降了。存贷款比例是反映商业银行流动性风险的传统指标。该比例越高，说明商业银行流动性较低，风险程度也较大。表 11-6 中表明该行存贷款比例连续三年提高，原因可能是商业银行的规模不断扩大，经营管理水平提高了。

表 11-6   招商银行资产流动性指标

主要指标（%）		标准值	2006 年	2007 年	2008 年
流动性比例	人民币	≥25	51.10	41.70	43.14
	外币	≥60	166.00	95.00	96.51
存贷款比例	人民币	≤75	63.30	70.11	74.17
	外币	≤85	34.83	66.38	31.70
拆借资金比例	折人民币	≤85	60.46	69.81	70.75
	拆入资金比	≤4	0.17	0.67	3.52
	拆出资金比	≤8	3.64	2.21	0.92
单一最大贷款和垫款比例		≤10	5.57	6.13	5.31
最大十家贷款和垫款比例		≤50	36.53	32.42	32.14

三、金融企业利润表及其分析

（一）金融企业利润表的特点

由于金融企业的特殊性，其利润表中列示的项目也具有特殊性，如银行业，利润表中的主营业务收入和与之相对应的主营业务成本的配比性较一般企业要差，因为银行取得主营业务收入的主要成本不仅仅是相关的利息支出，常常是营业费用的多少决定了营业利润的高低。

表 11-7 是金融企业利润表的基本格式。

表 11-7　金融企业利润表格式

编制单位：×××　　　　　　　　　　××年度　　　　　　　　　　单位：万元

项目	行次	本年金额	上年金额
一、利息净收入			
利息收入			
利息支出			
二、手续费净收入			
手续费收入			
手续费支出			
三、其他经营净收益			
公允价值变动净收益（净损失以"－"号填列）			
投资净收益（净损失以"－"号填列）			
汇兑净收益（净损失以"－"号填列）			
其他业务净收益（净损失以"－"号填列）			
四、营业支出及损失			
营业税费			
业务及管理费			
资产减值损失			
五、营业利润（亏损以"－"号填列）			
加：营业外收入			
减：营业外支出			
六、利润总额（亏损总额以"－"号填列）			
减：所得税			
七、净利润（净亏损以"－"号填列）			
八、每股收益			
（一）基本每股收益			
（二）稀释每股收益			

（二）金融企业利润表的分析

对利润表的分析是金融企业财务报告分析的一个重要组成部分。通过利润表的信息，可以评价金融企业的经营业绩和考核金融企业的经营管理效能；可以判断金融企业的盈利能力，预测其未来经营的成效，可以为税务部门稽征税收提供基本依据；还可以为金融企业管理当局编制未来预算及作出未来经营决策提供依据。

下面以商业银行为例，结合商业银行的资产负债表和利润表对其盈利状况进行分析。

任何金融企业无不把追求最大限度的盈利作为其经营活动的内在动力。一般来说，营业盈利是指金融企业在正常经营状态下的盈利能力；非正常经营状态下所得到的收益或损失，是不能代表金融企业的盈亏情况的。为此，在分析金融企业盈利能力时，首先应排除非常因素的干扰，如税率的变动、过多的特殊性支出、贷款呆账准备金提取比例的变化、会计政策和会计制度变更所带来的累计影响等。

银行盈利形成的"路径"一般如下：①利息收入减去利息支出形成净利息收入；②净利息收入加上手续费与佣金收入、交易账户收入、外汇交易收入、证券投资收入、其他收入等，形成营业收入；③营业收入减去其他营业费用（即管理费用）、提取的贷款损失准备，形成扣除所得税和非常项目前的收益合计（该收益也称税前营业利润）；④将扣除所得税和非常项目前的收益合计，再减去所得税费用、非常项目收支净额，得出最终的净收益。

反映商业银行盈利状况的指标有很多，本节主要选取了一些区别于一般企业的财务指标。

1. 净收益的分析

1）总资产收益率

总资产收益率，也称总资产净利率，是指净利润与资产总额的相对比率指标。总资产收益率是衡量银行净收益水平最常用的经典指标，被公认为是评价银行业绩的最好指标之一。其计算公式为

$$总资产收益率 = （净利润 \div 资产总额）\times 100\%$$

2）资本金利润率

资本金利润率，是用来说明银行净利润同全部资本金的关系，表明银行拥有资本的盈利能力。它不但反映了从盈利中增加资本的潜力以及资本运用效率的大小，而且决定了股东收益的多少。其计算公式为

$$资本金利润率 = （净利润 \div 资本金）\times 100\%$$

在资本金不变的情况下，净利润增加，资本金利润率上升，说明银行的盈利水平提高；反之，净利润减少，则资本金利润率下降，说明银行的盈利水平下降。

表 11-8 是我国 4 家上市银行 2008 年期初和期末实收资本规模及当年的盈利水平。

表 11-8　上市银行实收资本规模与盈利水平

项目	浦发银行	华夏银行	民生银行	招商银行
净利润（百万元）	12 516	3 071	7 831	20 946
期末实收资本（百万元）	5 661	4 991	18 823	14 707
期初实收资本（百万元）	4 355	4 200	14 479	14 705
平均实收资本（百万元）	5 008	4 595	16 651	14 706
资本金利润率	2.50	0.67	0.47	1.42

从表 11-8 的计算中可知,民生银行的资本金规模最大,华夏银行的资本金规模最小。浦发银行的资本金利润率最高,为 2.5 倍,而华夏银行和民生银行的资本金利润率都相对较低。

3)净资产收益率

净资产收益率,也称股东权益报酬率,是净收益与股东权益总额的相对比率指标。其计算公式为

$$净资产收益率 =（净收益 ÷ 股东权益总额）× 100\%$$

该指标表示,每 100 元股东权益能创造多少净收益,反映净收益在股东权益总额中的比例。从股东或投资者角度看,净资产收益率是衡量银行净收益水平最为经典的指标,同样被认为是评价银行最终业绩的最好指标之一。

2. 净利息收入的分析

1)总资产利息盈利率

总资产利息盈利率,又称总资产净利息收入率,是净利息盈利与总资产的相对比率指标。其计算公式为

$$总资产利息盈利率 =（净利息盈利 ÷ 总资产）× 100\%$$

式中,净利息盈利,又称净利息收入、净利差,是指银行资产的利息收入配比银行负债的利息费用后得出的毛益额。

该指标表示每 100 元总资产创造多少净利息毛益,它反映了银行总资产的运用效率。另外,它还反映出银行资产和负债创利的结构状况,揭示生息负债和无息负债及生息资产和无息资产的匹配情况,一定程度上体现了银行的资产负债管理水平。该指标值越大,表明贷款取得较高利息收入、融资付出较低利息费用,负担利息费用的负债结构较合理,已有效运用全部资产创造了良好净利息毛益额。一流银行的该指标应大于 3%。

表 11-9 我国 4 家上市银行 2008 年期初和期末总资产规模以及当年的盈利水平。

表 11-9　上市银行总资产规模与盈利水平

项目	浦发银行	华夏银行	民生银行	招商银行
净利息盈利（百万元）	31 534	16 460	30 380	46 885
期初总资产（百万元）	914 980	592 338	918 837	1 310 552
期末总资产（百万元）	1 309 425	731 637	1 054 350	1 571 797
平均总资产（百万元）	1 112 203	661 988	986 593	1 441 174
总资产利息盈利率（%）	2.84	2.49	3.08	3.25

从表 11-9 的各数值看出,招商银行的资产规模最大,华夏银行总资产最小。总资产净利息收入率在四家银行中也是招商银行最高,为 3.25%,相对而言,华夏银行的总资产运用效率是最差的。

现代银行不断开发各种新金融服务产品,净利息收入在银行总收入中的比例不断下降,而银行其他中间服务手续费等收入比例不断上升,营业费用也在增加,因此该指标

在资产盈利能力分析中的重要性也越来越低。

2）盈利资产利息盈利率

盈利资产利息盈利率，是指商业银行净利息收入与商业银行盈利资产相对比所确定的比率。其计算公式为

$$盈利资产利息盈利率 ＝（净利息收入 ÷ 盈利资产）× 100\%$$

式中，盈利资产是指能够获得外部利息收入的资产。商业银行不算作盈利资产的主要是现金资产、固定资产、递延资产等资产负债表项目及表外其他一些小项目，如托收未达款项、预付费用等。因为金融企业的收入主要来自于盈利资产，所以一般情况下，该比率越高，表明金融企业盈利资产盈利能力越强，经营效益越好。

3. 管理费用水平的分析

控制管理费用，始终是商业银行的一项长期的基础管理工作。一般用营业收入管理费用率、总资产管理费用率等指标分析银行的管理费用水平。

营业收入管理费率的计算公式如下：

$$营业收入管理费用率 ＝（管理费用 ÷ 营业收入总额）× 100\%$$

式中，管理费用是指银行在业务经营及管理工作中发生的各项费用，主要包括职工工资与福利费、固定资产折旧、经营租赁费用、场地租金、行政费用、财产税和其他费用等。该指标是用来评价金融企业在费用开支上是否执行了节约原则，有无浪费现象。

四、金融企业现金流量表及其分析

（一）金融企业现金流量表的特点

金融企业现金流量表是反映金融企业在一定会计期间经营活动、投资活动和筹资活动中现金流入与现金流出信息的会计报表。

因为金融企业是经营特殊商品的企业，其经营活动主要是开展吸收存款、发放贷款和办理各种结算业务等服务，所以金融企业现金流量表在内容、项目的划分和归类、现金流量的列示、流入流出的界定等方面有其特殊性。商业银行现金流量表的基本格式如表 11-10 所示。

表 11-10　商业银行现金流量表

编报单位：××银行　　　　　　　　年　　月　　　　　　　　单位：万元

项目	行次	本期	上期
一、经营活动产生的现金流量			
因经营活动产生的现金流量			
收到的贷款利息			
金融企业往来收入收到的现金			
手续费收入收到的现金			

续表

项目	行次	本期	上期
汇兑净收益收到的现金			
经营性债券投资收益收到的现金			
营业外净收入收到的现金			
现金流入小计			
支付的存款利息			
金融企业往来支出支付的现金			
手续费支出支付的现金			
支付给职工以及为职工支付的现金			
其他营业费用支付的现金			
支付的营业税金及附加款			
支付的所得税款			
营业外净支出支付的税金			
其他营业净支出支付的现金			
现金流出小计			
因经营活动而产生的现金流量净额			
因流动资金变动产生的现金流量			
存款增加收到的现金			
同业间存放增加而收到的现金			
保证金增加收到的现金			
进出口押汇减少收回的现金			
同业及金融性公司拆入减少收回的现金			
缴存中央银行准备金减少收回的现金			
其他负债增加收到的现金			
经营性债券投资减少收回的现金			
租赁业务收回的现金			
向央行借款收到的现金			
已核销呆账贷款及利息收回收到的现金			
其他应收暂付款减少收到的现金			
其他应付暂收款增加收到的现金			
现金流入小计			
缴存中央银行准备金增加流出的现金			
向中行借款减少流出的现金			
拆放同业及金融性公司增加流出的现金			
长期待摊费用增加流出的现金			
其他应收暂付款减少流出的现金			

续表

项目	行次	本期	上期
进出口押汇增加流出的现金			
同业及金融性公司间拆放增加流出的现金			
贴现增加流出的现金			
贷款增加流出的现金			
经营性债券投资增加流出的现金			
委托存款减少流出的现金			
其他负债减少流出的现金			
递延资产增加流出的现金			
其他资产增加流出的现金			
现金流出小计			
流动资金变动产生的现金流量净额			
营业活动产生的现金流量净额			
二、投资活动产生的现金流量			
收回投资所收到的现金			
分得股利或利润所收到的现金			
处置固定资产、无形资产和长期资产所收到的现金			
现金流入小计			
构建固定资产、无形资产和长期资产所支付的现金			
权益性投资支付的现金			
现金流出小计			
投资活动产生的现金流量净额			
三、融资活动产生的现金流量			
发行股票所收到的现金			
发行债券所收到的现金			
分配股利或利润所支付的现金			
现金流入小计			
融资活动产生的现金流量净额			
四、汇率变动对现金的影响额			
五、本期现金及现金等价物净增加额			
补充资料			
1. 不涉及现金流量的投资和融资活动			
以固定资产偿还债务			
以投资偿还债务			
以固定资产进行投资			
不涉及现金流量的投资和融资活动净额			

续表

项目	行次	本期	上期
2. 将净利润调整为因经营活动而产生的现金流量			
净利润			
加：计提的坏账准备或转销的坏账			
计提的贷款呆账准备或转销的呆账			
计提的长期投资风险准备			
固定资产折旧			
无形资产、递延资产及其他资产摊销			
处置固定资产、无形资产和其他长期资产损失（减：收益）			
投资损失（减：收益）			
投资、筹资活动产生的汇兑损益			
递延税款贷项（减：借项）			
经营性应付项目的增加（减：减少）			
经营性应付项目的减少（减：增加）			
其他			
因经营活动而产生的现金流量净额			
3. 现金及现金等价物净增加情况			
现金及现金等价物的期末余额			
减：现金及现金等价物的期初余额			
现金及现金等价物净增加额			

（二）金融企业现金流量表的分析

由于金融企业是经营货币资金的特殊企业，现金运动构成了金融企业绝大部分经营活动，现金流量表分析对金融企业来说因此更具重要性。广义地说，现金流量分析涵盖了金融企业绝大部分经营活动的分析。它不仅包括对与资产负债表、利润表联系在一起的现金流量表的分析，以反映金融企业过去的经营活动，还包括对未来经营活动的计划和预测。

对金融企业现金流量表的分析，是指对现金流量表上的有关数据进行比较、分析，从而了解金融企业的财务状况，发现金融企业财务方面存在的问题，预测企业未来的财务状况，从而为科学决策提供依据。分析时，应注意以下几点：①分析获得现金的渠道和数额；②分析是否筹集了足够的长期资本（资本增加，包括实收资本、盈余公积和未分配利润的增加）用于长期性投资（包括固定资产、无形资产、递延资产、长期投资的增加）；③分析营运资金是否有一部分转为长期性投资；④分析现金流量是否减少或增加过多；⑤分析固定资产的损失情况；⑥分析利润分配是否合理；⑦分析长期性投资的变动情况；⑧分析金融企业今后的财务和投资策略的合理性。

下面主要就金融企业现金流量的充分性和效益性比率进行分析。

1. 现金流量的充分性分析

1）现金流量充分性比率

现金流量充分性比率可以用来直接衡量一个金融企业能否获得足够的现金以偿还债务、购买资产和支付股利。其计算公式为

$$现金流量充分性比率 = \frac{\left(\begin{array}{c}经营活动\\净现金流量\end{array} + \begin{array}{c}投资活动\\净现金流量\end{array} + \begin{array}{c}筹资活动\\净现金流量\end{array}\right)}{(长期债务偿还额 + 资本支出 + 股利支付额)}$$

在连续几个会计期间内，该比率持续大于1时表示金融企业有较大能力满足这些基本现金要求；反之，如果该比率和以往年度相比降低了，则反映银行的流动性越来越差。

2）长期债务偿还比率、股利支付比率和再投资比率

长期债务偿还比率、股利支付比率和再投资比率这三个指标分别是现金流量充分性比率分母的三个部分在从经营活动中获得的现金中所占的比重。其计算公式为

$$长期债务偿还比率 = 长期债务总额 \div 从经营活动中获得的现金$$

$$股利支付比率 = 股利支付额 \div 从经营活动中获得的现金$$

$$再投资比率 = 资产购买额 \div 从经营活动中获得的现金$$

3）每股现金流量

每股现金流量是用来反映每股发行在外的普通股票所平均占有的现金流量，或者说是反映金融企业为每一普通股获取的现金流入量的指标。该指标所表达的实质是作为每股盈利的支付保障的现金流入，因而其越高越为股东们所乐意接受。其计算公式为

$$每股现金流量 = (从经营活动中获得的现金 - 优先股股息) \div 发行在外的普通股股数$$

2. 现金流量的效益性分析

一般来说，报表使用者对利润表都很重视。效益性比率将金融企业利润表与现金流量表联系起来分析，有关的比率指标如下。

1）收入现金流量比率

收入现金流量比率指标表示每1元的经营收入中，金融企业可获得的现金所占的百分比。其计算公式如下：

$$收入现金流量比率 = (从经营活动中获得的净现金 \div 金融机构经营收入) \times 100\%$$

这一比率大体应与金融企业的营业利润率相近。对金融企业而言，也是越高越好。

2）经营指数

经营指数是从经营活动中获得的现金和从持续经营中获得的利润的比率。这一指数评估了金融企业持续经营产生现金的效率，揭示了金融企业的营业利润的组成中非现金项目涉及的程度。其计算公式为

$$经营指数 = 从经营活动中产生的净现金 \div 从持续经营中所获得的利润$$

理论上讲，从经营活动中所获得的现金与持续经营中所获得的利润应该大致相等。

3）资产现金流量比率

资产现金流量比率用来比较不同金融企业的资产获得现金的情况。其计算公式为

资产现金流量比率 ＝（从经营活动中获得的净现金 ÷ 总资产）× 100％

该指标越高，表明金融企业从其 1 元资产中所获现金收入也越多，其盈利性和流动性也越强。

五、金融企业财务报表附注和表外业务

（一）金融企业财务报表附注

根据《金融企业会计制度》的规定，金融企业的财务报表附注至少应当包括下列内容：①会计报表编制基准不符合会计核算基本前提的说明；②重要会计政策和会计估计的说明；③重要会计政策和会计估计变更的说明；④或有事项和资产负债表日后事项的说明；⑤关联方关系及其交易的披露；⑥重要资产转让及其出售的说明；⑦金融企业合并、分立的说明；⑧会计报表中重要项目的明细资料；⑨有助于理解和分析会计报表需要说明的其他事项。其中，会计报表中重要项目的明细资料中，金融企业有一些较一般企业特殊的项目。本节仅列示个别项目。

（1）货币资金，应按表 11-11 的格式披露。

表 11-11　金融企业货币资金披露格式

项目	期初数	期末数
现金		
存放中央银行款项		
存放同业		
合计		

还应按性质分类列示存放中央银行款项披露计算依据，并分币种披露相应外币金额及折算汇率。

（2）存放同业款项，按存放境内、境外同业披露。

（3）拆放同业款项，按存放境内、境外同业披露。

（4）短期贷款，按贷款性质（如信用、担保、保证、抵押等）列示。中长期贷款应按表 11-12 的格式披露。

表 11-12　金融企业中长期贷款披露格式

贷款性质	期初数			期末数		
	合计	1～3 年	3 年以上	合计	1～3 年	3 年以上
合计						

逾期贷款、呆滞贷款、呆账准备、短期存款、同业拆入、短期保证金等项目都应按一定的格式进行披露。另外，金融企业还应简要披露比较式母公司报表中下列项目的注释：短期贷款、中长期贷款、逾期贷款、呆滞贷款、呆账贷款总额、短期存款、长期存款总额、利息收入、利息支出、长期投资和投资收益。

（二）金融企业财务报表表外业务

金融企业财务报表表外业务是指金融企业所从事的不列入资产负债表且不影响资产负债总额的经营活动，该活动虽不产生利息收入，但依靠金融企业的信誉，依靠付出一定的人力、物力、工具和承担一定的经济责任来收取手续费和佣金，以改变当期损益和营运成本。

金融企业应按性质披露银行承兑汇票、融资保函、非融资保函、贷款承诺、开出即期信用证、开出远期信用证、外汇合约、有追索权的资产销售等表外业务，包括它们的年末余额及其他要说明的承诺事项和或有事项。

第二节　小企业财务报告分析

随着改革开放和民营经济的发展，我国各地小企业获得蓬勃发展，小企业在各地经济社会发展中的作用越来越大。为了规范小企业的会计核算，提高会计信息质量，我国于 2005 年 1 月 1 日起实施了新的《小企业会计制度》。该制度适用于在中国境内设立的不对外筹集资金、经营规模较小的企业。这里所称"不对外筹集资金、经营规模较小的企业"，是指不公开发行股票或债券，符合原国家经济贸易委员会、原国家发展计划委员会、财政部、国家统计局 2003 年制定的《中小企业标准暂行规定》（国经贸中小企〔2003〕143 号）中界定的小企业，不包括以个人独资及合伙形式设立的小企业，如工业行业，就业人数 300 人以下、销售额 3 000 万元以下、资产总额 4 000 万元以下的企业。小企业的财务报告分析问题也必须引起重视。

一、小企业财务报告分析内容

（一）小企业财务报告的内容

小企业的财务报告由会计报表和会计报表附注两部分组成。小企业的会计报表包括资产负债表（月报、年报）、利润表（月报、年报）、现金流量表（年报，按需要选择编制）及适用于一般纳税人的应交增值税明细表（资产负债表的附表，月报、年报）组成。

除法律、行政法规另有规定外，小企业的年度会计报表附注应披露如下内容。

（1）主要会计政策和会计估计及其变更的说明，包括：①会计政策变更的内容和理由；②会计估计变更的内容和理由。小企业执行的各项会计政策，如果法律或行政法规、规章等要求变更，应按相关衔接办法的规定执行，没有相关衔接办法或是衔接办法未予规定，应进行追溯调整。

（2）其他重要事项：①应收票据贴现，用于贴现的应收票据的票面金额、利率、贴现率等；②未决诉讼、仲裁形成或为其他单位提供债务担保形成的或有负债；③本期购买或处置的长期股权投资的情况；④本期内与主要投资者往来事项；⑤其他重要交易或事项，包括融资租入固定资产原价、资产负债表日至财务报告批准报出日之间发生的对小企业财务状况和经营成果产生重要影响的事项等。

小企业的审计报告也是财务报告分析的重要依据。小企业审计报告是由注册会计师按照独立审计准则的要求对被审计单位财务报告的合法性、公允性和一贯性发表的客观意见。

表11-13、表11-14、表11-15分别列示小企业资产负债表、利润表和现金流量表的格式。

表 11-13　资产负债表

会小企 01 表

编制单位：　　　　　　年　　月　　日　　　　　　　单位：元

资　产	行次	年初数	期末数	负债和所有者权益 （或股东权益）	行次	年初数	期末数
流动资产				流动负债			
货币资金	1			短期借款	68		
短期投资	2			应付票据	69		
应收票据	3			应付账款	70		
应收股息	4			应付工资	72		
应收账款	6			应付福利费	73		
其他应收款	7			应付利润	74		
存货	10			应交税金	76		
待摊费用	11			其他应交款	80		
一年内到期的长期债权投资	21			其他应付款	81		
其他流动资产	24			预提费用	82		
流动资产合计	31			一年内到期的长期负债	86		
长期投资				其他流动负债	90		
长期股权投资	32			流动负债合计	100		
长期债权投资	34			长期负债			
长期投资合计	38			长期借款	101		
固定资产				长期应付款	103		
固定资产原价	39			其他长期负债	106		
减：累计折旧	40				108		
固定资产净值	40			长期负债合计	110		
工程物资	44						
在建工程	45			负债合计	114		

续表

资　产	行次	年初数	期末数	负债和所有者权益（或股东权益）	行次	年初数	期末数
固定资产清理	46			所有者权益（或股东权益）			
固定资产合计	50			实收资本	115		
无形资产及其他资产				资本公积	120		
无形资产	51			盈余公积	121		
长期待摊费用	52			其中：法定公益金	122		
其他长期资产	53			未分配利润	123		
无形资产及其他资产合计	60			所有者权益（或股东权益）合计	124		
资产合计				负债和所有者权益（或股东权益）总计	135		

表 11-14　利润表

会小企 02 表

编制单位：　　　　　　　年　月　日　　　　　　　单位：元

项　目	行次	本月数	本年累计数
一、主营业务收入	1		
减：主营业务成本	4		
主营业务税金及附加	5		
二、主营业务利润（亏损以"－"号填列）	10		
加：其他业务利润（亏损以"－"号填列）	11		
减：营业费用	14		
管理费用	15		
财务费用	16		
三、营业利润（亏损以"－"号填列）	18		
加：投资收益（损失以"－"号填列）	19		
营业外收入	23		
减：营业外支出	25		
四、利润总额（亏损总额以"－"号填列）	27		
减：所得税	28		
五、净利润（净亏损以"－"号填列）	30		

补充资料：

当期分配给投资者的利润：

表 11-15　现金流量表

会小企 03 表

编制单位：　　　　　　　　　　年度　　　　　　　　　　单位：元

项　目	行次	上年数	本年数
一、经营活动产生的现金流量			
销售商品、提供劳务收到的现金	1		
收到的其他与经营活动有关的现金	8		
现金流入小计	9		
购买商品、接受劳务支付的现金	10		
支付给职工以及为职工支付的现金	12		
支付的各项税费	13		
支付的其他与经营活动有关的现金	18		
现金流出小计	20		
经营活动产生的现金流量净额	21		
二、投资活动产生的现金流量			
收回投资所收到的现金	22		
取得投资收益所收到的现金	23		
处置固定资产、无形资产和其他长期资产所收回的现金净额	25		
收到的其他与投资活动有关的现金	28		
现金流入小计	29		
购建固定资产、无形资产和其他长期资产所支付的现金	30		
投资所支付的现金	31		
支付的其他与投资活动有关的现金	35		
现金流出小计	36		
投资活动产生的现金流量净额	37		
三、筹资活动产生的现金流量			
吸收投资所收到的现金	38		
借款所收到的现金	40		
收到的其他与筹资活动有关的现金	43		
现金流入小计	44		
偿还债务所支付的现金	45		
分配股利、利润或偿付利息所支付的现金	46		
支付的其他与筹资活动有关的现金	52		
现金流出小计	53		
筹资活动产生的现金流量净额	54		
四、汇率变动对现金的影响	55		
五、现金及现金等价物净增加额	56		

（二）小企业财务报告分析的内容

小企业财务报告分析是指以财务报告为依据和起点，采用专门的方法系统分析和评价小企业的过去和现在的经营成果、财务状况及其变动情况。财务报告分析的基本功能是将大量报表数据转换成对特定决策有用的信息，以减少决策的不确定性。

小企业财务报告分析的内容，从小企业财务报告中的报表种类分，可分为资产负债表分析、利润表分析、现金流量表分析及财务报表附注分析；从小企业财务能力的角度分，可分为偿债能力分析、资金营运能力分析、盈利能力分析和发展能力分析。

二、小企业财务报告分析方法

财务报告分析的方法有比较分析法、比率分析法和因素分析法。比较分析是对两个或几个相关的可比数据进行对比，揭示差异和矛盾。比较法是财务报告分析的最基本方法，比较的对象包括与历史比、与同类平均数比、与计划预算比等，此外财务比率的比较是最重要的比较分析。因素分析是根据分析指标和影响因素的关系，从数量上确定各因素对指标的影响程度，其方法有连环替代法、差额分析法等。

小企业财务报告的分析一般可以主要采用比率分析法利用财务比率指标进行分析。基本的财务比率指标主要是根据三张基本会计报表为依据，通过比率分析达到分析财务报告的目的。

但是，如果小企业的财务报告分析只注重利用基本财务报表进行比率分析，不注意审计报告和会计报表附注分析的话，就会给那些经营效益不好的单位管理者有机可乘。他们会利用报表分析的不完善，大肆操纵利润，滥用关联方交易及一些假销售等手段使本来亏损的小企业变得利润丰富。因此，随着市场经济的发展和经济环境的变化，小企业财务报告分析体系必须扩展到审计报告分析、财务指标分析和会计报表附注分析。

三、小企业财务比率指标分析

（一）盈利能力分析

盈利能力是企业赚取利润的能力。对于小企业来说，企业主经营的目标是最大限度地获取利润。因此它们首要关心的是盈利能力而不是偿债能力或资金营运能力。

小企业盈利能力的主要衡量指标有销售毛利率、营业利润率、营业净利率、成本费用利润率、资产收益率及净资产收益率等。

1. 营业利润率

营业利润率也称销售利润率、经营利润率，是指营业利润与营业收入净额之比，它反映了在不考虑非营业成本的情况下，小企业经营者通过经营获取利润的能力。其计算公式为

$$营业利润率 ＝（营业利润 ÷ 营业收入净额）× 100\%$$

营业利润率越高，说明小企业百元营业收入额提供的营业利润越多，小企业的盈利能力越强；反之，此比率越低，说明小企业盈利能力越弱。

2. 营业净利率

营业净利率，也称销售净利率，是指净利润与营业收入净额之比，反映小企业营业收入的盈利水平，即

$$营业净利率 ＝（净利润 ÷ 营业收入净额）× 100％$$

营业净利率表示小企业每百元产品（或商品）营业收入净额所能实现的净利润额为多少。小企业只有在提高营业收入的同时，必须更多地增加净利润，才能提高营业净利率。营业净利率的分析意义主要在于，将营业净利率与营业利润率进行比较，可以反映利息、所得税及投资收益等对小企业最终获利水平的影响。

表 11-16 列示了某小企业 2007 年和 2008 年的营业净利率和营业利润率。

表 11-16　某小企业 2008 年和 2009 年的销售净利率和营业利润率指标

指标	2008 年	2009 年
营业收入净额（千元）	25 769	26 671
营业利润（千元）	1 901	753
净利润（千元）	950	376
营业净利率（％）	3.69	1.41
营业利润率（％）	7.38	2.82

从表 11-16 中可以看出，该小企业 2009 年营业净利率和营业利润率较 2008 年都有所下降，营业利润率的降幅更大，企业盈利水平降低。2009 年该企业营业收入净额为 26 671 千元，而净利润却只有 376 千元，说明本年度企业对成本费用的管理控制不合理，企业应加强自身的成本管理水平。

3. 成本费用利润率

成本费用利润率，反映了小企业当期发生的所有成本费用所带来收益的能力。其计算公式为

$$成本费用利润率 ＝（营业利润 ÷ 成本费用总额）× 100％$$

其中，成本费用总额包括主营业务成本、主营业务税金及附加、营业费用、管理费用、财务费用。如果能够获得其他业务支出数据的，还应当包括其他业务支出数据。

（二）偿债能力分析

偿债能力是指偿还到期债务的能力，包括短期和长期偿债能力。基于小企业的特殊性，对财务指标含义的理解也具有特殊性。

比如，小企业所需资金的主要来源是依靠个人家庭资金或者从高于国家法定利率的许多民间资本中拆借，而较难通过正规金融渠道融资，导致小企业很难有数量较多的长期负债融资，长期负债并不是它们发展的重要推动力。因此，它们较关注流动负债占总资产的比率，而忽视作为反映企业长期偿债能力最重要的资产负债率，资产负债率有时仅反映了小企业的资产偿还负债的能力。

小企业偿债能力的主要衡量指标有流动负债占资产比率、流动比率、现金流动负债

比、资产负债率、固定支出保障倍数等。

（1）流动负债占资产比率、流动比率、资产负债率的计算与前面章节介绍的内容相同。

（2）现金流动负债比。

现金流动负债比＝经营现金净流量÷年末流动负债

经营现金净流量是小企业能否持续发展的关键指标。现金流动负债比是小企业偿还债务最直接的保证，若缺乏现金，小企业可能会因无偿还债务而被迫宣告破产清算。因此，在分析评价小企业短期偿债能力时，既要关注流动比率、速动比率，更要关注现金流动负债比。

表 11-17 是某小企业 2008 年度和 2009 年度资产、负债情况及有关偿债能力的财务比率。

表 11-17　某小企业资产、负债情况及偿债能力比率

指标	2008 年	2009 年
资产总额（千元）	14 144	16 268
流动负债（千元）	5 940	7 600
负债总额（千元）	7 779	9 435
经营现金净流量（千元）	1 237	1 892
流动负债占资产比率（%）	42	47
资产负债率（%）	55	58
现金流动负债比率（%）	21	25

表 11-17 表明该小企业 2009 年资产负债率为 58%，企业能持有适当规模的举债来获得一定的财务收益。其中，流动负债占资产的比例为 47%，流动负债占了负债总额的大部分，有一定风险。2009 年现金流动负债比率比 2008 年略有提高，企业加强了现金管理以应对可能的风险。

（3）固定支出保障倍数。

固定支出保障倍数 = 息税前利润总额 / 固定支出费用

这个比率是考虑到小企业中除了利息费用之外，还有一些固定性的支出，即无论企业是否盈利都会发生的支出，如到期偿还固定债务。在计算这个比率时必须注意的是，如果是税后支付的固定费用，要折算成税前的数值进行计算。用这个比率评价小企业的偿债能力比利息保障倍数更保守、更稳健。

（三）资金营运能力分析

评价资金营运能力的指标主要是各种资产的周转率指标。小企业规模较小，且主要是私营企业，为了规避经营中的风险，它们极少有大额的应收账款和存货。因此，小企业对应收账款和存货周转率的重视程度与大中型企业存在着较大的差异。

反映小企业资金营运能力的指标有存货周转率、应收账款周转率、流动资金周转率、固定资产周转率、总资产周转率等。下面主要介绍流动资金周转率，其余指标与前

面章节介绍的内容都相同。

流动资金周转率是反映一定时期（往往为一年）所完成的资金周转总额与流动资金平均占用额之间对比关系，从流动资金周转速度角度说明流动资金利用效率的指标。通常以周转次数来表示。其计算公式为

流动资金周转率（次数）＝ 营业收入净额 ÷ 流动资金平均占用额

小企业在一定时期内占用流动资金的平均余额越少，而完成的周转总额（营业收入净额）越多，表明流动资金的周转越快，一定时期内周转次数越多，也就意味着以较少的流动资金投入完成了较多的生产销售任务。流动资金周转速度除了用周转次数表示外，也可用周转一次需要的天数来表示。

（四）非财务指标的分析

对小企业来说，应该增加非财务指标进行分析，使分析指标体系更符合小企业的特点，在企业经营理财决策中更好地发挥信息支撑和保障作用。

1. 产品市场占有率

产品能占有一定的市场是小企业的生命线。产品市场占有率是反映企业市场营销能力的非财务性分析评价指标。它表明在同类产品中，本企业产品占有的市场份额。小企业应着重对比企业历年来产品市场占有率的增长情况，观察企业的市场扩充速度，体现企业营销管理水平的提高程度等。如果无法得到产品市场占有率的数据，小企业可以用销售增长率指标来代替说明之。

2. 劳动生产率

劳动生产率是反映劳动者生产产品的劳动效率指标，可以用单位时间内所生产的产品数量来表示。小企业要通过利用最少的人力资源创造出最高的生产效率。

3. 产品质量指标

产品质量指标是反映企业产品质量水平的指标，主要表现在三个方面：一是指产品在生产过程中达到一定标准所表现出的品质指标，包括产品的合格率、优质品率等；二是指企业产品销售以后在消费者心中的信誉，并经国家权威机构认定，包括驰名商标产品、优质名牌产品等；三是指企业产品在销售以后未符合消费者要求而表现出来的品质，可通过消费者投诉率和退货率这些指标综合反映。

4. 新产品开发能力

新产品开发能力是指企业在开发适应市场需求的新产品方面的能力。小企业应注重技术、知识、人才等无形资本的开发利用，因此在评价企业的经营业绩时应关注企业的诸如市场价值、品牌价值、新产品开发能力等非财务指标。

四、小企业会计报表附注分析

1. 小企业的应收账款分析

应收账款是小企业中一项重要的流动资产。小企业可以在财务报告附注中列示应收

账款的账龄及信用政策，以便投资者准确判断小企业的资产质量及财务状况。企业经营者也可以分析应收款增加的原因、应收账款结构是否合理、信用政策是否科学，据此加强应收账款的管理。

2. 小企业的存货分析

小企业可以在财务报告附注中列示各种存货的分类数据，通过这种存货的结构可以看出小企业的经营状况和存货管理水平。如果原材料存货增加，而产成品存货减少或略有增加，说明该小企业正处于成长期或成熟期，销售量较大，能产生较高毛利润；如果原材料存货减少，而产成品增加，说明该小企业正处于衰退期，该产品正逐渐被新产品代替，或者这种产品生产过剩。这样的小企业的唯一出路是迅速转产新的产品。

3. 小企业的营业外收支分析

营业外收支是指与经营活动无直接关系的收支，属于偶然性收支因素，不能长期给小企业带来收益和损失，在财务报告分析时应予以排除，否则就会影响分析结果。

4. 小企业的关联方交易

有些小企业属于某一企业集团，因此这样的小企业应在报表附注中披露关联方交易的金额、定价政策、未结算项目的金额或相应比例。

5. 小企业的或有事项

在分析财务报告时，应充分利用此项附注披露的或有负债、或有资产内容来分析对未来的影响，如未确认的或有资产有可能给小企业带来的未来收益，未确认或有负债可能给小企业带来损失。

第三节　企业集团财务报告分析

企业集团是以一个实力雄厚的大型企业为核心，以产权联结为主要纽带，并辅以产品、技术等多种纽带，将多个企业、事业单位联结在一起，具有多层次结构的以母子公司为主体的多法人经济联合体，它是经济上统一控制、法律上各自独立的企业联合体。企业集团的特征主要有：①以产权关系为纽带、以母子公司为主体；②层级组织性；③非法人性。企业集团本身不是一个法人，而是一个企业联合体。企业集团的财务报告主要是合并财务报表，因此对企业集团财务报告的分析主要是对合并财务报表的分析。

一、合并财务报表

合并财务报表是以母公司和子公司组成的企业集团为一会计主体，以母公司和子公司单独编制的个别财务报表为基础，由母公司编制的综合反映企业集团财务状况、经营成果和现金流量的财务报表。合并财务报表具有特殊性和复杂性，它有别于个别财务报表的特殊经济本质和编制方法。

1. 特殊的经济本质

个别财务报表反映的是单个企业法人的财务状况、经营成果和现金流量。而合并财务报表反映的对象是由若干个法人（母公司和其全部子公司）组成的会计主体，是经济意义上的主体，而不是法律意义上的主体。控股并不改变母子公司各自的法律地位，但由于控股关系的存在，它们成为一个特殊的利益集团。合并后母子公司作为独立的法律主体，仍然进行账簿记录和报表编制，但个别财务报表不能有效反映整个企业集团的会计信息，因此，编制以企业集团为报告主体的合并财务报表对于理解企业集团整体客观、真实的财务情况和经营情况很有必要。

2. 特殊的编制方法

个别财务报表是每个独立的法人企业根据总账、明细账和其他相关资料，运用固有的会计核算方法体系编制的。而合并财务报表是在统一母子公司会计政策的前提下，由母公司以纳入合并范围的企业的个别财务报表为基础，根据其他有关资料，按照权益法调整对子公司的长期股权投资后，抵消母公司与子公司、子公司相互之间发生的内部交易对合并财务报表的影响，然后按照合并财务报表的项目要求合并个别财务报表的各个项目的数据编制的。通过内部交易的抵消而编制的合并财务报表，基本消除了对集团资产、负债、收益和现金流量的虚估，能够为集团的利益相关者提供诸多决策所需的增量信息。

合并财务报表作为唯一能够反映企业集团整体会计信息的报表，其作用是不可替代的。一方面，合并财务报表可以弥补个别财务报表的不足，对外提供反映母子公司组成的企业集团整体的财务状况、经营成果等会计信息；另一方面，合并财务报表通过抵消母子公司的内部交易，降低了母公司通过操纵内部交易价格、时间等人为粉饰财务报表的可能。

二、合并资产负债表分析

（一）合并资产负债表

合并资产负债表是将母公司与子公司作为一个会计主体，合并反映该主体在某一日期财务状况的会计报表。表 11-18 是浙江传化股份有限公司的合并资产负债表。

表 11-18　浙江传化集团 2008 年合并资产负债表

编制单位：浙江传化股份有限公司　　　　2008 年 12 月 31 日　　　　　　　单位：元

资产	年初数	期末数
流动资产		
货币资金	205 066 656.17	96 225 983.52
应收票据	274 874 198.70	262 266 626.67
应收账款	166 466 249.83	230 613 010.51
预付账款	26 529 545.63	27 274 764.21
其他应收款	21 088 653.13	18 112 381.38
存货	153 294 376.27	169 689 837.62
其他流动资产	322 831.11	364 089.77
流动资产合计	847 642 510.84	804 546 693.68

续表

资产	年初数	期末数
非流动资产		
长期股权投资	16 844 231.07	18 348 397.62
其中：合并价差		61 936 616.51
固定资产	214 505 286.53	234 396 302.26
在建工程	17 819 496.71	7 357 424.26
工程物资	1 508 188.86	631 943.38
无形资产	81 371 460.97	79 511 709.77
商誉		3 247 995.76
长摊待摊费用		1 214 234.76
递延所得税资产	3 427 389.47	7 396 238.64
非流动资产合计	335 476 053.61	352 104 246.45
资产合计	1 183 118 564.45	1 156 650 940.13
负债及所有者权益		
流动负债		
短期借款	229 140 000.00	215 200 000.00
应付票据	28 720 000.00	
应付账款	107 135 845.20	99 354 174.62
预收款项	13 436 647.73	17 433 238.03
应付职工薪酬	34 137 202.50	44 491 819.46
应交税费	10 369 229.28	10 148 600.08
应付利息	224 224.21	430 591.42
其他应付款	19 109 706.15	72 662 628.70
其他流动负债	264 656.25	2 134 200.00
流动负债合计	442 537 511.32	461 855 252.31
非流动负债		
递延所得税负债		704 570.45
其他非流动负债	225 000.00	200 000.00
非流动负债合计	225 000.00	904 570.45
负债合计	442 762 511.32	462 759 822.76
股东权益		
股本	156 000 000.00	202 800 000.00
资本公积	166 488 991.50	1 025 736.51
盈余公积	44 895 812.52	43 696 637.82
未分配利润	270 908 518.86	320 998 243.63
归属于母公司股东权益合计	638 293 322.88	568 520 617.96
少数股东权益	102 062 730.25	125 370 499.41
股东权益合计	740 356 053.13	693 891 117.37
负债和股东权益总计	1 183 118 564.45	1 156 650 940.13

从浙江传化股份有限公司的财务报告附注中可以看到：该公司编制合并报表时，是根据财政部《企业会计准则第 33 号——合并财务报表》的规定，以母公司和其子公司的财务报表为基础，合并各项目数据进行编制的。

（二）合并资产负债表分析

1. 总体分析

通过浙江传化集团的合并资产负债表可以看到，该公司的资产负债率不是很高，为 40%，且拥有接近 1 亿元的现金，应该说该公司拥有较好的资产负债率，并有比较充足的现金来应对公司投资所需的资金。

2. 项目分析

合并资产负债表与个别资产负债表不同的项目有合并价差、少数股东权益、外币报表折算差额。

（1）"合并价差"项目。在合并资产负债表内，合并价差作为长期投资的调整项目，反映母公司对子公司权益性资本投资数额与子公司所有者权益总额中母公司所拥有的份额抵消时所形成的差额。如为借方余额，则表示母公司对子公司权益性资本投资额大于子公司所有者权益中母公司所拥有的份额；如为贷方余额，即表示母公司对子公司权益性资本投资额小于子公司所有者权益中母公司所拥有的份额。

一般情况下，合并价差主要是母公司通过第三者取得子公司股份时产生的。我们从浙江传化股份有限公司的报表附注中可以看到，该公司 2008 年 12 月 31 日合并价差余额 61 936 616.51 元，是浙江传化在 2008 年 8 月 22 日购买通过同一控制取得传化集团有限公司持有的泰兴锦鸡、泰兴锦云的股权，合并价差明细如表 11-19 所示。

表 11-19　传化集团合并价差明细表　　　　　单位：元

被合并方	合并对价	取得的被合并方所有者权益账面价值的份额	差额
泰兴锦鸡	88 796 600.00	53 971 881.45	34 824 718.55
泰兴锦云	51 164 700.00	24 052 802.04	27 111 897.96
小计	139 961 300.00	78 024 683.49	61 936 616.51

（2）"少数股东权益"项目。"少数股东权益"项目是"所有者权益"项目下的一个项目，本项目反映除母公司以外的其他投资者在子公司的权益，表示其他投资者在子公司所有者权益中所拥有的份额。

母公司采用购买法取得子公司股份时，既可能购买子公司的全部股份，也可能只购买子公司的部分股份。当母公司对子公司拥有全部股份时，子公司就没有其他投资者，因而也不存在少数股东权益。当母公司对子公司的持股少于 100% 时，有一部分股份就不为母公司掌握。当母公司掌握的控制股权占多数时，剩余的少数股东所拥有的股东权益就叫"少数股东权益"。少数股东在数量上未必少，有时甚至在子公司中占多数股份。例如，A 公司拥有 B 公司 70% 股权，B 公司又持有 C 公司 60% 的股权，A 公司实际间接持有 C 公司 42% 的股权，其余 58% 的股权由 A 公司以外的其他股东掌握，但是 A 公司可以通过 B 公司有效地控制 C 公司。因此，"少数股东权益"实质上应指没有控制权的股东所持有的股权。

"少数股东权益"具有特别的性质，它既不属于母公司的债务，又不是母公司的股权，在数量上等于子公司的所有者权益总额与少数股东持股比例的乘积。

（3）"外币报表折算差额"项目。我国会计制度规定，对以外币表示的资产负债表进行折算时，所有"资产"、"负债"类项目，都必须按照合并会计报表决算日的市场汇率折算为母公司记账本位币。折算后，资产类项目与负债类项目和所有者权益类项目合计数的差额，作为"外币报表折算差额"在"未分配利润"项目后单独列示。

因此，"外币报表折算差额"项目是专门用于反映将以母公司记账本位币以外的货币编制的子公司会计报表折算为母公司记账本位币时所产生的折算差额。

三、合并利润表分析

（一）合并利润表

合并利润表是反映母公司与子公司作为一个会计主体在某一会计期间所取得的经营成果的报表。表 11-20 是浙江传化股份有限公司 2008 年度的合并利润表。

表 11-20　浙江传化股份有限公司合并利润表

编制单位：浙江传化股份有限公司　　　　2008 年度　　　　　　　　　　　单位：元

项目	本期数	上年同期数
一、营业收入	1 870 878 641.88	1 571 732 045.52
其中：营业收入	1 870 878 641.88	1 571 732 045.52
二、营业总成本	1 758 947 005.24	1 423 263 171.87
其中：营业成本	1 538 044 174.54	1 250 770 631.63
营业税金及附加	5 382 311.12	5 200 839.64
销售费用	92 148 336.01	78 048 790.30
管理费用	97 343 807.57	70 922 172.26
财务费用	18 646 641.11	12 984 284.30
资产减值损失	7 381 734.89	5 336 453.74
加：公允价值变动收益（损失以"一"号填列）		
投资收益（损失以"一"号填列）	1 504 166.55	−723 903.21
其中：对联营企业和合营企业的投资收益	1 504 166.55	−1 929 890.01
三、营业利润（亏损以"一"号填列）	113 435 803.19	147 744 970.44
加：营业外收入	5 449 493.65	7 336 084.31
减：营业外支出	4 593 426.53	8 909 599.90
其中：非流动资产处置损失	553 000.08	2 369 788.52

续表

项目	本期数	上年同期数
四、利润总额（亏损以"－"号填列）	114 291 870.31	146 171 454.85
减：所得税费用	14 991 988.45	27 227 152.56
五、净利润（净亏损以"－"号填列）	99 299 881.86	118 944 302.29
归属于母公司所有者的净利润	74 584 980.78	97 625 028.99
其中：被合并方在合并前实现的净利润	16 142 076.30	15 379 011.45
少数股东损益	24 714 901.08	21 319 273.30
六、每股收益		
（一）基本每股收益	0.37	0.48
（二）稀释每股收益	0.37	0.48

（二）合并利润表分析

表 11-20 中可以看到，2008 年传化营业收入较上年增长 19.03%，营业利润比上年增减幅度是－23.22%，利润的增幅为负，小于营业收入的增长，说明公司在成本控制方面出现问题。报表附注披露主要原因是原材料价格大幅波动，导致公司利润空间被不断挤压，主营业务毛利率下降所致。另一方面，该公司的期间费用增长速度较快，报告期间各项费用总计比上年增加 28.52%，其中上涨的较多的是管理费用和财务费用，分别较去年增加 37.25% 和 43.61%。报表附注披露管理费用增加的主要原因是购并传化富联作为非同一控制下合并纳入合并范围所致。报告期财务费用增长的原因是贷款利率上升，以及贴现增加导致贴现费用上升所致。

在阅读合并利润表时，如有可能，可将合并利润表与个别利润表进行对比分析，判断企业集团内部之间形成的损益是否抵消完全，以防止企业集团通过内部往来转移资产或负债等达到改变当期损益的目的。比如，母公司存货中有 1 000 件商品从子公司购买，其买价为 13 000 元，而子公司销售这些商品的成本仅为 10 000 元，则在母公司账面上存货增加了 13 000 元，银行存款减少了 13 000 元，而子公司账面上表现为销售收入增加了 13 000 元，结转销售成本 10 000 元，其差额为子公司实现的利润 3 000 元。但如果编制合并会计报表，则母公司与子公司的组合体才是会计主体，商品并没有脱离这一组合体，因此相对于整个主体来看，商品尚未实现销售，而没有卖出的商品成本（即存货成本）对这个主体来说，应是真正耗用的成本，即子公司的成本 10 000 元。因此，母公司的存货价值应减去 3 000 元；同样道理，商品尚未实现销售，也就不应出现销售利润。换句话说，从合并主体的角度看，子公司收到的 13 000 元银行存款正好与母公司支付的 13 000 元的相互抵消，企业集团并没有形成实际利润，因此合并利润表中也应将子公司收益减去 3 000 元。

上述例子比较简单，是单一方向销货，但在实际工作中，企业集团内部企业之间往往互相售货给对方或发生内部费用收支等非常频繁，尤其是还存在少数股权问题。因此，作为报表阅读者一定要留意合并利润表中是否真实地反映了企业集团当期的经营成果。

合并利润表与单个利润表不同的项目只有一个，即"少数股东损益"项目，该项目反映了企业少数股东在利润总额中所占的份额。同少数股东权益类似，少数股东损益项目也是用来处理少数股东对子公司当期经营成果所享有的那部分，其金额等于子公司利润金额与少数股东持股比例的乘积。

四、合并现金流量表分析

合并现金流量表是反映母公司与子公司作为一个会计主体在某一会计期间的现金流量状况的报表。合并现金流量表与个别现金流量表的项目完全一致，各项目所包含的内容也基本相同，只是其服务对象不是一个单独的法人，而是作为一个整体的企业集团。表 11-21 是浙江传化股份有限公司 2008 年合并现金流量表的基本格式。

表 11-21　浙江传化股份有限公司合并现金流量表

编制单位：浙江传化股份有限公司　　　　2008 年　　　　　　　　单位：元

项目	本期数	上年同期数
一、经营活动产生的现金流量		
销售商品、提供劳务收到的现金	1 146 424 125.74	932 977 726.74
收到的税费返还	208 885.47	
收到其他与经营活动有关的现金	16 869 975.06	15 904 453.97
经营活动现金流入小计	1 163 502 986.27	948 882 180.71
购买商品、接受劳务支付的现金	878 576 240.79	769 030 681.52
支付给职工以及为职工支付的现金	111 465 391.06	93 922 665.75
支付的各项税费	90 745 953.77	99 063 016.64
支付其他与经营活动有关的现金	51 206 897.84	38 342 762.41
经营活动现金流出小计	1 131 994 483.46	1 000 359 126.32
经营活动产生的现金流量净额	31 508 502.81	−51 476 945.61
二、投资活动产生的现金流量		
收回投资收到的现金		1 751 930.00
取得投资收益收到的现金		1 205 986.80
处置固定资产、无形资产和其他长期资产收回的现金净额	172 762.60	302 344.12
投资活动现金流入小计	172 762.60	3 260 260.92
购建固定资产、无形资产和其他长期资产支付的现金	28 954 360.61	128 239 144.73
投资支付的现金		8 866 199.83
取得子公司及其他营业单位支付的现金净额	31 178 465.34	
投资活动现金流出小计	60 132 825.95	137 105 344.56
投资活动产生的现金流量净额	−59 960 063.35	−133 845 083.64

续表

项目	本期数	上年同期数
三、筹资活动产生的现金流量		
吸收投资收到的现金		56 000 000.00
取得借款收到的现金	207 700 000.00	291 840 000.00
收到其他与筹资活动有关的现金	99 378 250.00	
筹资活动现金流入小计	307 078 250.00	347 840 000.00
偿还债务支付的现金	237 971 000.00	97 100 000.00
分配股利、利润或偿付利息支付的现金	20 620 872.87	25 880 656.44
支付其他与筹资活动有关的现金	50 000 000.00	50 000 000.00
筹资活动现金流出小计	308 591 872.87	172 980 656.44
筹资活动产生的现金流量净额	−1 513 622.87	174 859 343.56
四、汇率变动对现金及现金等价物的影响	−155 489.24	−150 347.62
五、现金及现金等价物净增加额	−30 120 672.65	−10 613 033.31
加：期初现金及现金等价物余额	126 346 656.17	136 959 689.48
六、期末现金及现金等价物余额	96 225 983.52	126 346 656.17

从表11-21中可以看到：2008年该公司经营活动产生的现金流量净额为31 508 502.81元，比2007年增加161.21%，主要原因是公司在2008年一方面根据自身财务管理目标加强了货款回笼力度，提高了回款率，另一方面加大了承兑汇票的贴现力度。另外，每股经营活动产生的现金流量净额由2007年的−0.33元增加至2008年的0.16元，增加了148.48%。基本每股收益和稀释每股收益本年度较2007年减少22.92%，报表附注披露是因为2008年实施公积金转增股本每10股转增3股，总股本增加至20 280万股。投资活动中，投资活动现金流量净额为−59 960 063.35元，比去年同期增加55.20%，主要原因是购并传化富联、收购大股东资产和投资内部技改项目、扩建工程投资流出；筹资活动现金流量净额为−1 513 622.87元，比去年同期减少100.87%，主要是偿还短期性票据融资所致。

五、分部报告的财务分析

分部财务报告衍生于企业财务报告，是指企业集团对其内部按一定标准划分的披露重要财务状况和经营成果的分解信息报告。伴随现代经济的飞速发展，企业经营规模和经营范围越来越大，导致集团企业的大量涌现。合并报表有效地反映了企业集团整体的财务状况和经营成果，但其缺点是隐匿了公司跨行业、跨地区经营的重要信息，使信息使用者不能了解公司在不同行业、不同地区的盈利水平、增长趋势和风险情况，不利于分析者对企业真实财务状况和经营成果及趋势的判断。在企业组织结构复杂化及业务范围不断拓展的背景下，分析者往往将一个企业看做是由多个分部所组成的经济实体。鉴于此，西方各国自20世纪60年代以来，先后制定和发布准则，要求企业除编制一般会计报表外，还需编制分部报告。我国财政部 2006 年 2 月 15 日发布《企业会计准则第 35 号——分部报告》，并于 2007 年 1 月 1 日起暂在上市公司施行，并鼓励其他企业施行。我国此次颁布的分部报告准则是在最大限度地吸纳国际会计准则委员会的相关准则基础之上制定的。

对分部报告的分析无疑是非常必要的。分析分部报告是为了评价企业的经营和财务风险、利润来源及未来的发展前景。

分析分部报告的前提是正确理解分部报告。分部报告财务分析应在对各报告分部经营业绩单独分析的基础上结合管理当局的分析和讨论，同时结合各分部所处行业的发展趋势、区域经济条件、产品生命周期、主要客户财务状况和经营成果，乃至国内外的政治经济发展情况等各种因素，以确定这些环境因素对各分部发展前景及对整个企业的预期报酬与承担的风险产生的影响。分部报告的分析方法应以比较分析法和因素分析法为主。

第四节   公共组织（非企业单位）财务报告分析

公共组织是指以管理社会公共事务、提供公共产品和公共服务、维护和实现社会公共利益为目的，拥有法定的或授予的公共权力的所有组织实体。公共组织是与私营组织（企业）相对的概念，是现代社会一种重要的组织形态。

公共组织包括政府与非营利组织。其运行环境与私营组织（企业）的运行环境存在显著的不同，主要体现在组织目标、财务资源来源、监督与控制、激励机制以及决策受外界的影响程度等方面。本节主要阐述政府与非营利组织的财务报告分析问题。

一、我国政府财务报告分析

（一）政府组织

一般认为，政府是为其"辖区"公众和经济组织承担受托责任的政权组织，包括中央和地方各级政府。

政府组织与一般企业相比有以下区别：一是组织目标。一般企业组织的资本由投资者投入，其目标是使所有者价值最大化。政府的目标是服务社会和公众，为保证提供公共物品（PGS）的持续性，需要以年度为基础进行财务核算。政府组织每年必须寻找尽可能多的财务资源收入，以便年复一年、持续不断地提供更多的公共物品服务。二是财务资源来源。政府的财务资源来源主要是国家税收或接受捐赠，部分来源于补偿成本的服务收费等。除"特许"外，一般不准在资本市场融资。因为财务资源来源不是投资者的"投资"，所以提供公共物品的耗费是不收回的，不需区分投入资本与经营收入。三是财政预算机制。公共财政是为市场和社会提供公共物品、非营利性的财政，它强调社会公平、民主和法制化。公共财政资源根据法律或资源提供者的"限定"用途进行消耗。这种"法定"和"限定"要求资源被用于特定目的或项目，而不能被挪用。这就决定公共财政有其自身特殊的预算机制，以确保资源按"预算"或按"限定"用途进行使用。四是受托责任。政府行使公共资源筹集、使用和管理权力，必须受到公共资源提供者及其代表、法规和协议的制约。政府管理当局是受托使用公共资源，对公共财物资源使用的合法与合规性、经济与有效性自然负有责任，其受托责任包括政治责任、社会责任和经济责任。

（二）政府财务报告分析的内容

我国政府财务报告主要由资产负债表、收入支出表、预算执行情况表及报表附注和财务情况说明书组成。我国政府部门、行政单位财务报表分析主要是结合财政预算和执行情况，利用财务报表数据并对有关资料进行加工、对比，分析和评价报告主体的财务状况和营运业绩，主要是评价报告主体的预算收支、预算收入和预算支出等完成的总情况。

政府财务报告的具体分析内容，包括分析该政府单位的资产、负债和净资产数量及其构成情况，评价其结构的合理性；分析预算执行情况并评价其预算执行程度；分析预算收支水平、人员增减变动情况、固定资产使用情况；评价预算收支变动趋势、固定资产利用和保养程度、各项开支的合理性、合法性及预算收支平衡程度。

根据政府财务报告分析的主要内容，可从政府的基本财务报表和具体指标对政府财务报告进行分析。我们先利用比较分析方法对报告主体报表揭示的信息进行总体分析，了解政府的财务状况、预算执行情况、经费支出和结余情况等；再采用比率分析进行具体分析，以评价报告主体经济指标构成的合理性，评价其业绩。

（三）政府基本财务报表分析

1. 资产负债表分析

通过对政府资产负债表的分析，可以评价政府各部门的财务状况。首先，评价政府资产负债表披露的财务信息，并对该表内含有的财务信息进行纵向挖掘和进一步分析。其次，评价政府报告主体的偿债能力。在持续运营条件下，政府部门财务状况的好坏最终取决于偿债能力。政府偿债的现金支付能力与其资产的流动性有关，也与政府未来的财务资源流入和现金流量有关。最后，分析政府部门投资、筹资等活动的风险。在评价政府财务部门的财务状况时，不能仅看资产负债表的数据，还应注意分析与其相互联系的一系列重要因素，包括经济和人口统计、税收基础、收入、经常性和资本性支出、负债、养老金、内部资源、管理发展能力、基础设施、必要公共服务所需资金的筹集意愿等因素及其他特殊因素等。分析资产负债表时，应注意有些特殊资产诸如自然资源、文化遗产、基础设施等的价值尚未列入该表。若分析发现报表中的资产小于负债，其原因可能是这些资产没有进行资本化处理。

2. 预算执行情况表分析

预算执行情况表反映了政府部门在预算年度内取得的预算收入和发生的预算支出。通过将预算与实际、最初预算与法定预算进行比较，以考察年度预算的执行情况。根据预算年度收支增减因素和措施，可以预测未来年度的收支情况，这有利于编制合理的预算。

3. 业务活动表分析

业务活动表反映了政府部门在某一会计期间开展业务活动的实际情况。通过计算收入的各项目占总收入的比重，分析政府各种收入来源的重要性。通过计算支出的各项目占总支出的比重来分析政府支出的主要流向，以评价政府受托责任的完成情况，也可以用历年数据进行纵向比较，以发现政府收支的变化趋势。

（四）比率分析

进行比率分析时，要先计算比率指标，再比较分析比率指标，才能得出结论。一般采用的比率指标有三种：一是相关比率。相关比率是指将两个相关但性质有差异的指标进行对比计算而得出的比率指标，如支出增长率、人均开支水平。二是构成比率。分析构成比率可了解资产、负债、净资产的构成情况及其合理程度。三是动态比率。分析动态比率可说明财务资源和业务活动的发展趋势。下面具体分析五个比率。

1. 变现能力比率

它指一年内变现的流动资产除以需要一年内支付的短期债务和一年内到期的长期债务而得出的比率，一般用流动比率表示。

$$流动比率 = \frac{现金 + 应收款 + 存货}{应付款 + 一年内到期的长期债务} \times 100\%$$

该比率反映政府部门偿还短期债务的能力。分析时要注意政府部门是否有需要巨额现金支付的长期工程项目。当政府累计流动资产是为其支付长期工程项目时，分子应扣除这些用于这些政府性活动的流动资产，以防止短期偿债能力被高估。

2. 保障能力比率

它指收入与应付本息的比率，反映政府偿还债务的保障能力。

$$保障能力比率 = \frac{税收收入 + 非税收入 + 发行债券等债务收入}{到期债务本金和利息} \times 100\%$$

应注意，若偿还债务需要特定来源的收入支付时，要区分收入并将相关收入计入保障能力指标。评价政府滚动偿债能力时，可分析净资产的流动性和数量。分析政府长期保障能力时，可计算人均债务比率、人均收入比率、债务与财产总价值比率等。计算还贷指标时还应关注政府的财务储备。

3. 资产管理效率比率

政府资产管理效率比率主要包括应收款周转率、存货周转率、固定资产周转率、总资产周转率等指标。

$$应收款周转率（次数） = （一般收入 + 资助收入） \div 平均应收款$$
$$应收款周转天数 = 365 \div 应收账款周转次数$$

对于部分应收款的收回，政府很容易控制，如税收收入和非税收入。它们受到税务部门的严格控制。而捐赠收入和其他政府部门所欠款项的收回却难以控制。若应收款周转天数较长，说明报表上披露的应收款价值可能被高估，或说明收款工作效率低，或纳税人发生税务纠纷或无力及时支付税金。

$$存货周转率（次数）＝年存货成本÷平均存货$$

$$存货周转天数＝365天÷存货周转次数$$

存货周转天数较长，说明政府持有存货过多，需进一步分析存货的使用价值问题。

$$固定资产周转率（次数）＝\frac{一般收入、捐赠、特殊项目和转移总额}{平均固定资产净值}$$

分析时应区分政府用于提供社会服务的建筑物和其他固定资产是通过租赁获得的还是自有的，收入是政府通过多征税增加的还是通过提供基础设施等固定资产服务增加的。否则，指标值的高低不能说明效率问题，也无法进行有效分析。

$$总资产周转率＝\frac{一般收入、捐赠、特殊项目和转移总额}{平均资产总值}$$

4. 盈利能力和代际公平的评价

政府服务是不考虑利润的，主要考虑的是社会效益。但为了避免财政赤字，政府应增加收入并积累少量盈余储备。政府在经济发展时储备适当的盈余，可以弥补特定时期的财政支出和赤字。但本届政府积累盈余过多会引起公众对是否对公民过度征税的怀疑，因此盈利能力分析涉及代际公平税负问题。反之，若本届政府持续发生大量的财政赤字，并通过发行长期债券为赤字融资，说明公众没有为政府提供的服务足额付费。因此，盈利能力分析既要考虑本届政府的适度收益积累水平，又要考虑各代纳税人的负担。通常，本届政府不应每年出现巨额盈余或赤字。

5. 防范外部风险和内部增长能力分析

政府防范外部风险和内部增长的能力主要通过风险因素比率和总支出与可控税收比率来分析。

（1）风险因素比率。

$$风险因素比率＝（不可控收入÷可控收入）×100\%$$

不可控收入指政府外部不可控的投资收入、政府间收入和内部转入。可控收入主要指税收收入。该指标可判断政府财务资源对政府间援助等外部收入的依赖程度及利用自身资源抵御外部财务风险的能力。

（2）总支出与可控税收比率。

$$总支出与可控税收比率＝（总支出÷可控收入）×100\%$$

总支出是财政年度的政府财政资源的总支出。该指标反映了两者的比值关系，以及增加政府支出时必须增加内部可控收入的数额。通过该指标可判断政府财务资源流出对税收收入的依赖程度，这对加强政府财务资源支出的控制有一定作用。分析内部税收增长能力时，应分析地方民众和企业承受增加税负的能力，以及政府增加负债水平的能力，该能力与其人口统计数据有一定联系。人口流动性大且对增加税收敏感性高，政府的收入的稳定性就会削弱。

另外，除了对政府财务报表和相关比率的分析外，对政府财务报表附注等非财务数据也要进行深入分析。

二、非营利组织财务报告分析

（一）非营利组织

非营利组织（non-profit organization，NPO），是指不具有物质产品生产和国家事务管理职能，主要以精神产品或各种服务形式向社会公众提供服务，不以营利为目的的各类组织机构。

1993 年 6 月，美国 FASB 发布 FAS117《非营利组织财务报表》，该准则指出 NPO 财务报表的主要目的是提供相关信息，以满足捐赠人、组织成员、贷款人和其他提供资财的人的共同利益。这些财务报表外部使用者对评估以下两方面信息有共同利益：一是 NPO 提供服务及其持续提供服务的能力；二是管理者是如何执行其受托职责的，以及他们在其他方面的表现。

我国在非营利组织财务报告规范上，包括法规和会计准则两个方面，公立非营利组织执行的是事业单位会计准则和制度；民间非营利组织原来是视同非国有事业单位并参照执行事业单位会计准则和制度的。2005 年财政部发布了《民间非营利组织会计制度》，要求各类民间非营利组织执行新制度。下面以公立高等院校为例，介绍非营利组织的财务报告分析问题。

（二）高校财务报告分析

1998 年财政部颁布的《高等学校会计制度》规定："高等学校会计报表是反映高等学校财务状况和收支情况的书面文件，是财政部门和上级单位了解情况、掌握政策、指导高等学校预算执行工作的重要资料，也是编制下年度高等学校财务收支计划的基础。高等学校会计报表包括资产负债、收入支出表、附表及收支情况说明书等。"长期以来，由于高校办学经费主要来源于政府财政拨款，高校财务报告实质上是预算收支报告，主要反映预算收支情况，以政府财政及教育主管部门为报告对象，为政府预算管理服务。2009 年 8 月 14 日财政部公布了新的《高等学校会计制度》（征求意见稿），对现行高校会计制度进行了全面修订，以配合高校改革。新的《高等学校会计制度》规定高等学校财务报表包括资产负债表、收入费用表、预算收支表、基建投资表及报表附注，并相应重新设计表中项目构成（如取消了现行资产负债表中收入、支出项目），改进了报表格式，完善了报表体系。

高校财务报告分析是指高校的财务人员以事业计划、会计报表和其他有关资料为依据，采用专门方法，对高校一定时期内的财务状况进行系统剖析、比较和研究，并对财务管理的经验进行总结和评价。它是学校管理层了解、评价现状，预测未来的重要依据。高校学校财务报告分析的主要目的是为优化、强化高校内部管理和提高资金的使用效益服务。通过财务报告分析，可以发现学校财务管理中存在的问题和漏洞，并提出改进措施，从而提高财务管理水平。高校财务报告分析是高校财务管理工作的重要组成部分和重要手段。财务报告分析还可以帮助财政部门、教育行政管理部门把握学校的财务状况和发展趋势，了解宏观信息和财务风险，为科学经济决策提供依据。

现行高校财务报告分析是以财务报表反映的数字为主要依据，通过比较分析法、比率分析法来评价学校的财务状况和办学效益。在比较法下，财务报告分析的具体形式为：一是本期实际与本期预算比较，揭示实际与预算之间的差异，了解预算的执行情况；二是本期实际与前期实际比较，揭示前后不同时期的数量差异，了解业务活动或资金活动的发展趋势；三是本期实际与先进水平比较，揭示与先进水平的差异，了解本校存在的问题和明确改进措施。比率法是通过计算、比较经济指标的比率，来确定相对数差异的一种分析方法。在比率法下，分析的指标有经费自给率、预算收支完成率、人员支出与公用支出分别占事业支出比率、资产负债率、学生人均支出增减率等。具体应重点分析的指标如下。

1. 偿债能力方面

主要包括流动比率、现金流动负债比率、现金到期负债比率、资产负债率、债务保障倍数（办学收入/总负债）、利息保障倍数（办学收入/利息）、事业基金可用率等指标。通过分析，判断学校负债规模和构成是否合理适度，财务风险是否可承受等。

2. 资产利用方面

主要包括资产结构、设备利用率、生均校舍面积、生均图书资料、收入与资产之比等指标。通过分析，掌握学校资产构成的合理性和资产的利用情况，考核各种教学资源尤其是核心资源是否实现了优化配置，是否发挥了最大效用。

3. 效益方面

主要包括投资收益率、收入与支出之比、人员支出及公用支出占事业支出的比重、生均事业支出、教职工人均事业支出、现金流入流出比等指标。利用这些指标，可以分析学校有关项目的投资收益情况以及收入、支出变化和构成情况，判断学校增收节支能力等。此外，还可将实际与预算的收入、支出指标进行对比，计算出收入、支出的预算完成率，判断有关差异的性质，并进而分析差异产生的原因，以扬长避短，改进管理。

4. 发展能力方面

主要包括近三年学生规模的增长率、收入增长率、资产增长率、支出增长率、生均事业支出增长率等指标（后两个为反指标）。发展能力是学校在生存基础上扩大规模和扩大实力的潜在能力。通过分析，可对高校自身发展情况进行预测和趋势分析。

此外，要从健全高校财务报告分析指标体系、构建财务风险预警系统、培养高素质的财务管理队伍等几个方面着手，不断完善与强化高校的财务报告分析工作。

本 章 小 结

本章讨论金融企业、小企业、企业集团、公共组织等特殊主体区别于一般企业的财务报告分析内容及方法。金融企业不仅财务报表项目内容特殊，财务指标及其含义也比较特殊。小企业财务报告分析应注重财务指标与非财务指标相结合。企业集团合并会计报表具有特殊性和复杂性，它有区别于个别财务报表的特殊经济本质和编制方法，合并报表的财务分析应注重从整体分析集团的财务能力。公共组织包括政府和非营利组织，它们的财务报告分析也具有特殊性。根据政府财务报告分析的主要内容，可从政府的基本财务报表和具体指标对政府的资金收支、管理效率进行分析。高校的财务报告分析主要应通过比较分析、比率分析来评价学校的财务状况和办学效益。本章的重点是金融企业、小企业和企业集团财务报告的分析方法。

【进一步学习指南】

各类特殊主体提供财务报告的主要目标是满足其各利益相关者决策和控制的有用性。本章讲述的金融企业财务报告分析、小企业财务报告分析、企业集团财务报告分析和公共组织（非企业单位）财务报告分析这四个问题对这些主体的不同利益相关者的决策和控制工作都具有重要现实意义。因此，这些问题也是财务报告分析的重要构成内容。但这些主体的财务报告分析问题在一般的财务报告分析教材中介绍很少或没有介绍，本书限于篇幅，也只能介绍一些相关的基本知识和分析原理，如果读者想对这些问题作更深入、更系统的了解，如果感兴趣的读者想比较一下各种书籍对这些问题的不同阐述，可以参考其他一些教材、文献和法规。

【进一步阅读书目及法规】

郭泽光. 2007. 财务报告分析. 北京：高等教育出版社

侯艳蕾，张宏禄. 2008. 财务报表分析. 北京：中国金融出版社

李忠波. 2005. 企业财务报告分析. 北京：科学出版社

林华，林世怡. 2010. 财务报告和分析——企业、政府与非营利组织财务报告分析. 上海：复旦大学出版社

单喆敏. 2005. 上市公司财务报表分析. 上海：复旦大学出版社

史德刚，傅荣. 2008. 财务报告编制与分析. 大连：东北财经大学出版社

王德发. 2007. 财务报表分析. 北京：中国人民大学出版社

中华人民共和国财政部. 2001. 金融企业会计制度

中华人民共和国财政部. 2004. 小企业会计制度

中华人民共和国财政部. 2005. 民间非营利组织会计制度

中华人民共和国财政部. 2006. 企业会计准则第 33 号——合并财务报表

中华人民共和国财政部. 2006. 企业会计准则第 35 号——分部报告

中华人民共和国财政部. 2009. 高等学校会计制度（征求意见稿）

【思考和练习题】

（一）思考题

1. 商业银行财务报表及其分析的要点是什么？对资本充足性和贷款资产质量进行分析的主要财务指标有哪些？如何分析这些财务指标？

2. 合并会计报表的特点有哪些，合并财务报表的分析主要包括哪些方面的内容？

3. 什么是政府组织？说明政府组织财务报告分析的内容。

4. 什么是非营利组织？并以高校为例说明非营利组织财务报告分析的具体内容。

（二）练习题

1. 招商银行、浦发银行和民生银行三家上市银行 2003 年的相关数据如表 11-22 所示。

表 11-22　三家上市银行 2003 年相关数据

项目	招商银行（百万元）	浦发银行（元）	民生银行（千元）
净利润	2 229 910	1 566 088 191	1 391 252
年初总资产	371 659 912	279 300 719 332	243 662 453
年末总资产	503 892 810	371 056 698 060	361 064 410
年初净资产	16 716 639	8 351 976 463	6 362 986
年末净资产	18 261 438	12 010 922 903	9 650 204

要求：计算各银行 2003 年的净资产收益率和总资产收益率，并比较分析三家银行的盈利能力情况。

2. 练习合并财务报表的分析

资料：D 股份有限公司为上市公司，2008、2009 年度的合并资产负债表（简表）如表 11-23 所示。

表 11-23　2008、2009 年度合并资产负债表（简表）　　单位：千元

项目	2008 年 12 月 31 日		2009 年 12 月 31 日	
	合并报表	母公司报表	合并报表	母公司报表
资产总额	6 276 321	4 402 689	7 529 935	5 207 198
货币资金	1 023 966	612 566	1 425 419	601 731
流动资产	4 303 856	2 479 636	5 176 918	2 992 651
短期借款	696 450	350 000	1 350 100	835 000
流动负债	2 587 046	1 517 343	3 731 639	2 202 330

要求：根据资料分析该集团公司货币资金占总资产的比例，说明 2008 年度和 2009 年度货币资金的利用效率；分析该集团公司短期借款的比重，并说明该集团货币资金管理中存在的问题及原因。

第十二章

企业财务分析报告的撰写

【本章学习目标】

- 掌握财务分析报告的基本格式及撰写中应注意的问题
- 熟悉财务分析报告的种类
- 了解财务分析报告的作用

进行财务报告分析后必须出具分析报告，以反映分析的结果和结论，尤其是半年度和年度财务报告分析后一般需撰写一份财务综合分析报告。财务分析报告在经济管理工作的应用十分广泛。因此，财务报告分析者必须学会撰写分析报告的本领，它也是财会人员必不可少的基本功之一。财务分析报告的撰写要结合当前生产经营的情况和财务管理的具体要求，抓住重点、关键的问题，然后层层分解，抓住问题产生的本质原因，切忌面面俱到。要定性分析和定量分析相结合，肯定成绩与剖析缺点相结合，分析结论要有确凿的数据作依据，并且做到层次清楚、语言简练。

第一节　财务分析报告的作用

财务分析报告是财务报告分析主体以财务报告为主要依据，结合其他相关资料，对某一企业在某一时期的经营理财活动情况进行全面、系统分析或专题分析后形成的书面分析报告。

会计是通过一定的方式向利益相关者提供有用的决策和控制信息的一个信息系统。财务会计的最终产品是财务报告，然而，企业经营活动是错综复杂的，会计的核算过程也是错综复杂的，财务报告却是抽象的，它只能提供某一方面的总括数字。财务报告信息的使用者往往对会计技术知之甚少或一无所知。为了使财务报告使用者能够清晰地认识和理解财务报告的内容，把报告所记载的数据变成有用的信息，财务报告分析主体通过搜集资料，把相关年度的财务报告和其他核算资料结合起来，通过一系列的数据、指标计算和对比分析，找出各指标形成和变化的原因，从而更清楚地揭示企业经营理财中所存在的问题，并提出相应的合理化对策建议，这个过程就是财务报告分析过程，而财务报告分析过程最终形成的书面成果就是财务分析报告。

财务分析报告除了能为各种信息需要者提供更加清晰明了的有用决策和控制信息作为其决策和控制的依据以外，还可以帮助企业进行财务预测，制定出更符合客观规律的财务预算。财务预算应该是在对企业所处经济环境进行细致考察、对企业的能力进行客观评价、对历史财务资料进行正确计算和分析之后，经过科学的预测得来的。所以，财务分析报告的提供是进行财务预测和制定财务预算的基础工作之一。

通过财务分析报告，还可以揭示企业经营理财中存在的问题和不足，并针对问题，提出改进措施，这样使企业经营管理工作的改善能够有的放矢、及时解决，最终达到避免风险、提高经济效益的目的。

另外，全面、系统的综合性财务分析报告，可以作为今后企业进行财务报告动态分析的重要历史参考资料。

因此，财务分析报告的撰写要结合当前生产经营的情况和财务管理的具体要求，抓住重点、关键的问题，然后层层分解，抓住问题产生的本质原因，切忌面面俱到。分析结论要有确凿的数据作依据，要定性分析和定量分析相结合，肯定成绩与剖析缺点相结合、层次清楚、语言简练。

第二节 财务分析报告的种类和格式

一、财务分析报告的种类

企业财务分析报告从编写的时间来划分，可分为两种：一是定期分析报告，二是非定期分析报告。定期分析报告又可以分为每日、每周、每旬、每月、每季、每半年、每年报告，具体根据公司管理要求或分析者需要而定。有的公司和分析主体还要进行特定时点的财务报告分析，编写非定期分析报告。

根据分析报告的编写内容可划分为以下两种：一是全面分析报告，也称综合性分析报告；二是专题分析报告，也称专项分析报告。全面分析报告是对企业整体运营及财务情况的分析评价报告；专题分析报告是针对某一企业或行业经营理财的一部分重要内容或某一专题项目所作的分析报告。

（一）全面分析报告

全面分析报告也称综合分析报告或系统分析报告，是对某一部门或单位在一定时期的经营理财活动，利用各项主要经济指标作出全面、系统的分析后形成的书面分析报告。它在全面分析的基础上，抓住经营理财活动中的关键方面，找出存在的问题，并提出解决问题的建议。全面分析报告能从全局的角度来看问题，主要用于半年度和年度分析。这种分析报告有的叫"财务情况说明书"，有的叫"财务综合分析报告"。

（二）专题分析报告

专题分析报告是针对部门或单位的某一方面的问题或针对某一经营项目而编制的财务分析报告。例如，企业单位的"资金运用情况分析报告"、"资产运用效率分析报告"、"利润分析报告"、"存货构成情况分析报告"、"企业主要经济指标执行情况分析报告"、"成本费用分析报告"、"销售收入分析报告"等，银行信贷部门关于企业的"信用分析报告"、"贷款使用情况分析报告"、"偿债能力分析报告"，税务部门关于企业的"税制执行情况分析报告"，咨询部门关于企业的"财务状况分析报告"、"投资收益情况分析报告"、"资信等级评估分析报告"等。

二、财务分析报告的格式

财务分析报告的重点在于分析的过程和内容，要揭示真实的经营理财活动的状况，报告中应该有数据有资料，有分析有判断、有肯定有否定，有发现的问题，还要有解决问题的措施或建议。财务分析报告的具体格式并不是很重要，也没有严格统一的要求，其写法不用千篇一律，但一般来讲，财务分析报告主要包括以下几个组成部分。

（一）标题

财务分析报告的标题是分析目的和分析内容的抽象和概括。全面分析报告的标题经常标明财务报告的期间，如"某公司某年度财务分析报告"。有的全面分析报告为了提高标题的透明度，还可以在标题下加上副标题。对于专题分析报告来说，标题一般是揭示分析的主要问题或内容范围，有时是直接表达分析的建议或意见，如"投资收益情况分析报告"。

（二）开头

财务分析报告的开头多数是概括介绍企业当前的形势、报告的背景，并针对分析的问题用总括数字简要介绍一些基本情况或简要地说明分析的目的。开头应该简明扼要。有时财务分析报告的开头与正文并无明显的界限，也有不要开头直入正题的。

（三）正文

正文部分是财务分析报告的主体部分。首先，按照可比口径计算说明各项主要财务经济指标的完成情况，通过实际与计划或与上年同期的对比，反映财务经济指标的完成情况；然后，分析变动的原因，同时肯定所取得的成绩，揭示所存在的问题。正文部分要注意突出中心、突出重点、突出问题的症结所在。只有重点突出的财务分析报告，才能让人读了以后清楚明了地知晓关键问题在哪里。具体写作时，应有重点地总结分析企业取得某一重要成绩的状况和经验，或者有重点地总结分析企业存在的薄弱环节的状况和造成的原因，切忌罗列数据、面面俱到，而又不分析存在的问题，也不寻找产生问题的原因。正文部分的写作还要注意情况具体、分析深入、结论公正，既不虚构或夸大成绩，也不掩饰或缩小问题，要能对企业的经营活动和财务情况作一个客观、真实的描述和评价。

另外，正文部分在说明情况、分析问题时要注意形式的多样化，可以直接用数字对比说明，可以用表格、文字加以说明，也可将上述形式综合起来。哪一种形式更有助于说明问题、更清晰地表现问题，就采用哪一种形式。

（四）结尾部分

财务分析报告的结尾主要是针对存在的问题提出针对性强的改进意见、措施或建议，目的是改善经营管理和财务情况，提高经济效益。最后，还应有署名和报告日期。

第三节　撰写企业财务分析报告需注意的问题

一、要突出重点，忌泛泛而谈

财务分析报告重在揭露问题、查找原因、提出建议。因此，分析内容应当突出当期经营理财情况的重点，抓住问题的本质，找出影响当期指标变动的主要因素，重点剖析造成指标较大变化的主客观原因。这样才能客观、正确地评价分析企业当期的财务情况，预测财务活动发展走势，从而有针对性地提出整改建议和措施。

二、要深入剖析，忌浅尝辄止

我们知道，有时候表面良好的指标背后可能会隐藏着个别严重的缺点、漏洞和隐患，这就要求我们既不能被表面现象所迷惑，又不能就事论事，而要善于深入调查研究，善于捕捉事物发展变化过程中偶然现象中的必然规律，抱着实事求是的态度，克服"先入为主"的思想，通过对现有大量详细资料的反复推敲、印证，去粗取精，去伪存真，以得出对企业财务情况客观、公正的评价。例如，仅指标的对比口径上，就要深入调查核实，分析其计价、标准、时间、构成、内容等是否具有可比性，没有可比性的指标之间的对比只能扭曲事物的本来面目，甚至会误导报告使用者。

三、要通俗易懂，忌过于专业

撰写财务分析报告时，首先要清楚地知道报告阅读的对象主要是投资者、债权人还是上级部门，是企业单位还是个人。财务分析报告主要是服务于企业内部经济管理的改善、经济运行质量的提高，为领导当参谋、让群众明家底或为广大的股东、债权人进行投资决策提供信息依据，因此财务分析报告应尽量淡化专业味，少用专业术语，多用大众词汇，做到直截了当、简明扼要、通俗易懂。

四、要坚持定期提供与日常提供相结合的原则

年度、季度、月度的财务报告分析固然重要，但随着财务决策和控制对信息及时性要求的不断提高，要求分析者能够更及时地分析企业日常的财务状况、盈利能力、资产

管理能力及企业的未来发展趋势，甚至要求对财务情况进行实时动态跟踪分析，因此在注重定期提供财务分析报告的同时也要重视提供日常分析报告。

五、要注重财务分析报告通用性和专用性的结合

企业财务报告分析主要从各种基本财务报表着手，对企业各期的财务经济指标进行分析，编制财务情况说明书这样的全面分析报告。但从效果上看，这样在事先缺乏与阅读对象沟通，缺乏对主要财务经营事项进行有的放矢的专题分析的面面俱到无法突出重点的通用性财务分析报告，实际作用有限。在实际工作中，根据不同信息需要者的不同需要针对某一范围或某一事项的有的放矢的专题分析，往往更有实用性。因此，企业财务分析报告应围绕企业领导和职工、外部的利益相关者最关心的热点问题和实际工作中遇到的新问题来展开，传递对领导和各种利益相关者决策和控制有用的信息，真正起到参谋作用。

某公司财务分析报告如下。

×××公司财务分析报告

一、总体评述

（一）总体财务绩效水平

根据×××公司公开发布的数据，运用×××系统和×××分析方法对其进行综合分析，我们认为×××公司本期财务状况和经营效果比去年同期大幅提升。

（二）公司分项绩效水平

项目：××××××

公司评价：××××××××

二、财务报表分析

（一）资产负债表分析

1. 企业自身资产状况及资产变化说明：

公司本期的资产比去年同期增长×××资产的变化中固定资产增长最多，为××万元。企业将资金的重点向固定资产方向转移，应该随时注意企业的生产规模、产品结构的变化，这种变化不但决定了企业的收益能力和发展潜力，也决定了企业的生产经营形式，因此建议投资者对其变化进行动态跟踪与研究。

流动资产中，存货资产的比重最大，占×××；信用资产的比重次之，占×××。

流动资产的增长幅度为×××。在流动资产各项目变化中，货币类资产和短期投资类资产的增长幅度大于流动资产的增长幅度，说明企业应付市场变化的能力将增强；信用类资产的增长幅度明显大于流动资产的增长，说明企业的货款回收不够理想，企业受第三者的制约增强，企业应该加强货款的回收工作；存货类资产的增长幅度明显小于流动资产的增长，说明企业存货占用资金减少，市场风险将缩小，企业在加强存货管理和销售工作方面取得了成效。总之，企业的支付能力和应付市场的变化能力一般。

2. 企业自身负债及所有者权益状况及变化说明：

从负债与所有者权益占总资产比重看，企业的流动负债比率为××％，长期负债和所有者权益的比率为××％，说明企业资金结构位于正常的水平。

企业负债和所有者权益的变化中，流动负债减少××％，长期负债减少××％，股东权益增长××％。

流动负债的下降幅度为××％，营业环节的流动负债的变化引起流动负债的下降，主要是应付账款的降低导致的。

本期和上期的长期负债占结构性负债（注：结构性负债，即长期负债与所有者权益之和）的比率分别为××％和××％，该项数据比去年有所降低，说明企业的长期负债结构比例有所降低；盈余公积在结构性负债中的比重提高，说明企业有强烈的留利增强经营实力的愿望；未分配利润比去年增长了××％，说明企业当年增加了一定的盈余。未分配利润占结构性负债的比重比去年也有所提高，说明企业筹资和应付风险的能力比去年有所提高。总体上，企业长期和短期的负债融资活动比去年有所减弱，企业是以所有者权益资金为主来开展经营性活动的，固定性的资金成本相对比较低。

（二）利润表分析

利润表主要财务数据和指标如下：

项目	当期数据	上期数据
一、主营业务收入		
减：主营业务成本		
营业费用		
二、主营业务利润		
加：其他业务利润		
减：管理费用		
财务费用		
三、营业利润		
营业外收支净额		
四、利润总额		
所得税		
五、净利润		
毛利率（％）		
净利率（％）		
成本费用利润率（％）		
净收益营运指数		

1. 利润分析

（1）利润构成情况

本期公司实现利润总额××万元。其中，经营性利润××万元，占利润总额××％；营业外收支业务净额××万元，占利润总额××％。

（2）利润增长情况

本期公司实现利润总额××万元，较上年同期增长××％。其中，营业利润比上年同期增长××％，增加利润总额××万元；营业外收支净额比去年同期降低××％，减少营业外收支净额××万元。

2. 收入分析

本期公司实现主营业务收入××万元，与去年同期相比增长××％，说明公司业务规模处于较快发展阶段，产品与服务的竞争力强，市场推广工作成绩很大，公司业务规模扩大较快。

3. 成本费用分析

（1）成本费用构成情况

本期公司发生成本费用共计××万元。其中，主营业务成本××万元，占成本费用总额××％；营业费用××万元，占成本费用总额××％；管理费用××万元，占成本费用总额××％；财务费用××万元，占成本费用总额××％。

（2）成本费用增长情况

本期公司成本费用总额比去年同期增加××万元，增长××％；主营业务成本比去年同期增加××万元，增长××％；营业费用比去年同期减少××万元，降低××％；管理费用比去年同期增加××万元，增长××％；财务费用比去年同期减少×××万元，降低××％。

4. 利润增长因素分析

本期利润总额比上年同期增加××万元。其中，主营业务收入比上年同期增加导致的利润××万元，主营业务成本比上年同期减少导致的利润××万元，营业费用比上年同期增加导致的利润—××万元，管理费用比上年同期减少导致的利润××万元，财务费用比上年同期增加导致的利润—××万元，投资收益比上年同期减少导致的利润—××万元，营业外收支净额比上年同期减少导致的利润—××万元。

本期公司利润总额增长率为××％，公司在产品与服务的盈利能力和公司整体的成本费用控制等方面都取得了很大的成绩。提请分析者予以高度重视，因为公司利润积累的提高为公司壮大自身实力、将来迅速发展壮大打下了坚实的基础。

5. 经营成果总体评价

（1）产品综合盈利能力评价

本期公司产品综合毛利率为××％，综合净利率为××％，成本费用利润率为××％。分别比上年同期提高了××％、××％和××％，说明公司盈利能力处于较快发展阶段，本期公司在产品结构调整和新产品开发方面，以及提高公司经营管理水平方面都取得了相当的进步，公司盈利能力在本期获得较大提高。

（2）收益质量评价

净收益营运指数是反映企业收益质量、衡量风险的指标。（注：它是指经营净收益与全部净收益的比值。通过与该指标的历史指标比较和行业平均指标比较，可以考察一个公司的收益质量情况。）本期公司净收益营运指数为 1.05，比上年同期提高了××％，说明公司收益质量变化不大。只有经营性收益才是可靠的、可持续的，因此未来公司应尽可能提高经营性收益在全部净收益中的比重。

（3）利润协调性评价

公司与上年同期相比主营业务利润增长率为××％，其中主营收入增长率为××％，主营业务成本增长率为××％，说明公司综合成本率有所下降，毛利贡献率有所提高，成本与收入协调性很好，未来公司应尽可能保持对企业成本的控制水平；营业费用增长率为－××％，说明公司营业费用率有所下降，营业费用与收入协调性很好，未来公司应尽可能保持对企业营业费用的控制水平；管理费用增长率为××％，说明公司管理费用率有所下降，管理费用与利润协调性很好，未来公司应尽可能保持对企业管理费用的控制水平；财务费用增长率为－××％，说明公司财务费用率有所下降，财务费用与利润协调性很好，未来公司应尽可能保持对企业财务费用的控制水平。

（三）现金流量表分析

现金流量表主要财务数据和指标如下：

项目	当期数据	上期数据	增长情况（％）
经营活动产生的现金流入量			
投资活动产生的现金流入量			
筹资活动产生的现金流入量			
总现金流入量			
经营活动产生的现金流出量			
投资活动产生的现金流出量			
筹资活动产生的现金流出量			
总现金流出量			
现金流量净额			

1．现金流量结构分析

（1）现金流入结构分析

本期公司实现现金总流入××万元，其中经营活动产生的现金流入为××万元，占总现金流入的比例为××％；投资活动产生的现金流入为××万元，占总现金流入的比例为××％；筹资活动产生的现金流入为××万元，占总现金流入的比例为××％。

（2）现金流出结构分析

本期公司实现现金总流出××万元，其中经营活动产生的现金流出××万元，占总现金流出的比例为××％；投资活动产生的现金流出为××万元，占总现金流出的比例为××％；筹资活动产生的现金流出为××万元，占总现金流出的比例为××％。

2．现金流动性分析

（1）现金流入负债比

现金流入负债比是反映企业由主业经营产生的现金偿还短期债务的能力的指标。该指标越大，偿债能力越强。本期公司现金流入负债比为0.59，较上年同期大幅提高，说明公司现金流动性大幅增强，现金支付能力快速提高，债权人权益的现金保障程度大幅提高，有利于公司的持续发展。

（2）全部资产现金回收率

全部资产现金回收率是反映企业将资产迅速转变为现金的能力。本期公司全部资产现金回收率为××‰，较上年同期小幅提高，说明公司将全部资产以现金形式收回的能力稳步提高，现金流动性的小幅增强，有利于公司的持续发展。

三、财务绩效评价

（一）偿债能力分析

相关财务指标：

项目	当期数据	上期数据	增长情况（%）
流动比率			
速动比率			
资产负债率（%）			
有形净值债务率（%）			
现金流入负债比			
综合分数			

企业的偿债能力是指企业用其资产偿还长短期债务的能力。企业有无支付现金的能力和偿还债务能力，是企业能否健康生存和发展的关键。公司本期偿债能力综合分数为52.79，较上年同期提高38.15%，说明公司偿债能力较上年同期大幅提高，本期公司在流动资产与流动负债，以及资本结构的管理水平方面都取得了极大的成绩。企业资产变现能力在本期大幅提高，为将来公司持续健康的发展及降低公司债务风险打下了坚实的基础。从行业内部看，公司偿债能力极强，在行业中处于低债务风险水平，债权人权益与所有者权益承担的风险都非常小。在偿债能力中，现金流入负债比和有形净值债务率的变动，是引起偿债能力变化的主要指标。

（二）资产经营效率（资金营运能力）分析

相关财务指标：

项目	当期数据	上期数据	增长情况（%）
应收账款周转率			
存货周转率			
营业周期（天）			
流动资产周转率			
总资产周转率			
综合分数			

分析企业的资金营运能力（资产经营效率），是判定企业利用资金能否因此创造更多利润的一种手段，如果企业的资产经营效率不高，那么企业的高利润状态是难以持久的。公司本期资产经营效率综合分数为58.18，较上年同期提高24.29%，说明公司资产经营效率处于较快提高阶段，本期公司在市场开拓与提高公司资产管理水平方面都取

得了很大的成绩，公司经营效率在本期获得较大提高。请分析者予以重视，公司资产经营效率的较大提高为将来降低成本、创造更好的经济效益、降低经营风险开创了良好的局面。从行业内部看，公司资产经营效率远高于行业平均水平，公司在市场开拓与提高公司资产管理水平方面在行业中都处于领先的地位，未来在行业中应尽可能地保持这种优势。在资产经营效率中，应收账款周转率和流动资产周转率的变动，是引起资产经营效率变化的主要指标。

（三）盈利能力分析

相关财务指标：

项目	当期数据	上期数据	增长情况
总资产报酬率（%）			
净资产收益率（%）			
毛利率（%）			
营业利润率（%）			
主营业务利润率（%）			
净利润率（%）			
成本费用利润率（%）			
综合分数			

企业的盈利能力主要反映企业经营业务创造利润的能力。公司本期盈利能力综合分数为96.39，较上年同期提高36.99%，说明公司盈利能力处于高速发展阶段，本期公司在优化产品结构和控制成本费用方面都取得了很大进步，公司盈利能力在本期获得极大提高。请分析者予以高度重视，因为盈利能力的极大提高为公司将来迅速发展壮大及创造更好的经济效益打下了坚实的基础。从行业内部看，公司盈利能力远高于行业平均水平，公司提供的产品与服务在市场上竞争力很强，未来在行业中应尽可能保持这种优势。在盈利能力中，成本费用利润率和总资产报酬率的变动是引起盈利能力变化的主要指标。

（四）企业发展能力分析

相关财务指标：

项目	当期数据	上期数据	增长情况
主营收入增长率（%）			
净利润增长率（%）			
流动资产增长率（%）			
总资产增长率（%）			
可持续增长率（%）			
综合分数			

企业为了生存和竞争需要不断地发展，通过对企业的成长性分析我们可以预测企业未来的经营状况的发展趋势。公司本期成长能力综合分数为 65.38，较上年同期提高 92.81%，说明公司成长能力处于高速发展阶段，本期公司在扩大市场需求、提高经济效益及增加公司资产方面都取得了极大的进步，公司表现出非常优秀的成长性。请分析者予以高度重视，未来公司继续维持目前增长态势的概率很大。从行业内部看，公司成长能力在行业中处于一般水平，本期公司在扩大市场，提高经济效益以及增加公司资产方面都略好于行业平均水平，未来在行业中应尽全力扩大这种优势。在成长能力中，净利润增长率和可持续增长率的变动，是引起增长率变化的主要指标。

四、公司财务经营方面存在的问题和改进建议

略。

（资料来源：根据 2008 年 4 月 21 日咨询百科频道·报告在线的资料整理）

本 章 小 结

本章首先讲述了企业财务分析报告的概念及作用。在此基础上重点讨论了财务分析报告的种类及其构成内容。最后介绍了财务分析报告的基本格式和编制时需要注意的问题。最后给出了一个财务分析报告的范文。本章的重点是财务分析报告的基本格式及撰写中应注意的问题。

【进一步学习指南】

进行财务报告分析最后必须出具分析报告，以反映分析的结果和结论。尤其是半年度和年度财务报告分析后一般需撰写一份综合性的财务分析报告。财务分析报告在经济管理工作中的应用十分广泛。因此，财务报告分析者必须学会撰写分析报告的本领，它也是财会人员必不可少的基本功之一。本章主要讨论了财务分析报告及其撰写问题，如果有兴趣的读者想对此问题作进一步深入的学习和了解，可以阅读以下文献。

【进一步阅读书目及法规】

郭泽光. 2007. 财务报告分析. 北京：高等教育出版社

洪燕芳. 2010-4-20. 如何撰写财务分析报告. 清华领导力培训网

侯艳蕾，张宏禄. 2008. 财务报表分析. 北京：中国金融出版社

夏汉平. 2004. 企业财务报告分析. 成都：西南财经大学出版社

张先治，陈学邦. 2007. 财务分析. 大连：东北财经大学出版社

赵秀芳. 2009. 企业财务分析. 大连：大连理工大学出版社

【案例分析】

大唐电信科技股份有限公司是以信息产业部电信科学技术研究院为发起人组建的高科技企业。公司于 1998 年 9 月在北京市新技术产业开发试验区注册成立，同年 10 月，公司股票"大唐电信"在上海证券交易所挂牌上市，公司注册资本 43 898.64 万

元。公司主要从事各类通信设备系统、各类通信终端、计算机软、硬件、系统集成等业务，微电子元器件的开发、生产销售，通信及信息系统工程设计与施工及信息服务业等。

下面是大唐电信 2009 年的财务报表资料。

资产负债表

项目	期末余额	年初余额
流动资产		
货币资金	179 140 668.23	127 715 171.46
应收票据		69 124.87
应收账款	148 944 997.87	166 587 884.44
预付款项	10 519 913.43	44 021 208.28
其他应收款	36 703 171.81	17 477 671.38
存货	85 844 406.59	84 595 566.06
其他流动资产	231 103 592.23	
流动资产合计	692 256 750.16	440 466 626.49
非流动资产		
可供出售金融资产	10 238 624.00	4 728 382.72
长期股权投资	1 383 508 322.65	1 459 910 404.49
固定资产	167 095 208.46	87 365 711.92
在建工程	1 275 000.00	49 268 939.05
无形资产	13 182 665.93	13 202 908.89
长期待摊费用	3 595 500.00	
非流动资产合计	1 578 895 321.04	1 614 476 347.07
资产总计	2 271 152 071.20	2 054 942 973.56
流动负债		
短期借款	942 000 000.00	1 077 000 000.00
应付票据	5 446 484.00	25 300 000.00
应付账款	67 702 488.86	137 142 915.81
预收款项	38 413 513.97	26 076 409.92
应付职工薪酬	4 641 584.97	4 798 976.98
应交税费	3 896 062.44	−4 490 976.56
其他应付款	534 646 429.47	108 502 167.02
一年内到期的非流动负债		80 000 000.00
其他流动负债		93 666 165.62
流动负债合计	1 596 746 563.71	1 547 995 658.79

续表

项目	期末余额	年初余额
非流动负债		
长期借款	150 000 000.00	
非流动负债合计	150 000 000.00	
负债合计	1 746 746 563.71	1 547 995 658.79
所有者权益（或股东权益）		
实收资本（或股本）	438 986 400.00	438 986 400.00
资本公积	1 326 250 196.07	1 320 739 954.79
盈余公积	59 839 287.96	59 839 287.96
未分配利润	−1 300 670 376.54	−1 312 618 327.98
所有者权益（或股东权益）合计	524 405 507.49	506 947 314.77
负债和所有者权益（或股东权益）总计	2 271 152 071.20	2 054 942 973.56

利润表

项目	本期金额	上期金额
一、营业收入	665 557 715.38	823 058 247.16
减：营业成本	543 180 104.23	738 196 576.06
营业税金及附加	2 202 888.77	1 629 497.82
销售费用	41 031 503.36	37 175 186.06
管理费用	55 559 768.95	52 553 028.71
财务费用	49 996 092.22	57 444 537.38
资产减值损失	25 124 098.74	−7 417 900.42
加：公允价值变动收益	57 422 497.74	83 448 156.60
企业的投资收益		
二、营业利润（亏损以"−"号填列）	5 885 756.85	26 925 478.15
加：营业外收入	7 450 805.18	2 010 808.61
减：营业外支出	1 047 772.65	1 553 792.46
其中：非流动资产处置损失	98 657.21	430 046.45
三、利润总额（亏损总额以"−"号填列）	12 288 789.38	27 382 494.30
减：所得税费用		−718 145.29
四、净利润（净亏损以"−"号填列）	12 288 789.38	28 100 639.59
五、每股收益		
（一）基本每股收益	0.0280	0.0640
（二）稀释每股收益	0.0280	0.0640
六、其他综合收益	5 510 241.28	−5 975 633.28
七、综合收益总额	17 799 030.66	22 125 006.31

要求：根据资料，对大唐电信的财务报告进行分析，并撰写财务分析报告。

【思考题】

1. 财务分析报告有哪些种类？
2. 一份综合性的财务分析报告的基本内容应包括哪些？
3. 撰写财务分析报告时要注意哪些问题？

主要参考文献

查尔斯·吉布森. 1996. 财务报表分析：利用财务会计信息. 马英麟等译. 北京：中国财政经济出版社

戴欣苗. 2005. 财务报表分析. 北京：清华大学出版社

杜胜利. 1999. 企业经营业绩评价. 北京：经济科学出版社

郭泽光. 2007. 财务报告分析. 北京：高等教育出版社

侯艳蕾，张宏禄. 2008. 财务报表分析. 北京：中国金融出版社

黄世忠. 2007. 财务报表分析：理论·框架·方法与案例. 北京：中国财政经济出版社

李忠波. 2005. 企业财务报告分析. 北京：科学出版社

林华，林世怡. 2010. 财务报告和分析——企业、政府与非营利组织财务报告分析. 上海：复旦大学出版社

刘红伟. 2009. 浅议会计报表附注对财务分析质量的影响. 现代经济信息，(13)：65～66

刘金芹. 2010. 基于所有者权益变动表的财务分析. 会计之友，(18)：61～62

刘文国. 2009. 财务报告分析. 上海：上海财经大学出版社

鲁爱民. 2005. 财务分析. 北京：机械工业出版社

佩普等. 2004. 运用财务报表进行企业分析与估价. 2 版. 孔宁宁，丁志杰译. 北京：中信出版社

佩因曼. 2002. 财务报表分析与证券定价. 刘力，陆正飞译. 北京：中国财政经济出版社

单喆敏. 2005. 上市公司财务报表分析. 上海：复旦大学出版社

史德刚，傅荣. 2008. 财务报告编制与分析. 大连：东北财经大学出版社

汤炳亮. 2005. 企业财务分析. 北京：首都经贸大学出版社

王德发. 2007. 财务报表分析. 北京：中国人民大学出版社

王华，石本仁. 2007. 中级财务会计. 北京：中国人民大学出版社

夏汉平. 2004. 企业财务报告分析. 成都：西南财经大学出版社

徐超. 2009. 财务报表比率分析的局限性及解决方案. 经济研究导刊，(18)：90～91

徐微. 2009. 企业财务预测手册. 上海：立信会计出版社

颜剩勇. 2007. 企业社会责任财务分析评价研究. 成都：西南财经大学出版社

袁卫华，李芳雪. 2010. 现代企业财务战略分析. 现代农村科技，(8)：5

岳虹. 2009. 财务报表分析. 北京：中国人民大学出版社

张惠忠. 2007. 公司财务管理基础. 上海：上海财经大学出版社

张玲. 2001. 财务危机预警分析判别模型及其应用. 预测，(6)：80～82

张先治，陈学邦. 2007. 财务分析. 大连：东北财经大学出版社

张先治. 2002. 现代财务分析程序与方法体系重构. 求是学刊，(4)：53～56

张先治. 2004. 财务分析学科地位与体系构建. 东北财经大学学报，(1)：37～40

张先治. 2008. 财务分析. 3 版. 大连：东北财经大学出版社

张新民，钱爱民. 2000. 财务报表分析. 北京：中国人民大学出版社

张新民，王秀丽. 2005. 企业财务报告分析. 北京：高等教育出版社

张学谦，闫嘉韬. 2007. 企业财务报表分析原理与方法. 北京：清华大学出版社

赵秀芳. 2009. 企业财务分析. 大连：大连理工大学出版社

中国证券监督管理委员会. 2007. 公开发行证券的公司信息披露内容与格式准则第 2 号——年度报告的内容与格式

中国证券监督管理委员会. 2007. 上市公司信息披露管理办法

中国证券监督管理委员会. 2010. 公开发行证券的公司信息披露编报规则第 15 号——财务报告的一般规定

中华人民共和国财政部. 2000. 企业会计制度

中华人民共和国财政部. 2001. 金融企业会计制度

中华人民共和国财政部. 2004. 小企业会计制度

中华人民共和国财政部. 2005. 民间非营利组织会计制度

中华人民共和国财政部. 2006a. 企业会计准则第 30 号——财务报表列报

中华人民共和国财政部. 2006b. 企业会计准则第 33 号——合并财务报表

中华人民共和国财政部. 2006c. 企业会计准则第 35 号——分部报告

中华人民共和国财政部. 2006d. 企业会计准则应用指南

中华人民共和国财政部. 2009. 高等学校会计制度（征求意见稿）

中华人民共和国财政部等. 2002. 企业效绩评价操作细则（修订）

周炜. 2008. 企业价值分析. 北京：中国人民大学出版社

宋教仁 秋瑾 黄兴

宋教仁 秋瑾 黄兴◎著

陕西新华出版

太白文艺出版社·西安

目 录 Contents

宋 教 仁

诗 歌

武昌七夕 ……………………………………………… 3

舟中长歌 ……………………………………………… 4

晚泊梁子湖 …………………………………………… 5

思家 …………………………………………………… 6

登南高峰 ……………………………………………… 7

散 文

清太后立宪政谈 ……………………………………… 8

陈星台先生《绝命书》跋 …………………………… 10

烈士陈星台小传 ……………………………………… 12

万国社会党大会略史叙论 …………………………… 13

《间岛问题》序 ……………………………………… 15

希望立宪者其失望矣 ………………………………… 17

社会改良会宣言 ……………………………………… 20

同盟会本部总务部通告海外书 ……………………… 21

代草国民党大政见 …………………………………… 23

演 讲

在参议院宣布政见演说词 …………………………… 31

国民党湘支部欢迎会演说词 ················· 32

国民党鄂支部欢迎会演说词 ················· 34

国民党交通部公宴会演说词 ················· 36

日　记

开国纪元四千六百零四年〔公元 1906 年〕 ················· 37

秋　瑾

诗　词

满江红 ·· 61

昭君怨 ·· 62

鹧鸪天 ·· 63

咏燕 ·· 64

残菊 ·· 65

秋海棠 ·· 66

杞人忧 ·· 67

杂咏 ·· 68

菊 ·· 69

剪春罗 ·· 70

轮船记事二首 ·································· 71

剑歌 ·· 72

红毛刀歌 ·· 73

黄海舟中日人索句并见日俄战争地图 ········· 74

吊吴烈士樾 ······································ 75

感愤 ·· 76

宝刀歌 ·· 77

宝剑歌 ·· 78

日人石井君索和即和原韵 ···················· 79

柬某君 ·· 80

登吴山 ·················· 81

对酒 ·················· 82

《临行留别寄尘小淑五章》之二 ·················· 83

书 信

致湖南第一女学堂 ·················· 84

致王时泽 ·················· 85

致徐小淑 ·················· 86

致陈志群 ·················· 87

致秋誉章 ·················· 88

致女子世界记者 ·················· 89

致徐小淑绝命词 ·················· 91

杂 文

演说的好处 ·················· 92

敬告中国二万万女同胞 ·················· 94

警告我同胞 ·················· 96

中国女报发刊辞 ·················· 98

敬告姊妹们 ·················· 100

某宫人传 ·················· 103

失题 ·················· 105

普告同胞檄稿 ·················· 106

黄 兴

诗 篇

咏鹰诗 ·················· 109

挽刘道一烈士 ·················· 110

为宫崎寅藏书条幅 ·················· 111

蝶恋花·赠侠少年 ·················· 112

和谭人凤 ·················· 113

三十九岁初度感怀 ………………………………………… 114

演　讲

在华兴会成立会上的讲话 …………………………………… 115
在中国同盟会上海支部夏季常会上的演讲（二件）………… 116
在北京女界欢迎会上的演讲 ………………………………… 119
在北京社会党欢迎会上的演讲 ……………………………… 120

书　信

致暹罗同志书 ………………………………………………… 121
致邓泽如书 …………………………………………………… 123
与胡汉民致谭德栋等书 ……………………………………… 124
复同盟会中部总会书 ………………………………………… 127
致冯自由书（二件）………………………………………… 129
复上海昌明礼教社书 ………………………………………… 132
复孙中山书 …………………………………………………… 134

电　文

复汪精卫电 …………………………………………………… 136
讨袁通电 ……………………………………………………… 137
促袁世凯退位声明电 ………………………………………… 138

宋教仁

作者简介

宋教仁（1882—1913） 字遯初，一作钝初、逐初，号渔父。中国近代资产阶级民主革命者。湖南桃源人。1904 年在长沙参与发起成立华兴会，被推为副会长。1905 年在东京与陈天华等创办《二十世纪之支那》杂志，鼓吹排满革命。参与中国同盟会创立工作，被推为司法部检事长。将《二十世纪之支那》改名《民报》，作为同盟会机关报。1911 年 7 月，与谭人凤、陈其美等在上海成立中国同盟会干部总会，被推为总务干事。1912 年 1 月南京临时政府成立，任法制局总裁。1913 年 3 月 20 日应邀北上，在上海火车站遭袁世凯所遣特务枪击，22 日去世。

诗 歌

武昌七夕

（约 1902 年 8 月）

异乡佳节倍魂销，北斗横天影欲遥。

遥忆故园小儿女，应随阿母望河桥。

舟中长歌

(1904 年 11 月 10 日)

噫吁嘻，朕沅水流域之一汉人兮，愧手腕之不灵。

谋自由独立于湖湘之一隅兮，事竟败于垂成。

虏骑遍于道路兮，购吾头以千金。

效古人欲杀身以成仁兮，恐徒死之无益，且虑继起之乏人。

负衣徒步而走兮，遂去此生斯、长斯、歌斯、哭斯之国门。

嗟神州之久沦兮，尽天荆与地棘。

展支那图以大索兮，无一寸完全干净汉族自由之土地。

披发长啸而四顾兮，怅怅乎如何逝。

则欲完我神圣之主义兮，亦唯有重振夫天戈。

晚泊梁子湖

（约 1904 年）

日落浦风急，天低野树昏。

孤舟依浅渚，秋月照征人。

家国嗟何在？乾坤涉一身。

夜阑不成寐，抚剑独怆神。

思　家

（1906 年 10 月 1 日）

去国已三载，思家又一秋。

亲忧知白发，闺怨定蓬头。

禹域腥膻满，天涯道路悠。

有家归未得，期待灭仇雠。

登 南 高 峰

（1913 年 3 月 2 日）

日出雪磴滑，山枯林叶空。

徐寻屈曲径，竟上最高峰。

村市沉云底，江帆走树中。

海门潮正涌，我欲挽强弓。

散　文

清太后立宪政谈

（1905 年 8 月 22 日）

　　近日满政府有立宪之议，有某大臣者谒见西太后。西太后语曰："宪一事，可使我满洲朝基础永久确固，而在外革命党亦可因此消灭，候调查结局后，若果无妨害，则必决意实行"云云。

　　咄！汝那拉氏，汝尚希望汝满洲朝之永久确固乎？汝尚希望革命党之消灭乎？汝尚希望一行立宪，即可达此二者之目的乎？夫满政府之程度果能行立宪与否，现今之国民果宜于立宪与否，与夫立宪以前，天然必经之时代果已经过与否，此问题非短言所能决，吾姑不研究，吾所研究者，即那拉氏所谓"若果无妨害"之一言。夫立宪何事？宪法何物？而亦虑其有妨害乎？虑妨害谁耶？政府耶？抑国民耶？满洲人耶？抑汉人耶？

　　利害不两立者也，人我不相容者也；利人则害我，利我则害人，此天下之通义也。西太后，满人也，握政府之无上权者也，则所谓妨害者，必虑其妨害满政府也，可以预决，虑其妨害满政府，则必虑其有利于汉人也，亦可以预决。

　　呜呼！立宪一事，非利于国民，而不利于国政府者乎？非利于汉人，而不利于满人者乎？西太后纵发大慈悲，其能舍己从人，而行此上背祖宗成法，下削子孙权利之非常举动耶？且西太后纵能行之，而此二百万披毛戴角之通古斯人，其皆能降心相从以让人耶？其他吾不具论，吾但提最简要之二三问题以为比例：

一立宪国民，其义务必平等，其最普通者，则纳国税是也。乃满政府定制，汉人皆纳地丁漕粮，而满人既占居汉人土地者，反给丁粮养赡之，而令其坐食，今能停给此项而令其与汉人同纳国税乎？

一立宪国民，其权利必平等，其最普通者，则人人有被选举之权利是也。满人只居汉人二百分之一，则被选举为官者，亦应适如其率。乃满政府定制，京内各部寺院堂官，则满汉平均，属官则满多于汉，其内务府、理藩院等，及京外之将军、都统，则并无一汉人，今能破除此不平等之例，而将来选举议员，即一准人数以为率乎？

一立宪国民，有监督财政之权。汉人所纳国税，那拉氏任意挥霍，今能由议会制定其数，而一切财政皆能行预算、决算法，使国民尽知乎？

其余一切满汉不平等之制，则更无论焉。然而满政府必不能实行立宪也明矣；即能行之，亦必非真正立宪，不过如朝鲜之宪法，俄罗斯之宪法（现俄国议行立宪，八月十九日已下召集国会之诏，然各国新闻皆评其为似是或而非之宪法，俄国国民亦大不满意，谓其不过一时怀柔之策），或不然，而英人对于印度之宪法、日本对于台湾之宪法也明矣，吾汉人切勿为那拉氏之言所愚焉可也。

呜呼，吾汉人犹有日夜希冀满政府之和平改革者，其亦不可以已乎！其亦不可以已乎！

陈星台先生《绝命书》跋

（1905 年 12 月 25 日）

此吾友陈君星台《绝命书》。劈斋每一思君，辄一环诵之，盖未尝不心悄悄然悲而泪涔涔然下也。曰：呜呼，若君者，殆所谓爱国根于天性之人非耶？

当去岁秋，湖南事败，君与劈等先后走日本，忧愤益大过量，时时相与过从，谈天下事，未尝不哽咽垂涕泣而道也。今岁春，东报兴瓜分谣，君愈愤，欲北上，冀以死要满廷救亡，殆知无裨益，而思以一身尝试，绝世人扶满之望也。既而友人沮之，不遂行。然其尝言曰："吾实不愿久逗此人间世也"。盖其抱死之目的以俟久矣。

居无何，留学界以日人定学则，议群起力争。始劈斋况君曰："君能文，盍有所作为以表意见乎"？君曰："否。徒以空言驱人发难，吾岂为耶"！越数日，学界则大愤，均休校议事，君犹无动。迄月之十一日，其同居者则见君握管作文字，至夜分不辍。其十二日晨起食毕，自友某君贷金二元出门去。同居者意其以此作付剞劂也，听焉。入夜未归，始怀疑。良久，有留学生会馆阍者踵门语曰："使署来电话称，大森警吏发电至署，告有一支那男子死于海，陈其姓，名天华，居神田东新社者"云。呜呼，于是知君乃死矣，痛哉！天未明，劈偕友人某氏某氏赴大森视之。大森町长乃语曰："昨日六时，当地海岸东滨距离六十间处，发现一尸，即捞获之。九时乃检查身畔，得铜货数枚与书留（寄信保险证），余无他物，今既已殓矣"。则率引我辈观之。一榻凄然，倭式也，君则在焉。复审视书留，为以君氏名自芝区御门前邮达中国留学生总会干事长者。当时是，君邑人已有往横滨备棺衾，拟厝于华人基地，乃倩二人送君尸于滨，劈与某等乃返。抵会馆，索其邮物，获之，则万言之长函，即此《绝命书》也。一人宣读之，听者数千百人，皆泣下不能仰。夫以君之所志，使其所怀抱得毕展于世，无少残留，则吾民族受其福胙，其所造于中国前途者，岂有涯耶！而乃竟如是已焉，吾人得毋有为之悼惜不置者乎！

虽然，吾观君之言曰："以救国为前提"。又曰："欲我同胞时时勿忘此语，力除此四字，而作此四字之反面，恐同胞不见听或忘之，故以身投东海，为诸君之纪念"。又曰："中国去亡之期，极少须有十年，与其死于十年之后，曷若死于今日，使诸君有所警动"。盖君之意，自以为留此身以有俟，孰与死之影响强，吾宁取夫死觉吾同胞，使共登于救国之一途，则其所成就较以吾一身之所为孰多耶？噫！此则君之所以死欤？君之心则苦矣。

吾人读君之书，想见君之为人，不徒悼惜君之死，唯勉有以副乎君死时之所言焉，斯君为不死也已。乙巳十一月晦。劈斋谨跋。

烈士陈星台小传

（1906 年 1 月 22 日）

烈士名天华，字星台，湖南新华县人。性敦笃，善属文，少时即以光复祖国为志，不事家人生产作业，虽箪瓢空，处之怡然，日唯著述以鼓吹民族主义；近年革命风潮簸荡一时者，皆烈士提倡之也。年三十一，尚未娶，或劝之娶，烈士泫然曰："匈奴未灭，何以家为"！每读中西史志，于兴亡盛衰之感，则涕泗横流，其爱国之忧，发于天性如此。

岁癸卯，留学日本。时值俄据东三省瓜分之祸日迫，朝野皆束手无计。烈士大痛，啮指血成书数十幅，备陈灭亡之惨，邮寄内地各学堂，闻者莫不悲愤。

去年秋，湘中志士谋起义湖南，联络粤鄂，以共倾政府。烈士闻之，即星夜附轮归长沙，筹划布置，昼夜不辍。不幸未发即败，清政府飞檄逮捕。烈士间道走江西，至上海，与诸志士合谋再举。适万福华之狱起，逮捕益急，不得已，复游日本。盖自是憔悴忧伤，泪痕萦萦然不绝于目矣。今年春发意见书，思单身赴北京有所运动，为同学所阻止。十一月，日本文部省颁发关于留学生规则，烈士益见中国之将邻于亡，革命之不可一日缓，作《绝命书》累万言，遂自投日本大森海以殉。呜呼！使天而不亡我汉族也，则烈士之死贤其生也；使天而即亡我汉族也，则我四万万人其去烈士之死之年几何哉？呜呼痛已！烈士所著书，其已都成集者《猛回头》、《警世钟》、《最近政见之评决》、《国民必读》、《最后之方针》、《中国革命史论》皆风行于世。其散见于他书者，尚俟厘订。烈士死时年三十一，乙巳年十一月十二日也。

万国社会党大会略史叙论

（1906 年 4 月 8 日—17 日）

　　自社会革命之说出现于世界，而后人道胚胎，天理萌芽，将来世界之问题其于是焉解决乎？

　　世界者，人类共有之世界也。现世界之人类，统计不下十五万万，然区别之，得形成二大阶级：掠夺阶级与被掠夺阶级是矣。换言之，即富绅 Bourgeois 与平民 Proletaruns 之二者也。前之一种，独占生产之机关；一种以劳力而被其役使。资本与劳力乃生出佣金之一问题，其不平等之极，一若陟天堂，一若居地狱。不有以救之，世界人类其尽为刍狗矣。

　　且平民非赢弱也。吾人试纵横运左右之手，空气之抵抗力，不似无所感乎？然一至压榨器之下，加以异常之压力，非生出可恐怖之爆裂弹之原料者耶？空气犹然也，而况于人类乎？财产盗夺矣，权利蹂躏矣，人格辱矣，而犹谓有不动之理乎？果也，平民自觉之声，遂借布尔敦 proudon 之咽喉而发也。曰："财产者，赃品也"。噫！是言也，非平民对于富绅宣战书耶？

　　阶级斗争之幕既开矣，旗鼓堂堂，为执戈立矛，而进于两阵之间。然富绅者，有政府、警察、军队、学人、僧侣等为之援助者也，平民军之阵势，其将何如乎？"彼等徒蚁集耳，徒高声叫唤耳"，其果如所云云焉否耶？

　　"多数者，势力也"。平民幸而蚁集，是即至优强之势力也。其结阵而

进战也，可决其必得战利品耳。马尔克之作 Karl Maax《共产党宣言》Co-mimunist Manifesto 也，其末曰："吾人之目的，一依颠覆现时一切之社会组织而达者，须使权力阶级战傈恐惧于共产的革命之前，盖平民所决者，唯铁锁耳，而所得者，则全世界也"。又曰："万国劳动者其团结"！呜呼！是可以观万国社会党之大主义矣。

《间岛问题》序

（1908 年）

间岛交涉起，日久未解决。夫岂地志之不详有所藉口哉？

长白山顶有天池，其水之北流者为松花江，源源之东南流者为土门江，西南流者为鸭绿江，亦既尽人而知之矣。国家之兴也，东征西讨，日辟国百里，人莫得而非之；其衰也，城狐社鼠，宵小亦得而陵侮之，何也？强权不足以制之也。间岛以人占垦始有此名，要其地在土门江北。此题解决，以辨明土门江所在为准，土门江所在，以水之有东南流者为准，其他之说，皆支离不经者也。康熙壬辰，乌喇总管穆克登与韩官李义复等会查边界，至长白山审视，西为鸭绿，东为土门，于分水岭勒石为记；唯土门江源有伏流数十里，于所谓天然界限尚有未完，因更立木栅、土石堆，借人为以补其缺。咸丰间，韩人绘图，尚明载木栅、石堆（土堆不载，年久坍尽，与地平矣），今纵又有变迁，准其地望，复勘当自得之。是书援引韩国公私图籍，运用国际公法学理，以证明土门既即图门，则土门江北之间岛，无论从何方面立论，皆应为我领地，盖不惟历史事实一一有利于我，并早经对手人确认故耳。彼自诩为文明强国之第三者，纵令怀抱野心，视耽欲逐，亦岂能向壁凿空，以推翻此不可移动之铁案也耶？

虽然，我自甲午而降，兵威不振者久，此外交当局者所为恨无强权，藉作英雄用武地也。顾吾则谓兵威非真强权，而舆论乃真强权。十余年来，外交失败，书不胜书，苟有舆论以质其后，始虽小小失败，率未尝以

15

失败终，倒如某事某事，其尤著已，况今日之外交当局者，固世界列强争推为经验最富、手腕最敏之大人物乎？

窃意是书一出，舆论必由之而唤起，于是政府之远猷，国民之舆论，相与有成，俾我东西四百里，南北四百七十里，大小略等台湾之间岛，竟能完璧以归，以保障我朝长白山发祥重地。此则吾侪刊布之微意，并愿我朝野爱国诸彦采及刍荛者尔。

光绪戊申七月在沪付梓时识。

希望立宪者其失望矣

（1911 年 7 月 9 日）

呜呼！吾国民其犹要求政府之立宪乎？其犹希望政府之预备立宪乎？呜呼！吾国民之大梦其犹未醒耶？是亦不可以已耶？

夫立宪之根本，孰有大于宪法者？立宪之精神，孰有在于立法机关之作用与责任政府之组织者？天下岂有虚悬一宪法于此，政府不必遵法，徒贵人民之服从，而犹谓之立宪者乎？又岂有立法机关之作用与政府之组织不合宪法政治之原则，而犹谓之立宪者乎？事人试观北京政府近日之举动，其果若何矣。

资政院者，虽不必有立法机关之实，然设立之始，非明明经敕裁而定为议院之基础者耶？其章程上之职掌曰（第十条）"议决国家岁出入预决算事件及税法公债"也，曰"议决新定法典及嗣后修改"也（但宪法不在此限），曰"奏陈行政大臣侵夺权限违背法律之事"也。此数者，非又以煌煌之法律所赋予而不可抹杀者耶？乃顷者彼辈一切举动，无不侵夺资政院之权限，即以公债一项论，已足以见其他而有余。日本、丹麦前后四国之借款，照章固非交资政院议决不可者也，而政府悍然行之，不闻有一定之通告，及乎舆论不服，请开临时会，则假上谕，悍然号于众曰："借款非紧要事件，著毋庸议"。至于近日，又恐资政院于开例会时攻击己等，则更议修改院章，而专以内阁总协理与正副总裁任其事，道路相传，皆谓将制限资政院之弹劾权。夫院章明明有其规定，而彼辈偏不遵守，独断独行，其心目中尚有所谓法律乎？请开临时会，则以非紧要事件一语搪塞，

17

唯知有院章第三十三条，而第十四条议决公债之文则不提及，一若忘却者然，市井小人亦不至狡诈无赖如此，其尚得谓为有国家主权者之气象耶？修改宪章，原无何等已成之规定，然资政院既为议院基础，立宪国议院法之修改，固夫有不经议院自身之议决者，则院章之修改，使资政院自身得协赞之，固立宪国所以保立法神圣之道而必不可少者，而彼辈竟专委之于一二家奴，不使国民丝毫参与其间，其暴戾无道，不合立宪精神为何如者？噫！此等现象，而犹望其尊重立法机关之作用，以成立宪政治，其不谓之痴人说梦其可得乎？

暂行内阁之组织，其不合乎立宪之原则，已不必论，咨议局联合会再三陈情，力攻皇族内阁之不宜，其持论甚正大，而所以为皇族谋者亦可谓甚忠，使彼辈而稍有立宪之诚意者，则当如何力悔前非，下罪己之诏，另荐贤能，组织内阁，以收人心，痛除积弊，实行庶政公请舆论之前谕，方可以对国人而伸大信，乃彼辈不是之顾，始则欲以夙所惯用之留中法以避舆论之锐锋，继则知此法不行，乃勉强厚颜以宣言曰："朝廷用人，审时度势，一秉大公"。夫今之时为何时？今之势为何势？必此昏庸贪残之皇族组织内阁，而后能御大灾扞大患耶？若有他贤能居内阁者，又反将不宜于今之时与势耶？吾不知所秉之大公果为何也。夫果知审时度势者，则今之时势，岂犹是在上者搬门弄斧以门面语压人之时势乎？而奈何不一揣量，竟觍然志之，而毫不知人间有羞耻事也？呜呼，其横蛮无理，吾不知较极野蛮之专制国为何如！而犹冀其鉴谅愚诚，顺从民意，以设真正之责任政府，是真所谓缘木求鱼之类也。

尤可笑者，彼辈动辄假口宪法大纲，以为抵御舆论之一大武器，前者既屡次不伦不类用以压制国会请愿与其他各种之要求，此次联合会之反对皇族内阁，彼辈复用此武器以为对付，其上谕曰："黜陟百司，系君上大权，载在先朝钦定宪法大纲，并注明议员不得干预。值兹筹备立宪之时，凡我君臣上下，何得稍出乎大纲范围之外（中略）？尔臣民等均当懔尊钦定宪法，不得悉行干请，以符君主立宪之本旨"。大哉王言，其荒唐可谓蔑以有加，今试陈之。夫宪法大纲是何物者？其抄袭东邻岛国半专制之宪法条文而又谬以己意增减之，处处卤莽灭裂，作外行语，已为通人所不齿，果真欲立宪者，将拉杂摧烧之不暇，有何面目引为御侮之具耶？其荒谬一也。即使宪法大纲果善，然在今日果为已施行之法典否乎？昔者德宗景皇帝不过为将来真正宪法编定时示之准则而发布此大纲，且诏宪法未颁前，悉遵现行制度（光绪三十四年八月初一上谕），是宪法大纲今日并未有施行之效力，未有效之法典只可视为故纸，何得强人民以遵从乎？其荒谬二也。且即就大纲言，亦不得以联合会所请为干预黜陟权，大纲所规定者，只谓议员不得干预，此议员乃指将来之国会议员而言，今之咨议局联合会者，非国会议员也，其陈请亦非以议员之资格，而实以普通人民之资格，与去岁之请愿国会正同，不得以宪法大纲有议员不得干预之文，遂以加诸该会也。其荒谬三也。宪法大纲固为君民上下所应共守，然试问君若上者果已遵守无少违乎？大纲第十条所谓司法权不以诏令随时更改者，今何如耶？第十六条所谓臣民言论、著作、出版、集会、结社均准自由者，今何如耶？第十七条所谓臣民非按照法律不加以逮捕监禁处罚者，今何如耶？第十九条所谓臣民之财产居住无故不加侵扰者，今何如耶？躬自薄而厚责于人，吾不知以何服天下。其荒谬四也。又谓臣民不率行干请，以符君主立宪之本旨，其意盖谓干请便非君主立宪，又为可笑。立宪国臣民非有请愿之一法乎？即我朝国法亦许人民上书言事，何得谓组织内阁不得请愿耶？其荒谬五也。要之，宪法大纲实为彼辈装腔作势抵御人民之利刃，其之言动合此与否，则未尝顾虑，故动辄无理，而彼辈亦恬然不以为怪，要其不晓立宪精神，无真诚立宪意思，唯知倒行逆施之结果有以致之耳。

　　吾如是而得断案焉，曰：立宪者，绝非现政府之所得成者也；现政府之所谓立宪，伪也，不过假之以实行专制者也；其所以设资政院，立内阁，非以立宪国之立法机关与责任政府视之者也，故其所以对付资政院之权限与内阁之组织者，亦不得责以立宪之原则者也；其所谓宪法大纲者，不过欺人之门面，赖人之口实，万不可信者也。立宪者，绝非现政府之所得成者也。呜呼！吾国民之大梦，其尚未醒耶？吾国民而果欲真正之立宪者，其逮纳贷价，勿用彼廉贱不值一钱之要求方法矣。

社会改良会宣言

（1912 年 2 月 23 日）

　　自吾人企画共和政体以来，外人之觇吾国者，动曰程度不及。今共和政体定矣，吾人之程度果及与否，立将昭揭于世界。人之多言，于吾无加损也，而吾人不可以不自省。盖所谓共和国民之程度，固不必有一定之级数，而共和思想之要素，则不可以不具。尚公德；尊人权；贵贱平等，而无所谓骄谄；意志自由，而无所谓徼倖；不以法律所不及而自恣；不以势力所能达而妄行，是皆共和思想之要素，而人人所当自勉者也。我国素以道德为教义，故风俗之厚，轶于殊域，而数千年君权之影响，迄今未沫，其与共和思想抵触者颇多。同人以此建设兹会，以人道主义去君权之专制，以科学知识去神权之迷信，条举若干事，互相策励，期以保持共和国民之人格，而力求进步，以渐达于大道为公之盛，则斯会其嚆矢矣。

同盟会本部总务部通告海外书

（1912 年 8 月 13 日）

干事诸君公鉴：陆续接到报告，知海外同盟会之组织皆诸君子伟力，不惟吾党之幸，亦国家之福也。愿诸君子益加振作，使吾党发展于无穷，岂不盛欤？顷者，本会以统一共和党、国民公党、国民共进会、共和实进会四党与本会宗旨相同，业经合议，各举代表会议，决定合并，改组为国民党，设筹备事务所，研究规约。其议决大纲如左。

（一）**党名**：国民党。

（二）**宗旨**：本党以巩固共和，实行平民政治为宗旨。

（三）**党纲**：

（甲）保持政治统一；

（乙）发展地方自治；

（丙）励行种族同化；

（丁）采用民生政策；

（戊）维护国际和平。

（四）**组织**：取理事制，但由理事中推一人为理事长。以上大纲如此。其中细则，均定于规约之中，一俟五党筹备员协商停妥，即行详告。民国政党，其大者为同盟会、共和党，与现与本会合并之四党。六党中，尤以同盟会、共和党为最大。然统一共和党虽不及同盟会、共和党之大，而在政界上颇占有实力，故同盟会、共和党、统一共和党三党鼎足而三。同盟

会之反对党为共和党，往往以言论攻击，见诸共和党机关报上者，不一而足。统一共和党中立无所倚，为汉则汉胜，为楚则楚胜。共和党畏之，久谋与之合并，特其党人大半为同盟会会员，数议不协。今见其与同盟会合并，嫉之尤甚，由种种方面破坏之。其间不容发，幸告成功，亦足以为庆也。但国公党、国民共进会、共和实进会，亦民国最发达之政党。然自斯而后，民国政党，唯我独大，共和党虽横，其能与我争呼？当筹议合并之时，同人拟电告之海外各部，嗣以电费不赀，又不能详达委曲，恐诸君有不得尽其所欲闻之憾，用特函布，务望诸君照此大纲筹划改组之法，一俟细则议定，即行通告。

代草国民党大政见

（约 1913 年 3 月）

　　吾人曩者大革命之目的何在乎？日推翻不良之政府，而建设良政治也。今革命之事毕矣，而革命之目的则尚未全达，是何也？不良之政府虽倒，而良政治之建设，则未尝有也。故民国成立已届年余，而政治之纷扰，无一定策画如故也，政治之污秽，无扫荡方法如故也。以若斯之政府，而欲求得良善之政治，既不可能，亦不可望矣。则吾人今日所负责任，当继是进行，以赴吾人大革命最终之目的，努力从事于良政治之建设，而慰国民望治之热心，则所不能辞也。

　　今有将倾覆之大厦焉，居者知危象之日著，非补缺救隙所可将事也，乃共谋破坏之，而为永固之建设，则其目的非仅在破坏之成功，而在永固之建设可知也。及至破坏既完，乃不复殚精竭虑为永固建设，使第成形式，即为已足，风雨一至，其易倾覆，固无异于曩时也。此苟安之计，非求全之策也。而今日民国之现象则如是也。故吾人今后之进行，当觉悟于吾人目的之未达，本此现具之雏形，而为一木一石一椽一栋之选择，坚筑基础，确定本干，则庶幾大厦之建设乃完成，而始不违破坏之本意也。

　　夫今日政治现象即错乱而无头脑，而国民意思亦无统系条理之可寻，则建设良政治之第一步，首宜提纲挈领，发为政见，公布天下，本此纲领以为一致之进行，则事倍功半之道矣。吾党此届选举已占优胜，是国民所期望吾党者殷，而吾党所担负责任者重。爰举关于建设之大纲，以谋良政

23

治之实现，吾党君子，其本此而奋励其进行焉。

一、对于政体之主张

（一）主张单一国制单一国制与联邦国制，其性质之判别，尽人能知，而吾国今日之当采单一国制，已无研究之余地。临时约法已规定吾国为单一国制，将来宪法亦必采用单一国制，自不侍言。唯今尚多有未能举单一（国）制之实者，故吾党不特主张宪法上采用单一国制，并力谋实际上举单一国制之精神。此本党对于政体主张者一。

（二）主张责任内阁制责任内阁制之精义，世之阐明者已多，无俟殚述。盖责任内阁制之要义，即总统不负责任，而内阁代总统对于议会负责任是也。今吾国之现行制，责任内阁制也；然有责任内阁制之名，而无责任内阁制之实，故政治因之不举。吾党主张将来宪法上仍采用责任内阁制；并主张正式政府由政党组织，内阁实行负责任；凡总统命令，不特须阁员副署，并须由内阁起草，使总统处于无责任之地位，以保其安全焉。此本党对于政体主张者二。

（三）主张省行政官由民选制以进于委任制吾国省制，行之数百年，已成为一国政治上之重心。将来欲谋吾国政治之发达，仍不得不注重于省行政。省之行政长官，历来皆为委任制。将来地方制度，既不能不以省行政长官为官制行政之机关，则省行政长官须依旧采用委任制，亦事理之当然。唯各省自反正以来，其行政长官之都督，由地方人民选举，行之既久，其以下各机关，亦大都由地方主义而组织、而任用者甚多，且军政、财政上之关系，亦无不偏重于地方：若遽以中央委任之省行政长官临之，其无生疏扞格之弊者几希，甚或因是以生恶因于将来预定之委任制焉，亦未可知。故吾党主张以省长委任制为目的，而以暂行民选制为逐渐达到之手段。此本党对于政体主张者三。

（四）主张省为自治团体有列举立法权在单一国制，立法权固当属诸中央。然中国地方辽阔，各省情形各异，不能不稍事变通。故各省除省长所掌之官治行政外，当有若干行政必须以地方自治团体掌之，以为地方自治行政。此自治团体对于此等行政有立法权，唯不得与中央立法相抵触。至于自治行政之范围，则当以与地方关系密切之积极行政为限。其目有六：（1）地方财政；（2）地方实业；（3）地方工程；（4）地方交通业；（5）地方学校；（6）慈善公益事业。皆明定法律，列举无遗，庶地方之权得所保障。此本党对于政体之主张者四。

（五）主张国务总理由众议院推出临时约法规定，国务员须得参议院同意。其事行之多所窒碍，固亟宜修正者。然吾人既主张责任内阁制，则尤希望此制之实现。欲此制实现，则莫若明定宪法：国务总理由众议院推出。考英国为行责任内阁制之国，虽无明定国务总理由国会推出之宪法，然英宪法为不成文法，其习惯则英王所任命之国务总理，例为下院多数党之首领，不可移易，实不啻由下院推出，且不啻宪法中有此明文。盖必使国会占多数之政党组织完全政党内阁，方举责任内阁之实。而完全政党内阁，则非采用此法，不能容易成立也。故吾党主张宪法中规定国务总理由众议院推出，以促责任内阁制之容易成士。其他国务员，则由总理组织之，不须国会同意。此本党对于政体主张者五。

二、对于政策之主张

（一）主张整理军政今日处于武装和平之世，对外方面，军备亟须扩张，然扩张军备，当自整理军政始。盖扩张军佣之举，须待诸三四年后；而今日入手方法，则在整理军政。军政整理有序，而后始有扩张可言也。整理军政方法：一曰划分军区。于行政区域之外，别划分全国为数大军区，独立处理军事，使军民分治易于实行。一曰统一军制。今奋省军队之编制亦至不一，分歧错乱，非军事所宜。故当使全国军队接一定之编制，俾军事归于统一。一曰裁汰冗兵。军事虽应扩张，而冗兵则不可不裁。盖

兵佣贵精，其操练不勤、老弱无用者，理宜一律裁尽也。冗兵既裁，然后于其强壮者训练纯熟，使之成军，始可为扩张基础。一曰兴军事教育。欲扩张军备，则当求良好之将校。吾国今日将校人才异常缺乏，故此数年中亟宜振兴军事教育，以养成一般将校人才。一曰扩充兵工厂。吾国今日军佣上最大缺点则为器械不足，兵工厂只有数所，而制出品为数亦微。今日即欲扩张军备，然无器械，与徒手何异？故宜极力扩充兵工厂，先使器械丰富。此数者皆本党整理军政之计划，而本党对于政策所主张者一。

（二）主张划分中央地方之行政欲划分中央与地方之行政，须先明中央与地方之区别。中央为全国行政主体，即中央政府是也。地方为一区域之行政主体，而在中央下者有二：（1）地方官治行政主体，即地方官；（2）地方自治行政主体，即地方自治团体。如是则可知地方自治团体与地方官治主体之区别，即划分中央行政与地方行政及中国宜采之制度，有三要义焉：一曰中央行政消极的多，地方行政积极的多也；一曰中央行政对外的多，地方行政对内的多也；一曰中央行政政务的多，地方行政业务的多也。既明乎是，则当知地方分权，本不问官治、自治。今世人所谓地方分权，皆指地方官治言，而地方分权，实与地方自治不同，吾人不重在地方分权，而重在地方自治也。本此定义，中央之行政权宜重，以政务之性质与便宜，分配于中央与地方，而中央则统括的，地方则列举的。故本党所主张之划分如左：

（1）中央行政由中央直接行之。其重要行政：曰军政〔一行政、二事业〕，曰国家财政，曰外交，曰司法，曰重要产业行政〔如矿政、渔政、路政、垦地〕，曰国营实业，曰国营交通业，曰国营工程，曰国立学校，曰国际商政〔移民、通商、船政〕。

（2）地方行政分二种：一曰官治行政，一曰自治行政。官治行政，以中央法令委任地方行之，其重要行政：曰民政〔警察、卫生、宗教、户口、田土〕行政，曰产业行政，曰教育行政。若自治行政，地方自行立法，其重要行政：曰地方财政，曰地方实业，曰地方交通业，曰地方工程，曰地方学校，曰慈善事业，曰公益事业。此划分之大较也，而本党对于政策所主张者二。

（三）主张整理财政中国财政棼如乱丝，久言整理而终无整理之望者，固由于不得其人，而亦以整理之非道也。整理财政之道若何？试约举之：一曰励行会计制度。订会计法，立会计机关，为严密之预算决算，并掌支纳，以尽祛浮滥之弊。一曰统一国库。现在国库久不统一，宜将国家岁入悉统一于国库，于中央设总库，于地方设支库，他机关不得代其职权。一曰设立中央银行，集中纸币发行权。吸（收）各地官银局，立一规模宏大之中央银行，复集中纸币发行权于中央银行，其私家银行及地方银行不得发行纸币，使中央银行有支配全国金融界之能力。一曰整理公债。今日公债信用不坚而利息则厚，且中央公债与地方公债担负不清，尤非所宜。此后当酌量情形，其应归诸中央者，则中央完全担负之；其应归诸地方者，则地方完全担负之。其利息过重者，则换借之；其有公债之必要者，则新发之。一曰划定国费地方费。今者何为国费，何为地方费，殊不明晰。宜接国家行政与地方行政之划分，地方自治经费为地方费，馀者则皆为国费，属于中央，统一于国库。一曰划定国税地方税。此项划分，当依国费地方费为标准。事实上宜为地方税者，则为地方税；事实上宜为国税者，则为国税。划分之后，有应增加新税者，有应裁去旧税者〔如厘金之类〕，总以有利无害为前提。一曰改良币制，行虚金本位。中国币制欲求实际达改良目的，当采金本位制。然事实上有所不许，盖中国金极少而银极多，若骤改金本位，则大宗废银无可息纳，必蒙巨大之损失。莫若先采虚金本位制，定一定之价格，以为国际汇兑，国中仍以银币为国币，使无生无意识之涨落，以渐期达于能行金本位之时代。此数者，皆本党整理财政之计划，而本党对于政策所主张者三。

（四）主张整理行政整理行政最先之方法，而今后亟须本之进行始可收整理之效者，约五大端：一曰划分中央与地方官之权限。从来中央与地方官权限多不明晰，权限亟应划分，行政始可着手。若军政、若国家财

政、若外交、若司法行政、若矿业行政、若拓殖行政、若国际商业行政、若国有交通业、若国有实业、若国立学校、若国家工程等，宜为中央各部所直辖，或于各省特立机关掌之，地方官不复过问。若警察行政、若卫生行政、若户口行政、若田土行政、若宗教行政、若礼俗行政、若教育行政、若产业行政等，宜为省行政长官所掌，由中央以法令委任之。夫如是，中央与地方官之权限乃可无虞其冲突。一曰汰冗员。现用人行政，大率为人择事，并非为事择人，故各机关冗员异常众多。故宜严定职掌，凡属冗员，务期汰除净尽而后已。一曰并闲署。现在财政支绌，多一机关即多一消费。然为便利政治进行，则机关固有不可不立者。唯闲署处于无用之地，可裁则裁，可并则并，以节国费。一曰励行官吏登庸考试。今日任用官吏，往往用违其学，或毫无学识仅有私人吸引者，故政治日趋腐败。故宜励行官吏登庸考试，庶得各尽所长，而真才易得。一曰实行惩戒官吏失职。前此官吏之纵肆无忌而今亦不免者，以官吏虽失职而不能惩戒于其后也。故欲政治修明，非实行惩戒官吏失职不可。是二项均须专立考试及惩戒机关，而以法律为之保障，以免为官吏势力所摧残。此数者，皆本党整理行政之计划，而本党对于政策所主张者四。

（五）主张开发产业　中国今日苟欲国强，必先致富。以国内贫乏之状况，则目前最亟之举，莫若开发产业。第举首宜进行者数端：一曰兴办国有山林。中国有最佳最大之山林，政府不知保护兴办，弃材于地，坐失大宗利源。今农林既特设专部，则国有山林宜速兴办也。一曰治水。中国本农产国，然以人力不修，时遭水患，以致饥馑频闻。令欲（国）民元气之回复，农产物之发达，则为治水。一曰放垦荒地。以未辟荒地放于人民，实行开垦，以尽地利。一曰振兴矿业。中国矿产有十之八九尚未开掘，非民间物力有限，不能开掘，实政府保护不得其道。故今后宜特提倡或保护主义，使之振兴。一曰奖励仿造洋货工业。工业窳败，由来已久，其当奖励者固不止一端，而仿造洋货工业，奖励尤宜力。盖外货充塞，母财流出日多，故须亟提倡仿造，以为抵制。一曰奖励输出品商业。今世界列强皆以工商立国，商战日烈，吾国当其漩涡中，输入之额超过输出之额，不亟奖励输出品商业，行将坐毙。此数者，皆本党开发产业之计划，而对于政策所主张者五。

（六）主张振兴民政民政之事，当为中央委任地方办理。其振与之道，又得而言：一曰整顿警察。警察为保持地方治安，须切实整顿，并普及于各地，使军队专事对外。一曰励行卫生。中国地方卫生素不讲求，以至厉疫时起，民生不宁；故宜励行卫生，谋人民幸福。一曰厘正礼俗。社会之良否，系于礼俗之隆污，故敝礼恶俗务宜厘正，以固社会根基。一曰调查户口。往日调查户口，多属敷衍，尚无确数，令后宜再行切实调查。一曰励行地方自治。中国地方自治向不发达，如地方自治范围中，地方学校、地方实业、地方财政、地方交通业等，均须励行。此数者，（皆）本党整理民政之计划，而本党对于政策所主张者六。

（七）主张兴办国有交通业交通事业，其属于完全商办者无论已；若国有交通，则政府急宜兴办，责无可辞。其应兴办者：一曰急办国有铁道。建筑与实业固有极大关系，而于军事上国防上亦属紧要，应酌量现状，审其缓急，急办国有铁道。一曰整理电信，一曰扩充邮信。电邮二者，虽久举办，然或未完善，或未普及，故宜切实整理而扩充之。一曰兴办海外航业。列国皆谋于海上称雄，而我一蹶不振，不特海军之不足数，而外海航业亦极幼稚，故首宜振兴外海航业，以发达商务。一曰整理铁路会计。中国铁路会计弊端丛生，欲尽蠲诸弊，宜使铁路会计机关独立，严立预算决算，并与办交通银行等。此数者，皆本党与办国有交通业之计划，而本党对于政策所主张者七。

（八）主张振兴教育教育为立国根本，振兴之道，不可稍缓。其今日所亟宜振兴者，一曰法政教育，一曰工商教育，一曰中学教育，一曰中小学师范教育，一曰女子教育。法政教育，所以使国民多得政法常识；工商教育，所以输进工商新知识，发达工商；中学教育，为小学之模范，大学之基础；中小学师范教育，所以为普及教育之第一步，而养成师范人才；

女子教育，所以增进女子知识，发达女权。此数者，皆本党振兴教育之计划，而本党对于政策所主张者八。

（九）主张统一司法司法为三权之一，亟宜统一。其今日统一方法：一曰划一司法制度。各省司法制度并不一律，宜实行四级制，使各省归于统一。其未设裁判所地方，亦须增设。一曰养成法官律师。盖增设裁判所，则今法官尚飞缺乏。一面养成法官，并设法保持法官地位，俾司法得以独立；一面养成律师，以保障人权。一曰改良监狱。中国监狱制度极形野蛮，今宜采仿各文明国监狱制度，极力改良。此数者，皆本党统一司法之计划，而本党对于政策所主张者九。

（十）主张运用外交当吾国之积弱，非善运用外交，不足以求存，然欲运用外交，非具世界之眼光，不足以尽其用。中国向来外交无往而不失败，盖以不知国际上相互之关系，一遇外人虚声恫吓，即唯有让步之一法，是诚可伤者也。外交微奥，有应时事发生者，未可预定，亦难于说明。唯外交方针，则可约略言之：一曰联络素日亲厚之与国。今国于世界孤立无助，实为危象，故必当联络素日亲厚之与国，或缔协约，或结同盟，或一国，或数国，俱为当时之妙用。一曰维持列国对我素持之主义。吾国现势，非致力对外之时，故宜维持列国对我素持之主义，使之相承不变，而得尊心一意于内政之整理。此数者，皆本党运用外交之计划，而本党对于政策所主张者十。

总上所述，皆本党所主张，提纲挈领，略得其凡。苟本是锐意进行，则良政治可期，国利民福之旨可达。国民若赞成吾党所陈之政见，则宜拥护吾党，以期实行。吾党所抱之主张，唯国民审择之焉。兹第叙其概略，欲知其详，请俟专篇。其不过于重要之问题，亦不佃述，非忽略也。

演 讲

在参议院宣布政见演说词

（1912 年 5 月 13 日）

适顷唐总理演说之政见，其关于教育、实业、交通等者，为当取渐进主义。鄙人固同抱此见，且以为关于逐林政策，尤不得不然。语曰"十年树木"，其明证也。故鄙人对于农林一项，拟以十年为期，定国家施政之大方针，并逐渐实行。夫吾国以农立国，农业之发达，颇有可观，然较之各文明国有不及者，国家关于农业之施政缺乏也。农业纯为生产事业之一，当以增加其生产力为要着。今后政府拟即以此为主义，而行种种之政策，并一以增加土地之生产力为主，而副以设备。关于农业之金融、教育等各种机关，为助长生产力，增加土地之生产力，其策有三：一曰垦土地，东西南北，土地荒废者不少，拟由政府定奖励保护之法，使人民开垦，其方针以注重农民自行经营而政府辅助之为主；一曰修林政森林之利益，已无待赘言，东北边地，宜用消极的方法，中原腹地，宜用积极的方法，均拟以新式之技术，兴修水利工事，先除害，而兴利继之。中国农民之缺点，以乏于经营农业之资力及知识为甚，故拟设立拓殖之金融机关，劝农之金融机关，以辅助农民之资力；设立学校及其他教育机关，为试验场等，以增长农民之知识。以上诸事业，按诸中国国力，颇有不能负担之势，然此皆为生业的事业，酌量输入外资，以为挹注，亦无不可。经营之法，不可不有次第，拟分数期，逐渐举行，第一期则行调查之事，第二期则定诸制度法律及诸行政机关，至于实施各事，在第三期以后矣。有不逮处，尚望诸君教正。

国民党湘支部欢迎会演说词

（1913 年 1 月 8 日）

今日承本党诸君欢迎，鄙人实不敢当。唯党员须常常相见，以便交换知识，故兄弟此次回乡，极欲与诸君接洽，今得聚此，甚为欣幸。顷部长谓今日建设未有完善，实非革命初心，兄弟极以为然。今且将本党责任与国家关系略为诸君述之。

现在民国未经各国承认，于国际上非可谓之成立，然其原因，则内部未能整理之故也。国民党为同盟会所改组。同盟会成立于乙巳年，时在东京。黄克强先生主张实行，故有广东、云南等处之起事；然因财政困难，屡次失败。自从广东兵变之后，渐知新军可用，故广州之役欲联新军。然仓猝之间，死事者多，咸谓当改变方法，乃在上海设立中部同盟会，谭君石屏、陈君英士及兄弟主持其事。鉴于前此之失败，乃共筹三策：一为中央革命运动，推倒政府，使全国瓦解，此为上策，然同志都在南方，北京无从着手，此非可易言者；一在长江流域同时大举，隔断南北，使两方交通断绝，制政府命脉，此为中策，然此等大举，布置不易；一在边省起事，徐图中原，然前此用之失败，斯为下策。三策之中，将谁适从？则新军如可为用，财政有人接济，中策自属可行。故阴历去岁筹款南洋，运动鄂军，遂能集事。恐满政府之倾北兵以至，则在山西布置，以牵制之，守武胜关、断黄河铁桥，以梗塞之；恐势力单薄，则南联湘省，东联宁军，以左右之。原拟预完善，方在武昌发难，因黄先生病在香港乃派谭先生与兄弟往鄂。适鄂省炸弹轰裂，事机败露，不得已而仓猝举事。时孙武炸伤，居正乃推黎副总统主持一切。然因布置未善，北军卷地而来，遂至屡挫。幸湖南首先响应，得为后援。然汉阳之失，外人讥诮，心已北倾。南京光复之后，民军始振，顾其时出师援应者，仅有湘粤两省。幸袁总统深明时局，方能刻期统一。

今民国虽成立，然破坏未极，人心上之旧习未能乘势革除，譬犹疮毒尚存，遽投以生肌之药，必不能全愈也。现在外交、内政均无可言。以言内政，则第一财政困难，拟借外债，财政又被监督。所有一切行政，在湖南尚好，社会安宁，军队亦已退伍；他省则军队犹然林立，据陆军部调查，较前清时增至七八倍。此等军队不独难以征蒙，且多有危害地方者。又民间产业凋敝，出口货少。种种现象，言不能尽，如此而欲富强，不綦难乎？以言外交，则俄蒙协约之问题不能解决，将无宁日。然其原因实因内政不能进行，以致险象环生，群思剖割。

为今之计，须亟组织完善政府，欲政府完善，须有政党内阁。今国民党即处此地位，选举事若得势力，自然成一国民党政府。兄弟非小视他党，因恐他党不能胜任，故不得不责之国民党员。国民党之党纲，第一，统一政治。今当谋国家统一，毋使外人讥为十八国。第二，地方自治。第三，种族同化。今五族内程度文野不齐，库伦独立实由于此，欲求开化，非国民党不为功。第四，民生主义。曩者他党多讥为劫富济贫，此大误也。夫民生主义，在欲使贫者亦富，如能行之，即国家社会政策，不使富者愈富，贫者愈贫，致有劳动家与资本家之冲突也。第五，维持国际和平。方今民国初立；创痍未瘳，以言剧战，实非易事，唯俄蒙问题，则不得不以强硬手段对付之。总之，今之要务，在整理内政，为党员者均当负责。孔子曰："当仁不让于师"。况湖南人作事勇往为各省冠。此次选举，须求胜利，然后一切大计划皆可施行。此兄弟之所希望于本党诸君者也。

国民党鄂支部欢迎会演说词

（1913 年 2 月 1 日）

中华民国，是本党同志在孙中山先生领导之下，不避艰险，不恤任何牺牲，惨淡经营，再接再厉，才能够缔造起来的。不过民国虽然成立，而阻碍我们进步的一切恶势力还是整个存在。我们要建设新的国家，就非继续奋斗不可。以前，我们是革命党；现在，我们是革命的政党。以前，是秘密的组织；现在，是公开的组织。以前，是旧的破坏的时期；现在，是新的建设时期。以前，对于敌人，是拿出铁血的精神，同他们奋斗；现在，对于敌党，是拿出政治的见解，同他们奋斗。我们此时，虽然没有掌握着军权和治权，但是我们的党是站在民众方面的。中华民国政权属于人民。我们可以自信，如若遵照总理孙先生所指示的主义和方向切实进行，一定能够取得人民的信赖。民众信赖我们，政治的胜利一定属于我们。

世界上的民主国家，政治的权威是集中于国会的。在国会里头，占得大多数议席的党，才是有政治权威的党，所以我们此时要致力于选举运动。我们要停止一切运动，来专注于选举运动。选举的竞争，是公开的，光明正大的，用不着避什么嫌疑，讲什么客气的。我们要在国会里头，获得过半数以上的议席，进而在朝，就可以组成一党的责任内阁，退而在野，也可以严密监督政府，使它有所惮而不敢妄为，应该为的，也使它有所惮而不敢不为。那么，我们的主义和政纲，就可以求其贯彻了。

现在接得各地的报告，我们的选举运动，是极其顺利的。袁世凯看此情形，一定忌尅得很，一定要钩心斗角，设法来破坏我们，陷害我们。我们要警惕，但是我们也不必惧怯。他不久的将来，容或有撕毁约法背叛民国的时候。我认为那个时候，正是他自掘坟墓，自取灭亡的时候。到了那个地步，我们再起来革命不迟。

国民党交通部公宴会演说词

（1913 年 3 月 18 日）

　　兄弟听同志诸君演说，一切重大问题，已阐发无遗，但略贡数言，以为结论。愿与同人共勉之。吾党昔为革命团体，今为政党，均同一为政治的生活。就先后事实上说，革命党与政党，本非同物，然就性质上说，革党与政党，其利国福民，改良政治的目的，则无不同。故本党今昔所持之态度与手段，本不相合；然牺牲的进取精神，则始终一贯，不能更易也。就吾党与民国政治上之关系而言，不过昔日在海外呼号，今日能在国内活动；昔日专用激烈手段谋破坏，今日则用平和手段谋建设。今者吾党对于民国，欲排除原有之恶习惯，吸引文明之新空气，求达真正共和之目的，仍非奋健全之精神一致进行不可。至于先定宪法，后举总统，本光明正大之主张，不能因人的问题以法迁就之，亦不能因人的问题以法束缚之。吾人只求制定真正的共和宪法，产出纯粹的政党内阁，此后政治进行，先问诸法，然后问诸人。凡共和国家存在之原理，大抵如此。吾党现今应有之党略，亦当依此方针，以谋稳健之进行。

日 记

开国纪元四千六百零四年〔公元 1906 年〕

十月

三日 大雨

早餐后，与同居人戏投球盘良久。时腹猝然疼，乃问看护妇长以何法治之？彼与余以散药，服之即愈。写一片致宋海南，索债也。下午三时，冒雨至振武学校访陈伟臣，坐谈良久。伟臣言吾乡景态均与昔日无异，一点新机皆无，欲作事，无论从何方面均难下手，唯从教育上或稍较容易耳云云。又晤江浴岷，因时迟，未及多谈，遂辞去。六时，乘汽车至上野，在一古书店见有《四书讲义》一部及《羽翼原人论》，乃唐时僧宗密所作，而日本僧圆通禅师为之解者也，遂购之。复见其店内罗列古书甚多，遂问其主人，谓余有多种古书欲购，君可代为搜集否？彼云可。余乃告以后日当开书目单持来，彼诺焉。七时，至停车场待车良久，八时始回院。时看护人将睡，夕餐已无，余乃只询得药物服之而已。有一姓大石者，乃殷勤问余果不饿否，我可具膳来食之。余见其甚有善意，遂应之，乃得食焉。时，夜雨滴窗，一灯独坐，不觉自怨自恨，今日何必为此恐失小信之事而

外出，以致饮食起居之节皆乱，亦甚无谓之至也。时又接得李和卿来一函，乃直接由伊处送来者，盖星次已告以余居处也。余甚怨星次背约，既而思之，大义灭亲，人所难为，亦不足责人也。乃观其信，始谓余不达观，次则谓己犹未医病，次则向余索金十五元，次则言熊秉三已到省，欲函催其寄《大英百科全书》价金，而问余以数目，次则己官费已准出缺即补云云。

五日　雨意〔竟日〕

晨起，习哑铃体操良久。早餐后，写致兄长信，大略劝其孝事母亲，力戒洋烟，善待宗族邻里等语，唯末言及办吾族中一房小学堂事，必须慎重，必须请一通达学务之人商之而后可，或邀文卿至县中访罗力中，请商之县令派一委员下乡，或律中自荐一人来以总学务上之成，而一切事务则举吾房中人办之可也云云。下午，写致董特生一信，询《清国行政法》，佐国学讲义略说事，又写一信致章枚叔，言担任宋明理学讲义之责决不敢承诺，一则教仁虽有志研究，而至今尚未得要领，不敢入切磋之席；一则此座须素服膺此学躬行实践而素为人所仰望者，方可担任，教仁实不能当此也云云。末又谢其教○示“法”○字形义，且言法字实与希腊、犹太、西藏、蒙古、日本皆有言语学上及考古学上之关系（即前日所录佐佐木安五郎之说，而间以附以己意者）。受院长诊察一次，院长言切不可写字读书，夜间尤戒，迫不得已，则每日读书写字必不可过四时间：上午二时间、下午二时间已足矣。余觉其言甚中吾弊，吾近日来为信件事颇过于多写也，遂拟以后须再定一每周间动止表焉。夜，观《石头记》，未数页，心闷，遂就寝。未及半夜忽醒，觉左腋甚痛，余不甚以为虑；良久，忽身体发抖，如疟疾然，而腋痛更甚。乃起呼看护妇告之，遂有医生来诊视，又良久，以药与余服之，始不发抖，而痛如故。未几，看护妇、医生皆去，吾目不能交睫。时万籁俱寂，唯一灯惨然立余前，窗外雨声时滴，余不觉万感交集。思及吾罹病于异国之不幸，又思及吾前岁在武昌病时亦举目无亲，较此更愁困数倍，又思考吾一身究竟结果如何？吾一身结果与吾祖国时势之关系何如？又思及一身飘泊海外，所谓朋友虽甚多，而真正志同道合者甚少，自顾此身，仍是孤怀独行，俯仰天地，恐终厕身无所耳！心中轴辘上下，悲感不堪，一时泪下如雨，几致失声，约二时间乃稍已，则衾枕皆有湿痕矣。然仍辗转不寐，由悲感更生愁思，直至鸡声唱时，始稍假寐，朦胧间觉随口得诗二联云："四壁虫声急，孤灯夜雨寒。此身愁里过，故国梦中看"。盖近日时读《杜工部集》，诗之观念早入脑中，当愁思之极，亦不觉为半心识之发动也。又良久，天已晓矣。

八日　晴

晨起，周身疲罢不堪，左方自肩及腰并尻骨、两大腿骨内均觉苦困，似痛非痛，似痒非痒，九时后稍好。下午又甚，且加头痛，余甚忧。盖以为脑病愈治愈甚之现象，若欲治好则甚难者也。余昨日犹以为余脑病已愈多矣，前夜之加病或不关于此也。三时顷，愈矣甚，乃睡焉。更觉独自无聊，心中悲感又起，以为若我终身患此病，则我将来必为无用之人；若因此病而殀，则更不能尽力于祖国，平生所立之志皆成梦想。又思及我一人偃息在床，举目不见一同国人，皆因我不喜人到此所致；而究其何以不喜人到此，则皆因我平素观察诸人之为人，无几人真与我志同道合者，其甚者则且为我之魔障者也，故我在病中感觉既易动，心情亦不平，甚厌诸人之到此以扰我安宁也。想及此，涕泗横流，心如刀割。忽日人岛村氏问余何为如此？余言皆我祖国事，君不知者，吾因病而残念，故不觉而泪下也。恍惚间不知经几时许，看护人送晚餐，余不能下咽，退返之，仍卧焉。忽思吴绍先久未得见，何不邀之来将我一切病因及悲感告之，亦或可以稍吐我之郁积乎？乃检电话簿，向巢鸭弘文学院打一电话，良久始达，余述余之意，绍先谓不晓余话，乃罢。余遂写一邮片告之，复就寝，终夜

甚不安也。

阅报，载英国效法国之云南，经营滇、缅境界各处，皆有建造兵营、扩张军备之状，里麻、猛老、猛异、尖高山、猛宁、猛谷、转伦、孟养、我木、庶地各处，皆派遣官宪来驻，专努力经营云云。噫，此种土地面积，合之不下于江、浙之一省，其历史则皆明时历代竭天下之力而征抚之者，今竟如此，亦可伤矣：

清政府立宪之预备，先在改革官制。现在官制已经决定；其中首一条云："总理大臣之任，以皇族充之（下略）。"第三条云："设立上议院，其议员以皇族、贵族及三品以上官为之，下议院则俟民智开发之日，或十年或十五年之后乃设立之。"吾观至此，吾乃益信政府之不能开明专制与立宪也。总理大臣，世界各国有定以皇族为之之宪法乎？况满清之皇族，普通知识昏未一有，甚者则至于不通汉文，游荡淫乱，何能执政权乎？彼等不识外交如何下手，内政如何下手，实业如何下手，教育如何下手，兵备如何下手，理财如何下手，皆长安之轻薄儿而已；纵其中未尝无一二人差强者，然以较之汉人，其优劣为何如乎？永世以此辈总国权；则永世无刷新之一日，且较之以前旧制人多职分犹不如耳，何有于立宪哉！盖此即满洲人讲民族主义之证，而欲其本族永世执政权以压制汉人之策也。上议院即行设立，以皇族、贵族、三品以上官充之，而下议院则须俟十年、十五年之后民智开时乃设立！夫当今民智未开，固中国之不可讳者也；然而均是中国人也，岂有皇族、贵族、三品以上官之智转先开进而有议院资格，而国民反不及者乎？平心论之，均无议员资格，而国民究犹是彼善于此者也。试问皇族、贵族、三品以上官从何处而来乎？亦犹仍是以前之皇族、贵族、三品以上官耳。以前在政府则不能尽心施政，以致须改官制，今乃一旦置之于上议院，则将改过迁善以尽职乎，抑天将启其聪明才力以尽职乎？此真可笑之极也！盖此即政府讲真正专制主义之策，而不欲实行立宪之明证，以压制国民者也。噫，今而后吾乃益知政府之不能开明专制与立宪矣！今而后吾乃益知异族的政府虽能开明专制与立宪，亦吾国民之不利卑！今而后吾乃益知民族的革命与政治的革命不可不行于中国矣！

十日　晴　下午阴

疼处皆稍愈，但觉甚倦。早餐后，乃坐汽车至上野，游览良久，亦觉无趣，乃入图书馆观之，阅其目录有中国古书则抄录之，又借阅数书。下午一时乃出，复坐汽车而回。夜，吴绍先偕李星次来，余遂告以余之病源，并劝伊亦须注意于此。又告以余现在病状。又言余病治好后，余将往乡间僻壤居之，一以避世，一以省钱，而实则专以养病。唯李和卿每月需钱之约，则将告于监督，每月准会长代领十二元，以与和卿，馀则无一事足以缠我矣云。绍先言亦不必如此，只要静心养之而已。又言前日见一书中有一语："凡人欲望不可太大，大则心多用而乱，财神经病起矣。"余闻之爽然，此语实中我之病根也。余一身所欲为之事，所欲求之学，不知凡几。今而后，当删去其不主要者方可也。八时，绍先、星次乃去，余心亦觉爽快，但谈话太多，稍疲倦耳。是夜，安寝。

《昭代丛书》者，为新安张潮所辑，中有宛陵吴肃公《改元考同》，潮为之叙，有云："三代之世，初无年号。当时民伪末滋，书契之用寡，史官纪当年事唯藉甲子。逮孔子作《春秋》，以后代之臣录前代之事，遂有谥法可称，即谓某公元年是也。后世史家遵之为例，而官府文书，民间契券，则必以年号纪之，庶足杜诈伪而妨诈欺。苟非然者，宁不以后甲子误为前甲子耶？"观此，足知三代时纪年唯用甲子，盖非诬矣。余去岁曾主张此说，且谓至战国秦时始有用数字纪年者，与此仅大同小异耳。

十一日　雨

早起甚迟，闷甚。早餐后，陈炳焕监督来一信，谓学务定章只准住三等室，属我转住三等室为要；若欲住二等室，则以后除与三等相当之金

外，均须本人自出云云。余遂写一信复之，谓定此章者不知治病之道者也。病有生理的病，有心理的病，治之亦有生理疗法与心理疗法。故欲筹治病之策，不可徒以经济的政略为计算，须合医学上理法、心理学上理法而计算之，以定规则，使患病者终须痊愈焉而后可者也。末言余不能转居三等，而三等以外之金，余愿自出，但今年困难已极，须请其垫出，明年扣除学费亦无不可云云。下午，受按摩法一次，以后每间日一次也。夜颇安寝。

阅《卫生新报》，言主进化论者，其根据上之证明有四：一、人类与牛马当胎生初之卵子殆无区别，他动物亦然；二、人类之尾骶骨与动物尾同；三、人类之嫉妬〔妒〕愤怒等情之动态与动物同；四、亚洲、澳洲所发见之化石，可以证明太古时两洲本相连接，故当时两洲之动植物皆同样，亦足证也。

十六日　阴

早起甚迟，心甚郁。早餐后，看护妇来，姓大石者也。余睡良久。下午，写一片致杨勉卿，约其来余处一叙。盖余处久为多人所知，而仍欺相识者，甚不可也。观《石头记》至三十五卷，多风雅吟咏之事，余亦无多领会者，盖余亦不甚注意观之也。夕餐后，至东观山眺望，良久而回。夜不安寝，三四时顷，起坐复寐，展转无聊，以至天明。

二十日　晴

早餐后，至院后东观山上游览良久。山侧有一茶亭，余入饮茶，坐以远望，眼光为之一阔，心内甚适。十一时，始回。下午六时，思及戢元臣处译书事，遂坐车至春月馆访之。彼交余以译稿，约十日之内须译成；余答以待商之同译诸人，或能或否，即便复信。八时，回院。

二十一日　阴

写一信致杨勉卿，问其译书事。□□□来，谈良久。余叮咛以此后毋须来此，余不久亦将出院；□□口出愤言，谓："不通往来约以三年乎？抑五年乎？"云云。午餐已具、亦愤不食，劝之再三始食。余不觉大恼其状态，直斥其多讦多诈，并嘱其勿再哓哓以激我气，我病要紧也。亦不听。余见其疑诈怨怒之形益并现。乃置之而蒙被以卧。犹不已。余复垂涕劝其速回去，亦不听。心恼更甚，厌嫌之心亦至极，觉其无一毫怜恤人之心，已无可如何，乃不与复言。然气愤起塞于胸，苦闷之极。直至经院长诊之后，乃稍已。此时则□□复又以善言劝余静养，余亦不辨其真伪。命看护妇为之速雇一车送之乃去。余复卧良久乃起。接陈监督来复余信，谓余所嘱各节（即请其代出入院金正项之外之余费也）均可承认云云。余心甚喜。夜，同居之人五六人均来余室，喧嗔不堪，余托故使之去乃已。夜，安寝。

二十二日　雨

上午，心身皆不爽适，下午方好。观《石头记》至四十五卷，无甚获我心者。为看护妇长书一帖以赠之。夜，不甚安寝。

二十三日　大雨

接杨勉卿片，谓可允译书事。观《石头记》至第四十九卷，亦无甚获我心者，唯觉其作法活动缜密而已。下午，因同居人日日来余室骚扰，余遂对一饶姓者言此辈之不当，意欲传之诸人，自此至夜就寝后，果无一人来。然余自思此亦当为余之病的心理观象也。夜，不甚安寝。

二十七日　晴

早起，往白梅园眺良久而回（园中植梅甚多，以备人观者）。译《德国官制》二页。下午，独坐无事，乱书义文行书十余页，觉手腕甚无力也。入夜，明月如昼，正当窗际，余乃坐窗下取《高青邱诗》读之，觉兴致逸然，良久遂就寝。

续成前日口占诗，并稍改正，题曰《将晓》，诗云："更残犹不寐，起坐独徬徨。月落千山晓，鸡鸣万瓦霜。客中忧病累，海外伤国亡。谁继枕戈志，中原逐犬羊。"

二十八日　晴

上午，至东观山茶亭间坐良久，十时回。译《德国官制》二页。下午，黄庆午来片：言明日当送金三十元来。余即复片，谓余明日下午拟至《民报》社，祈无须来云。观《石头记》至五十六回，无甚趣味也。唯其中有数语可玩者，谓"学问中便是正事，若不拿学问提著，便都流入市俗去了"云云，颇中为人立身之肯綮，此等小说中亦难得者也。又有："整理花木竹稻，不任其凋谢作践，废弃无用，加以植养，每年采取，或制造有用之物，或发卖，皆可大有出息"云云一段，可谓有振兴实业思想者矣，亦别致处也。

二十九日　晴

接瞿孙娄来片，劝余养病，谓"足下病非药石所能疗，古书有言：'心虚无药医，唯凝养为上。'如此，则不如由行天籁，听其自然，或可愈也。"盖亦知余病唯心理疗法为宜也。译《德国官制》二页。下午，因看护妇言不逊，发怒良久，后思之，实系余过也。五时，至《民报》社，坐谈良久。前田氏交余以黄庆午为余筹借之金三十元。余复阅报良久，八时回院。

十一月

一日　晴

早餐后。至《民报》社，逛最久。午餐后，偕前田氏至《革命评论》社，晤得宜〔萱〕野长知、平山周、池亨吉诸氏，与〔萱〕野谈最久。言及满洲马贼，〔萱〕野言奉天之马贼现唯杨二虎为最，其原名云国栋，因强盛，人皆畏之，放名二虎也。吉林之韩登举，其人不足称，胆力甚小，不过徒有多金而已云云，三时，乃辞去，往宫崎滔天家。至则宫崎已往《革命评论》社去，晤其夫人，告以近三、四日内将移来同居。其夫人言已为余检扫房间矣。复坐良久，五时始回院。

四日　晴

九时至巢鸭学校吴绍先处，不遇而返。接得杨晓江一信，言于三周前抵东，与晏君空虚同寓早稻田风光馆者也。余始知前日空虚子致余之片即晓江同为之者也。其信亦劝余养病者，略云："足下之病大抵由于事繁、愁过、思多、血衰所致，然断非药石所能医，必静养而厉能奏功（中略）。弟数年来亦同此病，百端疗治，而卒罔效。乃择一幽僻之所，静养半载，不独世情俗事绝之如敌，即家国之故，书史之事，概屏勿闻。唯旦暮数息一时半，或缓步数十余武。愁苦烦恼之来，以清适平淡解。初觉甚难，未

及月余，心君即已泰然。三、四月后，觉和霭〔蔼〕之气蒸萦顶背，而生机发矣。迩年则健强如旧，万疾消化，遂复有问世界之心矣（下略）。不然，蒲柳之资，未秋先零，尚能横渡太平洋而东，与足下相依乎？倘不以为不然，请尝试之。"其语意亲切恳挚，由经验以言至理。晓江与余无深交而如此，余甚感之也。下午，拟定退院，移至新宿宫崎家，遂清检行李，与事务所算账，入院料金均嘱其至监督处领之。晚餐讫，遂雇车载行李辞同居者及看护人而去院。七时，行至牛込区，车夫索多费，余遂中途至《民报》社宿焉。

六日　晴

晨起，宫崎氏与余握手为礼，同坐早餐；餐讫即外出，盖因《革命评论》社事无多暇也。余为易秋涵等校正其所译书，二时间毕。下午一时，遂至江某寓，将易秋涵等译书交与焉，并取得译费金，良久始辞去，乃往田端脑病院。三时回，又至上野候火车良久，四时始至病院。以甚迟未受诊察，仅买药而返。五时，至巢鸭弘文学院，在吴绍先处坐谈良久，七时始辞归。绍先与凤琴台、杨少迪送余至大冢车场候车一时间，绍先等亦陪余坐谈，直至余登车始返。九时，回宫崎家。

七日　晴

宫崎氏嘱余为之取回前所托杨勉卿汉译之《孙逸仙传》，下午，余遂至王让耕寓，问知杨勉卿之行李均寄存此处，遂开其书箐，寻得所译之《孙逸仙传》。四时，至麟园阁，购得小说数种。五时，至《民报》社晚餐。黄庆午言宁仙霞现将接充《民报》干事，彼在上海曾办《洞庭波》杂志，今亦同在《民报》社办之，欲以余为之总编辑云云。余答以不能担任。庆午谓可俟后日再商，刻不必定也。余遂听之。八时回。将《孙逸仙传》交与宫崎氏。宫崎氏甚喜，即属余为之删改，谓当付印刷云。

九日　晴

写一信致黄庆午，言前日所嘱为《洞庭波》编辑之事，实不能任，并请其代告宁仙霞焉。译《普鲁士王国官制》，此书系日人从德文译出者，官制、官名多系日本语，不可与汉文通，译时须参酌中国古今官制，择其相似者以易之方可，故甚为困难，自昨日起，犹止得二页也。

十日　晴

九时，至田端脑病医院诊视，并得李和卿及星次信。和卿信言将归国，归后必将熊秉三《大英百科全书》价金由张保元处索得，索得后分百元交与余家，以济困苦，其余则邮寄来东，但必分百二十元与李星次云云。星次信言困难已极，须为之筹款三十元以济之，并有言余为其鲍叔之语。余阅毕亦无可奈何，拟皆如其所言以应之。下午二时回。夜，宫崎氏夫人与余闲谈，言云南省干崖土司郗安仁住在对门，无事可往访之，以消遣云云。余前即闻云南有土司来东，但不知系其何所者，今始知其为干崖土司。干崖乃云南永昌府腾越厅之宣抚司，此处之土人皆苗人族，与暹罗、缅甸人相近。中国向来历史关于此之记载甚不详细，余因亟欲访之，以询问其一切情形，遂约宫崎氏夫人明日同往访焉。

十一日　晴

早餐后，偕宫崎氏夫人往访郗沛生。即晤面，询问其家也，则言其先祖系南京上元人，从明沐英征滇，遂被命为干崖宣抚使，世袭至今未变云。其人亦颇开通，谈论间亦有明世事、通时势之处。余问其所辖地之人

民如何？沛生言：此地民智甚不开，因人民皆是土人，汉人呼之曰白夷。其语言、文字、风俗皆不与汉人同。汉人与之往来交际甚少，皆以夷人视之，故至今犹未开化也。溯其人种之起源，大约自印度、西藏而来。当大理帝国时，此人种在南方建立思伦发王国。在明时即为麓川思氏。其当时所占住之地面，即云南南部及暹罗、缅甸二国之北部以及老挝皆是。故至今日，其人民分居此等各处。在暹罗北者，其土语谓之曰："太"Day，在缅甸者，其土语谓之"珊"San；而其全部种族之名称，则谓之："掸"Day。其语言则与暹罗之国语同，其文字则与缅甸之文字同。盖其人种与暹罗最相近，与缅甸亦不甚相远，且与缅甸同时采用此种文字也。此文字亦自印度而来者，即上所书（其土语谓汉人曰"此二"Cae，谓满洲人曰"法"Far）。全体人口合计约七八百万人，在云南境内者有四五百万，其中通中国语能晓汉文者亦不少。但中国文化甚不普及，今后非大兴教育，以其土语翻译东西书籍输入之不可也云云。余闻之，思及《汉书》中有"掸国"后世史中亦有所谓"掸人"者，解者或以为即缅甸，或以为即暹罗，或以为即云南之土人，从未有一言及其全体者，盖皆不如郗君亲生长其地之洞悉也。译《普国官制·王家之官制》一节完。其王族、王家、王宫及侍从官吏甚为繁多，且王家有山林田园，皆有专官司之，盖纯然与专制国无异也。

十二日　晴

译《普国官制》。下午，龚铁铮送其译书来，余检阅之，见其误处及不达处甚多，为改正之。夜与宫崎氏谈话最久，寝甚迟。

十三日　晴

早餐甚迟。译《普国官制》。郗沛生来访余，余延之入坐良久，言及云南土人事甚详。十二时始去。下午，至田端脑病院购药。五时，至巢鸭弘文学院吴绍先处取得前所托译之书。禹馀三邀余至其寓晚餐，余遂从之。至其寓，晚餐讫，适大雨至，乃留宿焉。夜，谈及满洲事，余即以韩边外事告之。适李星次、何梅生皆至，谈毕，皆称赞此地之可有为云。何梅生，亦同邑人，前九月来东者也。

郗沛生言：云南之土人种族类甚多，有白夷，即"掸"；猓猓，即"摖夷"；崩龙大种野人，即"捄夷"；小种野人，在顺宁、永昌、阿昌；猡猡；白子等诸种。其间白子之历史较详。昔时大理、南诏之蒙氏、段氏即此种，与白夷之思伦发氏并立。今其种犹强盛，细分为三族：一大理，一云南，一丽江。丽江、大理有土巡检等诸土司，犹有蒙氏、段氏后在焉。白子之次，则历史较详，文化较开，人众较多者即白夷矣。其次则大种野人，人众亦多，武力亦强，永昌以西南皆有之，但野蛮过甚而已。

十四日　雨

十时，乘车回寓。译《普国官制》。下午，与宫崎氏夫人谈话。其夫人亦能见及人生问题，所言皆积极的现实主义，亦可佩也。

十五日　阴

九时至江寓，送交译稿。十一时，至田端脑病院诊视，买得七日分药。十二时，回。下午译《普国官制》。夜，至郗沛生寓，谈良久而回。

十六日　雨　下午阴

译《普国官制》。偕宫崎氏之令子女三人至一剧场观剧。所演状态皆

约与吾国剧场同，唯役者不口唱而已。十一时，始回。

十七日　晴

译《普国官制》。晤得宫崎氏之内弟前田九二四、下午，至《民报》社，与黄庆午、章枚叔谈良久，并晤得宁仙霞。仙霞托余以作《洞庭波》文章，并言将改名为《中央杂志》云。余答以因病实难应命，或时评、小说等能稍为助力云云。六时回。

十八日　阴

译《普国官制》。寄金二元与《南方报》馆。阅前九月二十日《南方报》馆载：北京政府新官制已发表。

余思中国汉文向无文法书，即日本人稍有作者，亦多不尽详细（大抵不解语言学比较之故也），须我国人自行研究作为此等之书方可。中国文字，原为一字一音一义，故无所谓字母，唯以字为单位而已（外国文字以字母拼成，已拼成之后即为一词，与中国之字不同。故外国文法无字之分类，唯有词之分类）。则文法上自当从字始，以为分类之单位（如动字、静字之称）。积字成词，而后有词之分类（如动词、名词之称）。积词成句，而后有句之分类（如动句、接续句之称）。积句成语，而后有语之分类（如起语、承语之称）。积语成文，积文成章，而文法之事完矣。词之分类，现今各国文法已详，汉文或稍有特别处，须另为改易，然大概已具矣。字之分类，则各国皆无之，而独为特别不同之法。句与语之分类，则各国虽有之，而亦无精确相当之规。此皆当旁徵中外，博引古今，而详细撰定之者也（至于文章之法，则非文法上事）。他日有暇，或能竟此志乎？

十九日　阴

晨起，出外运动，至四谷区之山冈起伏处游览良久，见处处红叶满林，兴致逸然。回而朝餐。乃译《普国官制》，得六页。下午，觉甚疲，盖过于写字太多也。甚自恨己身之不规则。夜，入浴讫，就寝。

阅电报新闻，有《不可忘之女丈夫》一篇，乃记日本自由党之女豪杰者也，摘译之曰：距今二十四年前，当自由、民权论风靡于日本全国之际，有为板垣伯之急先锋，在洋洋须眉队之中，博得"万绿丛中一点红"之谣之三女丈夫焉，即岸田俊子（湘烟女史）、荫山英子（福田英子）、中川佐知子是也。三人者，皆捧其热诚赤心，以如春之妙龄而加入政治运动，奔走号呼，以助成今日之维新事业者也。（中略）中川女史为越中国中新川郡之一平民中川弘光之次女。弘光善汉学，教授乡里子弟，甚有德望。女史幼从父读汉籍，嗜之不倦。少长，性质活泼，有丈夫气。二十二岁，读卢梭《民约论》，热血奋起，乃慨然出乡关，欲有所运动于政界。当时有远山满氏，为一方宿将，遂投其骥下，相与尽力国事，东奔西走，殆无宁日。或演说于路旁，或秘谋于山中，以企自由民权之遂行，同志之男子皆惊愕不已。后明治二十三年，国家已立宪，开设国会，女史见素志已达，始卷旗而退。觉前此修养之实力不足，欲再涵养之，乃闭居专心修学。又数年，开三省学舍，专从事于青年男女之教育，欲以鼓舞士气，熏陶人才，效西乡南洲之所为。当代之名士无不赞助之，至于近日，其学舍中人才辈出，称一时之盛焉。

二十日　晴

译《普国官制》。下午，何小柳来，与余谈最久，宫崎氏夫人留之晚餐乃去。夜，与前田九二四氏谈最久。前田氏新自暹罗之盘谷归来，言彼

处之风俗人情甚悉。

二十一日　阴

译《普国官制》。下午，翟孙娄来，谈最久。余邀之至一牛肉店食晚餐。孙娄言经济甚困难，属余为之设法，余答之有译书事来则为之绍介。夜，孙娄始去。余回寓。既而细思孙娄今日之来，盖欲向余倜金者，惜余先时不晤〔悟〕其意，又惜余刻下亦困难，以致其不便出诸口，且即出诸口而亦不能为力，再三思之，甚为不快也。

二十二日　晴

上午，欲往病院，不果出，译《普国官制》。下午，江天泽〔铎〕遣人送译金来。

二十三日

九时，至田端脑病院诊视，得药一周间而回。译《普国官制》。夜，与前田九二四氏谈及暹罗事，言其国之教育甚不发达，刻下不过有普通中学之程度云云。

二十四日　晴

得吴绍先一片，言李和卿将起程，约于明日在守田馆为之饯行。又得黄庆午来一片，言"明日上午开湖南分会，议自治章程，甚为要切，君病可能来会否？"余皆拟亲赴之。译《普国官制》，其"参议院"一节译完。参议院者，不过国王之顾问官而已，与俄国之参事院盖相同也。

二十五日　晴

九时，至《民报》社，知湖南分会开于启智译社，遂往启智译社。至则已开会，正议自治章程，甲论乙驳，毫不中肯綮，只闻喧嚷之声；后又议各事，更加无秩序之甚，无一通达恢弘者。余见之甚为扼挥舞捥〔腕〕，盖其间固不得不推黄庆午矣。十二时，余甚不耐，遂辞去。二时，至《民报》社午餐。四时，至守田馆饯李和卿行，会者同邑十余人，尽欢而散。夜，大雨起，不得归，遂留宿是处，与诸人谈话最久，余约后日送和卿至横滨焉。

二十六日　晴

晨起将归，□□□自卧中忽厉声诘余曰："前日之信尚未见耶？余所言可依久〔从〕否耶？"余曰："关于金钱之信，余无不依久〔从〕者。但所谓送金百元至余家之说，余心虽甚愿，余实恐无以对在东之同志之苦困者，尚不甚欲为之而已。君既欲代我为之，亦随之而已。"余见其清晨未起，即如有宿怨，见面辄诟詈者，心甚不怿；且见其似欲以送金百元至余家一事，而讨余之好者，盖彼实误疑人意也，故以余之意告之。乃不意反触其怒，竟骂我"何独自挥霍而不一顾家"云云。余心益恶其伪诬，遂欲直诘其何意。彼复谓余："一年已用尽七百金，非挥霍而何？"余谓："余虽用七百金，尚有二百余金之放债在，固不似人之以嫖、赌、吃、着用尽者也。"彼复谓余："放债何在"？余谓："君即有将近百元之数也。"彼则益横，谓："我几时欠君如许之债？将账来我看！"余谓："账固有之，但余今日非索债，亦非欲君之将来如数偿我，何必问账！抑谓余或有欺君之心耶？则更无其的也。"言至此，余心益厌，觉其似癫非癫，似狡狯非狡狯，余亦不暇辨之，唯急思逃避，以不使见其色、闻其声为好。适吴绍

先亦劝解不必多言，余遂急出门而去。往停车场，欲急归，至则车已过，遂折回向《民报》社去。沿途思索，余之不喜□□□，实有如井上园了所言之心理的病，已成为见之则心动而病发之势。其实则□□之为人，诈伪用术，多疑不恕，渺小狭窄，为己责人，诚有使我见之生憎之原因也。思至此。则心益厌烦不快。良久，至《民报》社，早餐讫，犹不能忘今晨之事。乃与章太炎谈话；冀以消遣。谈至午后，始辞而回寓。然偶一思及□□之为人，则此心总如芒刺在背，恼怒并生。入夜，心内更苦，诸事不欲作。乃细思我身生于世间，岂有为一个人而羁绊我心不得自由之理，天下事须以明决刚断为要。我既与此事此物格格不入，且有苦我之处，则我自当绝之于我心；若不能，则绝之于我耳我目亦无不可。苟不背于人道大义而可能为之者，直为之而已矣，何犹豫之有乎？我之于□□，亦已至于再无可尽情之处矣！今而后将乘我之虚而害及我心理焉（非彼乘之，实我因病而不能抵御之，彼则直攻入之，而毫不顾虑，故曰乘虚也），而害及我思想焉，而害及我精神焉，且进而害及我体质焉，而害及我身世焉，而害及我一切事业焉，皆不可知之事。我又不能牺牲一己之将被害之各节以将就之，则绝之于我心者，实救诸将被害之各节之根本也。绝之于我心，非先绝之于我耳我目之方法，质而言之，则我直不见其面，不闻其声而后可耳。今而后吾唯痛悔吾此前之无知识，无观察而已（余因此而乱交人者，亦不止一次矣，盖余实一情易动、心易热、不暇审查而轻易许人之神经质者也，今而后当知戒乎！）。思索良久，遂写一信致吴绍先，告以今日之余之行动思想，并言后日余亦不得送其行，请为我传达之，唯关于金钱上之约束，则余仍履行无异云云。盖余前已许□□每年百五十元之借助者也。讫，遂就寝，终夜不能成寐，甚苦人也。

二十七日　晴

清晨即起，散步良久归，而早餐后甚罢敝沈郁。末几，而禹徐三、鲁禹昌来，余心仍不快。馀三言译书之费（即吴绍先所译者，馀三亦同译者也），明日须取得为好。又言李和卿寄语余，将其去岁置在余处洋服一套为之带去云。良久，二人去。余乃译《普国官制》数页。下午四时，雨。夜，寝犹不能寐。

二十八日　晴

八时，至《民报》社清检行箧内，将□□□衣服拟遣人送往。既而思及余今日须为禹馀三送译书金，可交与馀三请其带去。乃至江天泽〔铎〕寓取译书金。江不在，余遂空回。乃复思今日无钱，不能至余三处，□□□衣服将以何法送达？思及此，便欲自送去，且欲与之晤一面，以诀绝。即而思之，此徒讨烦恼之举，彼既无情已久，惯怒成性，何必与之一晤，使我心病，且亦无必要之事也，余直舍之可矣。人虽有谓我不是者，亦姑听之，余自问无害于良心足矣。余既见人不足与交，绝之唯恐不及，何必畏人言而姑息之也？余前者容忍自抑以将就之者，亦已足矣。余当时认其有神经病（吴绍先如何认其无病，余亦辨之），故如是；今则已知其利用他人谓已有病之说，以行其无礼非理之举动耳。余暂时虽或于情之一面不免世俗之讥，然爱、恶、喜、怒皆是情，未有偏闲之于一者，且余独行吾意念焉可也。遂拟不去。十二时，夏至《民报》社，适逢黄立君将归国，社中为之饯行，余遂亦入座。孙逸仙、章太炎等皆在座。酒讫，余遂遣人为李和田送洋服，又恐禹馀三今日送和卿至横滨无盘费，亦送金二元与之，并写一言今日不能送行之信，遣其人持之而去。余与章太炎诸人谈良久。胡展堂言法国近出一小说，甚新奇，乃拟为德国与英战，直败英而攻入伦敦之实事者。孙逸仙欲汉译之而不得暇，欲余就孙逸仙之口说而译为汉文。章太炎与孙逸仙亦赞其说。余不得已，遂诺之。四时回。

二十九日　晴

译《普国官制》。下午，出外散步良久，回。

三十日　晴

译《普国官制》完。其末为中央行政官署，首内阁，有伯里玺天德，副伯里玺天德各一及以下各官；次外务省，归并德帝国掌之；次度支省，次民政省，次学务省，次司法省，次陆军省，次农务省，次通商营业省，次工务省。各省中皆有尚书、侍郎。以下各官，则或有或无，其编制则皆有条不紊也。九时，禹馀三来。余遂偕之至江天泽〔铎〕寓取译费，并交余所译书。下午一时，至日比谷公园游览良久。三时，至神田各书肆观书良久，至北上屋购得《中国官商快览》及《说文提要》各一册。又至富山房定购《日本家庭百科事汇》，此书系日本百科辞典之权舆，搜罗甚富，解说甚详，且有图幅附之，定价十元，预约五元五角，余即以预约方购定者，明年正月取书云。六时，回。

十二月

一日　晴

宫崎氏向余言，明日第一周年纪念大会，须到会演说，并邀余去。余允之。下午，与前田九二四氏谈及暹罗事。前田言，暹罗在留之华人共有五百余万人，以闽、广人为多；广人中尤以海南人为多。但民智甚低，不知爱国心为何物。暹政府对于华人皆课人头税，外国人在暹者皆无之，此唯华人为然者也。同时，台湾之华人在彼者亦不课税。现今华人中有唱〔倡〕议归化日本者甚多也云云。余闻之，不胜酸楚也。夜，观《卫生新报》，中有言当运动之理法甚详者。

二日　晴

九时，偕宫崎氏往赴《民报》纪念大会（在神田锦辉馆）。至则已开会良久，来者已满，门口立者约有千余人。余等不能人，自其旁一窗内蛇行而入。至会场侧望之，满场已无隙地，欲入场竟不可得。乃复出，徘徊良久，余忽思得一法，遂引宫崎氏自大门排挤而入，余在前大呼："有特延之来宾一人来，请少让勿却客"云云。则诸人皆偏身让出一路，遂得入场。比至演台后，则余之履物已失矣。时则孙逸仙氏正演说社会主义，拍掌声如雷。余不及细听。逸仙复演说将来宪法不宜仅仿三权分立，宜加入试验权，监察权，皆使独立，为五权分立方好云云。逸仙演讫，则章枚叔继之，又其次则来宾日人池亨吉氏、北辉次朗氏、宣〔萱〕野长知氏等及宫崎氏，皆以次演说。余为之翻译一次，其余皆田梓琴及山西某君翻译之。讫，复有会员演说者数人。一时拍掌声、呼万岁声甚为烦杂，余几不堪。良久，有一人提议捐助《民报》经费，则皆赞成，一时投钱者，书名于册者，不知若干人。良久讫，始散会。散会时发《民报》临时增刊赠书券，人一枚，合计发出五千余枚，合其外未及发券及未得入场者计之，盖将近万人矣！亦未有之盛会也。亦足见人心之趋向矣。既散会，余忽遇得曾〔鲁〕文卿，皆以未午膳故，遂偕至成昌楼午餐。文卿言：今日之会，令人愉快，可见中国日有进步，且现今表同情之报，如《云南》杂志、《复报》《豫报》《洞庭波》等，亦日益多，实为可贺。然回首一年前，学界萧条，寂然无声，无一人有唱为此等动作者。自《二十世纪之支那》杂志出现后，虽无大结果，然继之以《民报》，鼓吹开发，遂有今日之现象。

则溯其源，亦未始非《二十世纪之支那》之影响也，天下事固不必自我收效力耳云云。余闻之，亦深有感。盖《民报》力固大，然未办之前，无一人赞成办报者（余于去年邀黄庆午等办报，皆不赞成；孙逸仙至东京，亦向余言，君等办报，可邀宫崎氏同办之，亦无办报之意）。《民报》之发生，实由《二十世纪之支那》之改名而来者也。回思余初至东京，唱〔倡〕办《二十世纪之支那》时，所共事者，仅田梓琴、李和卿、郭瑶皆、张步青等，赞成者甚寥寥，反对者到处皆是。以陈星台之热心，而亦畏避之。经几次之波折，几多之变换，始克出报。其艰难之境，及余当时之苦心孤谊〔诣〕，实不堪感慨系之矣。午餐毕，乃复偕之至秀光舍，坐良久，五时乃别。余又至古今图书局王薇伯处，坐谈最久。薇伯以《孙逸仙传》及《文信国指南录》一册赠余。八时乃回寓。

秋瑾

作者简介

　　秋瑾（1875—1907）　字璿卿，号竞雄，自号鉴湖女侠。浙江山阴（今绍兴）人。曾在日本留学，先后加入光复会、同盟会。回国后，在绍兴组织光复军，与徐锡麟谋皖浙二省起义。失败后，秋瑾被捕，就义绍兴。她是近代民主革命家、诗人、文学家。现存诗约200首，词约40首。早年学通经史，喜爱诗词创作，多以五言、七言律诗和绝句来咏物怀古，抒写个人幽怨。入同盟会后，诗的内容和风格发生变化，诗作充满救国救民的激情，号召人民奋起战斗，为拯救国家和民族而献身。后期大力宣传妇女解放，提倡男女平权，表现了妇女的觉醒。诗作不尚雕饰而自然雄健。有《秋瑾集》遗世。

满 江 红

　　小住京华，早又是、中秋佳节。为篱下、黄花开遍，秋容如拭。四面歌残终破楚，八年风味徒思浙。苦将侬，强派作蛾眉，殊未屑。　　身不得，男儿列。心却比，男儿烈。算平生肝胆，因人常热。俗子胸襟谁识我，英雄末路当磨折。莽红尘何处觅知音，青衫湿！

昭 君 怨

恨煞回天无力，只要子规啼血。新愁旧恨感千端，拍危栏。

枉把栏杆拍遍，难诉一腔幽怨。残雨一声声，不堪听！

鹧 鸪 天

　　祖国沉沦感不禁，闲来海外觅知音。金瓯已缺总须补，为国牺牲敢惜身！　　嗟险阻，叹飘零，关山万里作雄行。休言女子非英物，夜夜龙泉壁上鸣！

咏　燕

飞向花间两翅翔，燕儿何用苦奔忙？
谢王不是无茅屋，偏处卢家玳瑁梁。

残　菊

岭梅开候晓风寒，几度添衣怕倚栏。
残菊犹能傲霜雪，休将白眼对人看。

秋 海 棠

栽植恩深雨露同，一丛浅淡一丛浓。

平生不借春光力，几度开来斗晚风？

杞 人 忧

幽燕烽火几时收，闻道中洋战未休。
漆室空怀忧国恨，难将巾帼易兜鍪。

杂　咏

钱塘江上几回潮，作客年华鬓渐凋。

争似明妃悲出塞，尚留青冢向南朝。

菊

铁骨霜姿有傲衷，不逢彭泽志徒雄。

夭桃枉自多含妒，争奈黄花耐晚风？

剪 春 罗

二月春风机杼劳，嫣红染就不胜娇。

而今花样多翻覆，劝尔留心下剪刀。

轮船记事二首

四望浑无岸，洋洋信大观。舟疑飞鸟渡，山似毒龙蟠。万派潮声迥，千峰云际攒。茫茫烟水里，乡思入眉端。

水天同一色，突兀耸孤峦。望远胸襟畅，凭窗眼界宽。银涛疑壁立，青海逼人寒。咫尺皇州近，休歌行路难。

剑　　歌

　　若耶之水赤堇铁，铸出霜锋凛冰雪。欧冶炉中造化工，应与世间凡剑别。夜夜灵光射斗牛，英风豪气动诸侯。也曾渴饮楼兰血，几度功铭上将楼。何期一旦落君手，右手把剑左把酒。酒酣耳热起舞时，夭矫如见龙蛇走。肯因乞米向胡奴，谁识英雄困道途？名刺怀中半磨灭，长歌居处食无鱼。热肠古道宜多毁，英雄末路徒尔尔。走遍天涯知者稀，手持长剑为知己。归来寂寞闭重轩，灯下摩挲认血痕。君不见孟尝门下三千客，弹铗由来解报恩。

红毛刀歌

一泓秋水净纤毫，远看不知光如刀。直骇玉龙蟠匣内，待乘雷雨腾云霄。传闻利器来红毛，大食日本羞同曹。濡血便令骨节解，断头不俟锋刃交。抽刀出鞘天为摇，日月星辰芒骤韬。斫地一声海水立，露锋三寸阴风号。陆刊犀象水截蛟，魍魉惊避魑魅逃。遭斯刃者凡几辈，髑髅成群血涌涛。刀头百万冤魂泣，腕底乾坤杀劫操。竭来挂壁暂不用，夜夜鸣啸声疑英灵渴欲饮战血，也如块磊需酒浇。鸮。红毛红毛尔休骄，尔器诚利吾宁抛。自强在人不在器，区区一刀焉足豪？

黄海舟中日人索句并见日俄战争地图

　　万里乘风去复来，只身东海挟春雷。忍看图画移颜色，肯使江山付劫灰！浊酒不销忧国泪，救时应仗出群才。拼将十万头颅血，须把乾坤力挽回。

　　壮志犹虚，雄心未渝，中原回首肠堪断。

吊吴烈士樾

昆仑一脉传骄子，二百余年汉声死。低头异族胡衣冠，腥膻污人祖宗耻。忽地西来送警钟，汉人聚哭昆仑东。方知今日豚尾子，不是当年大汉风。裂眦啮指争传檄，大叫同胞声激烈。积耻从头速洗清，毋令黄胄终沦灭。大江南北群相和，英雄争挽鲁阳戈。卢梭文笔波兰血，拼把头颅换凯歌。年年岁月驹驰隙，有汉光复总无策。志士奋呼东海东，胡儿虎踞北京北。名曰同胞意未同，徒劳流血叹无功。堤防家贼计何酷，愤起英雄出皖中。皖中志士名吴樾，百炼刚肠如火热。报仇直以酬祖宗，杀贼计先除羽翼。暴裂同拼歼贼臣，男儿爱国已忘身。可怜懵懵天竟瞀，致使英雄志未伸。电传噩耗风潮耸，同志相顾皆色动。打破从前奴隶关，惊回大地繁华梦。死殉同胞剩血痕，我今痛哭为招魂。前仆后继人应在，如君不愧轩辕孙。

感　愤

莽莽神州叹陆沈，救时无计愧偷生。抟沙有愿兴亡楚，博浪无椎击暴秦。国破方知人种贱，义高不碍客囊贫。经营恨未酬同志，把剑悲歌涕泪横。

宝 刀 歌

汉家宫阙斜阳里，五千余年古国死耻。忆昔我祖名轩辕，发祥根据在昆仑。痛哭梅山可奈何，帝城荆棘埋铜驼。北上联军八国众，把我江山又赠送。主人赠我金错刀，我今得此心雄豪。沐日浴月百宝光，轻生七尺何昂藏？不观荆轲作秦客，图穷匕首见盈尺。我欲只手援祖国，奴种流传遍禹域。宝刀之歌壮肝胆，死国灵魂唤起多。莫嫌刀铁非英物，救国奇功赖尔收。愿从兹以天地为炉、阴阳为炭兮，铁聚六洲。铸造出千柄万柄宝刀兮，澄清神州。上继我祖黄帝赫赫之威名兮，一洗数千数百年国史之奇羞。

一睡沈沈数百年，大家不识作奴耻。辟地黄河及长江，大刀霍霍定中原。几番回首京华望，亡国悲歌泪涕多。白鬼西来作警钟，汉人惊破奴才梦。赤铁主义当今日，百万头颅等一毛。誓将死里求生路，世界和平赖武装。殿前一击虽不中，已夺专制魔王魄。心死人人奈尔何，援笔作此宝刀歌。宝刀侠骨孰与俦，平生了了旧恩仇。

宝 剑 歌

炎帝世系伤中绝，茫茫国恨何时雪？世无平权只强权，话到兴亡眦欲裂。千金市得宝剑来，公理不恃恃赤铁。死生一事付鸿毛，人生到此方英杰。饥时欲啖仇人头，渴时欲饮匈奴血。侠骨嶙嶒傲九州，不信大刚刚则折。血染斑斑已化碧，汉王诛暴由三尺。五胡乱晋南北分，衣冠文弱难辞责。君不见剑气棱棱贯斗牛，胸中了了旧恩仇。锋芒未露已惊世，养晦京华几度秋。一匣深藏不露锋，知音落落世难逢。空山一夜惊风雨，跃跃沉吟欲化龙。宝光闪闪惊四座，九天白日暗无色。按剑相顾读史书，书中误国多奸贼。中原忽化牧羊场，咄咄腥风吹禹域。除却干将与莫邪，世界伊谁开暗黑？斩尽妖魔百鬼藏，澄清天下本天职。他年成败利钝不计较，但恃铁血主义报祖国。

日人石井君索和即和原韵

　　漫云女子不英雄，万里乘风独向东。诗思一帆海空阔，梦魂三岛月玲珑。铜驼已陷悲回首，汗马终惭未有功。如许伤心家国恨，那堪客里度春风？

柬　某　君

　　河山触目尽生哀，太息神州几霸才！牧马久惊侵禹域，蛰龙无术起风雷。头颅肯使闲中老，祖国宁甘劫后灰？无限伤心家国恨，长歌慷慨莫徘徊。

登 吴 山

老树扶疏夕照红，石台高耸近天风。
茫茫灏气连江海，一半青山是越中。

对　酒

不惜千金买宝刀，貂裘换酒也堪豪。
一腔热血勤珍重，洒去犹能化碧涛。

《临行留别寄尘小淑五章》之二

莽莽河山破碎时，天涯回首岂堪思？

填胸万斛汪洋泪，不到伤心总不垂。

致湖南第一女学堂

　　君居乡间，妹游海国，觌面无从，相思日切。久欲上书，因无闲暇。今闻贵学堂遭顽固破坏，然我诸姊妹切勿因此一挫自颓其志，而永永沉埋男子压制之下。欲脱男子之范围，非自立不可；欲自立，非求学艺不可，非合群不可。东洋女学之兴，日见其盛，人人皆执一艺以谋身，上可以扶助父母，下可以助夫教子，使男女无坐食之人，其国焉能不强也？我诸姊妹如有此志，非游学日本不可。如愿来妹处，俱可照拂一切。妹欲结二万万女子之团体学问，故继兴共爱会，名之曰实行共爱会。公举陈撷芬，而妹任招待。寄呈章程三十张，望不妥处删改，并请推广如何？（后略）

84

致 王 时 泽

　　吾与君志相若也，而今则君与予异，何始同而终相背乎？虽然，其异也，适其所以同也。盖君之志则在于忍辱以成其学，而吾则义不受辱以贻我祖国之羞。然诸君诚能忍辱以成其学者，则辱也甚暂，而不辱其常矣。吾素负气，不能如君等所为，然吾甚望诸君之无忘国耻也。

　　吾归国后，亦当尽力筹划，以期光复旧物，与君相见于中原。成败虽未可知，然苟留此未死之余生，则吾志不敢一日息也。吾自庚子以来，已置吾生命于不顾，即不获成功而死，亦吾所不悔也。

　　且光复之事，不可一日缓，而男子之死于谋光复者，则自唐才常以后，若沈荩、史坚如、吴樾诸君子，不乏其人，而女子则无闻焉，亦吾女界之羞也。愿与诸君交勉之。

致 徐 小 淑

　　惠函热心溢满朵云，聆诵之下，不胜感佩。唯敝报独力经营，财力万分支绌，况知音寥寥，将伯谁呼？同心缺少，臂助无人。叹同胞之黑暗，痛祖国之无人，不图得阁下热心青眼，赐我砭言，感何胜言！近日因经费无着，报馆暂行中止，唯三期之报，仍拟续出，如有惠稿，即请赐寄绍兴南门内和畅堂某收为荷。草草手上，敬请学安。

致 陈 志 群

志群先生青及：

　　前上一函，托友代发，近知误置行箧中忘寄，怅甚。前瑾至沪，略为料理报事，嘱樊君付印，近可出版。瑾因绍中校事，友人倩代襄理，故在绍日多。樊君于报中文字茫无头绪，不能代理，故不能不二处兼顾。又俗务蝟集，甚形忙迫，殊不足陈于先生耳。唯时局倾危，人心日下，对此中国前途，能无感慨，先生其何以教之耶？聊录旧作一章呈政，俚句巴辞，何足当大方家一盼，亦聊以言志耳。草草，扶病手上，即请撰安。

瑾顿白

　　危局如斯百感生，论交抚案泪纵横。苍天有意磨英骨，青眼何人识使君。叹息风云多变幻，存亡家国总关情。英雄身世飘零惯，惆怅龙泉夜夜鸣。

致 秋 誉 章

（1905 年 12 月 22 日）

大哥大人手足：

接读来函。知尚未接到妹退学之函。近日留学界全体同盟停课，力争规则之辱，不取销则归国交涉，因公使不为助力，难达第一之目的，故决议全体归国，故纷纷内渡已及二千余人。妹亦定此月归国，以后再作行止，不能不作后日糊口计也。

二妹之无函达吾哥，而反向妹作此欺言，其何居心，诚使人不解，岂妹遂无一毫手足之情乎？况妹亦未有累及二妹之处，近来信音稀少，反不如朋友，此故百思莫解。然妹别将三年，岂二妹一变竟若此耶？或别有他故乎？实令人疑惑也。

玉如之无知，子序之不学，俱不足以兴吾门，而继之祥弟之顽疲，奈何！奈何！而妹生为女子，亦无益于家门，无助于吾哥，不胜自恨，此后糊口四方，尚不知何地驻足也。吾哥如不能东渡，当赴奉天乎？

如今日之时局正极可危险，未知结何恶果耳，不胜为吾四万万人一悲痛也！匆草上达，即请炉安。

妹瑾谨白　二十二

致女子世界记者

一

（1907 年 4 月 23 日）

捧读手书二通，敬悉一切。（女报）之宗旨别有在，新闻虽编入不当，然其中实有他故（中略）。呜呼！吾人处此时世而无坚毅之力，则于一切事皆等于纸上谈兵耳，未知君以为然否？二期已出。三期拟有数题，尚未草就，敢以质之，并希担任一篇，目如下：

社说：论学部之严定女学章程　呜呼二十世纪之女子

演坛：专制毒焰之膨胀

余略。君以为何如耶？

二

（1907 年 5 月 5 日）

前上一函，谅达青睐，匆匆布复，内多遗语，今再续陈。（女子世界）之事，蒙君言之再三，理无不承，但其中尚有苦衷，不得不求原谅。（女报）经费毫无，而瑾又须襄办学校及他事，甚形无暇，且财才两困，恐有中止之患，则贵报亦波及，岂非以一人而失二报，瑾之罪大矣，何以对二

万万之同胞耶？其故一。近日压力甚重，无辜每受不当之罪，万一之间，二报或同时消灭，则未免可惜，其故二。如君实意欲合办，尚祈三思而后之决定，则瑾亦只可唯命是从，勉力而为之耳。

近日志士类多口是心非，稍有风潮，非脱身事外，即变其立志。平时徒慕虚名，毫无实际，互相排挤，互相欺骗，损人以利己者，滔滔皆是。而同心同德，互相扶助，牺牲个人，为大众谋幸福者，则未之闻也。呜呼！吾族其何以兴？予也不求他人之知，唯行吾志，唯臂助少人。见徒论空言以欺世及自私自利宗旨不坚者，又不屑与语。故人以瑾为目空一切者，响也，实悲中国之无主人也。"忍言眼内无余子，大好江山少主人！"君以为然耶？否耶？灯下草此，敢布腹心，即请学安，并祈赐我箴言为荷。

致徐小淑绝命词

　　痛同胞之醉梦犹昏，悲祖国之陆沉谁挽。日暮穷途，徒下新亭之泪；残山剩水，谁招志士之魂？不须三尺孤坟，中国已无干净土；好持一杯鲁酒，他年共唱摆仑歌。虽死犹生，牺牲尽我责任；即此永别，风潮取彼头颅。

演说的好处

　　演说一事，在世界上大有关系的，所以我们不能不注意。我国把演说看得很轻，以为口里说说，有什么大不了，何必是要去练习他。到了演说的地方，当作家常话，随便说说，无关正事，不足动人，这还可以算得演说么？然却怪不得，都因为从前不曾练习的缘故。为什么演说一事，在世界上大有关系的呢？因为开化人的知识，感动人的心思，非演说不可。然而我常常听人说道："这如今岂不有报纸么？有了报纸，不能开化民智，为何要演说呢？"唉！这话可就差了。如今看报的人，可以分作四等：一等就是官场；一等是商家；一等是闲荡的人；一等是平常读书人。读书人看报，亦有爱新议论的，亦有爱看顽固议论的。闲荡的人看的报，又与别的不同，不过看些笑林报、花月报，戏园中那几个开演，书场中那几个登台。商人看报，不过看看报纸的反面：钱米各业的行情，可以用他居奇的方法。那官场看的报更觉可笑，不过看一种《申报》，因为《申报》上都是恭维他们的话，所以官场中人除了《申报》，别种报都不要看。

　　现在我们中国，把作官当作最上等的生涯，这种最上等的人，腐败不堪：今日迎官，明日拜客；遇着有势力的，又要去拍马屁；撞着了有银钱的，又要去烧财神；吃花酒，逛窑子，揣上意，望升官……种种想头，还忙个不了，那里还有工夫去用心在报纸上呢？并且报上的话，与他水火不相投，为什么要去看他呢？中等的人，作作生意，亦没有看报的思想。那些下等的人，更不消说了，一万里头，能有几个认得字呢？既然不认得字，拿了报还不知是横看是竖看呢；况且他们亦不晓得报中的好处。就是有认得几个字的人，报中议论亦解不透，何苦月月花钱去买报看呢？所以开化人的知识，非演说不可；并且演说有种种利益。第一样好处是随便什么地方，都可随时演说。第二样好处：不要钱，听的人必多。第三样好处：人人都能听得懂，虽是不识字的妇女、小孩子，都可听的。第四样好处：只须三寸不烂的舌头，又不要兴师动众，捐什么钱。第五样好处：天下的事情，都可以晓得。西洋各国，演说亦为一种学问，岂非因演说一事，世界上大有关系么？如今我国在日本的留学生，晓得演说的要紧，所以立了一个演说练习会；又把演说的话刻了出来，把大家看了，可以晓得些世界上的世情、学界上的学说。唉！列位不要把这个演说会看轻了，唤醒国民开化知识，就可以算得这个演说会开端的了。

敬告中国二万万女同胞

唉！世界上最不平的事，就是我们二万万女同胞了。从小生下来，遇着好老子，还说得过；遇着脾气杂冒、不讲情理的，满嘴连说："晦气，又是一个没用的。"恨不得拿起来摔死。总抱着"将来是别人家的人"这句话，冷一眼、白一眼的看待；换到几岁，也不问好歹，就把一双雪白粉嫩的天足脚，用白布缠着，连睡觉的时候，也不许放松一点，到了后来肉也烂尽了，骨也折断了，不过讨亲戚、朋友、邻居们一声"某人家姑娘脚小"罢了。这还不说，到了择亲的时光，只凭着两个不要脸媒人的话，只要男家有钱有势，不问身家清白，男人的性情好坏、学问高低，就不知不觉应了。到了过门的时候，用一顶红红绿绿的花轿，坐在里面，连气也不能出。到了那边，要是遇着男人虽不怎么样，却还安分，这就算前生有福今生受了。遇着不好的，总不是说"前生作了孽"，就是说"运气不好"。要是说一二句抱怨的话，或是劝了男人几句，反了腔，就打骂俱下；别人听见还要说："不贤惠，不晓得妇道呢！"诸位听听，这不是有冤没处诉么？还有一桩不公的事：男子死了，女子就要带三年孝，不许二嫁。女子死了，男人只带几根蓝辫线，有嫌难看的，连带也不带；人死还没三天，就出去偷鸡摸狗；七还未尽，新娘子早已进门了。上天生人，男女原没有分别。试问天下没有女人，就生出这些人来么？为什么这样不公道呢？那些男子，天天说"心是公的，待人是要和平的"，又为什么把女子当作非洲的□□一样看待，不公不平，直到这步田地呢？

　　诸位，你要知道天下事靠人是不行的，总要求己为是。当初那些腐儒说什么"男尊女卑""女子无才便是德""夫为妻纲"这些胡说，我们女子要是有志气的，就应当号召同志与他反对。陈后主兴了这缠足的例子，我们要是有羞耻的，就应当兴师问罪；即不然，难道他捆着我的腿？我不会不缠的么？男子怕我们有知识、有学问、爬上他们的头，不准我们求学，我们难道不会和他分辩，就应了么？这总是我们女子自己放弃责任，样样事体一见男子作了，自己就乐得偷懒，图安乐。男子说我没用，我就没用；说我不行，只要保着跟前舒服，就作奴隶也不问了。自己又看看无功受禄，恐怕行不长久，一听见男子喜欢脚小，就急急忙忙把他缠了，使男人看见喜欢，庶可以藉此吃白饭。至于不叫我们读书、习字，这更是求之不得的，有什么不赞成呢？诸位想想，天下有享现成福的么？自然是有学问、有见识、出力作事的男人得了权利，我们作他的奴隶了。既作了他的奴隶，怎么不压制呢？自作自受，又怎么怨得人呢？这些事情，提起来，我也觉得难过。诸位想想总是个中人，亦不必用我细说。

　　但是从此以后，我还望我们姐妹们，把从前事情，一概搁开，把以后事情，尽力作去，譬如从前死了，现在又转世为人了。老的呢，不要说"老而无用"，遇见丈夫好的要开学堂，不要阻他；儿子好的，要出洋留学，不要阻他。中年作媳妇的，绝不要拖着丈夫的腿，使他气短志颓，功不成、名不就；生了儿子，就要送他进学堂，女儿也是如此，千万不要替他缠足。幼年姑娘的呢，若能够进学堂更好；就不进学堂，在家里也要常看书、习字。有钱作官的呢，就要劝丈夫开学堂、兴工厂，作那些与百姓有益的事情。无钱的呢，就要帮着丈夫苦作，不要偷懒吃闲饭。这就是我的望头了。诸位晓得国是要亡的了，男人自己也不保，我们还想靠他么？我们自己要不振作，到国亡的时候，那就迟了。诸位！诸位！须不可以打断我的念头才好呢！

警告我同胞

我于今有一大段感情，说与列位听听。我昨天到横滨去看朋友，在路上听见好热闹的军乐，又看见男男女女、老老小小都手执小国旗，像发狂了一样，喊万岁，几千声，几万声，合成一声，嘈嘈杂杂，烟雾冲天。我不知作什么事，有这等热闹。后来一打听，那晓得送出征的军人，就同俄国争我们的东三省地方，到那里打仗去的。俄国，我们叫他作俄罗斯，日本叫他作露西亚，这就叫征露的军人，所以日本人都以为荣耀，成群结队的来送他。最奇怪的就是我中国的商人，不知羞耻，也随着他们放爆竹，喊万岁。我见了又是羡慕，又是气愤，又是羞恼，又是惭愧：心中实在难过，不知要怎样才好，只觉得中国样样的事，色色的人，都不如他们。却好我也坐这次火车走的，一路同走，只见那送军人的人越聚越多，万岁、万岁、帝国万岁、陆海军万岁，闹个不清爽。到了停车场，拥挤得了不得。那军人因为送他的人太多，却高站在长凳上，辞谢众人。送的人团团绕住，一层层的围了一个大圈子。一片人声、炮竹声夹杂，也辨别不清。只见许多人执小国旗，手舞足蹈，几多的高兴。直等到火车开了，众人才散。每到一个停车场，都有男女老幼、奏军乐的、举国旗的迎送。最可羡是那班小孩子，大的大，小的小，都站在路旁，举手的举手，喊万岁的喊万岁，你说看了可爱不可爱？真正令人羡慕死了。不晓得我中国何日终有这一日呢？

唉！列位，你看日本的人，这样齐心，把军人看得如此贵重，怎么叫他不舍死忘生去打仗呢？所以都怀了一个不怕死的心，以为我们如果不能得胜，回国就无脸去见众人。人人都存了这个念头，所以回回打仗都是拚命攻打，不避炮火。前头的死了，后头又上去。今日俄国这么大的国，被小小三岛的日本，打败到这个样子，大约就是这个缘故呢。并且当军人的家眷，都有恤费。这家人家如有丈夫、儿子、兄弟出征，就算这家人家很荣耀的；若是作贸易的人家，门前就挂了出征军人的牌子。各处旅馆、酒馆、照相馆及卖买各铺店，都大书特书的，写道："陆海军御用品"，"军人优待半额"。明明是一百钱的东西，军人去买，只要半价。可怜我们中国的兵，每月得了克扣下来的几钱口粮，又要顾家，又要顾己，够得什么呢？见了营官统领，就像老鼠见了猫一样。当差稍不如意，就骂就打。有点声名的人，见了兵勇，把他当作是什么贱奴一样，坐都不愿意同他坐在一处。富贵的人家，自己尊得了不得，锦衣玉食，把自己看得同天神一样，把兵卒轻视得同什么贱人都不如。及等得有战事起来，又要他去打仗，不管餐风宿露、忍饿受寒的辛苦，只叫他舍死忘生的去打仗，你说能够作得到作不到呢？纵然打了胜仗，那些锦衣玉食的营官、统领来得功，兵的身子上并没有好处。而且那官并没有到过战场，不费丝毫力气，反占了功劳，得了保举，你说怎么叫人家心服呢！怪不得这些兵勇要贪生怕死，见了敌人，就一溜烟跑了。中国如今一说起这些兵丁，都说是没有受过教育，所以如此。一提起我们中国人没有受过的害处，千言万语，我也叙不完，三天两日，我也说不尽。众同胞们不要性急，待我下回再仔细说给你们听听罢。

中国女报发刊辞

世间有最凄惨、最危险之二字曰：黑暗。黑暗则无是非，无闻见，无一切人间世应有之思想行为等等。黑暗界凄惨之状态，盖有万千不可思议之危险。危险而不知其危险，是乃真危险；危险而不知其危险，是乃大黑暗。黑暗也，危险也，处身其间者，亦思所以自救以救人欤？然而况沉黑狱，万象不有；维有慧者，莫措其手。吾若置身危险生涯，施大法力；吾毋宁脱身黑暗世界，放大光明。一盏神灯，导无量众生尽登彼岸，不亦大慈悲耶？

夫含生负气，孰不乐生而恶死，趁吉而避凶？而所以陷危险而不顾者，非不顾也，不之知也。苟醒其沉醉，使惊心万状之危险，则人自为计，宁不胜于我为人计耶？否则虽洒遍万斛杨枝水，吾知其不能尽度世人也。然则曷一念我中国之黑暗何如？我中国前途之危险何如？我中国女界之黑暗更何如？我女界前途之危险更何如？于念及此，于悄然悲，予怃然起，于乃奔走呼号于我同胞诸姊妹，于是而有《中国女报》之设。

夫今日女界之现象，故于四千年来黑暗世界中称稍放一线光矣；然而茫茫长路，行将何之？吾闻之："其作始也简，其将毕也钜。"苟不确定方针，则毫厘之差，谬以千里。殷监不远，观数十年来，我中国学生界之现状，可以知矣。当学堂不作，科举盛行时代，其有毅然舍高头讲章，稍稍习外国语言文字者，讵不曰"新少年，新少年"？然而大道不明，真理未出，求学者类皆无宗旨，无意识，其效果乃以多数聪颖子弟，养成翻译、买办之材料，不亦大可痛哉！十年来，此风稍息，此论亦渐不闻；然而吾又见多数学生，以东瀛为终南捷径，以学堂为改良之科举矣。今且考试留学生，"某科举人""某科进士"之名称，又喧腾于耳矣。自兹以后，行见东瀛留学界，蒸蒸日盛矣。

呜呼！此等现象，进步欤？退步欤？吾不敢知。要之，此等魔力必不能混入我女子世界中。我女界前途，必不经此二阶级，是吾所敢决者。然而听晨钟之初动，宿醉未醒；睹东方之乍明，睡觉不远。人心薄弱，不克自立；扶得东来西又倒，于我女界为尤甚。苟无以鞭策之，纠绳之，吾恐无方针之行驶，将旋于巨浪盘涡中以沉溺也。然则具左右舆论之势力，担监督国民之责任者，非报纸而何？吾今欲结二万万大团体于一致，通全国女界声息于朝夕，为女界之总机关，使我女子生机活泼，精神奋飞，绝尘而奔，以速进于大光明世界；为醒狮之前驱，为文明之先导，为迷津筏，为暗室灯，使我中国女界中放一光明灿烂之异彩，使全球人种惊心夺目，拍手而欢呼。无量愿力，请以此报创。吾愿与同胞共勉之！

敬告姊妹们

我的最亲爱的诸位姊姊妹妹呀，我虽是个没有大学问的人，却是个最热心去爱国、爱同胞的人。如今中国不是说有四万万同胞吗？但是那二万万男子，已渐渐进了文明新世界了，智识也长了，见闻也广了，学问也高了，身名是一日一日的进步了：这都亏得从前书报的功效哩。今日到了这地步，你说可羡不可羡呢？所以人说书报是最容易开通人的智识的呢。唉！二万万的男子，是入了文明新世界，我的二万万女同胞，还依然黑暗沉沦在十八层地狱，一层也不想爬上来。足儿缠得小小的，头儿梳得光光的；花儿、朵儿，扎的、镶的，戴着；绸儿、缎儿，滚的、盘的，穿着；粉儿白白、脂儿红红的搽抹着。生只晓得依傍男子，穿的吃的全靠着男子。身儿是柔柔顺顺的媚着，气虐儿是闷闷的受着，泪珠是常常的淹着，生活是巴巴结结的作着：一世的囚徒，半生的牛马。试问诸位姊妹，为人一世，留受着些自由自在的幸福未曾呢？还有那安富尊荣、家资广有的女同胞，一呼百诺，奴仆成群，一出门，真个是前呼后拥，荣耀得了不得；在家时，颐指气使，威阔得了不得。自己以为我的命好，前生修到，竟靠着好丈夫，有此尊享的日子。外人也就啧啧称羡，"某太太好命""某太太好福气""好荣耀""好尊贵"的赞美，却不晓得他在家里何尝不是受气受苦的！这些花儿、朵儿，好比玉的锁、金的枷，那些绸缎，好比锦的绳、绣的带，将你束缚的紧紧的。那些奴仆，直是牢头、禁子看守着。那丈夫不必说，就是问官、狱吏了。凡百命令皆要听他一人喜怒了。试问这些富贵的太太奶奶们，虽然安享，也有没有一毫自主的权柄咧？总是男的占主人的位子，女的处了奴隶的地位为着要依靠别人，自己没有一毫独立的性质。这个幽禁闺中的囚犯，也就自己都不觉得苦了。

啊呀！诸位姊妹，天下这奴隶的名儿，是全球万国没有一个人肯受的，为什么我姊妹却受得恬不为辱呢？诸姊妹必说："我们女子不能自己挣钱，又没有本事，一生荣辱，皆要靠之夫子，任受诸般苦恼，也就无可奈何！"安之曰"命也"这句没志气的话了，唉！但凡一个人，只怕自己没有志气；如有志气，何尝不可求一个自立的基础，自活的艺业呢？如今女学堂也多了，女工艺也兴了，但学得科学工艺，作教习，开工厂，何尝不可自己养活自己吗？也不致坐食，累及父兄、夫子了。一来呢，可使家业兴隆；二来呢，可使男子敬重，洗了无用的名，收了自由的福。归来得家族的欢迎，在外有朋友的教益；夫妻携手同游，妹妹联袂而语；反目口角的事，都没有的。如再志趣高的，思想好的，或受高等的名誉，或为伟大的功业，中外称扬，通国敬慕。这样美丽文明的世界，你说好不好？难道我诸姊妹，真个安于牛马奴隶的生涯，不思自拔吗？无非僻处深闺，不能知道外事，又没有书报，足以开化智识思想的。就是有个《女学报》，只出了三、四期，就因事停止了。如今虽然有个《女子世界》，然而文法又太深了。我姊妹不懂文字又十居八九，若是粗浅的报，尚可同白话的念念；若太深了，简直不能明白呢。所以我办这个《中国女报》，就是有鉴于此。内中文字都是文俗并用的，以便姊妹的浏览，却也就算为同胞的一片苦心了。唯是办一个报，如经费多的，自然是好办；如没有钱，未免就有种种为难。所以前头想集万金股本（二十元作一股），租座房子，置个机器，印报编书，请撰述、编辑、执事各员，像像样样、长长久久的办一办：也不枉是《中国女报》，为二万万女同胞生一生色；也算我们不落人后，自己也能立个基础，后来诸事要便利得多呢。就将章程登了中外日报，并将另印的章程，分送各女学堂，想诸位姊妹，必已有看过的了。然而日子是过得不少了，入股的除四、五人以外，连问都没有人问起。我们

女界的情形，也就可想而知了，想起来实在痛心的呢！不忍使我说到这里，泪也来了，心也痛了，笔也写不下去了。但这《中国女报》，不就是这样不办吗？却又不忍我最亲爱的姊妹，长埋在这样地狱中，只得勉强凑点经费，和血和泪的作点报出来，供诸姊妹的赏阅。今日虽然出了首册，下期再勉力的作去，但是经资很为难呢。天下凡百事，独力难成，众擎易举。如有热心的姊妹，肯来协助，则《中国女报》幸甚，中国女界幸甚。

某宫人传

　　宫人世居湖州南门外道场山中。乃父若祖名号、职业均未之知。宫人名亦未悉；唯以应选入官，咸以宫人称之焉。姿容丽都，秉性灵绝，工诗谙画，且善优于词令。入宫以后，经时未几，即为怀宗所爱悦，命侍公主。

　　公主得之，倾盖如故。出入寝膳，莫不与俱。感情固结，如漆如胶。形影相依，不使偶离。两小无猜，因为人间乐事。不意宫人于此，与公主俱，虽似十分快乐；偶一相离，辄披发大叫，痛哭不已。

　　小家碧玉，燕处深宫，既得怀宗之欢心，又与公主深相契合，彼独何心，背人号哭？讵以"深宫恒寂寞，无计度芳春"，万斛深情，心头志忐，有"无语怨东风"之意识，不禁洒此冷泪欤？抑以身列宫娥，一切举止，不甚自在，有"寄人篱下总低头"之感慨，不禁为之呜咽欤？亦以流寇猖獗，小丑跳梁，廷臣昏愦，国几沦于异族，不忍见亡国灭种之惨剧，满腔牢怨，无处发泄，悲从中来，爰为啜泣？观其对王承恩所言：

　　"文武官员，徒耗国家饷糈，徒负封疆重任，非特不能报效同胞，任彼宵小，系赖他族，倒戈相向，无上可恶，较彼狼虎，毒益加甚。恨我身为妇人，又乏尺寸权利，不克效死疆场，为民请命；然矢志弥坚，誓不作异族仆妾，贻祖宗羞，却非彼气焰赫赫，身膺重任，天生一副奴隶根性，不知忠孝廉耻为何物者所得相比拟。设一旦事急，我必以身殉国，不使负七尺躯。王公，王公，牢记我言，宁看我伏剑之日！"等语，爱国热诚，直溢于辞吐间矣。呜呼，伟哉！

　　具灵敏之神经球，放活泼之哀的罗，精密观察，料事如神，曾不几时，果有三月十九日之变。悲夫！悲夫！我国民对之，当起何种之感情乎？

是日也，李贼等众攻陷京城，怀宗见势不佳，计无所出，既不能摧彼暴徒，又不忍为彼凌辱，爰使子女、妻妾，皆以身殉，而自缢于梅山。呜呼！明太祖数年血战方得夺回之一片锦绣山河，至此复丧失矣！无上凄惨，即今思之，不禁为之心裂焉！宫人于此，目睹种种惨状，热血团结，誓必除此公敌，拯救同胞。心绪万端，弹思良策，正踌躇间，忽闻公主呼曰："父皇欲命我死，斫我左臂，一时昏去，不意睫下竟苏。尔等速即刃我，免致为贼所害。"乃即生一计，曰："公主勿尔，请以衣服易我，我当替公主死。"又曰："宁不宜迟，勿稍因循坐误。"且嘱何新负公主走，再三叮嘱，语极诚挚。公主亦然如何，迎被而行，乃衣公主衣，遂避入于井中。

时李氏之兵，蜂拥入宫，猝见井中有人，便即吊出，观其衣服华美，不敢慢侮，献之自成；自成悦甚，拟以为妾，既复送与罗将军。

罗将军者，自成之心腹人也。当时自成以宫人与彼，寸衷喜悦，达于极点；而同营诸人，成为设酒庆贺。席上种种恭维语，或则赞伊忠勇，或则夸伊幸福，此唱彼和，充填耳窍。罗将益喜，开怀畅饮，不觉酩酊大醉。既而散席入房，又为宫人缠住，连尽数觥，使之脑热骤增，神经昏乱，和衣倒睡。

宫人见罗睡倒，屏除仆人，扃闭门户，潜将酒菜几品，陈设桌上，以祭先帝及王公之灵，下拜挥泪曰："我所以冒为公主，本欲蛊惑李贼，使即歼除，藉为我帝报仇；不意是志莫偿，今至于此！"一语一泪，痛哭逾时。迨祭毕，已夜半，营中寂静，鸦鹊无声，启帐视罗，鼾声隆隆，十分酣睡；因即卷袖持刀，刺彼喉际。罗既受刺，犹能跃身而起，大声呼救；宫人恐不能敌，致为彼制，拚力乱戳，直至头落方罢，迨众贼闻声来救，破门入室，痛骂一番，举刀自刎。

伟哉宫人！其爱国之热心也如此！其思想之毅烈也如此！其魄力之圆满也如此！彼李贼既坠术中，旋复变计，宫人之志，抵死莫偿；致一片锦绣山河，间接而沦于异族，神明圣胄，悉为他家奴隶，万劫不复，迄于今兹。呜呼哀哉！胡天不弔，事至于此？虽然，天道无剥而不复，吾人无困而难亨，往者不可谏，来者犹可追；同胞姊妹，连袂而起，勿使宫人专美于前焉可也。竟宫人志，责在后死，我辈青年，其可放弃厥责耶？

失　题

华为谁？爱为谁？爱与华何关系？何交涉？爱与华何如此情重？华何以暮至？何以被害？行凶者何人？被害者之生命终如何？爱与华二人之历史究如何？前回何有此无头脑之奇闻？不解！真不解！闷闷闷！

该君且无躁，吾语汝。

当华国大革命之际，全国人心如火山之焰，如大江之潮，其势不至于溃裂不止。险！险！

中流砥柱，力挽狂澜，具大才，立大业，拯新民于衽席，莫国运如磐石，非大英雄无以任之。大英雄者何？非他，即年方二二（单数）貌如冠玉，有铁石肠、山斗名，具儿女情、慈悲志，且视功名如尘土，重教育以普及之黄姓华名者是！

奇！大英雄！大英雄出于血气未定之少年！大英雄成于庭钟爱情之美子！世无忠爱两全之事业，而今竟全。吾不信！吾不信有此快事！

普告同胞檄稿

嗟夫！我父老子弟，其亦知今日之时势，为如何之时势乎？其亦知今日之时势，有不容不革命者乎？欧风美雨，澎湃逼人，满贼汉奸，网罗交至，我同胞处于四面楚歌声里，犹不自知，此某等为大义之故，不得不恺切动谕者也。夫鱼游釜底，燕处焚巢，旦夕偷生，不自知其频于危殆，我同胞其何以异是耶？财政则婪索无厌，虽负尽纳税义务，而不与人以参政之权；民生则道路流离，而彼方升平歌舞。侈言立宪，而专制乃得实行；名为集权，则汉人尽遭剥削。南北兵权，既纯操于满奴之手；天下财赋，又欲集之一隅。练兵也，加赋也，种种剥夺，括以一言，制我汉族之死命而已。夫闭关之世，犹不容有一族偏枯之弊，况四邻逼处，彼乃举其防家贼、媚异族之手段，送我大好河山？嗟夫！我父老子弟，盍亦一念祖宗基业之艰难、子孙立足之无所，而深思于满奴之政策耶？

某等眷怀祖国之前程，默察天下之大势，知有不容己于革命，用是张我旗鼓，歼彼丑奴，为天下创。义旗指处，是我汉族，应表同情也。

黄 兴

作者简介

　　黄兴（1874—1916）　字廑午，号克强，原名轸。中国近代资产阶级革命家，湖南善化（今长沙）人。先后成立了华兴会、中国同盟会。曾在 1911 年的辛亥革命中任要职。1912 年 1 月 1 日南京临时政府成立，任陆军总长兼参谋总长。同年改同盟会为国民党。"二次革命"时，迫江苏都督程德全宣布独立。1916 年袁世凯死后，与孙中山共同致力于讨袁善后，推进民主革命，后不幸早逝。

咏 鹰 诗

（1900 年秋）

独立雄无敌，长空万里风。

可怜此豪杰，岂肯困樊笼？

一去渡沧海，高扬摩碧穹。

秋深霜气肃，木落万山空。

挽刘道一烈士

（1907 年 1 月—2 月 3 日间）

英雄无命哭刘郎，惨澹中原侠骨香。

我未吞胡恢汉业，君先悬首看吴荒。

啾啾赤子天何意，猎猎黄旗日有光。

眼底人才思国士，万方多难立苍茫。

为宫崎寅藏书条幅

（1910 年 5 月 12 日）

妖云弥漫岭南天，凄绝燕塘碧血鲜。

穷图又见荆卿苦，脱剑今逢季札贤。

七日泣秦终有救，十年兴越岂徒然。

会须劫到金蛇日，百万雄师直抵燕。

蝶恋花·赠侠少年

（1911 年 8 月下旬至 9 月上旬间）

画轲天风吹客去，一段新秋，不诵新词句。闻道高楼人独住，感怀定有登临赋。昨夜晚凉添几许？梦枕惊回，犹自思君语。不道珠江行役苦，只忧博浪锥难铸。

和 谭 人 凤

（1911 年 10 月 2 日—10 日间）

怀锥不遇粤运终，露布飞传蜀道通。
吴楚英豪戈指日，江湖侠气剑如虹。
能争汉上为先著，此复神州第一功。
愧我年来频败北，马前趋拜敢称雄。

三十九岁初度感怀

（1912 年 10 月 25 日）

卅九年知四十非，大风歌好不如归。

惊人事业随流水，爱我园林想落晖。

入夜鱼龙都寂寂，故山猿鹤正依依。

苍茫独立无端感，时有清风振我衣。

在华兴会成立会上的讲话

（1903 年 11 月）

　　本会皆实行革命之同志，自当讨论发难之地点与方法以何为适宜。一种为倾覆北京首都，建瓴以临海内，有如法国大革命发难于巴黎，英国大革命发难于伦敦。然英法为市民革命，而非国民革命。市民生殖于本市，身受专制痛苦，奋臂可以集事，故扼其吭而拊其背。若吾辈革命，既不能借北京偷安无识之市民得以扑灭虏廷，又非可与异族之禁卫军同谋合作，则是吾人发难，只宜采取雄踞一省，与各省纷起之法。今就湘省而论，军学界革命思想日见发达，市民亦潜濡默化，且同一排满宗旨之洪会党人久已蔓延固结，唯相顾而莫敢先发。正如炸药既实，待吾辈引火线而后燃，使能联络一体，审时度势，或由会党发难，或由军学界发难，互为声援，不难取湘省为根据地。然使湘省首义，他省无起而应之者，则是以一隅敌天下，仍难直捣幽燕，驱除鞑虏。故望诸同志对于本省外省各界与有机缘者分途运动，俟有成效，再议发难与应援之策。

在中国同盟会上海支部夏季常会上的演讲（二件）

（1912 年 6 月 30 日）

一

本会本有特别之党纲，更当有宏大之党德。所谓特别之党纲者，即孙中山先生夙所主持之民生主义。虽此主义在他党人多未认为必要，或且视为危险，实则世界大势所趋，社会革命终不可免。而本会所主张之社会主义，又极为平和易行。盖十年前本会初成立时，即标明四大主义，其一为平均地权，乃本会与他党特异之点。其详细办法，中山先生于南京、武昌两处均有演说。凡我同志，均当知此主义之必要，力谋进行。现在欧美各国，其政党均略分两种，一为国权党，一为民权党。国权党主增重政府权力，民权党主扩张个人之自由。本会既保持社会主义，自为民权党无疑。至政党道德，吾人尤宜以宏大之心理对待他党。现在共和党竭力诬蔑本会，如谓孙中山得比款一百万，又谓唐总理尽将比款送人，又谓同盟会得比款三十五万，其实皆是捏造。天下事，是非曲直，终有大明之一日，吾人尽可以大度处之，切勿与他党谩骂。况比款事，中山先生已电请财政部宣布，不久即可水落石出乎！至国务总理，已推定陆子兴，吾人亦决不反对，且当竭力维持之。唯既与本会主张之政党内阁不同，自可确守文明国在野党之态度，实行监督。故所谓党德者，即以宏大之心理对异党，断不可尤而效之，捏造谩骂也。

本会亟应举办之事凡三：一、设立政法学校，造就建设人才，因现在为当力谋建设时代；二、扩张言论机关，因本会虽不计较他党机关报之谩骂，却不可不普及政见于国民；三、兴办调查事业，以洞悉国情，使本党所主张，不为纸上空谈。唯此在事，皆非经济不可。现有基本金仅徐固卿君捐万元，及他项捐款两万元，而办学校等事需款正多，望诸同志协力筹议。

<h2 style="text-align:center">二</h2>

中华民国成立已半年，而一切未能就绪，其原因在于政党未能确立。今日内阁风潮，实非好现象。如何办法，实政党一大问题。前次本会专致力于破坏事业，后革命成功，于南京大会始决议改为政党。夫政党者，以政为党，非以党为政也。本党成立与他党异。中山先生倡三大主义，其特注重者则平均地权一语。本党对于社会亦甚出力，全体一致，此乃本党之特色，可以谓之党风。本党性质与民权党无别。凡此特色，本党须发挥出来。民生主义，孙先生曾屡次演说，唯外间尚未明晰。以世界大势观之，社会革命岌岌不可终日，吾人此次革命，即根据社会革命而来。民生主义繁博广大，而要之则平均地权。反而言之，即是土地国有。土地是不能增加的，而生齿日繁，土地私有则难于供给。他人见吾党持社会主义，群相惊讶，不知吾人于建国之初，不先固根基则难以立国。故吾党员极宜注意此点，宏其党风。而欲宏党风，须有包含一切之宏量。他党之攻吾也，虽含种种疾忌而不好之点，吾人亦当引以为戒，认彼反对者为好友，不必反报，涵养大度，培植党德，成一个最大政党，于攻击风潮中特立不移，以

一特别党风造成一种党德。故吾党从前纯带一种破坏性质，以后当纯带一种建设性质。欲言建设，当得人才，欲得人才，当兴教育。故本党能从教育一方面着手是绝好方法，先在上海立一宏大学校，教育本会会员，养成法政人才，然后各地再依次增设，渐渐忍耐进行，则本党人才自裕。至现在言论机关，与我为不正之反对者可不理会。唯本党自当多设言论机关，发挥本党政见。二者之外，其最要者为设调查专部。如不加调查，则一切事情不得明瞭，而万物纷如乱丝。调查部之性质，是国家大事均归调查，而各地分部可任调查之责。然欲调查之完美，必先养成调查之人才。故本党宜集中学以上意志坚卓之人才，换以简单之学科，使分赴各地而得其真相，然后本党对此确切之布告，则不致谬误。今日政治中心虽在北京，而实在长江流域。故本机关部之责甚重，即可于上海办起。所得各地报告，然后报告本部，而复合本党政治上人才，研究本会政见，确定进行，布告各支部，使外间知本党政见之所在，或选善于口辩之人，分赴各地演说本党政见。然而此种种措施，须有绝强之财力。今本党基金尚无确数，故本党一切应行之事，尚未能着手。……

在北京女界欢迎会上的演讲

（1912 年 9 月 15 日）

　　今天承女界同胞欢待兄弟，兄弟不胜愧谢。又因他会耽搁时间，尤为惶悚。此次共和成立，并非武力造成，亦并非男子造成，即女界同胞，亦有一部分尽心力于革命事业者。兄弟亲临战阵，眼见女同胞躬执干戈，恢复祖国。是女子虽受专制之毒，却能与男子一德一心，演出此一段光荣历史。兄弟对于女界同胞有绝大希望。盖世界进化，人类平等。现在欧美女子教育非常发达，唯中国甚不发达，就是专制压住了。当此时机，最为一绝好机会。中国人数四百兆，女界占二百兆，先要达到教育平等目的，然后可达政治平等目的。即女子参政，兄弟以为不久就要成了。现在欧洲女子，不仅为本党运动，并为世界女子运动。中国不能不应世界潮流，予女子以参政之权。故女子参政，兄弟以为不成问题。且兄弟对于女子教育，于未革命前即抱此宗旨。我女界同胞其注意焉。

在北京社会党欢迎会上的演讲

（1912 年 9 月 18 日）

　　今日承诸君欢迎，实在感激。我国此次革命，非但种族上革命，非但政治上革命，其结果乃是社会上革命。从前专制时代，社会上受种种压制之苦，兄弟很为之悲恻。大凡富贵贫贱不平之等级，皆由政治上所造的恶。今政治上既已革命，我们当将眼界看宽，化除私心，将富贵贫贱各阶段一律打破，使全国人人得享完全幸福。社会主义，在世界上尚未十分发达，即如法、美二大共和国，社会上有资本家与劳动家之异。美洲之资本家，其一人之财产可敌全国之富。劳动家每因资本家之虐待，常有冲突之事，将来社会革命在所不免。兄弟愿诸君将社会革命包在政治革命之内，抱定国家社会主义，免去欧洲将来社会革命之事。提倡土地国有，使多数国民皆无空乏之虑。盖一国之土地有限，人民则生生不穷。土地为生财之源，应供一般人民受用。然财产倘为少数人所垄断，则必如欧美之资本家，实足为社会上之恶。必须财产归公，不使少数人垄断。财产归公之后，又必广设学校，使人民教育发达，致一般社会子弟，自幼至成人，吸纳一种高上知识于脑海，脱离依赖性质，具一种独立经营性质。从此社会一切不平等之事铲削无遗，是我中华民国为世界社会革命之先导，而为各国社会党之所欢迎也。兄弟于诸君有无穷之希望焉。

书　信

致暹罗同志书

（1911 年 1 月 11 日）

　　暹罗同志大鉴：启者，日并高丽，而与强俄协约，满洲、蒙古势已不保。黄窥其隙，今已进兵卫藏，置防缅边，西鄙之亡，又可日计。德之于山东，法之于云南，铁路所过，蹂躏无完土。美于中国土地无所侵占，不能恣虐，特倡保护领土之美名，包揽其公债。而满洲政府方醉生梦死，昏不知觉，于日、俄、英、德、法则默认之，于美国则欢迎之。对于国民，诡名立宪，以为欺饰，其实则剥夺国民种种权利，以行其中央集权之实。是中国目前状态，不亡于有形土地之瓜分，即亡于无形财政之监督。呜呼！是可忍也，孰不可忍也！今秋，中山先生特召集内地各部代表南来，相与确定计划，急起实行，破釜沉舟，拚此一举。预算发难费用十万金，向南洋、欧、美各分会筹措。前月，中山先生已起程西去。今英属之地，得邓泽如兄等起而提倡，已大有眉目。汉民兄则由安南而至贵埠，望各同志尽情商榷，竭力捐助，少毁其家，以纾国难，则大款易集，而大业亦可成矣。顾内地同志既破其家，又牺牲其身者，所在多有。海外同志为地所限，不能亲人身冒其锋，今能掷金钱以偿其热血，亦义之至正。诸君慷慨豪侠，多不让人，弟知必有以集巨资以成斯举者。又贵埠常时储有大款，以备实行之用。前中山先生以滇事紧急，请拨助滇部，当时弟在仰光，得

预闻其事。兹滇部得其乡人寸君之助，已得三万元，势可不必需此。弟又与天民相约，同时并发，以张声势。而弟仍归粤襄助其事，以该地紧要，一发即能制虏之死命也。其一切详情，汉民兄当为面陈。乞各同志赞成于各尽力捐助外，将储款尽数提出，以助公用。俾能多得一分之财，即能多得一分之预备。时机迫促，急于星火，务恳于年内汇归港部，尤为得用。助腊秒于运动一节，费省而效著，想各同志必能洞察也。临书不胜惶恐迫切之至。专此，敬请公安，统希爱鉴。弟黄兴顿首。十一日。

致邓泽如书

（1911 年 4 月 23 日）

　　泽如先生大鉴：事冗，未获时通音问，罪甚，罪甚！本日即赴阵地，誓身先士卒，努力杀贼，不敢有负诸贤之期望。所有此次出入款项清册，虽细数亦有登记，当先寄呈公埠宣布，次荷属，次南北美洲各埠，无论成败，俾共晓然此次之款，涓滴归公。弟等不才，预备或有未周，用途即因之不当，负咎殊深。所冀汉族有幸，一举获捷，否虽寸磔吾躯，亦不足以蔽罪。唯此心"公""明"（此明字作光明释，非明察也，兴注），足以对诸公耳。绝笔于此，不胜系恋，即颂筹安。弟黄兴顿首。辛亥三月二十五日。

与胡汉民致谭德栋等书

（1911 年 5 月下旬）

（十二）克独攻督署之情形

　　克即召集余人以攻督署，由小东营出，枪杀巡警于道，疾行而前，猛击卫队，杀其管带，破入督署，守者皆逃。并有一二卫队被迫署内不得出，弃枪降，求为引导。于是直入内进，克与林时塽、朱执信、李文楷、严骥君等亲行遍搜，无一要人。克欲搜觅放火之材料，如文件书籍之类，亦不可得，乃置火种于床上而后出（及克出大南门到河南，火始大）。观其情形，有似二、三日前走去者（报纸云，藩、臬适在开审查会，皆虚捏之词，以内外无舆轿仪仗一切物也）。知发动之期，知督署之必攻，此中当另有最密切之侦探报告，否则不能如是之灵活。（二十六七，毅生已疑陈镜波为侦探，后益知其确。然再定期二十九；临时克亲攻督署，此等事陈尚不足以知之。姚雨平逢人运动，力言巡防营为可恃，此必又为人卖，而使满吏知吾军一切内容。）

（十三）以后巷战之情形及党人死事之勇烈

　　初攻入督署时，仅死三人。既出督署，则林时塽（福建人）于东辕门招抚李准之先锋，盖是时李准卫队已至，与张鸣岐卫队合（以伯先所部常言先锋队已交通多人也），突然脑中枪死。克中伤右手，断两指，他同志亦多死于卫队门首者。时分兵三路，克与十人欲出大南门，与巡防营接；徐维扬以花县四十人欲出小北门，与新军接；余川、闽同志及海防、南洋同志，欲进攻督练公所。方声洞（福建人）兄与克俱与巡防营遇于双门底，兄其并无相应之号，且举枪相向，乃急发手枪，立毙其哨弁。敌为愈众，战死。喻云纪（四川人）与七十人攻督练公所，途遇防勇，绕路攻龙王庙，一人当先，抛掷炸弹，防勇为之披靡，后失手遇害。李文甫（广东人）先攻督署时，非常猛烈。既出，伤其足，后为虏获，从容谈笑以死。其余殉国而死者，粤同志则有罗则军、李子奎、李群、周华、王鹤鸣、杜君、李文楷、马吕、罗坤；四川则有饶国梁、秦炳；福建则有林觉民（林、陈数君尝学法律，皆编辑课课员也）、陈可钧、陈与新、刘六湖、刘元栋、陈更新、吴任之、冯郁庄、林尹民、郭炎利、郭增新、郭钿官、郭天财、翁长祥、陈孝文、陈大发、林茂增、王文达、林七妹、曾显、刘文藩、虞全鼎、周团生、吴顺利、吴炎妹，尚有不知姓名者一人。徐维扬之部下花县之众死二十四人，被捉在监者六人，负伤生还者十六人。克既负伤，偕方声洞等在双门底遇防营，犹豫未肯先发枪，既审敌枪肆击，回顾部下，不见一人，乃以肩撞破一小店门入，而后掩之从内发枪，轰中七八人。敌却，且不知克所在，亦停枪声。久之，闻其传呼，须急往保护提署，乃相率去。克遂易服出南大门，入河南女同志家。初二日始返港。朱执信兄攻督署时，奋勇争先，迥非平日文弱之态。在二门，为后列误伤肩际，仍偕克攻出大南门，遇敌相失，幸遇其门生家，入易服出走。何克夫负伤力战，出大南门后，就至戚家易服，至初三日出。四川熊克武，福建王以通、严骥，皆负重伤而出。郑坤负伤走大南门，入一小店，为所逐，且呼贼，坤愤杀之。刘梅卿辗转战于小北门一带，众既散亡，闯入人家，亦杀人夺衣而出。此二人事由自卫，情尚可原。郑坤甚戆，然甚勇敢。刘梅卿则备战必先，临机敏捷，询为战将。周之贞、杨十两人，战后亦幸走

免。克同攻督署者百三十人左右，内有徐维杨四十余人，刘古香十四人，徐、刘部稍弱。余虽以朱执信、李文甫、陈与新之温文，而敢先当敌，无丝毫之怯懦，盖义理之勇为之也。林时塽本同陈与新、林觉民在日本筹得经济，将归闽起事，既来港，则同效死于粤。闽省同志多在东毕业专门学校者，年少俊才，伤心俱烬！喻云纪学药学毕业，能制炸弹炸药，精卫北京事件，喻实同谋。炸弹发现，喻再往日本合药，而精卫、黄理君被捕。此次举事，喻最先决心，盖已置死生于度外。罗则军本有十人，担任毁电局，至二十七令其退返。李文甫有五十人，欲攻石马槽，亦于是日受令退返。而二人再知定期二十九之说，只身赴难，殉义而死，俱为难能。王鹤鸣、杜某某、李文楷，事事勤慎，不辞苦瘁，仓猝战死，可惜可哀！战之翌日，海防同志数人入米店，据米为垒，抛掷炸弹，营勇不敢近。张鸣岐下令焚烧，唯罗稳走出。伯先在省代表之宋健侯君，亦轻裘缓带之士，既已遣散其部下，仍与数人合克攻督署，后不知如何被捕。各报登有宋玉琳口供，慷慨仁明，如见其生平矣。庞雄为高州吴川人，素运动广州湾方面，此次亦遇害。石经武留宋健侯所住机关，被捉，亦从容就义。其余江、皖、湘、粤之士，虽未与战，而陷在城内，以无辫被害者不少。

复同盟会中部总会书

（1911 年 10 月 3 日）

中部总会列公大鉴：奉读手札，欣悉列公热心毅力，竟能于横流之日，组织干部，力图进取，钦佩何极！迩者蜀中风云激发，人心益愤，得公等规划一切，长江上下自可联贯一气，更能力争武汉。老谋深算，虽诸葛复生，不能易也。光复之基，即肇于此，何庆如之！弟自三月广州败后，自维才德薄弱，不足以激励众人，以致临事多畏懦退缩，徒伤英锐之同志，负国负友，弟虽百死不赎。自念唯有躬自狙击此次最为敌之虏贼，以酬死事诸君，庶于心始安。故自四月初二出港，即专意于复仇之计划。虽石公等极力阻止，弟未稍动。即至七月终，未尝与一友通只字。其所以断绝交通如是之孤行者，冀有以解脱一切纠缠，以促其进行之速。弟虽明知背弛，负罪公等，亦所不计。想匹夫之谅，君子当能见原也。自蜀事起，回念蜀同志死事之烈，已灰之心复燃，是以有电公等求商响应之举。初念云南方面较他处稍有把握，且能速发，于川蜀亦有犄角之势。及天民、芷芬两兄来，始悉鄂中情势更好，且事在必行。弟敢不从公等以谋进取耶？唯念鄂中款虽有着，恐亦不敷，宁、皖、湘各处需用亦巨，非先向海外筹集多款，势难联络办法。今日与朱君执信等商议电告中山先生（汉民现赴西贡亦电知）及南洋各埠，请先筹款救济。但各埠皆在元气大伤之后，不知能否协县多寡。唯闻人心尚在奋发，益以公等之血诚，想不至空元所得。弟之行止尚不能预定，以南洋之款

或须弟一行亦未可知。数日后接其复电，方能决策也。鄂事请觉生兄取急进的办法，如可分身，能先来港一商尤盼（如能来，请先电《中国报》）。他处事公等已有布置，照公等计划办去。余俟续述，手复，敬请筹安。弟黄兴顿首。八月十二晚。

致冯自由书（二件）

（1911 年 9 月 30 日、10 月 5 日）

（一）

　　自由我兄鉴：广州之役，弟实才德薄弱，不足以激发众人，以致临事多畏惧退缩，遭此大败。而闽、蜀两省英锐之同志，因此亦损失殆尽。弟之负国负友，虽万死无以蔽其辜。自念唯有躬自狙击此次最为害之虏贼，以酬死事诸人，庶于心始安，亦以作励吾党之气。故自四月初二日返港，专意养伤，一面团集少数实行之士，以为复仇之计。除与展堂兄同署布告书之外，未尝与一友通只字。其所以如是之孤行者，冀有以排脱一切纠缠，促其进行之速。不意蹉跎岁月，为同事人所阻止，不得径行其志。悲愤交集，无可发泄。适得杨君笃生在伦敦自沉消息，感情所触，几欲自裁。鸣呼！人生至斯，生不得自由，并死亦不得自由，诚可哀矣！嗣得兄及中山先生并《少年报》、致公堂各同志书，责备甚重。如以弟为系华侨之望，则弟实不敢当。以弟在吾党亦不过徒有虚名，自问于党事，初未有如何之实益。若以弟一死为妖党所借口，致阻碍将来筹款之路，或所不免。此则弟日来所踌躇于心而未决者也。七月以来，蜀以全体争路，风云甚急，私电均以成都为吾党所得，然未得有确实消息。前已与执信兄商

酌，电尊处转致中山先生，请设法急筹大款，以谋响应，尚未得复。今湘、鄂均有代表来沪，欲商定急进办法，因未得接晤，不能知其实在情形，故不能妄断。至滇之一方面，若欲急办，尽可办到，以去年已着手运动，军界会党皆有把握，有二三万之款，即可发动。然此方面难望其成功，以武器甚少，不足与外军敌也。滇为蜀应则有余，为自立计则不足，倘蜀败，亦同归于消灭而已。是以弟等尚未能决其如何办法，专待蜀事得有确信方敢为之也。粤事弟已组织实行队，先去其阻碍吾党之最甚者，得成功时，再为电告。前兄嘱书各字，三月二十九日以前均作好，闻皆存于令夫人处（时因令夫人来美之故），不知刻已寄来否？其中有一最足纪念者，为林时塽兄书赠兄之横额，字势飞舞如生，诚绝笔也。余未及多叙，即请筹安。弟兴顿首。中八月初九夜。

通函请由金利源李海云兄转交。

（二）

又启者：鄂代表居正由沪派人来云，新军自广州之役预备起事，其运动之进步甚速（广州之役，本请居君在鄂部总理其事，以备响应者）。办法以二十人为一排，以五排为一队，中设有排长、队长以管领之。平时以感情团结，互相救助，使其爱若兄弟，非他人所得间隔，成一最有集合力之机体。现人数已得二千左右。此种人数多系官长下士，而兵座审其程度高者始收之。以官长下士能发起，兵座未有不从者，不必于平时使其习知。况其中又有最好之兵座为之操纵，似较粤为善。近以蜀路风潮激烈，各主动人主张急进办法，现殆有弦满欲发之势。又胡经武君亦派有人来。胡虽在狱，以军界关系未断，其部下亦约千余人。去岁弟曾通函胡君，请其组织预备，以备响应。胡已扩张其范围，闻进步亦速。胡君之人，在居君之部下者亦有之，拟于最近发动，期两部合而为一，据此则人数已多。

乘此路潮鼓涌之时，尤易推广。盖鄂省军界久受压制，以表面上观之，似无主动之资格，然其中实蓄有反抗之潜力；而各同志尤愤外界之讥评，必欲一申素志，以洗其久不名誉之耻。似此人心愤发，倚为主动，实确有把握，诚为不可得之机会。若强为遏抑，或听其内部自发，吾人不为之指挥，恐有鱼烂之势，事诚可惜。即以武汉之形势论，虽为四战之地，不足言守，然亦视其治兵之人何如。贼吏胡林翼于破败之秋，收合余烬，犹能卓然自立者，亦有道以处之。今汉阳之兵器厂既归我有，则弹药不忧缺乏，武力自足与北部之兵力敌，长江下游亦驰檄可定。沿京汉铁路以北伐，势极利便。以言地利，亦足优为。前吾人之纯然注重于两粤而不注意于此者，以长江一带，吾人不易飞入，后来输运亦不便，且无确有可靠之军队，故不欲令为主动耳。今既有如此之实力，则以武昌为中枢，湘、粤为后劲，宁、皖、陕（前本有陕西人井勿幕君在此运动，今已得有多数，势亦足自动，熊克武君已驰赴该处为之协助）、蜀亦同时响应以牵制之，大事不难一举而定也。急宜趁此机会，猛勇精进，较之徒在粤谋发起者，事半功倍。且于经济问题尤易解决。兹约计各处大略有二十万左右，即足为完全之预备。至少四五万，亦可发起鄂事。总之，此次据居君所云，事在必行，即无外款接济，鄂部同志不论如何竭缩，亦必担任筹措，是势成骑虎，欲罢不得。吾人当体验内地同志经营之艰苦，急为设法筹集巨款以助之，使得有以宽裕筹备，不致艰困从事，归于失败，徒伤元气，不胜切祷之至。弟本以欲躬行荆、聂之事，不愿再为多死同志之举，其结果等于自杀而已。今以鄂部又为破釜之计，是同一死也，故许与效驰驱，不日将赴长江上游，其与会合。故特由尊处转电中山，想我兄接阅，必为竭力援助。前加属于广州之役最为出力，此纯系我兄血诚所感，故能有此，今更望有以救我。拟得兄等复电后即行。或南洋之款，须弟一亲往，亦未可知。余俟续告，手此，即颂安安。弟兴再顿首，八月十四日。

前函书好未发，适鄂派人来，故特补叙。又及。

复上海昌明礼教社书

（1912 年 5 月）

　　前奉惠书，因军事旁午，久稽裁答。再奉华翰，敬悉诸君拳拳礼教，欲挽狂澜，愿力甚宏，佩慰无已。吾华立国最古，开化亦最先。制礼乐，敷五教，舜时已然，三代尤盛。吾国数千年文野之分，人禽之界，实在乎此。秦汉以后，学术庞杂，道化凌夷，君主和其国家，个人和其亲族，流毒至数百世。夷狄乘之，国种岌岌！忧时者眷怀世变，疾首痛心，主张政治革命、家庭革命。而不学小夫，窃其词不识其义，或矫枉过正，或逾法灭纪。来书所谓假自由不遵法律，藉平等以凌文化，鄙人亦日有所闻，诚古今大变，为始事诸人所不及料者。前请大总统通令全国学校教师，申明纪纲，即以此等恶习关系民国前途甚巨，实欲遏此横流。诸君创办昌明礼教社，以研究礼法、改良风俗为己任，深明匹夫有责之义，是宣布共和来所日夕望而不图得之者也。甚盛！甚盛！鄙人频年奔走，学殖荒落。窃以为西国实来，日异月新，既以东亚为市场，既不能禁民之不购货。唯有事事仿造，翻新出奇，非唯可塞漏卮，实可畅销国货。至其习俗，则学其醇而避其醨。必一一求其形似焉，则误矣。此模仿外国之当辨别者一也。中国习欲恶染甚多，如食洋烟，喜缠足，不明公德，不讲卫生之类，志士呼号，已数十年，至今尚未能痛改。而其习惯之善良者，如孝友、睦姻、任恤之类，或弃之如遗，不惜犯天下大不韪。比来少年在学校则不师其师，在家庭则不亲其亲。似此行之个人则无道德，行之天下则无秩序。发端甚微，贻祸甚大。孟子所谓猛兽洪水之害，实无逾此。此中国习俗当渐除、当保存之不可不辨别者二也。抑又有进焉者，中外治理各不相侔：大抵中国素以礼治，外洋素以法治。吾国制礼，或有失之繁重者，不妨改之从同；外国立法，或有因其宗教沿其习俗者，万不可随之立异。本此意以辨其途径，导以从违，酿成善良风俗，庶几在是。诸君子以为何如？鄙人志在吊民，晚不闻道，尚望不我遐弃，有以教之，谨复。

复孙中山书

（1914 年 6 月 1 日或 2 日）

接读复示，因为客众多，未即裁答，殊为歉念。今请露肝胆，披心腹，为先生最后一言之。宋案发生以为，弟即主以其制人之道，还制其人之身。先生由日归来，极为反对。即以用兵论，忆最初弟与先生曾分电湘、粤两都督，要求其同意。当得其复电，皆反复陈其不可。今当事者俱在，可复询及之也。后以激于感情，赣省先发，南京第八师为先生运动营长数人，势将破坏。先生欲赴南京之夕，来弟处相谈，弟即止先生不行。其实第八师两旅长非绝对不可，不过以上海难得，致受首尾攻击之故。且先生轻身陷阵，若八师先自战斗，胜负尚不可知，不如保全全城之得计。故弟愿以身代先生赴南京，实重爱先生，愿留先生以任大事，此当时之实在情形也。南京事败，弟负责任，万恶所归，亦所甘受。先生之责，固所宜然。

但弟自抵日以来，外察国势，内顾党情，鉴失败之主因，思方来之艰巨，以为此次乃正义为金钱、权力一时所摧毁，非真正之失败。试翻中外之历史，推天演之公例，未有正义不伸者，是最后之胜利，终归之吾党。今吾党既握有此胜算，若从根本上作去，本吾党素来所抱之主义发挥而光大之，不为小暴动，以求急功，不作不近情言，以骇流俗，披心剖腹，将前之所是者是之，非者非之，尽披露于国民之前，庶吾党之信用渐次可以恢复。又宜宽宏其量，受壤纳流，使异党之有爱国心者有所归向。夫然后合吾党坚毅不拔之士，学识优秀之才，历百变而不渝者，组织干部，计划久远，分道进行，事有不统一者，未之有也。若徒以人治，慕袁氏之所为，窃恐功未成而人已攻其后，况更以权利相号召者乎？数月来，弟之不赞成先生者以为此。

今先生于弟之不入会以满足许我，虽对于前途为不幸，而于个人为幸已多，当不胜感激者也。唯先生欲弟让先生为第三次之革命，以二年为期，如过期不成，即让弟独办等语，弟窃思以后革命原求政治之改良，此乃个人之天职，非为一公司之权利可相让渡、可能包办者比，以后请先生勿以此相要。弟如有机会，当尽我责任为之，可断言与先生之进行决无妨碍。

至云弟之亲信部下对于外人云云，弟自闻先生组织会时，即日希望先生日加改良，不愿先生反对自己所提倡之平等自由主义。弟并未私有所标帜以与先生异。故绝对无部下名词之可言。若以南京同事者为言，皆属昔日之同志，不得谓之部下。今之往来弟处者，半多先生会内之人，言词之有无，弟不得而知，当可为先生转达之。

又英士君之攻击于弟，弟原不介意，唯实由入会问题，则弟不肯受。今先生既明其非是，弟亦不问，听其为而已。国事日非，革命希望日见打消，而犹自相戕贼若是，故日来悲愤不胜。先生今力任大事，窃附于朋友之义，有所诤谏，终望采纳，不胜幸甚之至。

电 文

复汪精卫电

（1911 年 12 月 9 日）

　　精卫兄鉴：来电敬悉。此时民军已肃清十八行省，所未下者才二三耳。北京不早日戡定，恐招外人干涉。项城雄才英略，素负全国重望，能顾全大局，与民军为一致之行动，迅速推倒满清政府，令全国大势早定，外人早日承认，此全国人人所仰望。中华民国大统领一位，断推举项城无疑。但现在事机迫切，中外皆注意民军举动，不早成立临时政府，恐难维持现状，策划进行。现已有各省代表拟举兴为大统领，组织临时政府，兴正力辞，尚未允许。万一辞不获已，兴只得从各省代表之请，暂充临时大元帅，专任北伐，以待项城举事后即行辞职，便请项城充中华民国大统领，组织完全政府。此非兴一人之言，全国人心皆有此意。唯项城举事宜速，且须令中国为完全民国，不得令孤儿寡妇拥虚位。万一迁延不决，恐全国人皆有恨项城之心。彼时民国临时政府如已经巩固，便非他人所得动摇。总之，东南人民希望项城之心，无非欲早日恢复完全土地，免生外人意外之干涉。项城若肯从人民之请，英断独行，中华民国大统领，兴知全国人民决无有怀挟私意欲与之争者。此事盼速成功，民国幸甚。请以弟尝以兄谈心之“难可自我发，功不必自我成”一语以为证明。朔风冰肌，伏维珍重。即盼速复。兴。效。

讨 袁 通 电

（1913 年 7 月 15 日）

　　北京国务院、参众两院、武昌黎副总统、各省都督、民政长、护军使、省议会、上海海军李总司令，并海琛、海圻、海筹、海容、应瑞、肇和各舰长、《民立报》转各报馆，扬州徐师长、吴淞姜总台官、江阴陶总台官、北京《民国报》均鉴：近北军又复轻师袭沪，入据各厂，闻风之下，惊骇莫名。自宋案发生，继以私借外款，袁世凯之阴谋一旦尽露，国民骇痛，理有固然。兴当时悲愤之余，偈电中央，婉词切责。湘、赣、皖、粤四督坦怀论列，亦本之忠爱民国之心。乃世凯遽有异图，日作战备。当时世凯罪状既彰，岂难申讨？徒以在下甫定，外患方殷，阋墙之戒，乃所宜守。爰戢可用之兵，徐俟元凶之悟。兴虽得世凯砌词辱骂之电，置而不答。四督何遣，罢斥随至，亦各决心谢职，翩然归田，宜可以告无罪于世凯矣。乃彼豺狼之性，终不可移，忽于各省安谧之时，妄列大兵于江海，当蒙边不靖之顷，转重腹地以兵戎。倒行逆施，至于此极！推其用心，非至剿绝南军、杀尽异己不止。似此绝灭人道，破坏共和，谁无子孙，忍再坐视？兴今承江苏都督委为该省讨袁军总司令，视事之日，军心悉同，深悔待时留决之非，幸有急起直追之会，当即誓师北伐，殄此神奸。诸公保育共和，夙所倾服，望即协同声势，用集大成。兴一无能力，尚有心肝，此行如得死所，乃所尸祝。若赖我祖黄帝之灵，居敌忾同仇之后，天下从风，独夫寒胆，则兴之本志，唯在倒袁，民贼一去，兴即解甲归农，国中政事，悉让贤者，如存权利之想，神明殛之，临电涕泣，仗维矜鉴。江苏讨袁军总司令黄兴。印。

促袁世凯退位声明电

（1916年5月9日）

　　北京袁世凯大鉴：国人未尝负公，公实负国。公生平以权谋奸诈，愚弄一世，以此骗取总统，以此攘窃帝位。然卒以此败，岂非天哉！共和创造之初，公誓与国人竭诚拥护共和，故吾党欣然以总统让公。未几，公握大权，乃用武力破坏共和，阴谋帝政。法律不足以制公之凶恶，余始于癸丑之秋兴师问罪，公于是时复申前誓，力保共和。人民为公所欺，希望和平甚殷，余不忍拂人民之意，故中道罢兵。公此后遂以为人民易欺，更无忌惮，帝制之谋，竟成事实。人民内困，强邻外侵，公之不恤，于国势险恶之时，乘欧战正酣之际，悍然为一身一家之谋，而竟以此激全国人民之怒。人民愤公之欺诈，誓死拥护共和，一隅轰起，全国响应。公知大势已去，始下令取消帝政，不得为皇帝，犹冀为总统，公之厚颜无耻，毋乃太甚！公之反复无信，已至再三，人民不复为公所愚。人民既一再以剑血拥护共和，断不肯复戴一背畔共和、主张帝政之元恶为总统。公虽善于变化，不拘泥名分，然由欲望未满之皇帝，化身为总统，在公为降尊，在国为奇辱，在世界为笑柄。公如负固不即行引退，人民必将诉最后之武力，正公一人叛国之罪。公以一人而敌全国，岂非至愚？牺牲多数生命，以争个人之公职，岂非至酷？今者独立之声遍于全国，兵精械足，士气振奋，而公众叛亲离，左右皆敌，公纵不知爱国为何义，亦当知所以保身家之道。若见机早退，犹得略息人民之怒，稍留去后之思。不然怨毒郁结，何所不泄？势机切迫，稍纵即逝，望速抉择，无贻后悔。黄兴谨布。